O SÉCULO DOS MERCADOS EMERGENTES

Antoine van Agtmael

O SÉCULO DOS MERCADOS EMERGENTES

COMO UMA NOVA GERAÇÃO DE EMPRESAS
DE CLASSE MUNDIAL ESTÁ REESTRUTURANDO
AS FORÇAS COMPETITIVAS DA ECONOMIA GLOBAL

Tradução
HILTON FELÍCIO DOS SANTOS

Editora
Cultrix
SÃO PAULO

Copyright © 2007 Antoine van Agtmael.
Publicado mediante acordo com Free Press, uma divisão da Simon & Schuster, Inc.
Todos os direitos reservados. Nenhuma parte deste livro pode ser reproduzida ou usada de qualquer forma ou por qualquer meio, eletrônico ou mecânico, inclusive fotocópias, gravações ou sistema de armazenamento em banco de dados, sem permissão por escrito, exceto nos casos de trechos curtos citados em resenhas críticas ou artigos de revistas.
A Editora Pensamento-Cultrix Ltda. não se responsabiliza por eventuais mudanças ocorridas nos endereços convencionais ou eletrônicos citados neste livro.

Aviso legal: Este livro contém as ideias e as opiniões do seu autor. Fica expresso claramente que nem o autor nem a editora, mediante a publicação deste livro, dedicam-se a prestar conselhos profissionais ou serviços, seja de que natureza forem, relacionados a investimentos, finanças, contabilidade, direito tributário ou seguros. Os leitores que desejarem tais conselhos ou serviços deverão consultar os profissionais respectivos. As estratégias abordadas neste livro podem não ser adequadas para todos os indivíduos e também podem não encerrar promessas de garantia implícita ou explícita de produzir resultados específicos. Não é dada nenhuma garantia com relação à precisão ou à totalidade da informação aqui contida. Tanto o autor como a editora rejeitam especificamente qualquer responsabilidade quanto a perdas ou riscos, pessoais ou não, sejam incorridos direta ou indiretamente, como consequência do uso do conteúdo de qualquer parte deste livro.

Leva-se ao conhecimento dos leitores que o autor fundou e atualmente trabalha como diretor de investimentos da Emerging Markets Management, L.L.C. (EMM), uma empresa de consultoria focalizada exclusivamente em mercados emergentes. Atualmente o autor trabalha como diretor de vários fundos mistos gerenciados pela EMM e é também diretor do Strategic Investment Group (um grupo de consultores de investimentos), membro de comitês de investimentos do Brookings Institution e NPR Foundation, sendo ainda diretor de várias organizações sem fins lucrativos.

Dados Internacionais de Catalogação na Publicação (CIP)
(Câmara Brasileira do Livro, SP, Brasil)

Agtmael, Antoine van
O século dos mercados emergentes : como uma nova geração de empresas de classe mundial está reestruturando as forças competitivas da economia global / Antoine van Agtmael ; tradução Hilton Felício dos Santos. — São Paulo : Cultrix, 2009.

Título original: The emerging markets century.
Bibliografia.
ISBN 978-85-316-1041-7

1. Empresas multinacionais — Países em desenvolvimento — Estudo de casos 2. Globalização — Aspectos econômicos 3. Investimentos — Países em desenvolvimento I. Título.

09-01495   CDD-337

Índices para catálogo sistemático:

1. Mercados emergentes : Empresas multinacionais :
Economia global 337

O primeiro número à esquerda indica a edição, ou reedição, desta obra. A primeira dezena
à direita indica o ano em que esta edição, ou reedição, foi publicada.

Edição   Ano
1-2-3-4-5-6-7-8-9-10-11   09-10-11-12-13-14-15

Direitos de tradução para o Brasil adquiridos com exclusividade pela
EDITORA PENSAMENTO-CULTRIX LTDA.
Rua Dr. Mário Vicente, 368 — 04270-000 — São Paulo, SP
Fone: 2066-9000 — Fax: 2066-9008
E-mail: pensamento@cultrix.com.br
http://www.pensamento-cultrix.com.br
que se reserva a propriedade literária desta tradução.

Para Emily, Jenny e Peter
As âncoras de uma vida nômade

Sumário

Introdução: O surgimento dos mercados emergentes   9

Parte I
A GLOBALIZAÇÃO NÃO TEM FRONTEIRAS

Capítulo 1: O que vem a seguir?   17
Como multinacionais emergentes e desconhecidas podem pegar seu almoço, tirar seu emprego, ser sua parceira de negócios ou lhe dar um emprego

Capítulo 2: Indo contra os prognósticos   36
As estratégias que impulsionaram 25 multinacionais emergentes a se tornarem corporações de categoria internacional

Parte II
A NOVA GERAÇÃO: 25 MULTINACIONAIS EMERGENTES
DE CATEGORIA INTERNACIONAL

Capítulo 3: Por trás da tela do radar: a criação das marcas globais emergentes   65
Samsung e Concha y Toro estabelecem novas tendências

Capítulo 4: Outros caminhos para as marcas líderes: compre ou pode cair no seu colo   87
A Lenovo compra o ThinkPad da IBM, a Haier tenta comprar a Maytag e a Corona Beer torna-se uma marca ícone inesperadamente

Capítulo 5: Os maiores exportadores da China... são os taiwaneses: criação da presença global por trás do véu do anonimato   103
Hon Hai e Yue Yuen fazem computadores, telefones celulares e calçados

Capítulo 6: De imitadores a inovadores   122
A Taiwan Semiconductor Manufacturing Company (TSMC) e a High Tech Computer saem ganhando pela reinvenção de indústrias e produtos

Capítulo 7: Quem será seu próximo empregador global?   142
A Hyundai e a CEMEX querem estar perto dos seus consumidores, não importa onde

Capítulo 8: Virando o modelo da terceirização de cabeça para baixo   164
    A fabricante brasileira de aviões, Embraer, ocupa o lugar de liderança junto aos fornecedores do mundo desenvolvido

Capítulo 9: Produtores de *commodities* que redefiniram suas indústrias   184
    A Aracruz, a CVRD e a POSCO desafiaram o pensamento convencional... e as probabilidades

Capítulo 10: Produtores de energia alternativa   205
    A Sasol da África do Sul produz combustíveis sintéticos a partir do carvão e do gás, os carros do Brasil usam biocombustíveis e a Tenaris da Argentina faz tubos sem costura suficientemente bons para serem usados nas profundezas oceânicas ou nos climas árticos

Capítulo 11: A revolução do poder intelectual barato   226
    A Infosys e a Ranbaxy da Índia transformam os mundos dos projetos dos softwares e dos medicamentos genéricos

Capítulo 12: Novas estrelas da mídia global   246
    A Televisa do México, a Bollywood da Índia e os fabricantes de jogos da Coreia atraem público do mundo todo

Parte III
TRANSFORMANDO AMEAÇAS EM OPORTUNIDADES

Capítulo 13: A resposta criativa   267
    Não seja defensivo nem enfie a cabeça na areia — desenvolva novas políticas e estratégias

Parte IV
RECURSOS DO INVESTIDOR

Capítulo 14: Investindo no século dos mercados emergentes: as dez regras   287
    O investidor de longo prazo contempla o orgulho e o preconceito ao investir no mercado emergente

Apêndice: Perfis financeiros das 25 multinacionais emergentes de categoria internacional   315

Notas   343

Bibliografia   355

Agradecimentos   357

INTRODUÇÃO

O surgimento dos mercados emergentes

"Não existem mercados fora dos Estados Unidos!"

Estávamos em 1974. Eu era um banqueiro jovem, ainda inexperiente, trabalhando no Bankers Trust Company de Nova York. Tinham me pedido para fazer um estudo sobre a reciclagem de petrodólares. Ajudar os governos estrangeiros a investir em âmbito verdadeiramente mundial parecia um conceito lógico, mas quando conversei com o departamento fiduciário do banco (naquela época um dos maiores dos Estados Unidos), um executivo ameaçador, com os polegares nos suspensórios vermelhos, falou rispidamente: "*Não existem* mercados fora dos Estados Unidos!"

O homem tinha pelo menos duas décadas de experiência a mais do que eu no setor bancário. Minha perspectiva a respeito disso, fosse para melhor ou pior, era diferente. Eu tinha sido criado na Holanda e desde garoto possuía algumas ações da Philips, da Shell e da Unilever. Nem eu nem meu interlocutor no Bankers Trust desconfiávamos de que a grande instituição inviolável para a qual trabalhávamos seria um dia absorvida pelo Deutsche Bank — um rival mundial de um daqueles "mercados inexistentes".

Foram experiências como essa que alimentaram meu ceticismo sobre a sabedoria convencional. Elas me ensinaram a examinar com muito rigor as premissas falsas que até mesmo os experts — em certos casos, *especialmente* os experts — com bastante frequência encaravam como uma coisa natural. Desde minhas aulas de desenvolvimento econômico na Netherlands School of Economics, com o professor Jan Tinbergen — o brilhante economista que mais tarde seria o primeiro laureado com o Nobel em Economia —, eu era fascinado pelo destino e pelas fortunas do que na época era afrontosamente chamado de "Terceiro Mundo". Posteriormente, no final da década de 1960, como estudante de pós-graduação de russo e estudos do leste europeu em Yale, vim a compreender que o planejamento central e a ideologia comunista não tinham muito futuro, e eu ansiava por descobrir como os investimentos estrangeiros poderiam ajudar ou prejudicar o desenvolvimento do Terceiro Mundo.

No Bankers Trust, tive a oportunidade de conhecer algumas das mais exóticas modalidades de desenvolvimento econômico do Terceiro Mundo. Ajudei a Iran Air a alugar aviões e contratar tripulações na Etiópia, participei de financiamentos para exportar cacau de Gana e aprendi as modalidades — muitas ridiculamente unilaterais — pelas quais as nações desenvolvidas interagiam com outras que eram, muitas vezes até recentemente, colônias europeias. Trabalhando há menos de um ano no meu primeiro emprego no Bankers Trust, surpreendi a mim mesmo quando me conscientizei de que havia me tornado súbita, inexplicável e atipicamente frustrado com a obrigação de fazer análises de empresas americanas para o departamento de crédito do banco. Por alguma razão, o dinamismo do mundo parecia estar em algum outro lugar. Consegui convencer meus compreensivos superiores de que seria útil — não apenas para mim pessoalmente, mas também para o banco — se eu fizesse uma viagem pela Ásia para estudar o investimento estrangeiro na região.

Minha viagem acabou sendo, como se dizia popularmente naqueles dias, uma experiência surpreendente. Em 1971, no aeroporto de Seul, o policial militar na imigração levantou a arma quando confundiu os óculos escuros no meu bolso com uma arma. Seul parecia uma cidade da União Soviética que eu acabara de cruzar viajando pela ferrovia Transiberiana: debilitada, friorenta e pobre. Ainda não havia amontoados de arranha-céus no centro da cidade, e canhões antiaéreos eram nitidamente visíveis em quase toda esquina. Mesmo depois de uma década a 9% de crescimento, a renda per capita da Coreia se limitava a deploráveis 225 dólares (hoje é mais de US$ 10.000), embora isso já fosse mais de três vezes do que a da Índia. Ainda assim, os executivos que encontrei já sonhavam com os mercados exportadores quando não estavam praticando seus exercícios do treinamento militar obrigatório.

Essa minha primeira viagem à Ásia me levou a um continente exótico no qual a guerra no Vietnã ainda era intensa, o Japão estava preso à sua primeira recessão pós-guerra, a China ainda cerrava as portas para estrangeiros como eu, e a Índia observava nervosamente a separação entre Bangladesh e o Paquistão. Carros que pareciam egressos da década de 1950 eram os únicos a circular nas estradas de Nova Delhi. Ainda assim, eu já podia sentir o dinamismo de muitas empresas que visitava e a determinação que tinham em ser bem-sucedidas. Ouvi histórias de como algumas empresas de Hong Kong e Cingapura estavam começando a transferir suas operações de mão de obra mais intensiva para vizinhos asiáticos, onde o custo do trabalho era mais baixo. Durante esse período da minha juventude passado na Ásia, intuitivamente pude compreender que as multinacionais um dia subcontratariam operações de uso intensivo de mão de obra de países onde a força de trabalho fosse abundante e barata, em vez de meramente ficarem montando componentes nos protegidos mercados de massa locais.

Depois do meu regresso à Nova York e ao Bankers Trust, fui trabalhar no departamento internacional do banco, uma ilha de pessoas com ideias afins, mas pude descobrir algumas em outras áreas que compartilhavam nosso entusiasmo pelas perspectivas de negócios prósperos na Ásia. Esse permanente sentimento de estar fora do circuito me deu uma importante motivação para aceitar, anos depois, a gerência de um banco de investimentos local na Tailândia, cuja maioria das ações pertencia ao Bankers Trust. Pareceu-me mais atraente do que a oferta de um banco concorrente, que me oferecia a gerência de sua filial em Paris. Bangcoc ou Paris?

Depois da minha viagem asiática a escolha me parecia óbvia, mas tratava-se de uma opção que muitos dos meus colegas de banco achavam difícil compreender.

Passei os quatro anos seguintes em Bangcoc, aprendendo com muito entusiasmo as vantagens e desvantagens dos mercados estrangeiros, na qualidade de diretor-gerente do principal banco de investimentos tailandês. Colaboramos para os primeiros lançamentos de ações de algumas empresas locais no mercado, enquanto cavalgávamos como num cavalo não domado nos duradouros ciclos de crescimento e queda do mercado de ações da Tailândia. Minha turbulenta gestão em Bangcoc me ensinou que os investidores estrangeiros estariam em melhor situação para cobrir seus riscos investindo numa cesta de mercados nas nações em desenvolvimento do que apostando em um único mercado. Considerei igualmente importante a rapidez espantosa das firmas locais em absorverem as lições internacionais, desde a criação de galinhas ou a produção de tecidos até a montagem de automóveis, e como conseguiam frequentemente incluir suas próprias inovações naquilo que produziam.

Em 1979 deixei Bangcoc e fui para Washington, D.C., ingressando na International Finance Corporation, braço do setor privado do Banco Mundial. Inicialmente, fiquei surpreso ao verificar que a ideia de uma carteira de investimentos nas economias em desenvolvimento era olhada com suspeita, como se fosse fundamentalmente falaciosa. A maioria dos especialistas em desenvolvimento do Grupo do Banco Mundial reagiu automaticamente desdenhando da ideia de investir em economias imaturas e resistindo a ela. Como poderiam esses cassinos voláteis e minúsculos, perguntavam-se em voz alta os meus colegas, exercer o menor impacto que fosse no crescimento e desenvolvimento real da economia? Como poderiam economias tão jovens de alguma maneira conquistar a atenção, tracionar ou atrair fluxos de investimentos de porte razoável de investidores sérios? Foi assim que aprendi pela segunda vez como a sabedoria convencional pode mergulhar tão profundamente no equívoco.

Sob a liderança de David Gill, meu corajoso e decididamente nada burocrático diretor e mais tarde amigo (e que também havia sido banqueiro de investimentos), e com mais um punhado de colegas, conseguimos gradualmente convencer os céticos na Corporação Financeira Internacional (IFC) e no Banco Mundial. Argumentamos que aumentar a carteira de investimentos nos países em desenvolvimento poderia alavancar o sucesso dos empresários e tornar as empresas menos dependentes de dívidas e da ajuda estrangeira. Minha estada na Tailândia tinha me convencido de que várias empresas novas e interessantes do Terceiro Mundo estavam simplesmente sendo ignoradas pelos investidores principais. Mas, como David Gill costumava corretamente dizer: "Encontrar um único exemplo bem-sucedido de alguém ganhando dinheiro será mais convincente do que uma centena de trabalhos acadêmicos." Isso foi precisamente o que passamos a fazer.

Ainda assim, até aqueles que mais concordavam conosco externavam suas dúvidas quando afirmávamos que num futuro não muito distante, o investimento em carteiras estrangeiras seria mais importante do que o Banco Mundial, como origem de fundos para economias em desenvolvimento. Nessa época, a IFC somente investia *diretamente* em uma estratégia que forçasse o investidor a ter uma grande participação em empresas e, não raro, uma presença no board of director. É preciso que se diga, a bem da verdade, que muitas empresas bem-sucedidas dos principais mercados emergentes nunca teriam se desenvolvido até o porte atual sem a semente financeira da IFC e, mais importante ainda, sem seu aconselhamento técnico e financeiro. Ainda assim, surpreendentemente, poucas foram bem-sucedidas na área de investimentos em *carteiras*, que exige que o investidor compre ações no mercado aberto depois do registro das ações da empresa na Bolsa.

Em discurso à Câmara do Comércio tailandês-americana local, antes da minha saída de Bangcoc, propus pela primeira vez a criação de um fundo de investimento que, em vez de investir em um único país, empregasse a estratégia *diversificada* de investir em um grupo de países para minimizar o risco de um choque na economia derrubar o fundo todo. Estávamos muito conscientes de que a própria ideia de uma carteira de investimentos em mercados de capital ainda rudimentares poderia continuar incentivando o ceticismo se não houvesse sólidos dados para justificar a decisão. Uma das primeiras tarefas que resolvi eu próprio assumir na IFC foi a de encomendar um estudo do desempenho das ações das empresas mais importantes de várias economias em desenvolvimento. Com a ajuda do professor Vihang Errunza, da McGill University, descobrimos que os lucros entre os anos de 1975 a 1979 tinham sido bastante atraentes. Agora, armados de dados confiáveis, estávamos determinados a apresentá-los à comunidade de investidores da maneira mais eloquente possível.

COMO O "TERCEIRO MUNDO" SE TRANSFORMOU EM "MERCADOS EMERGENTES"

Em setembro de 1981, ocupei a tribuna na sede da Salomon Brothers na cidade de Nova York, preparando-me para lançar a ideia do "Fundo de Ações do Terceiro Mundo" para um grupo de importantes gerentes de investimentos. Nossa mensagem essencial para os investidores em perspectiva era que nossos dados tinham demonstrado que existiam possibilidades reais de ganhar grandes somas de dinheiro nos mercados emergentes, a despeito de sua propalada volatilidade. Os países em desenvolvimento, dizíamos, usufruíam de taxas de crescimento econômico mais altas e ostentavam um rico conjunto de empresas promissoras até então ignoradas. Convincentemente demonstramos que investir em uma *cesta* de empresas e de países nos daria a diversificação necessária para mitigar o risco de investir separadamente em cada ação e cada país.

Estavam presentes à palestra de vinte a trinta gestores de fundos, dentre os quais representantes da TIAA-CREF (uma das maiores empresas de serviços financeiros nos Estados Unidos), da Salomon Brothers, da J.P. Morgan e de outras instituições importantes. Julgando pela expressão dos ouvintes, pude sentir que alguns estavam claramente fascinados, outros mostravam-se céticos e que talvez fosse possível conquistar um ou dois céticos convictos para nossa causa. Na conclusão da minha apresentação, Francis Finlay da J.P. Morgan observou: "Sua ideia é muito interessante, meu jovem, mas você *jamais* a venderá usando o nome 'Fundo de Ações do Terceiro Mundo!'"

Imediatamente reconheci que ele tinha razão. Tínhamos exatamente o que era preciso. Tínhamos as informações. Tínhamos os países. Tínhamos as empresas. O que não tínhamos, entretanto, era uma abordagem de vendas que liberasse aquelas economias em desenvolvimento do estigma de serem rotuladas como economias de países incapacitados do "Terceiro Mundo", uma imagem cheia de associações negativas de poliéster pobre, brinquedos baratos, corrupção desenfreada, tratores soviéticos (o autor lembra Cuba) e arrozais inundados.

Durante o fim de semana sumi num daqueles meus isolamentos mentais mágicos que tanto desgostam minha esposa e filhos, mas que na maioria das vezes acho muito produtivos. De tanto pensar finalmente atinei com uma expressão mais positiva e revigorante: *Mercados Emergentes*. "Terceiro Mundo" lembra estagnação, ao passo que "Mercados Emergentes" sugere progresso, elevação e dinamismo.

Na segunda-feira seguinte ao chegar na IFC rapidamente escrevi uma nota para que minha mensagem ficasse clara. Daquele momento em diante sempre nos referiríamos ao nosso banco de dados sobre o Terceiro Mundo, de modo coerente, como banco de dados de Mercados Emergentes e, com efeito, o primeiro índice que criamos para os mercados emergentes foi denominado Índice IFC dos Mercados Emergentes. Desse modo, a expressão ficara gravada. A ideia nascera de uma convicção e fora baseada em observações de primeira mão na Ásia. Tratava-se, também, de uma estratégia de marca em uma época em que as marcas eram território exclusivo de empresas de bens de consumo, como a Procter & Gamble. Nos anos seguintes gastamos muito tempo negociando com governos e convencendo banqueiros de investimentos e investidores a criarem diversos fundos de países emergentes. Finalmente, o diversificado fundo de ações do Terceiro Mundo tornou-se realidade como Fundo de Crescimento dos Mercados Emergentes (Emerging Markets Growth Fund), gerenciado pela Capital Investment, Inc., o primeiro fundo desse tipo e que logo se tornou o maior de todos, sendo formado por um grupo de investidores institucionais de prestígio vindos de todas as partes do mundo. Templeton, outro candidato ao gerenciamento do fundo inspirado na IFC, logo estabeleceu seu próprio fundo e registrou suas ações na Bolsa de Valores de Nova York.

Apenas algumas semanas antes da quebra do mercado de ações de outubro de 1987 em Wall Street, fundei a Emerging Markets Management juntamente com um grupo de colegas do Banco Mundial, uma nova firma focalizada exclusivamente nos mercados emergentes. Desde então, ao longo dos anos, temos participado ativamente nos altos e baixos, frequentemente estonteantes, dos mercados e empresas, juntamente com outros pioneiros tais como David Fisher e Walter Stern da Capital, Mark Mobius da Templeton e Nick Bratt da Scudder.

Nos primeiros anos éramos muitas vezes os primeiros analistas a entrevistar os gerentes das empresas. Minha experiência anterior como interrogador no exército holandês deixava-me em boa posição quando tentava separar o joio do trigo ao decifrar e dar descontos nas muitas vezes inescrutáveis informações gerenciais. Aprendemos que as empresas em muitos mercados emergentes tinham geralmente forte proteção dos governos locais, não eram muito competitivas e tendiam a assumir encargos de dívidas de maneira muito rápida. As crises traumáticas dos anos de 1990 no México e na Ásia mudaram tudo isso. Empresas importantes foram forçadas a se tornarem competitivas não apenas em seus mercados internos, mas também no palco mundial. Algumas fizeram precisamente isso, outras pereceram. Os sobreviventes dessa luta pela sobrevivência dos mais preparados se tornaram melhores, mais enxutos, com foco mais aguçado e menos dependentes de dívidas. A pedra fundamental tinha sido colocada para que os melhores deles se tornassem ferrenhos competidores e, em uma palavra, empresas de categoria internacional.

Há 25 anos, os investidores mais sofisticados não consideraram nem um pouco absurda a ideia de colocar, nem que fosse uma porção muito pequena de respeitáveis fundos de aposentadoria ou de fundações, em ações de países do "Terceiro Mundo". Hoje, vários países já passaram do Terceiro Mundo para Emergentes, enquanto alguns já foram até mesmo reconhecidos como importantes potências econômicas. No entanto, na mentalidade de até mesmo observadores bem-informados de hoje, as firmas que alicerçam essas economias ainda são amplamente vistas como de terceira categoria, no melhor dos casos de segunda classe e certamente, de modo algum, de categoria internacional. As evidências sugerem o contrário.

As empresas retratadas nas páginas seguintes, em muitos casos constituem modelos a serem imitados, exemplos que ensinam, repositórios de habilidades e conhecimentos que nós, em nossos confortáveis casulos, não podemos nem imaginar que existam. Como recém-chegadas a esta corrida global competitiva, essas firmas encontraram nichos que outros ignoraram e conceberam estratégias inovadoras que outros desdenharam, mas que são, de fato, mais adequadas a um mundo interconectado e à volatilidade dos novos mercados. Todas seguiram uma estrada diferente para o sucesso, mas a maioria do mundo desenvolvido não conhece as empresas, nem as pessoas que as administram, nem tampouco as estratégias que empregam para abrirem seus caminhos para o topo em ramos extremamente competitivos.

Espero mudar isso com este livro.

PARTE I

A GLOBALIZAÇÃO NÃO TEM FRONTEIRAS

"A história do mundo e de suas grandes transformações não nos chega com a velocidade regular de um trem. Não, ela se move aos arrancos, mas com força irresistível."[1]

— Otto von Bismarck

PARTE I

A GLOBALIZAÇÃO NÃO TEM FRONTEIRAS

CAPÍTULO 1

O que Vem a Seguir?

Como multinacionais emergentes e desconhecidas podem pegar seu almoço, tirar seu emprego, ser sua parceira de negócios ou lhe dar um emprego

Durante alguns minutos, tive o futuro em minhas mãos. De repente, meu celular Blackberry ficou parecido com um Ford Bigode. Eu experimentava o protótipo de um telefone celular de terceira geração. Sem dúvida, sua aparência tinha estilo, mas o mais interessante era que se tratava de um videofone que permitia que eu visse meu interlocutor do outro lado da linha. E isso não era tudo: na tela brilhante que cabia com facilidade em meu bolso eu podia acompanhar o tráfego local, ver notícias de última hora da televisão e jogar em grupo jogos interativos de computador. Naturalmente, tinha acesso tranquilo à internet, ao e-mail, podia atualizar minha agenda e ainda ouvir as músicas que tinha feito *download* dos meus CDs. Era, sem dúvida, um telefone *inteligente*.

Por acaso estava visitando a Verizon, ou a Apple ou a Nokia? Em absoluto, estávamos em janeiro de 2005 e eu me encontrava no laboratório de pesquisas da High Tech Computer Corp. (HTC), uma empresa tailandesa que havia inventado o iPAQ com a ajuda dos seus 1.100 engenheiros de pesquisa, vendido para a Hewlett Packard, continuado a fabricar séries sucessivas de inovadores computadores de mão e telefones inteligentes para gente da Verizon, Vodafone, Palm e HP. Todos em torno de mim eram jovens, ambiciosos e inteligentes engenheiros de Taiwan e da China, trabalhando diligentemente para testar tudo, desde o som em estúdios de acústica sofisticada às novas antenas, aos impactos na queda e também os testes de resistência a riscos em novos materiais sintéticos. Os videofones de alta tecnologia tinham sido projetados em Taiwan, dentro em pouco seriam produzidos em massa e em breve seriam vendidos no mundo inteiro.

Eu não estava apenas olhando o protótipo de um novo telefone inteligente, estava fazendo uma peregrinação ao protótipo de um novo tipo de empresa — astuta, global, de alta tecnologia (como sugerido pelo seu próprio nome) e, mais importante ainda, bem à frente dos concorrentes mais próximos, mesmo nos Estados Unidos e na Europa. Minha experiência na High Tech Computer Corp. não era tão fora do comum como poderia ser imaginado. Durante trinta anos eu vinha fazendo visitas a empresas pouco conhecidas na Ásia, América Latina, Leste Europeu, na África e como resultado disso tinha me convencido do potencial a longo prazo desses mercados e empresas desconhecidas, mesmo se algumas firmas ou economias tivessem sido até agora globalmente competitivas. O fato de ter gerenciado uma carteira que desde então já ultrapassou os US$ 16 bilhões serviu apenas para confirmar minha crença de que, assim como a sabedoria convencional havia depreciado erradamente os *mercados* emergentes há 25 anos taxando-os de "Terceiro Mundo", o erro bastante comum de hoje em dia é o de subestimar as *empresas* líderes desses mercados. As firmas cujos perfis são traçados neste livro têm passado despercebidas das economias maduras e foram bem-sucedidas contra todos os prognósticos, tornando-se sobreviventes calejadas no campo de batalha das duras crises e da concorrência darwiniana. Com o crescente poder da China, da Índia e de outras potências emergentes, e com o resultante deslocamento da demanda do consumidor do Ocidente para esses mercados com classe média crescente, entramos formalmente agora no Século dos Mercados Emergentes.

O SÉCULO DOS MERCADOS EMERGENTES

As principais economias do antigo Terceiro Mundo reemergirão brevemente como as economias dominantes do futuro, em vez de se conservarem periféricas como têm sido desde a primeira revolução industrial.[1] Dentro de 25 a 30 anos, o produto nacional bruto combinado (PNB) dos mercados emergentes ultrapassará o das atuais economias maduras (veja tabela). Apesar de corresponderem a cerca de 85% da população mundial, as baixas rendas per capita em muitos mercados emergentes têm mantido a participação desses mercados no PNB global em torno de 20%. Mas essa proporção tende a mudar à medida que as economias emergentes continuam a crescer a taxas praticamente duas vezes mais rápidas do que as da maioria das economias dos primos mais ricos. Essa segunda revolução industrial acarretará um novo deslocamento econômico, e deve provocar uma alteração importante no centro de gravidade da economia global — das economias desenvolvidas para as emergentes.

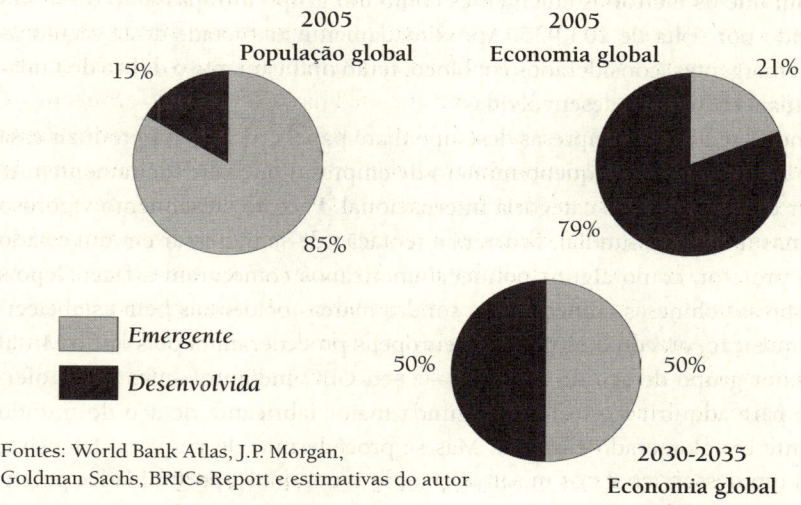

Os mercados emergentes alcançarão as economias desenvolvidas

Fontes: World Bank Atlas, J.P. Morgan, Goldman Sachs, BRICs Report e estimativas do autor

A ascensão dos BRICs (Brasil, Rússia, Índia e China) e de outros mercados emergentes na economia global (em trilhões de dólares)

	G7	Todos os desenvolvidos	BRICs	Próximos 11	Todos os emergentes
2005	27,3	32,4	4,2	2,9	8,9
2015	33,0	39,6	10,2	5,6	19,0
2030	43,0	51,6	28,2	12,5	46,8
2050	64,2	77,0	90,0	35,5	138,0

Fonte: Avaliações do autor com base nas projeções da Goldman Sachs para os quatro BRICs, para onze outros importantes mercados emergentes e para os dados da J.P. Morgan para outros países. A Goldman Sachs presume que o crescimento nos mercados emergentes será mais lento e que as taxas de câmbio desses mercados serão naturalmente valorizadas concomitantemente com o aumento do poder aquisitivo, pois essa tem sido a experiência geral da história econômica.

Segundo as projeções da Goldman Sachs, somente quatro dos maiores mercados emergentes (Brasil, Rússia, Índia e China, identificados pela sigla BRICs), superarão os sete maiores países industrializados, o G7 (Estados Unidos, Japão, Alemanha, França, Reino Unido, Itália e Canadá) aproximadamente em 2040.[2,3] Se o grupo dos onze mercados emergentes principais[4] seguinte for incluído, os quinze principais mercados emergentes em conjunto serão maiores do que o G7 logo depois de 2030. O PNB combinado deve alcançar 41 trilhões de dólares, comparáveis aos 43 trilhões de dólares do G7, depois de considerada a desaceleração provável da taxa da China para menos da metade de sua taxa de crescimento atual. Minhas próprias projeções ao acrescentar o restante das nações desenvolvidas e emergentes, indicam que os mercados emergentes como um grupo ultrapassarão o mundo desenvolvido por volta de 2030-35. Aproximadamente na metade deste século os mercados emergentes, considerados em bloco, terão praticamente o dobro do tamanho das atuais economias desenvolvidas.

Uma nova geração de empresas desempenhará papel crucial para produzir essa mudança. Trata-se de um pequeno número de empresas que verdadeiramente merecerão ser consideradas de categoria internacional. Face ao crescimento vigoroso dessas firmas no palco mundial, ocorrerá a tentação de se ingressar em um estado de pânico protetor, como alguns políticos americanos começaram a fazer depois que as empresas chinesas começaram a sondar marcas ocidentais bem estabelecidas para aquisição, ou como os políticos europeus procederam depois que a Mittal Steel, o maior grupo de aço do mundo — e seu CEO indiano —, fez firme oferta pública para adquirir a Arcelor, a segunda maior fabricante de aço do mundo e importante conglomerado europeu. Mas se procedermos de maneira defensiva, prestamos um desserviço a nós mesmos quando ignoramos oportunidades potencialmente atraentes de parcerias em negócios e investimentos. Os que quiserem participar desse jogo global precisam conhecer os pontos fortes e fracos dos jogadores do time oposto.

Durante a mesma excursão de várias semanas pela Ásia, visitei outras empresas que deixariam surpresos todos que ainda veem as empresas do "Terceiro Mundo" como produtoras de matérias-primas ou fabricantes imitadoras de eletrônica barata. Percorri o hospital de Bumrungrad na Tailândia, onde a informação sobre os pacientes não fica em papéis (ao contrário até dos mais avançados hospitais do mundo) e que recebe milhares de pacientes de todas as partes do globo para os mais variados tratamentos, de males cardíacos às cirurgias plásticas, pelos quais pagam uma fração do preço que desembolsariam nos Estados Unidos. Falei com engenheiros petroquímicos que tinham perdido o interesse pela fabricação de poliéster barato, mas que queriam se concentrar no desenvolvimento de sofisticados materiais sintéticos novos. Ouvi pesquisadores falarem entusiasticamente sobre aplicações da nanotecnologia às telas de computadores flexíveis que poderiam ser dobradas e enroladas. Principalmente testei um elenco de novos produtos que se baseavam na qualidade do projeto, sofisticação de funções e durabilidade igual se não superior a produtos competitivos dos Estados Unidos, Japão e Europa.

O fenômeno de mais amplo alcance que pude testemunhar durante minha curta visita ao futuro, poderia, é claro, ser livremente rotulado com o desgastado termo da "globalização". Mas como Moises Naim, editor da revista *Foreign Policy* me observou há pouco tempo: "A globalização não é uma ideia abstrata, ela é produzida por agentes reais que fazem as mudanças acontecerem." Ele tem razão. Estava claro como o dia que várias empresas que visitei na minha última viagem não eram mais atrizes secundárias; elas atuavam como principais, eram mesmo superestrelas desenvolvendo-se para atuarem no novo palco mundial.

A esta altura nós todos já estamos saturados de ouvir falar sobre os méritos e deméritos da globalização, da ascensão espantosa dos tigres asiáticos, da visão da China e da Índia como potências econômicas, da terceirização e realocação de negócios no exterior. Ainda assim, no "Ocidente", como as nações desenvolvidas dos Estados Unidos, Europa, Japão, Austrália e Nova Zelândia continuam convenientemente — se não corretamente — sendo designadas, continuamos a nos apegar à noção confortável de que pelo menos "nossas" principais empresas continuam a liderar o mundo — em termos de presença global, tecnologia, projeto e (acima de tudo), reconhecimento da marca e potencial mercadológico. Mas isso ainda é verdade? Será que a empresas líderes sediadas na Coreia, Taiwan, China, Índia, Brasil, México e Rússia estão *realmente* tão atrasadas em relação às suas contrapartes do Ocidente industrializado? Podemos levar em consideração nossa complacência — ocasionalmente abalada por períodos de ansiedade próxima do pânico justificado, no momento em que:

- A poderosa marca global coreana da Samsung hoje em dia é mais conhecida do que a da Sony, seu orçamento de P&D é maior do que o da Intel e seus lucros em 2005 foram maiores do que os da Dell, Nokia, Motorola, Philips e Matsushita.
- Voamos em jatos regionais feitos pela Embraer no Brasil.
- A CEMEX do México tornou-se a maior empresa fabricante de cimento dos Estados Unidos, a segunda maior do Reino Unido, a terceira maior globalmente e a líder de muitos outros mercados.
- Os computadores agora não são apenas fabricados, são também *projetados* em Taiwan e na China.
- Conseguimos a maioria dos conselhos sobre como consertar esses computadores da Índia.
- As reservas de gás que a Gazprom tem na Rússia são maiores do que todas as principais reservas de petróleo *combinadas* e sua capitalização de mercado rivaliza com a da Microsoft. O abastecimento de água na Europa seria congelado no inverno sem o suprimento da Gazprom, e isso foi demonstrado de modo incisivo quando a torneira foi brevemente fechada. Enquanto isso os postos russos de gasolina da Lukoil (comprada da Getty Oil) estão ao lado da Casa Branca, da Bolsa de Valores de Nova York e ao longo da costa Leste.
- A empresa mexicana Modelo vende mais cerveja da marca Corona para os americanos do que a Heineken. Além disso, um CEO brasileiro tornou-se líder da Inbev-Ambev, a maior fabricante de cervejas do mundo, depois de uma fusão em que as "velhas" empresas europeias de cerveja ficaram surpresas com a eficiência de suas parceiras do Brasil.

> *O que muitas vezes passa despercebido quando as pessoas falam superficialmente sobre a "globalização" é que um novo tipo de empresa está crescendo rapidamente e flexionando seus músculos nas nações que uma vez foram o Terceiro Mundo.*

Isso de modo algum é tudo. Os engenheiros coreanos hoje ajudam as fabricantes de aço dos EUA a modernizarem suas desatualizadas instalações. Novos medicamentos com direito a patente estão sendo desenvolvidos nos laboratórios indianos e eslovenos, que não estão mais se contentando complacentemente em produzir altos volumes de produtos genéricos de baixo custo para que sejam revendidos nas economias maduras. Novas invenções de produtos eletrônicos para o consumidor e com tecnologia sem fio estão se movendo da Ásia para os Estados Unidos e Europa, contrariamente ao fluxo no sentido inverso.

A era das empresas dos mercados emergentes não é mais aquela de fabricantes não sofisticados de produtos baratos e de baixa tecnologia; essa era está se encerrando rapidamente. Alguma coisa diferente e dinâmica está acontecendo nessas novas economias, abençoadas por taxas de crescimento tão altas que as economias maduras só podem mesmo invejar. O que muitas vezes passa despercebido quando as pessoas falam superficialmente da "globalização" é que um novo tipo de empresa está crescendo rapidamente e flexionando seus músculos nas nações que uma vez foram do Terceiro Mundo. Essas empresas frequentemente fazem o papel duplo de concorrente *e* parceiro comercial com multinacionais bem estabelecidas do Primeiro Mundo. Seria ingênuo de nossa parte menosprezá-las por conseguirem vantagens competitivas "injustamente" por causa da "mão de obra barata". Frequentemente, outros fatores além do preço ou custo têm sido os determinantes mais importantes da escalada árdua para o status de categoria internacional. São importantes dentre esses fatores "artificiais": (1) o foco obsessivo na qualidade e no projeto, (2) o desenvolvimento da marca, (3) a logística, (4) estar à frente dos concorrentes na adaptação das tendências de mudanças do mercado, (5) *know-how* para aquisições, (6) capacidade de estar à frente dos concorrentes em tecnologia da informação, (7) estratégias de nicho mais inteligentes e (8) pensamento não convencional. Essas empresas e seus líderes representam as próximas grandes superpotências econômicas do Século dos Mercados Emergentes.

> *A era das empresas dos mercados emergentes não é mais aquela de fabricantes não sofisticados de produtos baratos e de baixa tecnologia; essa era está se encerrando rapidamente.*

OS CAMPEÕES INVISÍVEIS

Chegou o momento de nos acostumarmos com a ideia de que os nomes muito conhecidos de hoje, quer se trate da IBM, Ford ou Wal-Mart nos Estados Unidos; Philips, Shell ou Nestlé na Europa; ou Panasonic, Honda e Sony no Japão, estão correndo o risco de se tornar referências ultrapassadas amanhã.

Afinal, a maioria de nós desconhecia totalmente que as empresas dos mercados emergentes já estavam tendo um papel importante em nossa vida. São elas que produzem muito do que comemos, bebemos e vestimos, além de nos fornecerem energia e matérias-primas. Cinquenta e oito das primeiras 500 corporações globais da revista *Fortune* estão sediadas em mercados emergentes. Muitas delas não são menos, pelo contrário, são *mais* lucrativas do que suas contrapartes nos Estados Unidos, Europa e Japão. As multinacionais emergentes de categoria internacional têm muitas coisas em comum. Elas:

> Os nomes muito conhecidos de hoje estão correndo o risco de se tornar as referências ultrapassadas de amanhã.

- São amplamente reconhecidas globalmente como líderes em seus respectivos setores industriais, não apenas nacional ou regionalmente.
- Tanto nas exportações como frequentemente na produção, têm presença verdadeiramente global.
- Estão sempre entre as três primeiras posições de mercado em um número de países suficientemente grande para terem atuação mundial reconhecida.
- São globalmente competitivas não apenas em preço, como também em qualidade, projeto e administração.
- Podem ter seus desempenhos comparados com as maiores e melhores do mundo.

Há dez anos eu teria achado difícil dizer o nome de uma empresa com tais características, mas *hoje* existem pelo menos 25 multinacionais emergentes de categoria internacional. Dentro de uma década espero que esse número ultrapasse folgadamente 100 empresas. Nos capítulos seguintes, focalizarei temas — da construção de marcas globais à análise em profundidade dos modelos de terceirização — que explicam os segredos por trás do sucesso dessas empresas, frequentemente *específicos* dos mercados emergentes. Todos os anos surgem mais dessas empresas de categoria internacional. Entre os recém-chegados encontram-se produtores de algumas *commodities* básicas para a economia mundial, como petróleo, gás, minério de ferro, celulose de madeira, aço e cimento. Mas também entre esses recém-chegados estão os representantes dos mercados emergentes em ampla gama de indústrias de capital intensivo, orientadas para tecnologia e que constam *da lista das 500 maiores empresas da Fortune.* Algumas indústrias apregoam que mais de uma empresa pode ser classificada como sendo de "categoria internacional" (a coreana Samsung e a LG em eletrônica, por exemplo, ou a indiana Infosys e a Tata Consulting em serviços de TI). Por uma questão de objetividade e coerência, optei pela inclusão apenas do líder de cada indústria. A lista também exclui diversos nichos menores, nos quais as empresas dos mercados emergentes por acaso sobressaem, desde as fábricas de pianos até as de tecidos.

> Praticamente uma de cada dez corporações que aparecem na lista das 500 maiores empresas da revista *Fortune* vem dos mercados emergentes.

Uma das razões que explicam por que as multinacionais emergentes ficaram abaixo do radar de tantos executivos, bem como do público em geral, é o fato de empresas como a Yue Yuen ou a Hon Hai deliberadamente ficarem ocultas sob as sombras da Nike, Dell ou Nokia, dentre outras marcas mais conhecidas. Ainda que as multinacionais emergentes sejam as reais fabricantes dos produtos para aquelas empresas, as marcas consagradas continuam a controlar a distribuição e a comercialização. Quando elas sairão das sombras? A característica dominante de invisibilidade dessas firmas — uma consciente estratégia de camuflagem em alguns casos — não quer dizer que elas sejam impotentes, menos lucrativas ou que se contentarão para sempre em assumir um perfil discreto. Dentro de pouco tempo as maiores empresas existentes, das quais nunca se ouviu falar, serão bastante conhecidas.

Assim como a ascensão dos Estados Unidos depois da Revolução Industrial fez com que as empresas americanas passassem de imitadoras para inovadoras, as multinacionais dos mercados emergentes cada vez mais farão o mesmo.

Empresas como a Samsung, LG e Hyundai começaram fabricando produtos de maneira eficiente e econômica, no entanto agora têm marcas reconhecidas, imagem de alta qualidade, tecnologia de categoria internacional e projetos cativantes. A chinesa Haier, dentre outras, estão seguindo esse mesmo caminho. Na realidade, elas já são mais conhecidas do que a GE, Sony e Toyota por centenas de milhões de consumidores na China, na Índia e em outras nações emergentes. Algumas estão empenhadas em encontrar meios de distribuir seus produtos globalmente sem ter que depender das grandes marcas para chegar até o consumidor final. À medida que o tempo passa, mais empresas dos mercados emergentes assumirão o controle de empresas ocidentais estabelecidas já há longa data, inclusive aquelas que hoje elas abastecem. Estamos vendo essa tendência se desenrolar enquanto as cadeias de suprimento global estão sendo invertidas, com as empresas ocidentais vendendo componentes e serviços para as gigantes globais dos mercados emergentes. A General Electric vende motores de jato para a construtora brasileira de aviões Embraer. Outras firmas inteligentes brevemente seguirão o exemplo.

No século XIX os aristocratas sentiam-se superiores aos novos empreendedores e à classe média emergente, sem compreender que uma nova era tinha começado. Analisar a evolução das 25 empresas neste livro é um primeiro passo para nos certificarmos de que não cometeremos esse mesmo erro novamente.

TEMPO DE ENCARAR A REALIDADE — *E* DE EXPLORAR SUAS OPORTUNIDADES

Nosso mundo, que cada vez diminui mais, está equilibrado no limiar de uma nova época competitiva — embora também de oportunidades eletrizantes — quando o campo do jogo global não está simplesmente ficando nivelado (como Tom Friedman, de maneira convincente, argumentou no seu livro *The World Is Flat*), está se inclinando e se afastando dos seus antigos donos. Desenhar as curvas de nível desse campo inclinado é o objetivo de *O Século dos Mercados Emergentes*. Embora a globalização tenha alcançado enorme destaque como tendência social e econômica, nosso perfil das 25 multinacionais emergentes pode nos ensinar valiosas lições sobre os atores reais deste novo mundo.

Podemos aprender desses novos-ricos dos mercados emergentes sobre os tópicos seguintes:

- Competitividade
- Inovação de processos
- Adaptação a novos mercados
- Tendências de futuro das indústrias
- Os tipos de trabalhos para os quais devemos nos preparar
- O futuro dos déficits comerciais
- O fortalecimento da pesquisa básica e da infraestrutura
- As novas maneiras de lidar com o envelhecimento das populações e
- As mudanças de poder político e econômico

As multinacionais de categoria internacional são os soldados da infantaria da batalha da competição global dos dias de hoje. Assim como a ascensão dos Estados Unidos depois da Revolução Industrial fez com que as empresas americanas passassem de imitadoras para inovadoras, as multinacionais dos mercados emergentes cada vez mais farão o mesmo. No século XIX, durante a primeira revolução industrial, os aristocratas sentiam-se superiores aos novos empreendedores e à classe média emergente na América e na Europa, sem a compreensão de que uma nova era tinha começado. Como agora fazemos face a uma segunda revolução industrial, analisar a evolução das 25 empresas discutidas neste livro pode ser um primeiro passo para nos certificarmos de que não cometeremos o mesmo erro novamente.

INVERSÃO DOS PAPÉIS

As décadas de bonança deixaram um legado de problemas a diversas multinacionais, estabelecidas há longa data, mas as crises brutais dos últimos anos também afetaram muitas empresas dos mercados emergentes que tinham confiado pesadamente no protecionismo. A decorrência dessa luta darwiniana pela sobrevivência deixou em pé no campo de batalha apenas os sobreviventes mais fortes. Recémchegadas, as multinacionais emergentes tinham que lutar para colocar a mercadoria na prateleira e combater noções preconcebidas de que tinham produtos de qualidade inferior (nem sempre justificadamente). No final, as empresas de categoria internacional descritas neste livro forjaram papéis de liderança. Não são milagres que acontecem da noite para o dia.

AS TRÊS ONDAS

Na minha opinião houve três ondas distintas definindo as relações comerciais entre o Primeiro Mundo e o Terceiro Mundo no século passado.

Primeira onda: Investimento estrangeiro direto em plantas no exterior

Durante o período pós-guerra, as empresas americanas, japonesas ou da Europa Ocidental estavam acostumadas a estabelecer fábricas nos mercados emergentes e levavam praticamente tudo (exceto a mão de obra do respectivo país), incluindo os gerentes, o maquinário, o capital, a tecnologia e as técnicas de gerenciamento. Tais empresas operavam minas de cobre, campos petrolíferos, montagem de automóveis, agronegócios, televisões ou unidades de disco de computadores. Tinham o propósito de transformar produtos baratos para a exportação usando a mão de obra e as matérias-primas de baixo custo do próprio lugar e, enquanto isso, participavam do crescente mercado local vendendo seus produtos. Era o modelo de negócio lógico para a época, pois as empresas domésticas dos mercados emergentes geralmente tinham pouco ou nenhum histórico, a tecnologia da qual dependiam precisava ser importada, os gerentes treinados e disponíveis eram poucos, inexistiam mercados locais para o capital e os bancos só emprestavam em prazos curtos. Alguns apregoavam que essas fábricas no exterior eram modernizadoras essenciais que satisfaziam as grandes necessidades de capital e tecnologia do Terceiro Mundo. Outros censuravam publicamente esses postos avançados do neocolonialismo, que operavam em isolamento total e simplesmente substituíam o controle político e social pelo comercial. Os ideólogos de ambos os lados do debate compreendiam mal o *verdadeiro* impacto dessas empresas. Ao longo do tempo essas instalações no estrangeiro familiarizaram a mão de obra local com tecnologias globais, treinaram os gerentes locais, estabeleceram critérios rígidos para padrões de eficiência e de serviço e introduziram métodos de administração que foram rapidamente disseminados entre os fornecedores e os concorrentes do lugar. Tudo isso preparando o palco para a...

Segunda onda: Terceirização doméstica e terceirização no exterior

Durante as últimas duas décadas, muitas empresas multinacionais tradicionais compreenderam que não precisavam mais estabelecer filiais no exterior: as empresas locais tinham fácil acesso aos mercados de capital e poderiam simplesmente comprar as tecnologias mais recentes e aprender como operar o sofisticado maquinário das imensas instalações. As escolas e universidades locais produziam amplo sortimento de trabalhadores especializados e engenheiros. Em um estágio posterior, a Internet possibilitava comunicações instantâneas e o diálogo fácil. Os relacionamentos de negócios a longo prazo desenvolviam a confiança necessária mais nos fornecedores do exterior do que nas operações domésticas. Primeiramente tratava-se de um único componente ou de uma peça barata de tecnologia básica, depois eram módulos inteiros ou produtos; finalmente, passaram a ser feitos projetos de produtos de alta tecnologia, inteiramente sofisticados e cada vez mais terceirizados no exterior. Certo, o cliente nos Estados Unidos, Europa e Japão permanecia no lugar de liderança e esse relacionamento simbiótico parecia ficar entre a nave-mãe e seus parceiros dependentes. Todavia as multinacionais ficam dependentes da tecnologia de processo de outras empresas para as quais terceirizam, ao carimbarem e distribuírem suas marcas registradas nos produtos. Enquanto isso, as empresas que assumem a terceirização ganharam excelentes margens, frequentemente mais altas do que aquelas de seus clientes.

Terceira onda: Concorrentes emergentes de igual para igual de categoria internacional

Estamos agora entrando nos primeiros anos da terceira onda: *o surgimento das multinacionais de categoria internacional nos mercados emergentes*. Em alguns casos uma grande empresa dos mercados emergentes, como uma Samsung ou High Tech em produtos eletrônicos de consumo, uma Modelo nas cervejarias ou uma Embraer na aviação, alcança um status tal que a impulsiona para a mesma classe das multinacionais tradicionais. A Infosys (TI) da Índia e a Tenaris da Argentina (oleodutos) classificam-se como concorrentes globais. A Empresa Vale do Rio Doce do Brasil (mineração) e a CEMEX do México (materiais de construção) aprenderam como se transformar em participantes globais de um modo engenhoso, sem perda das vantagens especiais de suas posições nos mercados de baixo custo.

Benefícios da inversão de papéis para as multinacionais emergentes

- Assim como os bons tempos criam maus hábitos, as crises sérias deixam apenas sobreviventes calejados no campo de batalha.
- Décadas de experiência transformam-se facilmente em um fardo de tradições "legadas" e sem esse fardo as empresas dos mercados emergentes algumas vezes conseguem progredir muito mais rapidamente.
- A vantagem de se ter boa participação no "mercado doméstico" está se transferindo para os mercados emergentes de rápido crescimento e de mais consumidores de classe média do que no Ocidente.
- Repentinamente, na Ásia, passou-se a admirar mais a China do que o "Ocidente".
- Tem surgido uma nova classe de consumidores.

DO VENTO DE PROA PARA O VENTO DE POPA

Todos nós sentimos — e aqueles que viajam frequentemente sabem por experiência própria — que o coração da economia global 24 horas por dia 7 dias por semana está mudando rapidamente e se afastando das cidades cosmopolitas de Londres, Paris e Nova York para as cidades igualmente cosmopolitas de Xangai, Mumbai, Seul e Cidade do México. Hoje, enquanto as assim chamadas nações industrializadas continuam a produzir 80% do produto nacional bruto mundial, esses centros representam meros 15% da população mundial — uma pequena e cada vez mais inexpressiva fração. Como consequência desses inalteráveis fatos demográficos, a dominância permanente do antigo Primeiro Mundo (durante tanto tempo, um dado econômico imutável), pode durar apenas enquanto o restante do mundo permanecer na pobreza. Quem realmente acredita que essa profunda disparidade deva continuar a existir indefinidamente, ou que seja desejável mantê-la no longo prazo?

Enquanto tantos continuam pobres nos países pobres, hoje existem muito mais consumidores de classe média nas nações dos mercados emergentes do que no Ocidente. O poder combinado dessa classe média no que se refere a compra, sofisticação e confiança está aumentando diariamente. Os consumidores educados de classe média em Xangai, Seul, Bangalore na Ásia, Moscou e Praga na Europa Oriental, São Paulo, Buenos Aires e Cidade do México na América Latina — para citar somente algumas metrópoles emergentes — estão comprando mais confiantemente cada vez mais telefones celulares, refrigeradores, televisões e cerveja do que suas contrapartes da classe média no Ocidente. As multinacionais dos Estados Unidos como a General Electric, Procter & Gamble, DuPont e General Motors esperam seriamente que *mais da metade do futuro crescimento que venham a ter* tenha origem nos mercados emergentes. Esses mercados foram satélites dessas empresas durante muitas décadas, mas estão contando com elas durante a próxima década para manter seus acionistas satisfeitos. Jeff Immelt da GE, líder de um conglomerado dos EUA — se é que já houve algum — comprometeu-se a duplicar as receitas de sua empresa provenientes dos mercados emergentes, dos atuais 15% (US$ 25 bilhões), para 30% em 2010,[5] aproximadamente.

Esse até certo ponto turbulento embora dinâmico estado dos negócios apresenta contraste marcante com as previsões de crescimento anêmico feitas pela comunidade dos economistas para muitos produtos dos mercados tradicionais. Se as tendências atuais de crescimento continuarem inalteradas, a China e a Índia serão economias de classe média solidamente diversificadas bem antes da metade do século, de modo bem semelhante ao que se verifica na Coreia e em Taiwan hoje. Será que os viajantes que aterrissaram na sujeira dos últimos anos em que se encontra o aeroporto JFK de Nova York, tendo saído dos reluzentes e modernos aeroportos de Xangai, Seul ou Cingapura, vão ser desculpados por ficarem na dúvida se acabaram de aterrissar num país subdesenvolvido ou num desenvolvido?

SÃO AS NOVAS ECONOMIAS, ESTÚPIDO!

Há apenas uma década nos Estados Unidos e na Europa, muitos visionários do futuro longínquo — desde Steve Case, o ex-presidente da AOL Time Warner, até o imponente Jean-Claude Messier, da Vivendi Universal — acreditavam firmemente que as empresas de categoria internacional do amanhã surgiriam exclusivamente da brilhante e resplandecente "nova economia". Hoje, na medida em que a realidade da dinâmica global corrente afunda gradualmente, é mais provável que muitas firmas de categoria internacional do futuro, ou mesmo a maioria delas, venham a ser provenientes das "novas economias" da Ásia, América Latina e Leste Europeu — talvez até do Oriente Médio e da África.

> *Muitas firmas de categoria internacional do futuro virão das "novas economias" e não da "nova economia".*

CHINA E ÍNDIA: NOVOS MEGAMERCADOS GERMINAM NOVAS MULTINACIONAIS

Antes da metade do século XXI, a economia da China não somente será a maior da Terra — como era antes da Revolução Industrial — como desta vez não ficará em isolamento esplêndido, será a âncora do mundo — a principal importadora, exportadora e formadora de opinião do globo. A China não apenas dominará sua região como também será uma importante investidora no exterior, mais do que um destino para os investimentos como é hoje. Com a diferença entre as nações ricas e pobres em rápida erosão, mesmo que as disparidades entre os países permaneçam, as nações industriais lideradas pelos Estados Unidos não mais serão árbitras exclusivas de gostos, padrões e tecnologias. Assim como a terceira geração das telecomunicações móveis florescerá na Ásia antes dos Estados Unidos, as novas modas no comércio de roupas e varejista começarão a se deslocar do Oriente para o Ocidente, e não no sentido inverso. Os jovens na China estão preferindo — e considerando "cool" — cosméticos, estilos de roupa, jogos de computador e bandas de rock coreanos, não ocidentais. Carros Hyundai, ar condicionado LG e refrigeradores Samsung tornaram-se marcas líderes na China. Embora os carros chineses mais vendidos de hoje ainda sejam feitos principalmente pelas multinacionais ou por imitadores, dentro de uma década os chineses exportarão carros bem projetados para a Europa e os Estados Unidos.

O Tata Institute of Fundamental Research em Mumbai, na Índia, que faz pesquisas sobre a "teoria das cordas" — a teoria universal que, segundo seus proponentes, explicaria os buracos negros e a origem do universo — é uma das instituições mais adiantadas do mundo. A Índia é também uma das seis nações do mundo capazes de construir e lançar satélites. Enquanto a Índia antiga era conhecida pelo saber, pelas inovações e por suas descobertas (incluindo a invenção do zero e o mapeamento do sistema solar e dos planetas), foram necessários mais de dez séculos para que a Índia voltasse a usufruir de uma segunda Idade de Ouro, marcada pelo reconhecimento internacional de seu software e pelas suas indústrias farmacêuticas, hoje confiantes no capital intelectual para avanços globais e não mais na economia grosseira das vantagens do baixo custo.

As atividades de P&D na Índia estão crescendo rapidamente, ao mesmo tempo que a melhoria das leis do direito da propriedade intelectual fornece proteção para a excelência nas inovações, especialmente na indústria farmacêutica. Encontra-se hoje na Índia a disponibilidade de financiamentos de participações acionárias com o capital privado, os financiamentos de particulares ricos para a germinação e lançamento de empreendimentos, os generosos apoios governamentais aos departamentos de ciência e tecnologia e o financiamento das pesquisas de mais de quarenta institutos de alta tecnologia. Além dos medicamentos e do software — atualmente na liderança do crescimento econômico — as indústrias aeroespacial, bélica (o dr. A. P. J. Abdul Kalam, atual presidente da Índia, é mais conhecido como pai do programa de mísseis indianos) e a dos automóveis impulsionam cada vez mais as inovações e as novas descobertas.

O DRAGÃO SOLTO

Em maio de 2005, depois de voltar para casa em Washington, D.C. chegando da Ásia, abri o *The Wall Street Journal* e vi o anúncio da IBM dizendo que havia concordado em vender sua tradicional divisão de computadores pessoais bem como a sua conceituada marca ThinkPad para a Lenovo, produtora de computadores chineses de baixo custo. Curiosamente, as notícias trouxeram à tona apenas uma suave sensação de desconforto nas comunidades políticas e de negócios, apesar da IBM ter sido pioneira há 25 anos na comercialização do PC, iniciando a revolução que até hoje continua no uso dos computadores pessoais. Mais atenção foi prestada quando — logo em seguida — a fabricante de aparelhos chineses Qingdao Haier Ltd., juntamente com dois fundos americanos para participações acionárias privadas (Blackstone Group e Bain Capital), enviou à Maytag Corporation uma manifestação de interesse pela sua aquisição, ou quando a petrolífera governamental chinesa CNOOC fez uma oferta pela Unocal. No momento, as empresas chinesas não estão apenas produzindo mercadorias com preços baixos e nem competindo no próprio domínio das firmas americanas, estão tentando controlar recursos e consagradas marcas dos Estados Unidos. Repentinamente, o que era visto como conveniência, transformou-se em ameaça. Com muita perspicácia, o *The Wall Street Journal* observou em julho de 2005:

> Tenha ou não sucesso, a posição da Haier representa uma insofismável pressão dos fabricantes chineses para assumir marcas ocidentais tradicionais. Tendo deixado sua marca no mercado com fabricações de custos baixíssimos, essas empresas estão não só aparentando como sendo jogadoras globais, investindo cada vez mais para realizar suas ambições a nível global.

O coro de perguntas que inevitavelmente surgiu com a oferta da Haier à Maytag — *Quem* era esse fabricante de eletrodomésticos chinês? *O que* queriam da Maytag? *Será* que o famoso técnico da Maytag iria perder seu emprego para um colega de Xangai? — era extraordinariamente restrito, em parte porque era muito fácil atribuir a Haier o papel de salvadora dessa marca vacilante, em vez de um invasor estrangeiro procurando roubar as joias da coroa do coração da América. Como Andrew Ross Sorkin enfatizou no *The New York Times*, "a Haier tinha menos propensão do que os pretendentes anteriores de se ver livre do técnico da Maytag, isso para não mencionar seus milhares de companheiros de trabalho, objetivando passar a empresa para mais uma empresa de capital privado".[6] A Haier também tinha maior probabilidade de "conservar a marca Maytag, sua cultura e suas tradições" do que a concorrente doméstica. Somente mais tarde, depois que a respeitável marca Whirlpool de linha branca ingressou na guerra de preços pela Maytag, relutantemente, a Haier resolveu desistir. Isso não era um sinal de que a caçada dos chineses por marcas e recursos estava esmorecendo. Os chineses aprendiam com os próprios erros e aperfeiçoavam seu jogo para mais uma investida nas empresas e marcas-chave da América.

Ainda assim, a complacência dos americanos em relação às ofertas da IBM e da Maytag foi bruscamente abalada no final de junho de 2005, quando a China National Offshore Oil Corporation — CNOOC, que engloba 70% das empresas petrolíferas chinesas, fez uma oferta firme pela petrolífera Unocal dos EUA — fundada em 1890 com o nome de Union Oil Company of Califórnia — na tentativa de superar a oferta de US$ 16,4 bilhões da rival da Chevron. Precisamente nesse ponto aquele campo de jogo supostamente nivelado (*The World is Flat*, de Tom Friedman) pareceu subitamente — para alguns — estar se inclinando nitidamente para a Ásia. Rumores e boatos sobre a "segurança nacional" foram amplificados em um bramido de protesto. Foram feitas exigências insensatas pelo ministro de assuntos exteriores chinês ao congresso indicando que a interferência em uma "transação estritamente comercial" teria o mesmo efeito da capa vermelha do toureiro incitando a arremetida do touro.

O desejo de atrair a atenção, os medos irracionais e, indubitavelmente, algumas preocupações válidas, começaram a formar uma mistura incendiária. Parte da indignação e protesto foi induzida por um sentido de "como eles se atreveram?", com base no antiquado conceito das superpotências do século XX em contraponto com as realidades do século XXI. Quando as empresas petrolíferas americanas estavam tentando conseguir o controle da Yukos da Rússia com outra "transação estritamente comercial", poucas preocupações foram manifestadas deste lado do oceano com relação ao efeito sobre Moscou da mudança da propriedade dos recursos estratégicos de petróleo russo. Também perdido na retórica ficou o fato de ter chegado pouco petróleo dos poços da Unocal no litoral americano e da tecnologia de perfurações em águas profundas não ser mais uma exclusividade americana. Realmente, a maior parte das reservas da Unocal ficava na Ásia. Por outro lado, a tecnologia atual de fazer perfurações a 3.000 metros em águas profundas e prosseguir mais 5 a 10 quilômetros em rocha é bem dominada pela Petrobrás do Brasil. É provável que os tubos usados na montagem das tubulações de perfuração tanto venham da subsidiária japonesa da empresa argentina Tenaris como de qualquer outra parte. Mesmo depois da oferta da CNOOC ter sido finalmente retirada, pois o risco político da prolongada revisão do contrato com relação à segurança nacional ameaçava adiá-lo indefinidamente, não era mais possível para os americanos ignorar o problema, o mesmo se aplicando a outros do antigo Primeiro Mundo. Mais recentemente uma firma internacional controlada pelo governo de Dubai obteve o controle da conceituada empresa British P & O, a maior operadora de portos de embarque do mundo, atiçando fagulhas em um clamor artificial dos políticos e do público. Muitos de visão mais comedida entenderam isso como uma atitude do medo aos estrangeiros para mascarar a ansiedade do pós 11 de setembro. O desfecho foi o Dubai Ports World concordar em vender barato seu patrimônio americano, em vez de resistir às suspeitas dos americanos com relação à sua capacidade de combater eficazmente a vulnerabilidade dos portos, fornecendo condições de segurança adequadas.

A despeito de alguns reveses, as ofertas para aquisições de empresas iniciadas com as multinacionais emergentes, inundadas com os recursos dos preços mais altos das *commodities* ou ansiosas para conseguir acesso à tecnologia, às marcas ou aos projetos, vêm crescendo firmemente ao longo dos últimos anos. A gigante francesa Thomson foi comprada pela TCL, empresa de bens de consumo eletrônicos chinesa. A BenQ de Taiwan adquiriu a Siemens Mobile (celulares). A Beko, fabricante turca de aparelhos elétricos, recentemente comprou a marca alemã Grundig. Apenas durante 2005, as multinacionais emergentes despenderam o recorde de US$ 42 bilhões em acordos de aquisição na Europa (mais do que duas vezes o gasto do ano anterior) e outros US$ 14 bilhões (em 96 acordos separados) nos Estados Unidos. Trata-se de um gasto bem superior aos US$ 10 bilhões do pico alcançado em 2000.[7] É preciso enfatizar que esse não é um fenômeno limitado exclusivamente aos Estados Unidos ou à Europa. Os produtores petrolíferos canadenses estão sendo comprados pelos chineses e a brasileira CVRD (VALE) fez uma oferta de US$ 17,6 bilhões pela gigante canadense do níquel, a Inco, Ltd. As reservas indianas de mineração caíram nas mãos dos chineses. A Petrochina da China e também a indiana Oil and Natural Gas Corporation (ONGC) estão perfurando no Sudão. As firmas chinesas estão também comprando direitos de mineração e de perfuração de petróleo em toda a África.

É interessante observar que os maiores compradores de ativos dos EUA têm sido as empresas indianas e não as chinesas, mas as últimas finalmente chegaram a um ponto onde tais transações representam uma mudança estratégica lógica e, portanto, uma genuína ameaça competitiva. A despeito do seu imenso mercado local, a empresa Haier, fabricante de aparelhos eletrodomésticos chineses, compreendeu que precisava abranger o globo e está seguindo as pegadas da Samsung focalizando o desenvolvimento de uma marca mundial. Ainda que tenham falhado nas últimas concorrências, indubitavelmente elas são a vanguarda de uma tendência. "O governo da China tem preparado suas 100 a 150 principais empresas para se expandirem no exterior", observou Jack J. T. Huang, presidente da Jones Day, grande escritório de direito internacional na China. "O governo vê isso (as concorrências mais recentes) como um campo de provas e quer avaliar como essas empresas conseguem enfrentar a concorrência."[8]

A resposta das sociedades atingidas pelo repentino aparecimento de firmas poderosas e competitivas nos mercados emergentes pode ser comparada com a simples lembrança da famosa sequência de etapas emocionais, descrita por Elisabeth Kübler-Ross, em que as pessoas sentem face a iminência da morte: primeiramente negação, depois medo, depois raiva e depois aceitação.

Não se pode dizer que até 2006 a América e a Europa Ocidental já estejam no estágio de aceitação quanto ao Século dos Mercados Emergentes e com relação às ambições globais das multinacionais emergentes. Finalmente aceitamos, ressentidos, que essas firmas existem e que algumas crescem vigorosamente juntamente com seus governos. Entretanto, temos ainda problemas em encarar tranquilamente a realidade do século XXI com relação ao fato do antigo Primeiro Mundo não ser mais o líder global incontestável. No que se refere às multinacionais emergentes, ainda nos falta conhecimento. E onde o conhecimento está ausente, governam o medo, a raiva e a ansiedade.

A AMEAÇA COMPETITIVA É SOMENTE METADE DA HISTÓRIA

Os que se lembram claramente da Guerra Fria podem ser desculpados por terem um sentimento de *déjà vu* com relação à ameaça florescente das multinacionais emergentes, pois a tensão gerada pelas aquisições de algumas empresas ícones do mundo traz reminiscências similares às inquietudes incitadas pelo lançamento do Sputnik. Depois da fatídica noite de outubro de 1957, surgiram receios de que os russos acabassem sendo os vencedores da Guerra Fria, ou, pelo menos, da corrida espacial. Duas décadas depois o estrondoso sucesso da Toyota e da Sony provocou um grito alarmado de batalha bem semelhante: "os japoneses estão ganhando". Agora, nos primeiros anos do século XXI, são os chineses e os indianos que estão ganhando. Ainda assim, quem fala abertamente de perdedores e ganhadores é claro que enxerga a economia global como um jogo de soma zero. E se, em vez disso, a ascensão dos mercados emergentes e das multinacionais emergentes fosse transformada em um jogo de ganha-ganha para os dois lados?

Assim como o Sputnik desencadeou a resposta criativa do programa espacial e todos os produtos e tecnologias que ele criou; tal como o alerta de Paul Revere "os japoneses estão ganhando!" levou as empresas americanas a adotarem o programa Seis Sigma de TQM (Gestão de Qualidade Total) e os processos de inventário *just-in-time*, assim também, o atual grito de alarme: "os chineses, os indianos, os tailandeses ou os coreanos estão ganhando!" poderá, repentinamente, induzir nas nações outrora complacentes do antigo Primeiro Mundo, uma resposta comparativamente criativa. Existem muitas possibilidades de resposta para essa questão, não com base em um internacionalismo ingênuo ou num fatalismo mal colocado, mas em uma crença, muito bem justificada, de que o cenário econômico global não é um jogo de soma zero.

> *"Os russos estão ganhando!" (décadas de 1950 e 1960), "os japoneses estão ganhando!" (década de 1970), e agora, "os chineses estão ganhando!"*

As multinacionais emergentes não estão mais interessadas em ser vistas como empresas de origem coreana, mexicana, tailandesa ou chinesa. Elas têm a aspiração de ser vistas como verdadeiramente globais, para operarem, pensarem, gerenciarem e crescerem globalmente. Essa meta está rapidamente se transformando em realidade para muitas empresas, uma realidade à qual estamos todos começando a nos ajustar gradualmente, não só as multinacionais emergentes como todos nós. Muitas multinacionais emergentes já pertencem a acionistas do mundo inteiro: a Samsung tem 52% de suas ações com acionistas internacionais; a CEMEX, 71%; a Hon Hai, 57%; a Infosys, 54% e as multinacionais emergentes em conjunto, 50%. Além disso, as multinacionais emergentes estão se tornando empregadoras importantes nos Estados Unidos e na Europa e constituindo-se em atraente possibilidade de futuro emprego para egressos das escolas de administração de empresas, projetistas e pesquisadores científicos. A CEMEX, produtora mexicana de cimento, tem mais de 30.000 empregados nos Estados Unidos e na Europa, mais do que no próprio México.

As reuniões administrativas na CEMEX acontecem em inglês e mais da metade dos empregados da empresa espalhados pelo mundo nem mesmo falam espanhol. A Hyundai acaba de abrir uma fábrica no Alabama empregando 2.000 pessoas, enquanto seus fornecedores regionais empregam mais 5.500 trabalhadores. A Haier produz a maioria dos seus refrigeradores destinados ao mercado norte-americano em uma fábrica na Carolina do Norte. A Embraer consegue a maior parte dos componentes para seus aviões dos Estados Unidos, Japão, França, Espanha e Rússia. Brian Tempest, um CEO do Reino Unido, foi quem me recebeu, quando recentemente solicitei uma entrevista com o CEO da empresa farmacêutica indiana Ranbaxy. Desde 1995, o laboratório de projetos inovadores da Samsung (IDS) tem servido de escola da própria empresa para que projetistas promissores estudem sob a orientação dos especialistas de uma das principais escolas de projetos dos EUA, a Art Center College of Design de Pasadena, na Califórnia.

Graças ao tempo que já dediquei investindo nos mercados emergentes, já vi essas empresas superarem crises que sobrevêm quando o México e a Ásia sofrem abruptas desvalorizações, mergulham em recessões profundas e parecem se perder em seus caminhos para o sucesso. Também pude vê-las transformar problemas em plataformas para serem bem-sucedidas globalmente. Observei as melhores crescendo diante dos meus olhos, transformando-se de produtores pequenos, de segunda classe e de mercadorias baratas, em empresas grandes e competitivas mundialmente, bem gerenciadas, inovadoras, líderes de seus setores industriais e ocupando as primeiras posições nos seus nichos de mercado. É mais provável que muitas das próximas "Microsofts", "General Electrics" e "McDonalds" surjam dos mercados emergentes do que dos Estados Unidos, Europa e Japão.

O *Século dos Mercados Emergentes* conta como 25 empresas conseguiram chegar ao topo em termos mundiais e como outras, dos mesmos setores industriais e países, falharam em seus empreendimentos. O livro detalha o que é necessário para que uma empresa seja considerada de categoria internacional em um mercado emergente e o que nós — e outras empresas dos mercados emergentes — podemos aprender com essa cruciante experiência. A formulação de uma resposta *criativa* em oposição a uma resposta *defensiva* para tal guinada de aptidões tem sido o desafio econômico central dos nossos dias.

CAPÍTULO 2

Indo Contra os Prognósticos

As estratégias que impulsionaram 25 multinacionais emergentes a se tornarem corporações de categoria internacional

Quando o compositor russo Piotr Ilyich Tchaikovsky apresentou seu arrojado e muito vívido Concerto para Violino e Orquestra em D Maior (Opus 35) em Viena, em 1881, o crítico vienense mais influente da época escreveu afrontosamente que "durante algum tempo [a peça] se move sobriamente, com musicalidade e não sem espírito. Mas logo a vulgaridade toma conta... [o] clímax nos transfere para a ignóbil gaiatice de um feriado russo. Podemos então ver a selvageria de rostos vulgares, ouvimos imprecações e sentimos cheiro de vodka... o concerto para violinos, de Tchaikovsky... é péssimo para o ouvido".[1]

O mais notável aspecto dessa apreciação não é um importante crítico musical ter se enganado por tão larga margem, mas é o fato de sua opinião exalar um preconceito barato, de odor mais forte do que o da vodka do concerto. No entanto, tal atitude de superioridade expressa por parte de um árbitro austríaco do bom gosto com relação ao compositor russo de suposto nascimento humilde, não é tão diferente do preconceito inconsciente de muitos cidadãos do Primeiro Mundo ao considerarem as empresas atuais de nações em desenvolvimento.

A principal razão de ter sido tão compensador investir nos mercados emergentes durante o último quarto de século é a constatação de que a sabedoria convencional baseada em percepções desatualizadas tem estado muito afastada da realidade. A concepção de que dúzias se não um grande número de concorrentes potenciais pudesse um dia surgir desses mercados e merecer respeito, serem imitados e, possivelmente, até inspirarem medo nas empresas bem estabelecidas dos países industrializados, mereceu amplo desprezo como se fosse absurda. Mas, de acordo com George Soros, o investimento bem-sucedido tira partido de uma "lacuna entre a percepção e a realidade",[2] lacuna essa que muitas vezes pode simplesmente ser designada como "preconceito".

Mercados supostamente eficientes continuam sendo subestimados, atribuindo-se um prêmio de risco muito grande para várias empresas retratadas neste livro. O caminho para o sucesso de muitas multinacionais emergentes está, rotineiramente, cheio de exemplos de preconceitos irracionais em relação aos empreendedores e administradores. Para citar apenas alguns:

1. Em 1969, assessores do Banco Mundial desaconselharam o governo sul-coreano a construir uma aciaria integrada (aquecimento, fusão e processamento) na Coreia, opinando que seria "uma proposição prematura à qual faltaria a necessária viabilidade econômica".[3] Antes de 2005, a Pohang Iron and Steel Company (Posco), construída pelo governo coreano com a ajuda de consultores técnicos japoneses, foi qualificada pelos editores da *Fortune* como sendo "a empresa mais admirada globalmente", tendo sido designada pelos principais analistas da indústria do aço como "a mais competitiva [aciaria] do mundo".

2. Em 1988 o gerente de aquisições da Royal Dutch Shell aconselhou um gerente técnico sênior da Tenaris, fabricante argentina de tubulações de aço, a "voltar para o escritório onde ele poderia ser mais útil do que copiando seus concorrentes". Hoje a Tenaris é a principal fornecedora da Shell em dez países.

3. Em 1992, quando a empresa de cimento mexicana CEMEX proclamou sua intenção de adquirir duas grandes empresas de cimento espanholas, suas ações prontamente caíram 30%. Por quê? Tratava-se de um investimento internacional, seria melhor pagar dívidas prioritárias e havia dúvida sobre a viabilidade de uma empresa mexicana assumir uma espanhola. Como secamente observou Lorenzo Zambrano, CEO da CEMEX: "Eles dizem que uma empresa mexicana não pode administrar na Europa." Hoje, a CEMEX não somente é um dos maiores produtores de cimento da Europa, como também lidera nos Estados Unidos.

4. Em 1984, quando Morris Chang, fundador da Taiwan Semiconductor Manufacturing Company (TSMC) abordou Gordon Moore, o fundador da Intel que se notabilizou pela "lei de Moore", falando sobre construir uma fundição pura de capital intensivo que fabricaria chips de silício sob contrato em marcante contraste com a tradição de fabricação própria das firmas de eletrônica, Moore despreocupadamente dispensou a proposição como "uma ideia idiota". Hoje, a mesma ideia evoluiu e se transformou na maior fundição de semicondutores dedicados do mundo, a líder de mercado em uma indústria que em 2005 obteve um incremento de US$ 27 bilhões na receita, de acordo com a associação FSA (Fabless Semiconductor Association).

Nos capítulos a seguir encontraremos muitos exemplos de falhas dos analistas ocidentais ao considerarem inadequadamente esses estreantes impetuosos. Para superar o preconceito demonstrado por tantos especialistas e participantes do mercado, só um sentimento de brio muito forte pode explicar a motivação de tantas empresas em persistir na escalada hercúlea até o topo. Somente o brio pode ter estimulado funcionários e gerentes em praticamente cada esquina do mundo, levando-os a enfrentar e vencer adversidades e preconceitos assustadores, explicando assim o triunfo da Samsung Electronics e Hyundai Motors na Coreia, Tenaris na Argentina, TSMC, Hon Hai

> *O preconceito demonstrado por tantos especialistas e participantes do mercado somente pode ser superado com um sentimento de brio muito forte, único fator que pode explicar a motivação de tantas empresas em persistir na escalada hercúlea até o topo.*

e High Tech Computer em Taiwan e Infosys na Índia. Inúmeras vezes, ao visitar essas empresas, pude testemunhar, ouvir e sentir a força psicológica pura e simples do profundo orgulho de levar o melhor ao mundo, numa determinação incansável para atingir excelência no ramo de sua atividade.

Essas empresas nunca poderiam ter alcançado o sucesso de classe mundial se não fossem as adversidades, os obstáculos e os preconceitos que encontraram pelo caminho. Uma revisão abrangente do desempenho espetacular dessas empresas durante as últimas duas décadas revela um traço comum: elas são as *sobreviventes que conseguiram prosperar por meio de um modo de pensar não convencional*. O que numa visão retrospectiva é muitas vezes chamado de "estratégia", pode mais precisamente ser descrito como adaptação criativa, como uma série de ajustamentos decisivos, frequentemente audaciosos e imaginativos às condições adversas do mercado, aos erros estratégicos, ou aos reveses. Entre tais ajustamentos têm sobressaído várias crises financeiras graves que vêm golpeando essas empresas e seus gerentes como "tempestades de destruição criativa", aí estando inclusas as desvalorizações da moeda e os colapsos econômicos praticamente totais. Das cinzas de tais crises têm surgido empresas formidáveis, cujos atributos têm sido fundamentalmente moldados pela estreita sobrevivência dessas lutas darwinianas.

CONVERSA SOBRE UMA REVOLUÇÃO

Enquanto preparava minha apresentação anual para nossos clientes há alguns anos, pedi ao meu assistente particular Nowshad Rizwanullah, jovem de Bangladesh formado em Yale e que tinha trabalhado para a multinacional indiana emergente Mahindra & Mahindra, para fazer uma pesquisa de dados sobre o envelhecimento e o rejuvenescimento de empresas nos mercados emergentes. Durante algum tempo suspeitei que existissem empresas que tinham aparecido e desaparecido nos mercados emergentes mais rapidamente do que se sabia. Nesse ano quis mudar o foco da minha apresentação de uma discussão estreita sobre o que havia ocorrido durante o último ano, para um panorama mais amplo, que abordasse como algumas empresas dos mercados emergentes, nos quinze anos passados desde o lançamento de nossa empresa, tinham progredido e evoluído (ou, em alguns casos, como tinham ficado de maneira ignominiosa à margem do caminho). Dentre nossas mais surpreendentes descobertas destacavam-se:

- Há apenas dez anos não existiam empresas nos mercados emergentes que pudessem ser consideradas de categoria internacional. Hoje em dia existem empresas dos mercados emergentes entre 25 indústrias globais líderes.
- Em 1988, quando lançamos nosso primeiro fundo, havia apenas vinte empresas nos mercados emergentes com vendas superiores a US$ 1 bilhão. Muitas eram bancos e produtores de *commodities*, com uma maioria esmagadora delas tendo sede em Taiwan. Por volta de 2005 existiam pelo menos 38 empresas com vendas acima de US$ 10 bilhões e 270 com vendas superiores

a US$ 1 bilhão, todas sobreviventes de uma reorganização econômica que não era vista há décadas, se não há séculos, no Ocidente.
- Em quinze anos uma espantosa cifra de 80% de empresas que tinham tido domínio no índice dos mercados emergentes havia desaparecido da lista das 100 maiores emergentes.[4]

É interessante observar que doze (ou aproximadamente a metade) da minha lista de 25 empresas de classe mundial encontram-se entre estas 20 sobreviventes. Na prática, não se trata apenas da sobrevivência darwiniana: reflete o tremendo dinamismo desses mercados novos com oitenta nomes novos.

Para ficar apenas em um exemplo: Hua Nan Bank. Que banco é esse? Nos idos de 1990 era a terceira maior empresa nos mercados emergentes, mas praticamente ninguém mais se lembra desse nome hoje em dia. Frisando uma vez mais, quem poderia acreditar, em 1990, que a empresa de energia soviética Gazprom fosse capaz de, literalmente, causar calafrios na espinha da Europa Ocidental pelo fechamento temporário dos registros de gás da Ucrânia, ou que, por volta de 2005, ela se tornaria a maior empresa do mundo dentre as empresas dos mercados emergentes em termos de capitalização de mercado?

Nos primeiros anos da década de 1990, enquanto tomava parte de uma conferência em Buenos Aires, em um momento de tensão fiz uma previsão terrível e vaticinei que a maioria das ações de primeira linha do mercado de ações argentino deixaria de existir (devido a colapsos, fusões ou aquisições) dentro de uma década. Meu público de executivos líderes ficou chocado. Dez anos mais tarde, tristemente, comprovei que tinha acertado. Hoje sabemos que uma taxa de câmbio supervalorizada geralmente conduz a um perigoso endividamento externo excessivo em moedas estrangeiras aparentemente baratas, sendo quase impossível em um mundo onde faltam barreiras protetoras que uma empresa consiga ser simultaneamente competitiva em petróleo, gás, construções e diversas outras atividades.

A Argentina não estava sozinha, nem era radicalmente diferente de outros mercados emergentes. Mediante tantas visitas anuais a tantas empresas, logo compreendi que o universo das empresas de mercados emergentes tinha a tendência de se transformar constantemente ao longo do tempo. Não somente as crises mundiais e a globalização inevitavelmente exerceriam seus efeitos, mas as políticas governamentais e outros acontecimentos macroeconômicos contribuiriam para a impressionante capacidade construtiva e destrutiva dessas empresas, com a abertura dos novos mercados, com as estatais sendo privatizadas e com as novas indústrias que surgiam. A tabela de capitalização do mercado mostra que *nenhuma* das primeiras dez empresas em 1990 e 2005 continuava igual. Quinze anos depois, as primeiras dez empresas estavam *pelo menos* dez vezes maiores do que suas antecessoras. Das 25 maiores empresas dos mercados emergentes em 1990, apenas três chegaram à lista das primeiras 25 novamente em 2005, todas as três da Coreia (Samsung, que era a vigésima, Kepco e Posco). Isto era mais do que uma simples mudança, tratava-se de uma revolução.

As dez primeiras empresas em capitalização do mercado

2005	Bilhões (US$)	1990	Bilhões (US$)
Gazprom, Rússia	170	Kepco, Coreia	14,0
Samsung Electronics, Coreia	107	Cathay Financial, Taiwan	8,3
China Mobile, China	93	Hua Nan Bank, Taiwan	7,9
China Construction Bank, China	78	First Financial Hld, Taiwan	7,8
Petrobrás, Brasil	74	China Steel, Taiwan	7,6
Lukoil, Rússia	51	ICBC, Taiwan	7,1
Taiwan Semiconductor, Taiwan	47	Changh Hwa Bank, Taiwan	6,7
Surgutneftegaz, Rússia	46	Akbank, Turquia	4,6
Vale do Rio Doce, Brasil	46	Telmex, México	3,2
Oil and Natural Gas Corp, Índia	37	Posco, Coreia	3,0

Não são apenas empresas, são países inteiros e indústrias, novos na lista de líderes industriais. Bancos, empresas distribuidoras de títulos e cimento na Coreia e Taiwan, empresas de aço e vidro no México, de automóveis e jogos na Malásia integravam a plêiade de atores principais que haviam perdido a dominância ao longo dos últimos quinze anos, desistindo de seus lugares ao sol para indústrias ligadas ao petróleo, gás, tecnologia, telecomunicações móveis, dentre outras. Hoje em dia nos dez primeiro lugares estão as empresas dos BRICs (Brasil, Rússia, Índia e China) em vez das empresas de Taiwan, da Malásia e da Coreia. Embora a Coreia e Taiwan continuem importantes, empresas de tecnologia substituíram muitas empresas que na época dominavam as áreas de finanças e serviços públicos dessa lista de 1990.

Fazendo uma retrospectiva, esses resultados não deveriam ser tão surpreendentes. Quando nossa Emerging Markets Management começou a investir em 1988, a China, a Rússia e a Europa Oriental ainda se escondiam atrás da impenetrável "cortina de ferro", ao mesmo tempo que as empresas de eletricidade, telefone e geração de energia — para não falar de rodovias e ferrovias — permaneciam no aparente aperto permanente das mãos do governo, praticamente em todo lugar. As empresas argentinas estavam sendo esmagadas por insustentáveis taxas de inflação. O mercado sul-coreano era dominado por poucos conglomerados locais (*chaebols*) que haviam se especializado em excluir concorrentes estrangeiros e atrapalhar o crescimento das empresas menores na esfera doméstica.

Quase todas as empresas dos mercados emergentes eram pequenas, faziam produtos de segunda classe, eram protegidas da competição ou — se eram maiores — estavam tentando fazer muitas coisas de uma vez só. Na Ásia, frequentemente os balanços das empresas eram barbaramente sobrecarregados pelos débitos. Na América Latina, as taxas de juros tendiam a ser tão assustadoras, que até mesmo as melhores empresas não eram capazes de atrair financiamentos, fosse do que fosse, a custos razoáveis. Na qualidade de investidor ativo nos mercados emergentes, eu não podia deixar de estar em sintonia com as significativas mudanças no nosso universo de investimentos que tinham ocorrido na última década e meia. Para enfatizar apenas algumas das forças macroeconômicas de maior poder de transformação:

- A eliminação da hiperinflação no Brasil e na Argentina teve como consequência a *privatização* de muitos setores econômicos, desde as telecomunicações às distribuições de eletricidade, incluindo até os sistemas de água e rodovias, tradicionalmente sob controle do estado, que se tornaram empresas públicas subordinadas à disciplina das forças do mercado.
- A rápida mudança de economias comunistas de planejamento centralizado para *economias orientadas pelo mercado* na Rússia, na Europa Oriental e na China, não só acrescentou países importantes e muitas empresas privatizadas à lista de mercados emergentes (e oligarcas à lista de bilionários mundiais), como também abriu novas arenas para os empreendimentos locais e para os investimentos estrangeiros.
- As crises do México, da Ásia e da Rússia forçaram os países a colocar suas *macroeconomias domésticas em ordem*. Foi-se o tempo dos orçamentos gigantescos e dos déficits nas contas correntes, a inflação e as taxas de juros baixaram, os mercados emergentes possuem agora a maioria das reservas mundiais de divisas internacionais sob a liderança da China, de Taiwan e da Coreia. Todo o panorama macroeconômico está completamente diferente e muito mais estável hoje em dia.
- Durante a última década, os principais países em desenvolvimento como a China e a Índia aspiraram vivamente tornarem-se membros da Organização Mundial do Comércio (OMC). Mas para se qualificarem como membros desse clube exclusivo, as nações precisam estar propensas a promover reduções drásticas de tarifas de importação e a eliminar as cotas de proteção. Bem cedo as exigências nocivas para o licenciamento e os incômodos monopólios locais ficaram sob ataque geral, ainda que, naturalmente, muitos tenham sobrevivido ao assalto. Junto com aqueles outros vestígios de uma era desaparecida, a sensação acolhedora de que fazer parte do clube industrial local impediria o ingresso de concorrentes foi consignada "à pilha de lixo da história".

- A *terceirização* era um conceito desconhecido em 1990, mas ficou sendo uma força motriz importante ao expor muitas empresas a clientes exigentes e de altos padrões. Depois de pouco tempo os produtos fabricados para o consumo local foram extraordinariamente melhorados.

A passagem por uma transformação tão ampla não aconteceu de modo automático e nem foi fácil. Em muitos casos as luzes políticas e intelectuais só foram acesas depois dos países e empresas terem sofrido crises devastadoras, numerosas demais para serem citadas. Um colapso completo do sistema bancário em 1982 forçou o Chile a mudar o curso de suas atitudes depois da irrefletida imposição da taxa fixa de câmbio pela junta militar à nação. Uma queda precipitada das reservas de moeda estrangeira da Índia para níveis de quase falência em 1991 resultaram em reformas estruturais que já eram necessárias há muito tempo. A Argentina e o Brasil somente poderiam enfrentar a hiperinflação e a estagnação econômica no início da década de 1990 mediante a privatização de porções significativas de suas economias. A história da "crise da Tequila" mexicana de 1994 forçou as empresas ou a reformularem suas antigas práticas ou a definharem sob o ataque furioso da competição intensificada. A crise financeira asiática de 1997 persuadiu as empresas indonésias, tailandesas e coreanas de que seria necessário que expurgassem seus inchados balanços e se despojassem da crença de que podiam ser bem-sucedidas em tudo. Na Rússia, em 1998, o colapso do mercado de ações fez com que novamente reconhecidos oligarcas finalmente se sentissem vulneráveis e, relutantemente, dispostos a ajustar suas extensas e muitas vezes frouxas operações à realidade do mercado.

EM UM MUNDO SEM FRONTEIRAS, SOMENTE A COMPETITIVIDADE GLOBAL SERIA SATISFATÓRIA

Com todos esses desenvolvimentos desiguais acontecendo, somente as empresas que aspirassem ser *globalmente* competitivas poderiam obter condições vantajosas sobre a concorrência. Isso ficou sendo mais do que uma opção desejável, transformou-se em uma necessidade. Para ser globalmente bem-sucedida uma empresa precisa ter a determinação incansável de ser a melhor do seu setor industrial, não apenas em comparação com a concorrência local, mas com o que houver de melhor no mundo. As firmas que não revelassem fibra para abarcar o mundo simplesmente não sobreviveriam. Pessoalmente achei paradoxal que os mesmos investidores globais que se mostravam ansiosos para aplicar essa lei de ferro da sobrevivência às principais economias de mercado, com frequência excluíssem mentalmente as empresas dos mercados emergentes de tal regra aparentemente imutável. Admitindo-se o legado da proteção passada, muitos investidores — até mesmo alguns gerentes corporativos — acreditaram firmemente que as empresas dos mercados emergentes poderiam viver de seus méritos enquanto conseguissem ficar competitivas nos seus mercados domésticos. Eles não tinham aprendido a lição mais importante da globalização: as severas forças de mercado, por definição, não têm fronteiras.

À medida que meus colegas e eu continuamos a trabalhar os dados ruminando outras implicações, o que me fascinou mais foi o fato de algumas empresas bem-sucedidas nos mercados emergentes terem se tornado tão grandes e lucrativas como

Receitas em milhões de dólares

Empresas		Mercados desenvolvidos			Mercados emergentes	
		1996	2005		1996	2005
Tecnologia	Intel	5.157	8.664	Samsung Electronics	137	7.467
	Nokia	711	4.493	TSMC	707	2.909
	Dell	272	3.043	Hon Hai	67	1.268
	Sony	305	1.091			
	Texas Instruments	63	2.324			
	Micron	594	188			
Software	Microsoft	2.195	12.254	Tata Consulting Svc	ND	518
	Computer Science	109	846	Infosys	10	511
	Accenture	ND	940	Wipro	17	401
Automóveis	Toyota	1.893	10.930	Hyundai	66	2.429
	GM	4.963	-10.567	Tata Motor	199	297
	Volkswagen	438	1.320			
Telecomunicações	ATT	5.908	4.786	China Mobile	543	6.545
	Verizon	3.402	7.397	America Movil	ND	2.969
	Nippon Tel	2.256	6.630	SK Telecom	248	1.829
Petróleo e gás	Shell	5.836	25.311	Petrochina	3.783	16.225
	BP	ND	22.341	Gazprom	1.826	11.432
				Petrobrás	665	9.753
Aço	Arcelor	ND	4.779	Posco	738	3.922
	Nippon Steel	259	3.037	Shanghai Bao Steel	ND	1.573
	US Steel	273	910			
	Nucor	248	1.310	Gerdau	62	1.142
Mining	BHP Billiton	ND	6.398	CVRD	324	4.481
	Alcoa	515	1.233	Anglo-American	ND	3.521
Cimento	Lafarge	141	1.362	CEMEX	1.014	2.059
Cervejas	Anheuser Busch	1.190	1.839	SAB Miller	340	1.440
	Heineken	389	946	Modelo	210	669
	InBev	ND	1.123	Ambev	ND	636

suas contrapartes nos Estados Unidos, Europa e Japão. Para culminar essa inimaginável façanha, elas se tornaram operacionalmente tão eficientes, executaram tantas pesquisas, conquistaram tantas patentes e conceberam projetos igualmente inovadores quanto suas contrapartes no Primeiro Mundo. As melhores do melhor mundo agora ocupavam uma classe própria, não apenas em tamanho, mas em qualidade. Duas tabelas simples ilustram essa evolução profunda da competição doméstica para a global. A tabela da página anterior ilustra uma comparação direta das receitas de empresas globais. É claro que as empresas líderes dos mercados emergentes deixaram de ser pequenas neste momento em que seus ganhos se aproximam — e às vezes superam — os ganhos das empresas mais conhecidas dos mercados desenvolvidos. Além disso, suas receitas e lucros têm apresentado a tendência de crescer a uma taxa significativamente mais alta do que a de seus pares do Primeiro Mundo.

A tabela abaixo ilustra concisamente os empuxos para a frente e para trás no sentido das primeiras posições do mercado global dentre o grupo seleto de multinacionais emergentes. Hoje em dia, muitas multinacionais emergentes alcançaram as *posições acionárias nº 1 no mercado global* de seus respectivos setores, pois não se limitam mais a uma fatia estreita de atividades baseadas em poucos recursos e baixa tecnologia. De fato, a multinacionais emergentes de classe mundial agora mantêm

Multinacionais emergentes com posições acionárias nº 1 no mercado global de seus respectivos setores

Tecnologia	
Memória de semicondutores	Samsung Electronics, Coreia
Telas planas	Samsung Electronics, Coreia
Semicondutores lógicos	TSMC, Taiwan
Fábricas de circuitos eletrônicos (ECM)	Hon Hai, Taiwan
Placas mãe	Asustek, Taiwan
Notebooks PCs	Quanta, Taiwan
Aviões a jato regionais	Embraer, Brasil
Capital intensivo	
Oleodutos	Tenaris, Argentina
Atividades no âmbito da construção naval	Hyundai Heavy, Coreia
Consumidor	
Calçados casuais e esportivos	Yue Yuen, China / Taiwan
Materiais e energia	
Minério de ferro	CVRD, Brasil
Mercado de celulose	Aracruz, Brasil
Gás	Gazprom, Rússia
Embarque de gás natural liquefeito (GNL)	MISC (Malaysia International Shipping Corporation Berhad) Malásia
Combustíveis sintéticos	Sasol, África do Sul

posições dominantes de mercado em alguns dos mercados de mais rápido crescimento do mundo. Por exemplo, a Samsung (seguida pela Hynix, outra empresa coreana) é líder do mercado global dos cartões de memória não volátil usados nos populares iPods, câmeras e telefones móveis. Esse mercado disparou de US$ 370 milhões em 2000, para US$ 13 bilhões em 2006, segundo as estimativas do grupo especializado World Semiconductor Trade Statistics.

SER GRANDE E TER CLASSE MUNDIAL
SÃO COISAS DIFERENTES

Todos os anos a revista *Fortune* publica uma lista das maiores corporações do mundo classificadas de acordo com suas receitas. Cada uma das 58 maiores empresas dos mercados emergentes incluídas na lista das primeiras 500 empresas da Fortune Global[5] ultrapassou os US$ 12 bilhões em vendas. Todavia, incluí apenas seis dessas empresas dentre as 25 indústrias líderes de categoria internacional que se encontram neste livro. Muitas empresas emergentes dentre as 500 da *Fortune* são empresas governamentais, geralmente da área das indústrias energéticas, que embora tenham alcançado a escala global não são ainda indústrias líderes de classe mundial em liderança, eficiência, participação de mercado, orientação global ou tecnologia. As seis da lista da *Fortune* que também constam da minha lista das 25 concorrentes de classe mundial são: Samsung Electronics, Hyundai Motors, Posco na Coreia, Petrobrás no Brasil, Hon Hai em Taiwan e Reliance Industries na Índia.

As principais indústrias dos mercados emergentes figuram com destaque entre as maiores *empresas de capital aberto* cujas ações podem ser compradas por investidores internacionais. Das 25 multinacionais emergentes de classe mundial, 11 conseguiram vender mais de US$ 10 bilhões em 2005[6] e apenas uma (Concha y Toro) teve menos do que US$ 1 bilhão de vendas. Treze obtiveram pelo menos US$ 1 bilhão de rendimentos líquidos.[7] Suas capitalizações de mercado foram de US$ 100 bilhões (Samsung Electronics), US$ 3 bilhões (Ranbaxy) e US$ 1 bilhão (Concha y Toro).

O crescimento dos mercados emergentes tem sido nada menos do que espantoso. Em 1981 o valor total de *todas* ações negociáveis em bolsa nos mercados emergentes era de US$ 80 bilhões. Isso era menos do que a capitalização de mercado em 2005 da maior de todas as empresas dos mercados emergentes,[8] a Samsung Electronics. Durante o último quarto de século, a capitalização de mercado total, como grupo, ultrapassou os US$ 5 trilhões.[9] Em 1981, a carteira de investidores investiu pouco menos do que centenas de milhões de dólares nas empresas dos mercados emergentes. Hoje, registros de fluxos de investimento de carteira anuais acima de US$ 60 bilhões[10] constituem a vanguarda dos investimentos.

Como investidor de valores, fico fascinado pela oportunidade de analisar como determinadas empresas chegam ao ponto de serem consideradas *investimentos* atraentes no longo prazo, enquanto outras, que em determinada época *pareciam* promissoras, nunca realmente conseguem ser bem-sucedidas. *Por que* algumas empresas — ainda que no mesmo país ou do mesmo setor industrial — tornam-se bem-sucedidas, enquanto outras falham? Compreender quais características essas empresas bem-sucedidas têm em comum nos ajudará a determinar quais estarão em ascensão na *próxima* geração de empresas e investimentos bem-sucedidos.

METODOLOGIA PARA A ESCOLHA DE EMPRESAS DE CLASSE MUNDIAL

Confiando não apenas na minha própria pesquisa e nos muitos anos de visitas a empresas, mas também na avaliação dos meus pares nas indústrias, em executivos importantes dos mercados emergentes e em analistas de mercado, comecei analisando quais empresas se destacaram nas várias indústrias com relação ao tamanho, crescimento de longo prazo e reputação no seu setor industrial. Acompanhei a evolução desses dados brutos entrevistando muitos CEOs, CFOs, COOs e outros gerentes seniores. Posteriormente, reduzi o tamanho do grupo escolhido de uma maneira mais sistemática e rigorosa fazendo a seleção tomando as empresas que não apenas fossem grandes ou bem conhecidas, mas que também merecessem credenciais verdadeiras de classe mundial pelos cinco critérios seguintes:

- fosse líder no seu respectivo setor industrial;
- tivesse presença global tanto nas exportações como na produção;
- estivesse numa das três primeiras posições na participação de mercado em um número suficiente de países para ser uma protagonista global;
- ser globalmente competitiva não apenas no preço, mas também na qualidade, na tecnologia e no projeto;
- comparar seus próprios referenciais contra os referenciais das melhores empresas do mundo.

PASSOS ATÉ O STATUS DE CATEGORIA INTERNACIONAL

Conversando com os CEOs e pesquisando sobre o assunto, descobri que não apenas um, mas uma sucessão de passos é necessária para induzir as multinacionais emergentes a alcançar o status da categoria internacional. O processo de aprendizagem, geralmente iniciado pela adoção de um tipo de pensamento não convencional e pela movimentação além dos limites de uma posição protetora confortável a uma indústria que se inicia, continua na brutal luta pela sobrevivência às crises (até mesmo com risco de vida) que levam à melhoria de foco e à diminuição da alavancagem financeira no balanço da empresa. Frequentemente as decisões gerenciais corajosas fazem a diferença entre o chafurdar na mediocridade ou chegar à alta honra da categoria internacional. Foi uma compreensão intuitiva da necessidade de conquistar a excelência na qualidade, no projeto e na tecnologia que fez com que empresas como Samsung, Embraer, Hyundai, Infosys e High Tech Computer não se esquivassem das arenas dos altos níveis de tecnologia e de investimento, pelo contrário, resolutamente se dedicassem a ambos apesar dos maiores riscos. Finalmente, construir ou comprar uma marca transformou-se no ponto crucial para que as empresas orientadas para o consumidor se estabelecessem no cenário global.

O PODER DO PENSAMENTO NÃO CONVENCIONAL

As multinacionais emergentes não entram no "clube" da categoria internacional simplesmente obedecendo aos processos e às soluções recomendadas em livros. O *pensamento não convencional* (e mesmo o saltar por cima do obstáculo) desafiou as práticas das indústrias bem estabelecidas e impulsionou praticamente todas as multinacionais emergentes. Mais da metade das 25 multinacionais emergentes criaram uma silenciosa (ou algumas vezes barulhenta) revolução em suas próprias indústrias introduzindo inovações frequentemente vistas como ridículas desde a sua concepção. Como novatas, essas empresas muitas vezes não tinham outra escolha para conquistar uma fatia do mercado dos que lá estavam bem entrincheirados que não fosse o caminho das soluções audaciosas.

De uma maneira surpreendente, um resoluto funcionário do governo era frequentemente o responsável pela introdução forçada de uma nova ideia, vendendo-a aos empreendedores que, por sua vez, a revendiam aos patrocinadores e consumidores. Em Taiwan, um previdente ministro do governo (Sr. K. T. Li), determinado a ir além da mera fabricação de televisões e de outros produtos de baixa tecnologia, persuadiu Morris Chang, depois da experiência adquirida ao longo de uma vida inteira no Vale do Silício, a lançar uma nova fábrica de semicondutores que não tinham clientes domésticos suficientes. O que não passava de um brilho no olhar desse ministro do governo transformou-se — sob a orientação do empreendedor Chang — na TSMC (Taiwan Semiconductor Manufacturing Company), a maior fabricante independente de pastilhas fundidas de silício puro do mundo.

No início da década de 1950 chegou ao Brasil um jovem norueguês que tinha participado de batalhas da Resistência nas florestas durante a Segunda Guerra Mundial, e que havia sido admitido na Harvard Business School sem ao menos ter frequentado a faculdade. Erling Lorentzen convenceu-se de que poderia produzir mais celuloses fibrosas, e por menor custo, se usasse árvores de eucalipto de crescimento rápido em vez de utilizar os pinheiros escandinavos de crescimento lento do seu país de origem. Assim como o governo coreano ignorou o conselho do Banco Mundial, de que seria loucura construir uma aciaria sem reservas próximas de minério de ferro, carvão ou experiência prévia, Lorentzen não se sentiu nem um pouco desencorajado quando o IFC, braço do setor privado do Banco Mundial, implorou que ele esquecesse a ideia de fazer celulose do eucalipto brasileiro porque tal iniciativa nunca daria certo.

COMO AS CRISES QUE IMPÕEM RISCOS DE VIDA FORÇAM AS EMPRESAS A SE ADAPTAREM E A SE REFORMULAREM

Em alguns casos, foram necessárias crises com riscos graves o suficiente para abalar algumas empresas para fazê-las encarar o dilema: transformem-se ou morram. A crise mexicana acendeu a centelha de novos caminhos de se fazer negócios em toda a América Latina. Enfrentando uma demanda em queda livre e falta de crédito, as empresas precisavam não apenas fazer cortes de pessoal e fechar as fábricas ociosas, mas também necessitavam repensar inteiramente seus modelos de negócios. Paolo Rocca, CEO da Tenaris na Argentina, resumiu sucintamente o problema: "Sobreviveram somente as empresas que foram capazes de se adaptar à crise." Quando o cliente principal de Rocca, a empresa de óleo nacional Pemex do México, repentinamente parou de comprar tubulações de perfuração, a Tamsa, subsidiária mexicana da Tenaris, fez uso de uma tecnologia de informação mais avançada para ajudar a Pemex a esquecer as aflições do seu inventário: começou a entregar tubos só quando eles eram necessários — uma guinada impressionante e competente à moda japonesa da época de "entrega *just-in-time*". A crise financeira da Ásia, de uma maneira semelhante, agiu como um tsunami e engoliu muitas empresas não competitivas, mas deixou em pé as que já tinham começado a se transformar. O CEO da Samsung, Jong Yong Yun, admitiu tranquilamente para mim que "a crise da Ásia tinha deixado claro para todo mundo que a mudança era a única saída possível".

DA SOBREVIVÊNCIA À LIDERANÇA GLOBAL

Ainda que sobreviver a uma crise certamente deixa a mente mais concentrada, um contratempo importante não se transforma automaticamente em uma estimulante história de sucesso. Na Coreia, o maior de todos os conglomerados, a Daewoo, praticamente sumiu do mapa, ao passo que grupos menores como a Samsung e Hyundai aproveitaram a oportunidade para se reestruturarem radicalmente, darem foco às suas ambições e implantarem marcas globais importantes. No México, como consequência da crise da Tequila de 1994, grandes empresas com sede em Monterrey, tais como o importante conglomerado Alfa, fabricante do produto químico Cydsa e a fabricante de vidro Vitro, nunca se recuperaram plenamente ou foram incapazes de se ajustar à economia mais aberta resultante da crise. Por outro lado, o empreendedor Carlos Slim Helu construiu um vasto império de empresas privatizadas (incluindo a Telmex), começando antes da crise e somente ganhando forças por ter conseguido sobreviver à desaceleração. Durante o processo ele se transformou no terceiro homem mais rico do mundo de acordo com a revista *Forbes*.

A diferença entre categoria "internacional" e "perdedora" resulta frequentemente da aspiração da administração em empreender jogos ambiciosos, porém disciplinados, cujo objetivo é o de colocar as empresas em novas áreas de negócios que exigem combinar qualidade excepcional com o desejo de descarte de produtos de segunda linha. Esses empreendedores não têm receio da tecnologia de primeira classe e do projeto inovador. A Samsung na Coreia tinha o objetivo de se tornar a maior, mais eficiente e tecnologicamente mais avançada fabricante de *chips* de memória do mundo. Mais tarde começou a fabricar telefones móveis inovadores com tecnologia própria e para uso em âmbito mundial. O presidente da Hyundai Motor, Mong Koo Chung, chegou a alegar bravamente que "a única maneira de sobreviver é fazer nossa qualidade ficar tão boa quanto a da Toyota", quando suas vendas raspavam o nível mínimo pelas pesquisas de qualidade da J.D. Power. Além disso, uma outra parte atualmente independente do Grupo Hyundai evoluiu para se transformar no maior estaleiro do mundo. Todas as três empresas foram importantes, embora não dominantes, em seus respectivos mercados domésticos antes da crise asiática. Uma vez passada a crise, emergiram como líderes mundiais em suas respectivas categorias, depois que suas concorrentes domésticas, com menor capacidade de adaptação, "deram com os burros n'água". Como exportadoras elas ficaram conhecidas primeiramente como fabricantes de produtos baratos e de baixa qualidade. Mas na esteira da crise, emergiram como marcas respeitadas de primeira linha, depois de revisar suas linhas de montagem e de se empenharem, incansavelmente focalizando a qualidade.

AS 25 MULTINACIONAIS EMERGENTES DE CLASSE MUNDIAL

Mais da metade das empresas de categoria internacional operam com indústrias de capital intensivo ou orientadas tecnologicamente e exigem altos fluxos de recursos em pesquisa e desenvolvimento para se manterem competitivas. A maioria, embora não todas as empresas de alta tecnologia e sofisticação financeira, está localizada na Ásia emergente. Minha lista inclui **quatorze empresas de alta tecnologia ou de capital intensivo** dentre as primeiras 25.

Samsung Electronics	Coreia	A primeira marca do mercado emergente
Hyundai Motor	Coreia	Marca competitiva de automóveis
Hyundai Heavy	Coreia	Maior estaleiro do mundo
Posco	Coreia	Competente fabricante de aços de alta qualidade
TSMC	Taiwan	Primeira fundição independente de semicondutores
Hon Hai	Taiwan	Primeiro lugar na fabricação de circuitos eletrônicos
High Tech Computer	Taiwan	Fabricante e projetista líder de telefones inteligentes e assistentes digitais pessoais (PDA)
Lenovo	China	Terceira fabricante mundial de computadores, adquiriu a marca IBM ThinkPad
Infosys	Índia	Fornecedor bem-sucedido de TI
Ranbaxy	Índia	Líder na pesquisa e na fabricação de produtos farmacêuticos genéricos
Embraer	Brasil	Líder na fabricação de pequenos jatos

Tenaris	Argentina	Líder mundial de tubulações para a indústria do petróleo
Sasol	África do Sul	Líder em combustíveis sintéticos
MISC (Malaysia International Shipping Corporation Berhad)	Malásia	Líder no transporte de gás natural liquefeito (GNL)

Cinco outras empresas são **produtoras de commodities** das quais apenas duas são baseadas em recursos naturais: a CVRD, que explora o minério de ferro, e a Aracruz, as árvores de eucalipto. As outras três são produtoras cada vez mais sofisticadas de cimento, petroquímicos e energia, contam com recursos abundantes e estão empenhadas em desenvolver sua própria vantagem competitiva — tecnológica e logística — de modo a ficarem globalmente competitivas.

CEMEX	México	Terceira fabricante mundial de cimento, a primeira dos Estados Unidos
CVRD	Brasil	Primeira produtora mundial de minério de ferro com exportações globais
Aracruz	Brasil	Primeira produtora de celulose do mercado, inovadora e de baixo custo
Petrobrás	Brasil	Empresa de petróleo e gás afamada pelas perfurações em alto-mar
Reliance	Índia	Fabricante em escala mundial de produtos petroquímicos

As **seis** multinacionais emergentes restantes são **empresas de bens de consumo e empresas de serviços**, produtoras de uma ampla variedade de produtos incluindo refrigeradores, cervejas, vinho, oferecem serviços de telefonia (móvel e fixa), meios de comunicação de massa e entretenimento.

Yue Yuen	China/Taiwan	Calçados esportivos e informais de marcas líderes
Haier	China	Terceira marca mundial em refrigeradores, marca líder na China
Modelo	México	Fabricante da cerveja Corona, uma das marcas líderes globais
Concha y Toro	Chile	Uma das marcas líderes de vinho
Televisa	México	Novelas hispânicas de audiência global
Telmex/America Movil	México	Telecomunicação latino-americana com aspirações globais

País de origem das multinacionais emergentes

Ásia	14	América Latina	10	África	1
Coreia	4	Brasil	4	África do Sul	1
Taiwan	3	México	4		
China	3	Chile	1		
Índia	3	Argentina	1		
Malásia	1				

O LONGO CAMINHO A PERCORRER PARA ALGUMAS INDÚSTRIAS

Minha lista de concorrentes de categoria internacional não inclui membros de indústrias de trabalho intensivo como as têxteis, brinquedos, alimentos e varejistas. As áreas financeira e bancária também estão ostensivamente faltando. Embora existam muitas empresas têxteis e de alimentos de tamanho razoável nos mercados emergentes, a maioria ainda precisa se qualificar como uma empresa de sucesso mundial. As indústrias têxteis e de brinquedos continuam tão profundamente fragmentadas que nem mesmo a competição feroz foi capaz de trazer à tona uma única empresa, ou mesmo algumas delas, em nível superior ao da peleja. Na indústria alimentícia e varejista algumas empresas (incluindo a processadora de carnes e frangos Sadia no Brasil e a cadeia varejista Shinsegae na Coreia) conseguiram implantar marcas locais ou mesmo conquistar um nível significativo de exportações, embora ainda sem a sofisticação e a amplitude global de uma Nestlé, Unilever, Carrefour ou Wal-Mart.

Na área bancária, os bancos de Hong Kong e o Xangai Bank (HSBC) originaram-se na China, mas se expandiram mundialmente, distanciando-se de suas tradicionais raízes asiáticas. O HSBC, por exemplo, adquiriu o controle do Marine Midland Bank nos Estados Unidos e, em 1997, na esteira da transferência da soberania de Hong Kong para a China, transferiu sua sede mundial para Londres. A empresa de hipotecas indianas e financiadora de desenvolvimentos habitacionais Development Finance Corporation (HDFC), juntamente com o HDFC Bank e o ICICI Bank, merecem a classificação de instituições financeiras de porte apreciável e têm o mérito de terem abalado o amigável mas sonolento setor bancário da Índia, dominado pelo estado. Ainda assim, não deram os passos necessários além de seus mercados locais para alcançarem o estágio global que justificaria suas inclusões na seletiva lista de protagonistas de classe mundial. A hiperinflação combinada com a resultante taxa de juros estratosférica fez com que os bancos brasileiros como o Itaú se tornassem altamente eficientes e responsivos aos estímulos externos. Não obstante, nenhum dos bancos originários dos mercados emergentes conseguiu estabelecer uma presença global ou liderar seu setor em inovações.

SURPRESAS E MITOS

Os refugos resultantes da lista cuidadosamente compilada das 25 multinacionais de classe mundial emergentes podem despedaçar alguns mitos e conter mais surpresas do que se supunha possível. As observações seguintes sobressaem da massa de dados e das conversações temáticas com diretores:

- Somente algumas multinacionais dependem de recursos naturais ou de mão de obra barata para manter suas margens competitivas principais.

- Muitas conservaram o próprio patrimônio aplicado em indústrias de capital altamente intensivo ou de alta tecnologia, ou até mesmo sobrepujaram antigos líderes industriais.
- A margem competitiva de tais empresas geralmente inclui fatores "artificiais" (criados pela gerência) em vez de fatores meramente "naturais".
- As empresas de categoria internacional podem ser encontradas não apenas na Ásia emergente (14), mas também na América Latina (10) e na África do Sul (1). Elas ainda não apareceram na Rússia e na Europa Oriental.
- Conquanto algumas empresas líderes de energia e telefones russas e chinesas sejam globais em tamanho, elas ainda não são de classe mundial em participação no mercado, eficiência ou tecnologia.

Acredita-se ampla, mas erroneamente, que as multinacionais emergentes geralmente contam com a mola propulsora da mão de obra barata para construírem suas margens de vantagem competitiva. Ainda que isso tivesse sido verdadeiro no início, raramente esse é o caso hoje em dia. O mesmo pode ser afirmado para outro fator dos mercados emergentes: o fato de serem protegidas pelas políticas governamentais de amparo à indústria jovem. Embora muitas empresas (mas nem todas) tenham sido fortemente subsidiadas pelo governo, promovidas ou protegidas algum dia, poucas seriam bem-sucedidas em escala mundial se não tivessem se livrado do desajeitado escudo protetor do subsídio, ou se não tivessem testado suas próprias limitações na arena dos mercados exportadores. Nenhuma das empresas de classe mundial da minha lista beneficia-se neste momento da proteção governamental de algum modo significativo. A dependência de recursos naturais não contribui para uma pontuação alta na lista de fatores-chave de sucesso das primeiras 25 empresas emergentes.

> *São ingredientes cruciais praticamente para todas as empresas que obtiveram sucesso em alcançar o status de classe mundial o pensamento não convencional, a capacidade de se adaptar às crises ameaçadoras da sobrevivência, a visão global e a ambição mantida sob disciplina.*

Fatores-chave para o sucesso

Comprometer-se o mais cedo possível com os mercados de exportação	21
Manter o foco inflexível na execução e na qualidade de primeira linha	20
Dar ênfase à tecnologia e ao projeto	15
Inventar um novo modelo industrial	13
Encontrar um nicho que tenha sido ignorado pelos participantes bem estabelecidos	12
Empregar capacidade intelectual barata como vantagem competitiva	12
Ter boa estratégia de aquisição	11
Conseguir prazos de lançamento mais curtos	9
Fixar a marca no mercado	7
Adotar modelo organizacional e logística eficientes	6
Contar com recursos naturais	4
Contar com mão de obra barata	4

Fonte: Entrevistas e pesquisas pelo autor

Essa lista muda a percepção geral dos fatores primários que impulsionam o sucesso. Os fatores "artificiais" acabam sendo mais importantes do que os recursos naturais ou o baixo custo de mão de obra no que diz respeito às probabilidades de uma empresa ser bem-sucedida ou fracassar a longo prazo. Conclui-se que o pensamento não convencional, a capacidade de se adaptar às crises ameaçadoras da sobrevivência, a visão global e a ambição mantida sob disciplina são ingredientes cruciais praticamente para todas as empresas que obtiveram sucesso na conquista da posição de categoria internacional.

A VISÃO GLOBAL: RUPTURA DO ESCUDO PROTETOR DAS INDÚSTRIAS INICIANTES

A adoção precoce de uma forte *orientação para exportar* emergiu como principal fator de sucesso para a colossal parcela de 21 das 25 empresas de categoria internacional. Até mesmo empresas como Sasol, Reliance, Petrobrás e Telmex, que durante tanto tempo satisfizeram seus respectivos consumidores domésticos, acabaram aprendendo essa lição. Esses contatos internacionais ajudaram algumas empresas a encontrar empresas nos Estados Unidos e na Europa prontas para terceirizar uma parte de suas produções.

A maioria das empresas descobriu que exportar não era fácil e que, de fato, muitos empreendimentos no exterior não funcionavam bem numa primeira investida. A primeira entrada da Hyundai no mercado de automóveis americano, apenas para lembrar um exemplo de destaque, terminou em desastre, com uma extensa lista de queixas dos consumidores sobre a baixa qualidade dos carros seguida da humilhação de se tornar alvo de ridículo no programa noturno de entrevistas de Jay Leno. As principais empresas petrolíferas internacionais no início ficaram relutantes em adquirir as tubulações de perfuração da Tenaris, o que só aconteceu quando a Tenaris melhorou radicalmente sua qualidade e seus serviços. A Infosys passou cerca de uma década cortejando os consumidores americanos antes que as primeiras empresas desejassem terceirizar alguns serviços de TI. Entretanto, pouco tempo foi necessário para que o gotejamento virasse uma inundação.

Ter boas oportunidades pode ser crucial. Para a Samsung Electronics, uma ação *antidumping* contra os fabricantes de semicondutores japoneses abriu a primeira porta de entrada para o mercado dos EUA. Para a Infosys, a disseminação do medo do "bug" do milênio trouxe novos negócios de software. Para a CEMEX, outra ação antidumping fez com que empreendesse uma profusão de aquisições na Europa e na Ásia e levou-a finalmente a comprar a empresa responsável pelo lançamento da ação antidumping. Atualmente a CEMEX e suas subsidiárias nos EUA são as maiores fabricantes de produtos de concreto nos Estados Unidos. No final das contas, entretanto, tirar vantagem das oportunidades rejeitadas pelos outros muitas vezes é de maior importância do que ter sorte. Uma maneira diferente de dizer a mesma coisa seria dizer que as grandes empresas, assim como as grandes pessoas, têm seus próprios meios de fazer a sorte aparecer.

OBSESSÃO PELA EXECUÇÃO E QUALIDADE

Um ingrediente bem mais importante para a manutenção do sucesso do que a visão e a estratégia, tão a gosto dos livros de administração e investimento, é o inflexível, até mesmo o obsessivo foco e propensão no sentido de alcançar execução e qualidade excepcionais. Essa inclinação deve vir diretamente da alta administração, mas somente é bem-sucedida se conseguir ficar profundamente arraigada na cultura corporativa. Em todos os níveis, os gerentes e empregados das empresas bem-sucedidas não somente clamam como se fossem mantras pelo serviço, execução e qualidade (algumas vezes, literalmente), mas, o que é mais importante, ficam sensivelmente orgulhosos por fabricar produtos tidos como de classe mundial por muitos grupos de observadores objetivos.

O presidente da Samsung, Kun-Hee Lee, chegou até mesmo a declarar que "os defeitos nos produtos são cânceres que precisam ser completamente erradicados". Esse é o tipo de brio que se contrapõe ao preconceito. Quase toda empresa em nosso levantamento parecia ter uma história semelhante sobre produtos de baixa qualidade, literalmente sendo esmagados ou queimados na linha de montagem para servir de enfático lembrete das consequências calamitosas que acompanham o trabalho ordinário e descuidado.

A ênfase na tecnologia e no projeto tende a caminhar lado a lado com a execução e a qualidade. A maioria das multinacionais emergentes reconhece que a era da "engenharia reversa" e de outras maneiras de flagrante imitação (para não dizer pirataria) está chegando ao fim. As empresas estão muitíssimo ansiosas para terem suas próprias áreas de P&D, desenvolverem seus próprios motores, conceberem seus projetos e — em resumo — transmutarem-se de imitadoras em inovadoras.

Naturalmente, a manutenção de tal foco inexorável na execução, qualidade, tecnologia e projeto não é uma particularidade dos mercados emergentes. É comum a praticamente toda empresa bem-sucedida em toda parte. O que é surpreendente é como as multinacionais emergentes captaram tão cedo e depressa essa lição crucial e como aprenderam a aplicá-la de maneira diferente. Algumas vezes temos a tendência de esquecer que a execução relaxada e de segunda qualidade era a regra geral entre muitas empresas dos mercados emergentes há apenas dez ou quinze anos. Assim como o termo "fabricado no Japão" foi, em certa época, amplamente associado com mercadorias baratas e de má qualidade, "feito na China" ou "Índia" ainda carrega esse estigma hoje, mas não por muito tempo. A Coreia livrou-se desse estigma com estonteante rapidez em poucos anos apenas.

SUPERANDO OS CONCORRENTES PELA INVENÇÃO DE UM MODELO ORGANIZACIONAL NOVO, ESPECIAL E FUNDAMENTADO EM LOGÍSTICA

Uma descoberta crucial para os pequenos empreendedores nos mercados emergentes foi a de que a produção de produtos de baixo custo pode constituir boa alternativa de curto prazo, mas não fornece vantagem competitiva sustentável. Tão logo uma empresa consiga algo, centenas de concorrentes imitadores se lançam em intensa competição, impõem novas eficiências imitando o produto ou o processo e forçam o desaparecimento rápido dos lucros. É necessário um extra para manter a margem de lucro atraente. Essa "alguma coisa extra" geralmente tem pouca relação com custos, escala, eficiência ou flexibilidade — ainda que tudo isso seja importante. A diferença crucial frequentemente está relacionada com a *logística,* como quando se ajuda o cliente a resolver um problema de gerenciamento mudando sua cadeia de suprimentos em vez de mudar seu processo de produção propriamente dito. Por exemplo:

- Terry Gou, CEO da empresa de produtos eletrônicos de consumo Hon Hai em Taiwan, fabrica desde Sony PlayStations a módulos inteiros de componentes para a parte interna de computadores da Dell ou para os aparelhos de telefone da Nokia. Quando a Dell introduziu seu modelo de distribuição direta, Gou imediatamente previu que um modelo que fornecesse tudo que o consumidor precisa em um único lugar seria logo necessário e que havia futuro em um projeto conjugado.
- A CEMEX combinou seu foco na informação tecnológica com o exemplo da política de entrega rápida da Domino's Pizza, entregando cimento fresco para projetos de construção dentro de um prazo de meia hora.
- A Tenaris da Argentina introduziu a administração do estoque "no tempo certo" ("*just-in-time*") na boca do poço para as empresas de petróleo mesmo tão distantes como na Nigéria bem antes dos concorrentes porque, de acordo com o CEO Paolo Rocca, "estamos completamente sintonizados com o mundo interconectado". Esses tipos de inovações fazem diferença não apenas no estabelecimento de relações com os bons clientes como também na conservação de uma vantagem sustentável contra os concorrentes globais.

Tais vantagens competitivas "artificiais", ao contrário das naturais, foram cruciais para o êxito de empresas de classe internacional como a Embraer, a Tenaris e a CEMEX no uso do poder da tecnologia de informação avançada para criar um sofisticado — e mesmo único — modelo organizacional que as ajudou a superar seus concorrentes mais lentos em prestar serviço aos clientes. Essas empresas frequentemente encontraram um modo de se desvencilhar dos velhos hábitos, dos modos arraigados de fazer as coisas, dos conceitos de gerenciamento fora de moda e das instalações desatualizadas para criar novas práticas comerciais que combinam a rapidez da Internet com a intimidade dos negócios familiares.

ESTRATÉGIAS: DO "CONSAGRADO" À "REVIRAVOLTA DOS MERCADOS EMERGENTES"

As empresas bem-sucedidas de toda a parte conhecem as políticas e disciplinas consagradas dos livros-texto. Os itens da Estratégia Corporativa Fundamental são:

- Manter o foco nas atividades principais, terceirizar as atividades secundárias.
- Tornar-se líder do mercado nas principais economias.
- Manter o custo baixo e a qualidade do produto alta.
- Servir bem os consumidores.
- Investir em P&D.
- Contratar os melhores e mais brilhantes e mantê-los motivados.
- Construir uma marca forte.
- Motivar os empregados por meio de opções e de outros incentivos.

Como as grandes empresas em toda parte, as multinacionais emergentes primeiramente seguem essas regras do livro-texto, mas depois aprendem a se mover conceitualmente além delas. Além de operarem melhor em outros mercados emergentes — com os seus canais de distribuição precariamente desenvolvidos, o indefectível cortejo de funcionários do governo, as regulações erráticas e a pirataria constante —, como recém-chegadas nos mercados globais aprenderam que para se diferenciarem em um mundo repleto de marcas bem estabelecidas elas precisariam ser vistas por um ângulo novo. Para vencerem a implacável e intensa competição, aprenderam as "melhores práticas" do livro-texto e desenvolveram modelos de negócios novos e/ou únicos, além de várias estratégias com uma "reviravolta especial do mercado emergente".

Reviravolta nº 1 do Mercado Emergente

"Desempacote" as indústrias tirando vantagem do "modo de pensar tradicional" para criar oportunidades para os recém-chegados.

As minas *devem* ficar próximas das siderúrgicas. As fábricas de papel *devem* ser localizadas perto das florestas. Os serviços de TI *devem* se desenvolver dentro da própria empresa para fornecimento de pronta ajuda. Os chips de computador *devem* ser montados ao lado do produto final. Todas essas regras eram princípios imutáveis da indústria durante décadas antes que o mundo mudasse. Navios imensos possibilitaram o transporte das *commodities* a custos reduzidos. Os computadores transformaram a maneira de gerenciar os estoques. As comunicações pela Internet praticamente gratuitas tornaram irrelevante a questão do programador estar ou não sentado no cubículo ao lado ou em outro continente. Os ávidos recém-chegados identificaram essas oportunidades mais rapidamente do que as empresas bem estabelecidas, cujo legado de pensamentos tinha criado velhos hábitos, difíceis de serem abalados.

A Posco, na Coreia, ousou construir uma imensa aciaria sem ter matéria-prima nas proximidades — ferro, minério ou carvão. A TSMC (Taiwan Semiconductor Manufacturing Company) de Taiwan construiu sua fábrica de semicondutores como uma "FAB [Computer-Chip Fabrication Plant] independente", sem garantia de cativar o mercado de consumidores, apostando contra a tendência de líderes da indústria como IBM e Intel. A Aracruz, no Brasil, ignorou a prática da indústria, padrão de suas concorrentes escandinavas, canadenses e americanas, que fornecem a celulose para suas próprias fábricas de papel. Em vez disso, conseguiu impor seu nome servindo a clientes incapazes de produzir celulose suficiente para abastecer suas próprias fábricas ou — no caso de fabricantes de papel sanitário — necessitando de um tipo de celulose diferente, específico para atender a suas próprias necessidades. A Aracruz se *desintegrou verticalmente* produzindo celulose em grande escala para o mercado mundial e embarcando celulose para o mundo todo, embora isso significasse desrespeitar a sabedoria convencional que afirmava ser necessário embarcar a celulose apenas para os consumidores de uma única região para manter os custos baixos. Todas essas empresas tornaram-se bem-sucedidas pelo *desempacotamento* (alguns diriam, pela "desagregação") de suas indústrias.

Reviravolta nº 2 do Mercado Emergente

Integração vertical da cadeia de suprimento pelo desenvolvimento de especialidade relacionada à atividade afim.

A focalização nas atividades principais (Estratégia Corporativa Fundamental, lição nº 1) funciona bem quando existe uma rede de fornecedores confiáveis nas proximidades prontos para se encarregar das outras peças. Na falta de uma rede próxima, a empresa de produtos eletrônicos de consumo Hon Hai em Taiwan (que prosperou fabricando componentes sob contrato) decidiu *integrar verticalmente*: primeiramente ela descobriu que poderia usar sua perícia em moldagem para produzir mais componentes, donde concluiu que poderia ter algo mais em relação à concorrência se combinasse seus talentos mecânicos e de engenharia elétrica na produção de módulos ainda maiores visando aos computadores e aparelhos de telefonia móvel. Finalmente, tendo absorvido a lição de que clientes como a Dell, HP, Sony e Nokia prefeririam cada vez mais comprar tudo em um único lugar, Hon Hai passou a produzir conjuntos inteiros de componentes para nomes mais conhecidos, enquanto escondia sua própria produção dos olhos dos consumidores sob um véu de modéstia tecido pelo fornecimento às grandes marcas.

Reviravolta nº 3 do Mercado Emergente
Seja um camaleão.

O "a arma que conquistou o Oeste", a carabina Winchester produzida em New Haven e tornada popular pelo presidente Teddy Roosevelt e John Wayne é um exemplo clássico de grande novidade que se transformou em tecnologia ultrapassada. Suas fábricas chegaram a ter 19.000 pessoas, mas eram apenas 200 quando a empresa finalmente fechou suas portas.[11] A propósito, lições semelhantes não foram perdidas pela Samsung, nem por praticamente nenhuma empresa de tecnologia em Taiwan, na Coreia e na China. Se por um lado a crise financeira asiática ensinava a difícil lição de que era impossível ser bom em tudo, por outro lado, simplesmente estreitar o foco só para as atividades principais também não era uma estratégia vencedora.

Em vez disso, muitas empresas asiáticas adotaram uma estratégia deliberada de *camaleão*, tiveram o cuidado de subir gradualmente a cadeia de valor de seus produtos até alcançarem a estratosfera da alta qualidade de marca. Considere o caso da Samsung Electronics, por exemplo, que incansavelmente foi mudando das torradeiras e televisões para os semicondutores, os aparelhos de telefonia móvel e as telas planas. Enquanto todas as empresas se adaptam para sobreviver (ou morrem se não o fazem), as empresas do leste asiático têm a tradição de ser mais rápidas do que qualquer outra no mundo.

Reviravolta nº 4 do Mercado Emergente
Virando o modelo da terceirização de cabeça para baixo.

Em vez de produzir peças para outros fabricantes de aviões nos Estados Unidos e na Europa e se transformar em uma empresa de terceirização de serviços e fornecedora de produtos para clientes maiores, a Embraer do Brasil insistiu em permanecer no comando e projetar, a partir do esboço inicial, duas gerações de pequenos e sofisticados jatos. Realmente, a Embraer virou o modelo de terceirização de cabeça para baixo ao se tornar a *provedora* e não a consumidora de serviços *terceirizados*. Ao ter como subcontratadas empresas sofisticadas dos Estados Unidos, Europa, Rússia e Japão — ou "parceiras da produção" — a Embraer tem produzido jatos regionais de primeira qualidade que têm sido os mais vendidos do mercado, enquanto suas concorrentes como a Fairchild-Dornier e a Fokker faliram e a Bombardier do Canadá tem lutado para não ficar para trás.

Reviravolta nº 5 do Mercado Emergente
Siga uma estratégia Sul-Sul.

Antigamente, quem quisesse ser grande no mundo, deveria primeiramente ser grande nos Estados Unidos e na Europa Ocidental. Entretanto, hoje em dia, e ao que tudo indica cada vez mais no futuro, para ser grande é necessário sê-lo na

China e na Índia, embora em menor grau nesta última. A China vai indo bem no sentido de se tornar a âncora da economia mundial no século XXI, assim como foram os Estados Unidos no século XX. As multinacionais emergentes apreendem tais tendências em grau bastante mais detalhado do que muitas empresas suas contrapartes e concorrentes do Primeiro Mundo. Elas compreendem onde está o futuro a longo prazo: frequentemente mais perto de casa do que nunca antes. Como as antigas economias periféricas tornaram-se as potências econômicas mundiais em ascensão, os mercados primários não estão mais limitados às economias ocidentais ricas. A própria experiência das emergentes em mercados voláteis e precariamente regulados, sem redes de distribuição sofisticadas, faz com que elas se adaptem mais facilmente e lhes indica como persuadir e seduzir os resistentes (e até mesmo corruptos) funcionários do governo.

A construtora de aviões Embraer vende seus jatos regionais para a Arábia Saudita, Índia e China sabendo que conta com uma vantagem nesses países, pois nenhum deles quer depender exclusivamente dos fornecedores dos Estados Unidos. A empresa farmacêutica Ranbaxy desenvolveu uma estratégia "BRICs" para expandir as vendas de genéricos no Brasil e na Rússia, onde ela tem mais possibilidade de se tornar líder do mercado, embora suas vendas atuais nos Estados Unidos sejam ainda muito mais altas. A Hyundai Motor aumentou as apostas nos Estados Unidos ao construir uma fábrica de um bilhão de dólares no Alabama, mas também construiu novas fábricas igualmente tão grandes na China e na Índia, em consonância com suas aspirações de saltar para os três primeiros lugares. Conquanto a Hyundai não tenha esperanças semelhantes para os Estados Unidos e Europa, ela pretende construir sua reputação global nesses mercados. A Samsung se transformou em uma marca de primeira linha na China, muito na frente das marcas locais e até das internacionais. Nos mercados desenvolvidos, a Samsung contenta-se em ser reconhecida entre as marcas líderes; ela não precisa ser a Número Um.

A Televisa, do México, usa os *comprimentos de onda dos mercados emergentes como vantagem competitiva* para exportar suas telenovelas para mais de cem países. A Televisa está tão perfeitamente sintonizada à cultura hispânica e ao idioma que suas *telenovelas* frequentemente atraem um público maior do que o obtido pelas principais estações dos Estados Unidos. Sua série de televisão focalizada em heroínas que aspiram galgar a escala social também agradam nos lares mais desfavorecidos.

Reviravolta nº 6 do Mercado Emergente

Resolva o problema do código de endereçamento postal tornando-se global.

Lembrando as palavras de Roger Agnelli, CEO da CVRD no Brasil: "As empresas brasileiras padecem do mal de terem o código postal errado. Embora a gente consiga vender mais, temos custos financeiros maiores. Foi preciso muito tempo para as agências classificadoras de riscos de crédito entenderem isso." O fato é que ter um código de endereçamento postal errado pode se revelar um grande obstáculo para a obtenção do status de categoria internacional, principalmente para as empresas em países como México, Brasil e Argentina que atravessaram problemas de débitos no passado. Dificuldades na obtenção de projetos de financiamento e de linhas de crédito podem ser uma desvantagem tão grande como o gerenciamento amadorístico, o nepotismo crônico ou uma governança corporativa que não seja simplesmente ótima.

> *As novas empresas de categoria internacional estão se tornando empregadoras de grandes nações industriais, impulsionadas pelos seus esforços globais de marketing, pela ânsia de trabalhar mais de perto com seus clientes mais exigentes, e pela busca do projeto e da tecnologia mais atualizada.*

Uma das maneiras de resolver o problema é não só *operar*, mas também *pedir emprestado* nos mercados maduros nos Estados Unidos, na Europa Ocidental e em outros centros econômicos. A CEMEX no México comprou empresas de cimento espanholas líderes em parte para levantar fundos e poder pedir emprestado na qualidade de uma empresa "espanhola". A Tenaris na Argentina tem membros europeus no seu grupo que podem emprestar com condições europeias. Ambas foram bem-sucedidas em mudar seus códigos de endereçamento postal.

Reviravolta nº 7 do Mercado Emergente

Use um manto do anonimato aspirando ser a maior empresa da qual jamais se ouviu falar.

A Samsung, a Hyundai e a cerveja Corona, do grupo mexicano Modelo, são exemplos de marcas globais dos mercados emergentes. Outras multinacionais emergentes, não tão pacientes, inclusive a Lenovo com o IBM ThinkPad e a Haier com a Maytag, empenharam-se na compra de marcas no mercado aberto assumindo negócios de lento crescimento das mãos geralmente impulsivas de seus proprietários do Primeiro Mundo. Outras empresas ainda mais obscuras têm metodicamente construído suas respectivas presenças globais ocultas pelo véu do anonimato. A Hon Hai de Taiwan produz para a Dell, HP, Sony, Nokia e outras; Yue Yuen produz calçados esportivos para a Nike, Reebok e Adidas e calçados informais para a Timberland.

Reviravolta nº 8 do Mercado Emergente

Converta a clássica estratégia da guerra chinesa de Sun Tzu para focalizar um nicho ignorado pelos líderes do mercado.

O tamanho pode fazer toda a diferença. Os aviões fabricados pela Boeing e pela Airbus geralmente são muito grandes para as rotas regionais, mas muitos trabalhadores não gostam das velocidades baixas e das instabilidades dos barulhentos turbopropulsores. A desregulamentação do mercado e a competição de empresas aéreas forneceram abertura para os pequenos jatos regionais que a Embraer do Brasil visualizou antes da maioria das outras. A Haier da China explorou mais um nicho para ser notada pelo mercado americano. Seus frigobares para estudantes de universidade tornaram-se tão populares que as grandes cadeias de lojas como a Wal-Mart começaram a perceber o recém-chegado na área de eletrodomésticos e a adquirir outros modelos da linha de produtos Haier.

Reviravolta nº 9 do Mercado Emergente

Oferecer capacidade intelectual em vez de mão de obra barata como vantagem competitiva (tornando mais acessível a P&D e o desenvolvimento de software).

A nova economia chegou como um leão e saiu como um cordeiro: a grande ostentação e as expectativas de alcançar as nuvens finalmente fracassaram (pelo menos no curto prazo) quando falharam gravemente em cumprir suas extraordinárias promessas. A tecnologia moveu-se tão rapidamente que muito menos cabo de fibra ótica era necessário do que o existente instalado em volta do mundo. Enquanto isso a Internet — inventada para dar ao Pentágono possibilidades de comunicação mesmo depois de um colapso nuclear e usada no seu início por acadêmicos "nerds" — conquistava o mundo. De repente, a comunicação digital instantânea possibilitou às pessoas em toda parte entrarem em contato umas com as outras praticamente sem custo algum. Mesmo encontrando pornografia e esportes na liderança das buscas por "informações" as pessoas foram descobrindo, à medida que navegavam pela rede mundial, que era irrelevante para a comunicação se o parceiro de trabalho estivesse no cubículo adjacente ou a milhares de quilômetros de distância.

Contando com a Internet, um estudante de pós-graduação na Índia que fosse especialista em software ou capacitado no idioma inglês seria capaz de fazer um trabalho tão bom — algumas vezes até melhor — do que um profissional semelhante nos Estados Unidos ou na Europa, recebendo um décimo ou um quinto do que seria pago para o seu contraparte do Primeiro Mundo. Não apenas os produtos poderiam ser comercializados mas os serviços tornaram-se simples e desejáveis. As empresas de prestação de serviços de TI como a Tata Consultancy Services e a Wipro na Índia aproveitaram rapidamente as vantagens dessa oportunidade sem precedentes. Os Ranbaxy Laboratories, dentre outros, em pouco tempo seguiram o exemplo e se ofereceram para fazer pesquisas de remédios para empresas farmacêuticas globais enquanto trabalhavam arduamente para desenvolver seus próprios medicamentos patenteados. Por fim, os segredos de como se tornar uma empresa de categoria internacional se reduzem a manter a ambição, a disciplina, a ter visão global e a fazer da capacidade de se adaptar um de seus principais recursos.

Lições

- Considere como clientes os mais exigentes (e não os menos exigentes) chefes de serviço.
- Concorra globalmente, não apenas local ou regionalmente.

- Espere ter problemas — e reaja de maneira decisiva para que eles voltem às suas origens.
- Tudo bem se não conseguir que dê certo da primeira vez, desde que dê certo da segunda.
- Ter visão é importante, mas executar é o principal.
- Ser paciente e persistente é mais importante do que ser brilhante.
- Construa sua marca — ou compre uma.

Parte II

A NOVA GERAÇÃO
25 multinacionais emergentes de categoria internacional

CAPÍTULO 3

Por Trás da Tela do Radar: A Criação das Marcas Globais Emergentes

Samsung e Concha y Toro estabelecem novas tendências

Estratégias

- *Estabeleça desde cedo a meta de construir uma marca forte e esteja preparado para uma longa campanha*
- *Siga a estratégia de ter sua marca liderando nos mercados emergentes em crescimento e de tê-la reconhecida nos mercados do primeiro mundo*
- *Use o sucesso de um produto revolucionário para melhorar o reconhecimento global da marca*

Os viajantes que transitam com pressa pelo vasto terminal da American Airlines no aeroporto de Dallas/Fort Worth poderiam ser desculpados por não prestarem atenção no vistoso anúncio escultural, de quinze metros de altura: uma mão de ouro gigantesca segurando um telefone celular da Samsung de quase oito metros. O anúncio representava a tela do celular no seu formato inconfundível de concha exibindo imagens muito nítidas de vídeo que informavam, sucessivamente, a hora, a temperatura e uma magnífica variedade de produtos da Samsung: televisores, telefones, aparelhos de som e câmeras digitais. De acordo com a *BusinessWeek*, esse imenso telefone celular em formato de concha, com cinco andares de altura, era conhecido pelos habitantes locais como "um dos cartazes mais inesquecíveis da área". Foi primeiramente exposto no aeroporto Charles de Gaulle de Paris em 2002 e a Samsung já tem, ou planeja fazer, instalações idênticas em 25 aeroportos de alta densidade de tráfego no mundo todo.

A campanha de marketing não convencional da Samsung alcançou quatro objetivos cruciais:

1. Conseguiu reconhecimento internacional para a marca Samsung.
2. Lembrou sutilmente o projeto inteligente da Samsung em formato de concha, tão bem-sucedido que o número de imitadores superou o dos inovadores.
3. Reforçou o cada vez maior alcance global da Samsung.

4. Visualmente reforçou o fato de apenas dois dias antes do gigantesco telefone ser instalado no aeroporto de Fort Worth, a pesquisa feita pela Interbrand-BusinessWeek sobre as marcas globais mais bem cotadas ter colocado a Samsung na vigésima posição, enquanto a arquirrival Sony descia para o 28º lugar. Pela primeira vez a Samsung superava a Sony em uma medida-chave do sucesso competitivo no século XXI: *valor da marca*. A classificação da Interbrand afirmava, sem deixar margem para dúvidas, que a Samsung não era apenas a primeira marca dos mercados emergentes, mas que ela tinha conquistado uma posição de destaque no universo das marcas globais. O valor da marca Samsung teve alta de 186% nos últimos cinco anos, elevação mais rápida em valor de marca do que a de qualquer outra no mundo. Como o triunfo da Samsung alardeado pela imprensa espelhava, poucos indicadores-chave de desempenho são levados em conta mais seriamente hoje por gerentes e investidores do que o valor da marca, o patrimônio da marca e o crescimento da marca.

Um indicador de excelência da marca Samsung entrando no Século dos Mercados Emergentes foi o fato de ela não só ter batido a Sony, mas também ter superado ícones globais como Pepsi, Nike, Budweiser, Gap, Ikea, Harley Davidson e Starbucks na pesquisa de valor de marcas em âmbito mundial. Somente a gigante finlandesa dos celulares, a Nokia, outro exemplo de empresa que se reinventou a partir de uma empresa de eletrônicos de segunda classe, sobrepujou a Samsung em equidade da marca na categoria de produtos eletrônicos de consumo. "Tempos difíceis para a gigante dos celulares Nokia, enquanto sua fatia de mercado encolhe e os jovens preferem comprar de rivais como a Samsung", opinou a *BusinessWeek*, em ácido comentário. "Não mais conhecida apenas por ter preços mais baixos do que o das grandes marcas japonesas, o dínamo da marca coreana da eletrônica de consumo subitamente ficou na moda". Tão na moda, de fato, que a Samsung ficou mais bem cotada do que a Apple ("boa demais para o dia a dia"), a Siemens, a Philips e a Panasonic, bem como do que a Sony. Outra indicação da rapidez da mudança de sorte da Sony foi a que ocorreu em 2005, quando a Samsung teve um lucro líquido 7 vezes maior sobre suas vendas de US$ 56 bilhões do que o cerca de US$1 bilhão da Sony, embora o valor das suas vendas fosse menor do que os US$ 66 bilhões da Sony.

> A classificação da Interbrand afirmava, sem deixar margem para dúvidas, que a Samsung não era apenas a primeira marca dos mercados emergentes, mas que ela tinha conquistado uma posição de destaque no mundo das marcas globais. Nos últimos cinco anos, o valor de marca da Samsung subiu mais rapidamente do que todas outras marcas do mundo.

QUAL O PODER DE UMA MARCA?

Como Warren Buffett observou na reunião anual dos acionistas da Berkshire-Hathaway em 1995: "Castelos maravilhosos cercados por profundos e perigosos fossos, tendo lá dentro um líder honesto e decente... gostamos de empresas em posições de domínio e cuja franquia seja difícil de duplicar." Buffett reconhecia que a franquia — um nicho bem definido que coloca a empresa distante de seus concorrentes, ajudando-a a sustentar a força dos preços e as margens de lucro — altera a competição. E uma marca forte fornece justamente tal franquia. Esse é o motivo pelo qual praticamente cada guru de administração e negócios seleciona uma determinada marca de empresa como chave para sustentar a liderança de mercado, principalmente com relação às empresas de bens de consumo. Nem todas as grandes marcas pertencem às grandes empresas, mas poucas grandes empresas são criadas ou bons investimentos de longo prazo são feitos quando não existem grandes marcas.

> *Nem todas as marcas pertencem às grandes empresas ou representam bons investimentos, mas existem muito poucas grandes empresas e bons investimentos de longo prazo fora das marcas principais.*

O poder de uma marca forte raramente é subestimado pelos concorrentes globais hoje em dia, não importa em que categoria ou indústria eles estejam. No momento em que vivemos, é amplamente aceito que as pessoas comprem marcas, e não produtos, quer se trate do aparelho de telefonia móvel da Nokia, do televisor Sony ou Samsung, do refrigerador GE, dos refrigerantes da Coca-Cola ou da Pepsi ou de um café Starbucks (ainda atrás do Nescafé no mundo inteiro, mas subindo rapidamente). Embora ainda poucas pessoas fora do Brasil comprem o refrigerante Guaraná, os aparelhos de telefone preferidos dos mais jovens na Ásia, na Europa e nos Estados Unidos são os da Samsung, não os da Motorola ou Nokia, enquanto abocanham os atraentes e convenientes refrigeradores Haier da China para os dormitórios das faculdades onde estudam. A Delta e a US Air, em muitas rotas regionais, voam usando os jatos da Embraer e não os Boeings. O rótulo Concha y Toro do Chile tornou-se uma marca conhecida entre os bebedores de vinho, até mesmo nos Estados Unidos e na Europa. A cerveja Corona, do grupo mexicano Modelo, e sua característica garrafa de pescoço longo e vidro claro é uma das marcas de cerveja mais fortes mundialmente, batendo a anterior líder da categoria, a Heineken dentre as marcas importadas de cervejas americanas.

O termo "marca" surge de uma estampa gravada na superfície de um produto para certificar sua pureza, autenticidade e origem. As marcas têm estado em circulação desde que os produtos existem, mas as marcas no sentido moderno do termo somente começaram a desempenhar um papel comercial significativo com o advento da distribuição em massa na última parte do século XIX. Como a industrialização americana estimulou a criação dos mercados e mercadorias de massa, a confiança que os consumidores inicialmente colocaram nos produtores locais foi transferida gradualmente para os produtores de marcas de âmbito nacional. A globalização é a repetição desse processo no Século dos Mercados Emergentes.

A Procter & Gamble, com sede em Cincinnati, fornecedores da Tide, Dove e de outros sabões e detergentes, foi a primeira firma a demonstrar ter entendido seriamente a noção de sustentação e de crescimento das marcas. Em 1931, Neil

McElroy, gerente da Procter & Gamble, que mais tarde se tornou secretário de defesa do Presidente Eisenhower, escreveu um memorando aos seus superiores propondo que para cada "marca" da P&G fosse designado um funcionário "homem da marca", o qual ficaria encarregado das atividades relacionadas à promoção de um determinado produto como se fosse autônomo e estivesse tratando do seu próprio negócio. A era moderna do gerenciamento de marcas começou no meio da Grande Depressão, uma vez que ficou amplamente reconhecido que as pessoas pagariam mais por um produto com marca. As marcas representam a intensidade da conexão *emocional* dos consumidores a uma empresa e aos seus produtos, o que facilita a definição de sua pujança e liderança a longo prazo. Desde que o fundador da Interbrand, John Murphy, executou a primeira avaliação de marca em 1989, os gerentes de todo mundo compreenderam a necessidade do gerenciamento do valor intangível da marca para o consumidor — incluindo marcas, direitos autorais, patentes, lealdade do consumidor, distribuição e conhecimento da equipe — com meticulosidade proporcional à quantidade de ativos tangíveis tais como fábricas, estoques e dinheiro. A fixação intensa dos executivos em manter a pujança da marca frequentemente está enraizada na compreensão de que marcas fortes oferecem proteção contra a comodização (perda dos diferenciais perante a concorrência) progressiva. No ambiente comercial competitivo de hoje, cultivar a ideia de que se produz, ou, o que é menos viável ainda, de que se é uma *commodity* pode ser o beijo da morte para um produto ou empresa.

Historicamente, uma grande maioria das empresas do mercado emergente nunca teve preocupações acerca da criação da marca porque em seus mercados domésticos seus nomes eram bem conhecidos dos consumidores. Em vez disso, elas confiaram em um "fosso protetor" diferente e mais clássico, uma salvaguarda que possibilitava a dominação local não mediante qualidade e excelência, mas por meio da criação de uma barreira de tarifas. Esse confortável mundo protecionista, entretanto, rapidamente se desvaneceu diante dos nossos olhos. Com o velho fosso erodindo, uma plêiade de empresas dos mercados emergentes começaram — na realidade foram forçadas — a desviar o foco para a escavação de um novo fosso que desse mais proteção contra a competição em um mundo rapidamente globalizante: *as franquias das marcas*. As empresas dos mercados emergentes estão sob pressão crescente para romper os casulos e criar marcas globais, ou enfrentar as terríveis consequências de permanecerem locais ou de virarem produtoras de *commodities* de baixo custo. *Elas descobriram que a marca é importante.*

Em 2005, muitas multinacionais dos mercados emergentes, qualificadas como marcas principais, começaram a desenvolver identidades para suas marcas globais fora de seus respectivos mercados domésticos. A lista não é longa, mas está crescendo rapidamente. Em 2005, duas empresas coreanas, a Hyundai (nº 84) e a LG (nº 97), começaram a figurar na prestigiosa lista das 100 melhores da Interbrand-BusinessWeek, onde a Samsung tem presença firme e constante. A Haier, gigante chinesa dos aparelhos de consumo (que recentemente ganhou notoriedade pela sua oferta de compra da Maytag), ingressou recentemente em outro rol global ocupando o lugar de nº 95 na lista — também de importância comparável — das 100 melhores marcas (uma compilação do World Brand Laboratory). Outras marcas que desfrutam amplo agrado global são as dos computadores Acer, de Hong Kong, o Xangai Bank (com as suas raízes chinesas), a cerveja Corona e o vinho Concha y Toro. As empresas da cerveja San Miguel e dos pães Bimbo construíram reputações regionais preparando-se para entrarem no mercado global, com bons resultados parciais, até agora. Algumas outras (como a C.P. Pokphand, da Tailândia), não foram bem-sucedidas em estabelecer uma grande marca.

Para pioneiros inteligentes como a Samsung tornou-se uma verdadeira obsessão executar uma estratégia sofisticada para implementar suas marcas englobando o marketing, a qualidade do produto, a tecnologia de projetos e a moda. À medida que outros seguem a liderança da Samsung e que consumidores nos mercados emergentes começam a definir os rumos e os meios do que é "cool" e "in" — especialmente junto à nova geração —, as marcas dessas nações inevitavelmente se tornarão mais poderosas.

Historicamente, foi necessário muito tempo e quantidades expressivas de dinheiro para que marcas se firmassem a partir do zero, embora nas últimas décadas algumas marcas principais (especialmente mas não de todas as empresas de média e alta tecnologia) tenham estrondosamente aparecido no cenário e com espantosa velocidade. Durante os estágios iniciais do ímpeto exportador, muitas empresas dos mercados emergentes escolheram permanecer anônimas e adotar uma estratégia de invisibilidade para conseguir se não uma renomada, pelo menos uma posição segura nos mercados principais. Entretanto, independentemente dos sinais, é improvável que tal estado de coisas continue indefinidamente. A Interbrand publica um laudo anual da escolha do leitor que avalia o impacto das preferências do consumidor *regional* no valor da marca. As escolhas na Ásia e na América Latina foram, de maneira nada surpreendente, nitidamente diferentes de algumas das principais opções de empresas da América do Norte (Apple, Google e Starbucks) e da Europa (Ikea e Nokia), que conquistaram os primeiros dez lugares na classificação global. Na região do Pacífico Asiático, as quatro primeiras favoritas foram, como se poderia esperar, as empresas de produtos eletrônicos de consumo Sony, Samsung, LG e a automotiva Toyota. Na América Latina as cinco marcas principais vieram de categorias diferentes: CEMEX (cimento), Corona (cerveja), Bacardi (bebida), Bimbo (pães) e Concha y Toro (vinho).

À medida que o crescimento do mercado consumidor na Ásia emergente e em outras regiões cresce em importância, a percepção de uma marca global tende a mudar. Na China, já são vendidos mais cerveja, aparelhos de telefonia móvel e utensílios de cozinha do que nos Estados Unidos. Isso significa que os consumidores nesses países cada vez mais determinarão quais marcas vão ocupar os primeiros lugares nas diversas classificações de marcas existentes em âmbito mundial.

Consideremos nas páginas seguintes os casos de duas empresas de áreas bem distintas e com marcas mundiais. Representando o setor de intensa tecnologia na Ásia, a imensa Samsung Electronics. E bem distante dos grandes centros consumidores de vinhos, a pequena vinícola chilena Concha y Toro, que conseguiu estabelecer uma marca mundial de vinho e se tornou num exemplo bem-sucedido de indústria tradicional que se desloca para o sul.

SAMSUNG ELECTRONICS
A primeira marca do mercado emergente

"Alguma vez você já teve medo que o Samsung Group fosse à falência durante a crise de câmbio de 1997-98?", perguntei ao CEO da Samsung Electronics na Coreia, Jong Yong Yun. Ele se mexeu em desconforto por uma fração de segundo na grande e espaçosa poltrona da sala de recepção do piso dos executivos antes de replicar com uma franqueza apaziguadora.

"Sim, em julho de 1998, compreendi, pela primeira vez, que se nossas perdas continuassem gigantescas, nosso capital seria completamente corroído dentro de três ou quatro anos. Bem no fundo, mesmo antes que a crise chegasse para ficar, alguns de nós estávamos conscientes de que teríamos de promover grandes mudanças — e nós não havíamos começado a mudar nada ainda. Internamente, entretanto, havia muita resistência impedindo a deflagração das reformas fundamentais. A crise fez com que ficasse claro para todos nós que não tínhamos outra alternativa a não ser mudar."

Com sua camisa branca engomada, gravata conservadora e terno escuro, Jong Yong Yun não era perceptivelmente muito diferente de muitos outros executivos coreanos com quem eu já havia tido contatos. Dos pés à cabeça ele era o típico "Homem da Samsung", mas já tinha ouvido ele orgulhosamente fazer referência ao fato de ser "o criador do caos". No contexto coreano, isso fica entre uma divisa honrosa e um epíteto. Conhecido pela sua impaciência em lidar com soluções convencionais, durante a crise asiática ele exibiu a audácia e a fortaleza de caráter, indispensáveis para fazer com que sua empresa fosse bem-sucedida em passar pelo ponto mais angustiante de sua evolução. Ainda assim, ele seria o primeiro a admitir que, sem o estimulante tônico e a rígida disciplina de mercado — um verdadeiro "tratamento de choque" — da crise, a Samsung nunca teria se desenvolvido e se transformado em uma poderosa marca global.

> *A Samsung primeiramente exportou peixe, vegetais e frutas para a Manchúria e Pequim.*

As origens da hoje poderosa geradora global da eletrônica de consumo do século XXI estão no distante ano de 1938, quando Byung-Chul Lee estabeleceu as Samsung General Stores como exportadoras de peixe, vegetais e frutas da Coreia para a Manchúria e Pequim. Depois da ocupação japonesa, da Guerra coreana e de duas décadas de quase 10% de crescimento econômico anual, a renda per capita da Coreia saltou de menos de US$ 200 (mais baixa do que a do Peru) para mais de US$ 10.000, ou seja, dentre as mais altas do mundo em desenvolvimento. A Samsung Electronics foi estabelecida em 1969, juntou-se com a Samsung Semicondutores em 1988 e tornou-se peça-chave do conglomerado mais influente da Coreia.

Antes da crise asiática, as atividades da Samsung (como também as dos outros principais grupos coreanos), tinham um escopo muito abrangente, incluíam produtos eletrônicos de consumo, corretagem, seguro de automóveis, estaleiros e petroquímicas. Quando o mercado coreano doméstico foi efetivamente fechado para a competição estrangeira, os conglomerados coreanos puderam competir entre si, com facilidade, em praticamente todas as categorias de produtos. A ênfase dominante foi dirigida para o ganho de uma participação no mercado — até mesmo dominação de mercado — em contraposição a lucratividade, qualidade e competitividade globais. O dinheiro simplesmente não era considerado um obstáculo.

Aproximadamente em 1997, o balanço do Samsung Group começou a se parecer com um navio porta-contêiner sobrecarregado, com o índice da dívida subindo até ficar quatro vezes maior do que o patrimônio. Ameaçadoramente, mais dívidas ainda surgem de uma nebulosa rede de subsidiárias estrangeiras. Em retrospecto, foi uma escapatória para a Samsung o fato de a crise financeira ter eliminado brutalmente tais excessos. As linhas de crédito tinham se evaporado, as receitas caíram bruscamente quando a economia regional e a coreana despencaram em parafuso, e as ambições da Samsung, ainda na forma de mal definidos planos de investimento, deixaram de ter sustentação financeira.

QUASE COLAPSO E TRANSFORMAÇÃO TOTAL

No meio da crise, o Samsung Group chegou perto de um colapso. Sobrecarregado por um imenso débito, por um período de baixa atividade na indústria de semicondutores e por uma série de especulações fracassadas (tendo sido a mais notável a desastrosa investida no terreno dos carros de passageiros), a angustiante passagem da Samsung pelo vale da morte foi, fazendo uma retrospectiva, precisamente uma "pancada atordoadora no alto da cabeça" (como Phil Knight, o CEO da Nike animadamente apelidou as muitas crises de sua empresa) que a Samsung Electronics precisava para trilhar o caminho do estrelato das marcas. Algumas vezes, somente quando uma empresa tem sua própria sobrevivência ameaçada é que ela pode embarcar nas profundas, geralmente viscerais e fundamentais transformações indispensáveis para levá-la ao próximo nível.

> Durante a crise financeira da Ásia em 1997, a Samsung chegou perto de um colapso, mas o maior foco na eletrônica de ponta, a desalavancagem, os ambiciosos investimentos em tecnologia e os projetos de aparelhos de telefonia móvel vencedores deram-lhe nível internacional.

Nas profundezas da crise, a nada invejável tarefa caiu sobre os ombros de Yun, na qualidade de privilegiado conhecedor íntimo da empresa e executivo mais importante não pertencente à família, que se encarregou de dispensar mais de um quarto do pessoal da Samsung Electronics, reduzir drasticamente os custos, desalavancar (reduzir a dívida) drasticamente e brutalmente cortar toda uma linha de negócios paralelos incluindo *pagers* e cafeteiras elétricas. Com uma determinação muito coreana, a Samsung Electronics arquitetou uma troca agressiva da eletrônica barata e chips de memória (DRAMs) que eram *commodity* para os aparelhos de telefonia móvel, monitores de telas planas, mídias digitais e chips especializados como as memórias flash usadas nas câmeras digitais, iPods e telefones celulares.

Yun achatou a organização, desviou a responsabilidade pelas decisões primordiais para o escalão inferior e agilizou a lerda burocracia da Samsung, habilitando-a a se mover com maior rapidez para novas oportunidades de mercado. Para importar ideias novas ele recrutou gerentes e engenheiros de primeira linha dos Estados Unidos e os colocou em um campo de treinamento de quatro semanas no qual acordavam antes de seis horas da manhã todos os dias sob o som de hinos marciais exortando as virtudes de alguém ser o "Homem da Samsung". Incluídos no exercício estavam as maratonas para escalar montanhas.

O fato de ter sobrevivido à crise inspirou novas esperanças e uma sensação mais realista de confiança. De maneira mais incisiva, essa sobrevivência intensificou os esforços da Samsung para implementação da marca. Gregory Lee, diretor do marketing global da Samsung, atribui a extraordinária campanha pela marca Samsung a uma decisão de 1997 tomada na véspera da crise asiática pelo seu atual presidente Kun-Hee Lee, ao dizer: "Estamos aqui para construir uma marca, não somente um produto." O profissional de marketing acha que a corajosa iniciativa de Lee pode ser diretamente creditada à crise econômica, quando pela primeira vez a empresa "foi forçada a enfrentar o fato de não ser tão eficiente como deveria. Não ter uma marca forte era um fator paralisante". Curiosamente, o direcionamento para aumentar a eficiência e desalavancar a empresa enfatizaram a necessidade não apenas da marca forte, mas também a de usar uma estratégia "Premium" para a marca, a mesma que o diretor de marketing (CMO) Lee descreve diretamente como "jogar fora os produtos baratos", ainda que eles sejam lucrativos e vendam bem. O objetivo é escalar a cadeia de valores.

A HISTÓRIA DO PIONEIRISMO DA SAMSUNG NA CONSTRUÇÃO DA MARCA

Conquanto a crise asiática tenha sido o catalisador do sucesso da marca Samsung, seus esforços de campanha de marca global na realidade haviam começado muito antes. Em minhas viagens pelo mundo, várias vezes observei que os cartazes dos anúncios da Samsung eram sempre estrategicamente colocados nos centros das cidades, do Cairo a Xangai, e que o primeiro anúncio que os passageiros veriam ao chegar a muitos aeroportos nacionais seria o emblemático nome Samsung e o logotipo nos carrinhos de bagagem. A explicação mais provável para o sucesso da Samsung na loteria pelas marcas globais é que a empresa acertou o passo, primeiramente, como produtora de bens de consumo, em oposição à imagem de uma empresa de tecnologia pura. As empresas de produtos para o consumidor — das quais, a primeira é a bem-sucedida marca Procter & Gamble — possuem uma perspicácia intuitiva da importância do marketing e da aceitação do consumidor na implementação da força da marca.

Por ciúmes do sucesso de suas vizinhas japonesas, a Samsung foi o primeiro conglomerado coreano a captar o fato fundamental de que os produtos de baixo custo não sustentariam a margem competitiva indefinidamente. Se não tivesse tido determinação no seu esforço para melhoria da imagem, a Samsung teria obtido margens frugais e, na melhor das hipóteses, teria sido vítima da mesma armadilha do custo vantajoso que décadas antes tinha alimentado sua ascensão ao poder. A Samsung assumiu a liderança das marcas nos mercados emergentes durante a década de 1980, juntamente com a fabricante de automóveis Hyundai, outra igualmente dotada de visão de longo alcance. Durante a década de 1990 o nome da Samsung começou lentamente a atrair aqueles consumidores que anteriormente tinham pensado que ela se tratava de "outra marca barata da Coreia".

A divisa expressa pela palavra "mudança" tem sido uma constante do presidente Lee, que gosta de dizer que os empregados da Samsung deveriam "mudar tudo, com exceção de suas mulheres e filhos". O terceiro filho do fundador da Samsung, Lee, apaixonado pelos filmes americanos (dos quais possui vasta coleção), nascido em 1942 e formado pela George Washington University, nunca esperou assumir o cargo de direção. Mas depois que tomou as rédeas deixadas pelo seu falecido pai em 1983, demonstrou clara compulsão para deixar sua própria marca na Samsung, ao mesmo tempo que colocava a empresa no mapa internacional. Uma de suas primeiras e mais importantes iniciativas foi estabelecer um "Segundo Início" para a Samsung Electronics, tendo como objetivo transformar a empresa numa das cinco maiores empresas eletrônicas de marcas líderes mundiais. O processo começou com a fusão em 1988 com a Samsung Semiconductor, tornando possível para as duas empresas consolidar as respectivas capacitações e recursos tecnológicos. Tal iniciativa se ajusta impecavelmente na política industrial de tecnologia orientada do governo coreano, que tem dado considerável apoio à Samsung para as manobras por meio de dinheiro fácil e generosos empréstimos para pesquisa e desenvolvimento.

Mesmo antes da severa disciplina imposta ao mercado pela crise asiática, o presidente Lee incumbiu-se de visitar os principais varejistas dos Estados Unidos juntamente com seus executivos seniores, esforçando-se para superar o embaraço de achar produtos da Samsung enfiados no fundo das prateleiras, tentando apaixonadamente fazer produtos melhores e mais conhecidos do que os dos seus concorrentes japoneses. Os anos dedicados à melhoria do foco na qualidade, no projeto e na tecnologia deram categoria internacional aos produtos da Samsung. Mas levou algum tempo até que os televisores e gravadores de vídeo Samsung começassem a ser vistos pelos consumidores globais como estando à altura dos da Sony.

Para poder concorrer em igualdade de condições com os japoneses o Samsung Group gastou mais de US$ 10 bilhões (mais do que qualquer outra empresa dos mercados emergentes) na construção de uma marca corporativa, com as principais despesas em anúncios criativos e altos patrocínios nas olimpíadas de Sydney, Seul e Pequim. Mediante a consolidação de seus anúncios de 54 agências para apenas uma, a Samsung criou uma mensagem unificada e mudou sua estratégia de vendas no varejo, passando dos varejistas de desconto, como a Wal-Mart, para os comerciantes especializados. Ainda assim, o sucesso da empresa em criar uma marca de apelo global não se baseou somente em anúncios informais e em campanhas de mercado.

Na realidade, o verdadeiro avanço revolucionário veio com o estrondoso sucesso dos aparelhos de telefonia móvel da Samsung, cujo estilo diferenciado impulsionou a imagem da marca da noite para o dia. Em apenas poucos anos a Samsung foi para o terceiro lugar na classificação de telefones mundiais, tendo embarcado 100 milhões de unidades em 2005 (cerca de 15% do total vendido no mundo) e chegando perto da Nokia e da Motorola. A Samsung conseguiu não apenas conquistar uma fatia do mercado, mas o segmento superior dele, transformando-se no mais lucrativo fabricante de telefones do mundo. Os aparelhos de telefone da Samsung continuam altamente valorizados não pelo preço ou mesmo pela vanguarda do projeto, mas pelo seu *design*, um elemento crucial de evolução da marca e um claro diferenciador de produto em uma era de constante confusão e vulgarização de *commodities*.

> A Samsung conseguiu não apenas conquistar uma fatia do mercado, mas o segmento superior dele, transformando-se no mais lucrativo fabricante de telefones do mundo.

Os projetos sofisticados fizeram com que a Samsung passasse a ser vista não como uma empresa de eletrônicos de segundo nível, mas como uma empresa de categoria internacional. O projeto e o estilo cravaram o sucesso da Samsung no mercado global quando a empresa adotou a estratégia ousada de invadir o campo dos celulares em forma de "barras de chocolate" da Nokia propondo seu projeto bem mais cativante de telefones em forma de "concha". Os executivos da Samsung também gostam de enfatizar a robustez de seus telefones. A despeito do fato de a Motorola ser acionista da operadora líder de celulares local, a Samsung conquistou o primeiro lugar, com 65% de participação do mercado em Israel, depois que Changsoo Choi, vice-presidente de marketing, decidiu esmagar e espezinhar um aparelho de telefone celular antes de pedir ao presidente da empresa telefônica local para fazer uma chamada para esse telefone que (surpresa, surpresa!) foi bem-sucedida.

Enquanto a Samsung com seus aparelhos de telefone conseguia sozinha elevar sua imagem para a de "categoria internacional", a empresa também era bem-sucedida com outros produtos de vanguarda eletrônica. Atualmente ela ostenta dezenove itens diferentes, prazerosamente desfrutando do primeiro lugar em participação de mercado nos respectivos segmentos, incluindo televisores de telas de cristal líquido e transistores de película fina (LCD-TFT), VCRs e monitores coloridos. Agora que os consumidores passaram a aceitar a marca Samsung como de categoria internacional e não mais como uma marca barata, a Samsung tenciona alavancar seu bem merecido reconhecimento em aparelhos de telefonia móvel para se transformar na marca líder da era digital em multimídia. Tendo focalizado o objetivo de se transformar na Sony do século XXI, e já tendo folgadamente alcançado essa meta, a próxima aspiração da Samsung é transformar-se no BMW diferenciador dos grandes grupos da eletrônica de consumo, com sua estratégia de marca *premium*.

Por uma questão de sorte da Samsung, sua entrada agressiva na briga da eletrônica de vanguarda se deu na época em que a introdução de novas tecnologias e de novos produtos digitais tinha deixado os consumidores mais abertos para avaliar novas marcas quando estas novas marcas surgiram. De acordo com Eric Kim, vice-presidente executivo de marketing costuma dizer: "Essa transição e a nossa estratégia de subir muito agressivamente no mercado são as principais razões da rápida melhoria da nossa marca."

ESTRATÉGIA GLOBAL DA SAMSUNG

"Miramos o futuro para que a marca Samsung seja considerada icônica", comentou Gregory Lee, diretor do marketing global da Samsung, em recente entrevista na *BusinessWeek*. Quando a Samsung procurou no mundo inteiro quais modelos iria seguir, ela se deteve no improvável exemplo do BMW, descrito por Lee como uma marca "que todo mundo adoraria ter". Usando o BMW como modelo, a Samsung enterrou não apenas os produtos de baixa qualidade, mas também um bom número de submarcas como Plano, Tantus, Yepp e Wise-view. Decidiu alavancar sua marca única criando uma imagem consistentemente focalizada em um pequeno número de produtos representativos, dos quais o telefone móvel foi o número 1, e os televisores digitais o número 2.

> *A Samsung planeja alavancar seu bem merecido reconhecimento em aparelhos de telefonia móvel para se transformar na marca líder da era digital em multimídia. Seu objetivo foi o de transformar-se na Sony do século XXI.*

A empresa investiu mais em projetos e reforçou a equipe passando-a de 100 pessoas para 450 em todo o mundo com o objetivo declarado de deixar a categoria de telefones móveis "na moda", permitindo que a empresa cobrasse mais pela "garantia de estar na moda" (*coolness factor*). "Estar na moda faz parte integral da estratégia", é a ênfase de Kim. As diretrizes de projeto produziram uma uniformidade de cores para as linhas de produto, interface de usuário semelhante nos celulares e coerência mesmo quanto ao som.

O mesmo som característico da Samsung saúda o usuário que aciona as interfaces de suas televisões e telefones móveis. Coincide também com o efeito sônico que acompanha o logo da marca da última campanha global de anúncios da Samsung. A articulação da essência da marca Samsung pelos múltiplos pontos de contato com o consumidor — vista, som, olhar e tato — faz parte do ato de projetar a "essência da marca" Samsung, que Lee insiste originar-se da compreensão de que o projeto é sobre algo mais do que meramente a forma do objeto; é também "a cor, a sensibilidade ao toque, o som" e todos demais aspectos que apelam aos sentidos humanos. Lee considera a marca Samsung como ainda em processo de formação. Sua própria pesquisa de mercado revela que a maioria das pessoas não pode expressar o que a marca Samsung significa para elas pessoalmente, exceto que é "cool" ("legal"), palavra muito semelhante a "cold" ("fria").

Ainda assim, as razões mais significativas para o sucesso da Samsung em construir uma marca de qualidade estão muito além do mero projeto. Um dos ativos que a Samsung efetivamente alavancou (capaz de induzir outras empresas dos mercados emergentes a fazer o mesmo) foi sua reputação nos mercados de crescimento rápido, como o da China, de ser uma das marcas principais — se não *a* marca principal — para uma ampla gama de produtos, de refrigeradores a telefones móveis, como se depreende de várias pesquisas regionais de marca. De uma maneira mais geral, a Samsung demonstrou que uma marca de sucesso pode ser criada *somente* se uma empresa: (1) faz movimentações estratégicas muito audaciosas que podem parecer malucas na época em que são feitas; (2) são obcecadas pela qualidade na execução; (3) é capaz de compatibilizar tecnologia, distribuição global e projeto e (4), faz grandes gastos com P&D. Trata-se de uma missão difícil de ser cumprida. Mesmo assim, o risco do sucesso virar a cabeça da empresa continua existindo — como aconteceu com a Samsung e com outros conglomerados coreanos até que a crise asiática os resgatou do orgulho desmedido.

PESADOS GASTOS EM TECNOLOGIA E P&D

A Samsung Electronics gastou cerca de US$ 5 bilhões (mais do que a Intel) em P&D em 2005, ou 9% das receitas. Com relação à última década, o dispêndio foi de US$ 35 bilhões e os planos são de gastar a colossal soma de US$ 45 bilhões apenas durante os próximos cinco anos. Essa cifra pode ser comparada aos US$ 250 bilhões gastos por *todas* as 100 maiores empresas de P&D em 2004.[2] A despesa combinada da Samsung e LG em P&D foi de 38% do gasto da Coreia no setor dando-lhe a mais alta taxa de crescimento no período de 2002 a 2004, comparável ao aumento mais modesto de 7% no dispêndio das empresas americanas líderes durante o mesmo período.[3] A despesa com P&D tem sido um componente crucial do sucesso fenomenal da Samsung. É graças a isso que a empresa constantemente cria tecnologias confiáveis e de vanguarda que a colocam entre as primeiras do mercado. Dentre os exemplos dos anos mais recentes encontram-se a maior de todas as telas planas (82 polegadas), a mais alta densidade de memória flash (16 gigabytes), a câmera de sete mega pixels além de muitos aparelhos de telefone com câmeras sofisticadas, televisores portáteis e outros produtos.

A Samsung Electronics conseguiu 1.641 novas patentes nos EUA em 2005, saindo em quatro anos do décimo primeiro lugar e indo para o quinto lugar dentre todas as empresas do mundo, passando na frente da Intel, Micron, Hitachi, Toshiba e Sony. Somente a IBM com 2.941 patentes esteve significativamente na frente da Samsung, enquanto outros nomes conhecidos em tecnologia como a Canon, HP e Matsushita estiveram apenas um pouco na frente.[4]

TOMANDO DECISÕES CORAJOSAS

A história da Samsung é cheia de exemplos de decisões tecnológicas que foram pouco comuns e arriscadas na época, mas que foram responsáveis pela liderança atual da marca.

- Na década de 1980, quando os fabricantes de semicondutores japoneses dominavam os negócios, o presidente Lee decidiu fazer uma investida agressiva em semicondutores. É interessante observar que foi uma ação antidumping norte-americana contra os fabricantes japoneses de chips que forneceu à Samsung a oportunidade de produzir chips de 256K DRAM (memória dinâmica de acesso aleatório), tipo de memória usado na maioria dos computadores pessoais. O sucesso nessa iniciativa possibilitou que a empresa ficasse livre de treze anos de débito e começasse uma nova vida sem dívidas.
- Quando a Samsung começou a fabricar uma nova geração de semicondutores (4Mb DRAM), sua escolha do método conhecido como "empilhamento" ("*stacking*"), tornou possível seu salto além da concorrência e a consolidação do domínio no seu setor industrial durante mais de uma década.
- Em 1999, no meio de uma recessão profunda na indústria de semicondutores, a Samsung construiu não apenas uma, mas duas novas instalações fabricantes de chips, pouco depois da crise asiática, ou seja, numa época em que ninguém mais tinha coragem para expansões. Essa ação consolidou sua posição de mercado aumentando sua participação global de 18 para 25%.
- A Samsung entrou agressivamente nos negócios de memória flash NAND (usada em dispositivos de consumo popular como câmeras digitais e MP3 players) quando a Toshiba sozinha tinha o comando de uma fatia de 50% do mercado, desistindo então de uma parceria com o líder do mercado em benefício de um desenvolvimento independente. Hoje a Samsung assumiu o papel de liderança no mercado com uma participação global de 60%. Os executivos da Samsung gostam de ressaltar que a Samsung melhorou a lei de Moore quanto à memória flash NAND ao duplicar a densidade em apenas 12 meses, em vez de 18 meses, durante seis anos consecutivos. Algumas dessas principais ações foram amplamente criticadas na época, mas fizeram parte de um empreendimento arriscado de retorno importante.

Nem todos os melhores planos e estratégias audaciosas da Samsung funcionaram tão bem como a mudança para os semicondutores e aparelhos de telefonia móvel. O fracasso da Samsung na sua iniciativa na área automotiva é bem conhecido. Em 1996, durante um de seus retiros habituais com os principais executivos da Samsung — não muito antes da crise asiática — o presidente Lee anunciou que a Samsung investiria a soma colossal de US$ 75 bilhões (em um momento em que as vendas da empresa eram de apenas US$ 21 bilhões) não somente em multimídia e televisores LCD-TFT de telas de cristal líquido e transistores de película fina — áreas em que Samsung finalmente se concentrou — mas também em campos tão vastos como o da bioengenharia. Seguindo os passos da Sony, ele também visou a uma parceria com a Dreamworks para o desenvolvimento de conteúdo multimídia. Mas obviamente, a química pessoal deixava algo a desejar. Steven Spielberg comentaria mais tarde, durante uma de suas reuniões: "Havia conversa demais sobre semicondutores."

OBSESSÃO PELA QUALIDADE NA EXECUÇÃO

O presidente Lee comparou os defeitos nos produtos a cânceres que precisavam ser erradicados completamente. Para consternação de alguns empregados da velha guarda, ele pediu que uma pilha de produtos defeituosos fosse esmagada e queimada de tal modo a servir de claro aviso que defeitos não seriam tolerados. Durante uma visita a Frankfurt em 1993, até sua equipe ficou surpresa com a veemência de sua argumentação sobre o perigo dos velhos hábitos e a força que eles ainda têm para desviar a atenção da qualidade na fabricação, meta que deveria ser a mais importante de todas. A confirmação da força da Samsung como marca claramente tem sido seu inexorável foco na qualidade do produto, na sofisticação tecnológica e *na tolerância zero para defeitos*.

SERÁ QUE OUTROS TENTARÃO SER MAIS SAMSUNG DO QUE A PRÓPRIA SAMSUNG?

A meta de a Samsung chegar a ser líder mundial em multimídia digital, superando a Sony em praticamente todas as frentes, está bem dentro do horizonte de seus planos. O futuro, ainda assim, dependerá basicamente do êxito que os grandes televisores de tela plana — como o televisor de alta definição (HDTV) — venham a ter nos Estados Unidos e em outros lugares. Espera-se que dentro de pouco tempo os televisores HDTVs cheguem a um custo menor do que o dobro do preço de um televisor tradicional, o que os tornará mais atraentes para os consumidores.

Enquanto isso, a concorrência está se aquecendo na arena dos telefones inteligentes. A LG, antiga concorrente coreana da Samsung, adotou uma estratégia de marca semelhante em um aparente esforço para ser mais Samsung do que a própria Samsung. A LG recentemente alcançou o quarto lugar em participação de mercado de aparelhos telefônicos e passou na frente da Samsung ao introduzir a terceira geração de telefones na Europa. As empresas de Taiwan, como a High Tech Computer, estão desenvolvendo PDAs sem fio avançados e telefones inteligentes que tornam possível participar de videoconferências e baixar músicas. Assim como a Samsung desafiou a Sony, a Philips, a Motorola, a Ericsson e a Panasonic da Matsushita, ela bem cedo será desafiada pelos grandes fabricantes de eletrônicos na China, que estão buscando galgar posições, melhorando a qualidade e se beneficiando do seu imenso e crescente mercado doméstico. Naturalmente, são necessários muitos anos para o estabelecimento de uma marca, mas a produção de baixo custo pelos concorrentes pressiona as margens de maneira muito semelhante à praticada uma vez pela Samsung Electronics contra outros na sua luta para conquistar sua fatia do mercado.

Sem a impetuosidade de sua partida inicial, a Samsung tem demonstrado uma maturidade recém-adquirida ao forjar uma aliança estratégica com a Sony, sua mais ferrenha rival. As duas empresas investiram conjuntamente US$ 2 bilhões em uma fábrica tida como a última palavra em tecnologia na Coreia do Sul para a produção de telas de cristal líquido de "sétima geração", uma categoria de produto-chave que a Sony, orientada pelo seu diretor de tecnologia Ken Kutaragi, fez questão de ignorar por muito tempo. As empresas também compartilharam o desenvolvimento da tecnologia Blu-Ray, como participantes de um consórcio que esperava estabelecer um padrão para a próxima geração de discos de vídeo e tocadores de DVDs. "A Sony é uma das poucas empresas eletrônicas cujas marcas são reconhecidas como icônicas", comentou Woo-Sik Chu, chefe das relações com o investidor na Samsung, durante uma entrevista por telefone com o *The New York Times*. "Temos muito a aprender com a Sony. Justamente por isso, de modo crescente na era digital, tudo tem um começo semelhante. Eles também querem saber por que nossa marca está crescendo." Realmente, em um mundo onde a competição frequente é o aspecto mais notável, a Samsung e a Sony estão abrindo os caminhos para uma nova era definida tanto pela colaboração como pela competição.

Ponto de vista do investidor

Visão otimista
- A Samsung é a primeira marca do mercado emergente com nítido reconhecimento global.
- A Samsung Electronics, conhecida principalmente pelos seus aparelhos telefônicos, é também líder global em chips de memória, telas planas e de vários outros produtos de consumo.
- A reputação da Samsung de ser uma marca de tecnologia avançada em mercados emergentes importantes, e o desejo de produzir localmente, contribui para ajudá-la a manter participações significativas de mercado.
- A Samsung é sistematicamente mais lucrativa do que a maioria dos seus concorrentes nas áreas principais de semicondutores, aparelhos telefônicos e telas planas.
- A despeito dos imensos investimentos em P&D e em novas instalações de alta tecnologia, a Samsung Electronics mantém seu balanço de pagamentos em ordem, consegue robustas margens operacionais e alto retorno sobre o investimento.

Visão pessimista
- Ainda que hoje seja menos dependente de semicondutores do que no passado, os ganhos da Samsung Electronics continuam sendo cíclicos.
- A governança corporativa da Samsung melhorou enormemente nos últimos anos, mas ainda oferece surpresas ocasionais.
- Os desafios da Samsung Electronics consistem em continuar na frente da LG e da competição chinesa, ao mesmo tempo que alavanca outros produtos com a reputação de seus telefones.

Lições

- Algumas empresas devem vencer crises ameaçadoras da sobrevivência antes de mudarem a cultura corporativa suficientemente para a tomada das difíceis decisões indispensáveis para a construção de uma marca importante.
- As mudanças estratégicas audaciosas que são extremamente necessárias podem ser facilitadas dentro de uma empresa quando a família de seus fundadores ainda se encontra na direção.
- A construção de uma marca global só pode ser bem-sucedida se houver uma obsessão pela qualidade, pelo projeto e pela tecnologia.
- A construção da marca global requer determinação, paciência e tempo, mas a remuneração em termos de lucratividade é alta.
- Uma estratégia precipitada de lançamento de marca pode aniquilar uma empresa.

VIÑA CONCHA Y TORO
A marca miraculosa

Todos na Concha y Toro, primeira vinícola da América Latina, estavam agitadíssimos. As mesas foram enfeitadas com flores e arrumadas com toalhas de mesa coloridas, os melhores cozinheiros foram contratados para preparar pratos chilenos e, naturalmente, os melhores vinhos foram servidos. O ano era 1988, e um seleto grupo de consagrados provadores britânicos de vinho estava ali para explorar o fértil vale chileno do Maipo, ao sul de Santiago. Cercado pelas espetaculares montanhas cobertas de neve dos Andes ao leste, pela acidentada cadeia de montanhas costeiras a oeste, pelo rio de tantas corredeiras, Maipo, ao norte, o vale ostentava um clima semelhante ao do deserto. Com menos de 300 mm de chuva por ano e com seu solo arenoso e de drenagem rápida, ele é considerado ideal para o plantio de uvas.

A sutil ansiedade transformou-se em intenso desapontamento quando ao primeiro gole um dos provadores fez o comentário que "havia algo estranho" com relação ao vinho. Não foi necessário muito tempo para o provador determinar a origem do sabor esquisito. A maioria dos tonéis usados por Concha y Toro para fermentação e envelhecimento de seus melhores vinhos fora feita usando o carvalho chileno ("rauli") e não os clássicos carvalhos franceses ou americanos com os quais o paladar refinado dos consagrados provadores já estava habituado. A recomendação dos provadores foi substituir todos os tonéis por aço inoxidável e carvalho importado da França com o objetivo de obter sabor e buquê mais aceitáveis para o vinho. O vice-presidente da Concha y Toro, Rafael Guilisasti, me confidenciou como o choque pelo comentário feriu o brio da empresa e provocou uma reação brusca. "Levamos a sério a lição, e apesar dos custos consideráveis, dentro de um ano já havíamos substituído todos os antigos tonéis."

Em 1987, durante sua primeira visita à empresa Banfi Vintners de Nova York — nova distribuidora da empresa e importadora líder de vinhos nos EUA — um dos representantes da Banfi confrontou Guilisasti (o gerente exportador na época) com um pergunta inesperada: Será que eles poderiam entregar a quase inimaginável quantidade de 300.000 caixas em Nova York na próxima estação?

Trocando olhares nervosos com seu presidente, Guilisasti despreocupadamente assegurou a Banfi que não via problema algum nisso. Mais tarde ele me diria que "não tínhamos a menor ideia se poderíamos ou não fazer a entrega, porque mal embarcávamos 80.000. Mas aquilo foi o início de uma séria promoção da nossa marca".

Não muito tempo depois desses dois significativos choques ao sistema, o pessoal da Concha y Toro fez uma parceria com a Banfi para acelerar a modernização das tecnologias de fabricação do vinho em suas instalações. O choque duplo vividamente refletiu as pressões vindas dos dois lados enfrentadas pelos principais negociantes de vinhos. Por um lado, esperavam se promover como produtores de vindimas de primeira linha para *connoisseurs* e, por outro, antecipavam ser capazes de produzir volume suficiente para atender à demanda de exportação que crescia rapidamente. A empresa duplicou a área dos vinhedos em cultivo e despendeu US$ 150 milhões visando aumentar o volume de exportação. Ao mesmo tempo, teve o cuidado de contratar destacados especialistas para suas vinhas, para trabalharem separadamente em cada uma delas. Essas medidas, tomadas coordenadamente, ajudaram as exportações da empresa a crescer 16% ao ano do final da década de 1990 em diante.

Como se poderia esperar, a sacudidela que despertou o anteriormente adormecido setor da fabricação de vinhos começou nos Estados Unidos, onde os viticultores — especialmente os da Califórnia — demonstraram o desejo de experimentar novas uvas e de automatizar as colheitas, os métodos de armazenagem e as marcas. Durante séculos, as vinícolas francesas e italianas tinham sido fragmentadas em minúsculas propriedades familiares. Os estabelecimentos vinícolas vivem de suas reputações que inibem as inovações ao mesmo tempo que distribuem vinhos finos para um pequeno clube desinteressante de não muito dinâmicos distribuidores.

As raízes seculares das vinícolas de Concha y Toro, livres da praga filoxera, datam de 1875, ano em que Don Melchor Concha y Toro, um distinto advogado chileno, empreendedor e político, adquiriu uma grande propriedade no vale do Maipo, distante um dia de marcha a cavalo de sua casa em Santiago. Nessa época, grassava pelas terras altas do Chile uma paixão pelo fabrico do vinho (juntamente por todas as coisas vindas da França) e Don Melchor contratou o eminente enólogo francês, Monsieur de Labouchere, para plantar videiras compradas em Bordeaux. Ficou bem claro que, para Don Melchor, a vinícula não se tratava de um capricho passageiro. A demanda pelo vinho chileno subiu como um foguete depois que o temido fungo espalhado pela filoxera colocou muitas vinícolas francesas fora de ação, exatamente quando Concha y Toro estava sendo plantada. Embora o volume de vinho produzido por Don Melchor fosse pequeno, sua alta qualidade era famosa. Em pouco tempo, a notícia a respeito do novo vinho de alta qualidade chegava ao conhecimento não apenas da elite chilena, mas também dos bandidos locais que ficaram sabendo das adegas de vinho prontas para serem saqueadas. Para manter a vigilância sobre a adega, Don Melchor mandou construir um profundo túnel entre a adega e sua propriedade campestre, de tal modo que pudesse pessoalmente fiscalizar seu estoque de vinho. Sentindo-se frustrado pela diminuição contínua do volume guardado (algum furto indubitavelmente de autoria dos seus próprios funcionários), Don Melchor passou a vagar pelo seu túnel à luz de tochas vestindo uma longa capa preta, brandindo um forcado e deliberadamente espalhando a lenda entre o supersticioso populacho local que o próprio Diabo protegia os finos vinhos de Concha y Toro. Um século mais tarde, em homenagem a essa lenda e à sagacidade de Don Melchor, um dos vinhos mais famosos de Concha y Toro foi batizado de "Casillero del Diablo".

Os primeiros engradados exportados de Concha y Toro chegaram às docas de Roterdã em 1933, mas as exportações continuaram sendo uma pequena fração da receita da empresa até depois da Segunda Guerra Mundial. Enquanto os vinhedos e distribuidores europeus lutavam para se aprumar, os vinhos importados do Chile e de outros países latino-americanos usufruíam de breve popularidade nos Estados Unidos. Depois da normalização dos vinhedos europeus, a indústria de vinhos do Chile voltou ao seu foco tradicional, para o interior do próprio país. A empresa e a indústria definharam na obscuridade local, até que o regime socialista do presidente Salvador Allende apoderou-se de muitos vinhedos e o setor despencou em parafuso.

Durante uma década depois da morte de Allende nas mãos de um golpe inspirado pela CIA, mais da metade de todos os vinhedos do Chile simplesmente interromperam suas produções. No caso da Concha y Toro, um grupo chileno de empreendedores assumiu a vinícola da família. Não importa o que se pense sobre a política do hoje pessoalmente desacreditado General Augusto Pinochet, suas políticas econômicas de mercado livre — profundamente influenciadas pelo economista Milton Friedman, de Chicago — tiveram o efeito paradoxal de afrouxar a inflexibilidade que sufocava a estrutura social no Chile muito mais do que jamais tinha sido conseguido pela política progressiva de Allende. Sob Pinochet, um razoável número de integrantes da incrustada velha elite chilena teve realmente que começar a pensar em como ganhar a vida. Hernan Büchi, o jovem motoqueiro com aparência de garoto e ministro das finanças do Chile entre 1985 e 1989, sancionou novas leis estimulando a criação de novas indústrias. À medida que o mundo se abria para os empreendedores chilenos, a competição não era mais algo que estava na moda; passou a ser inevitável. A competência técnica e gerencial substituiu os antigos laços de família ou nomes de destaque como pré-requisitos para o sucesso no novo Chile, mais orientado para o mercado. Ressentindo-se da falta de proteção contra as importações, a agricultura e a indústria chilenas *tinham* que competir internacionalmente para sobreviver.

A COMPETIÇÃO NO MERCADO GLOBAL DE VINHOS

Os fabricantes chilenos de vinho, inclusive Concha y Toro, começaram agressivamente a visar aos mercados de exportação em meados da década de 1980. Em 1994 a empresa assumiu a meta de ser o primeiro vinhedo do mundo a ter ações registradas na Bolsa de Valores de Nova York, o que sinalizaria sua importância não apenas por se tratar de uma marca emergente, mas também porque era uma indústria emergente que experimentava rápida transformação e consolidação.

> *Durante 20 anos, um grande avanço em exportações colocou o Chile na quinta posição dos exportadores mundiais, com uma fatia de 5% do mercado, aproximadamente no mesmo nível da Austrália e na frente dos Estados Unidos, Alemanha e África do Sul.*

Hoje em dia as vinícolas do Chile exportam 30 milhões de caixas, ou 60% da produção, equivalentes a US$ 835 milhões, mudança substancial se comparada com os míseros US$ 10 milhões de 1985. Esse grande avanço em exportações colocou o Chile na quinta posição dos exportadores mundiais, com uma fatia de 5% do mercado, aproximadamente no mesmo nível da Austrália e na frente dos Estados Unidos, Alemanha e África do Sul. Nesse tipo de indústria, a qualidade é mais importante do que a quantidade, e esta aumentou bastante nos últimos anos, depois que as vinícolas do Chile — lideradas por Concha y Toro — desenvolveram uma imagem de qualidade pela atuação conjunta com as renomadas marcas Mouton-Rothschild de Bordeaux e Robert Mondavi da Califórnia. As vendas anuais de Concha y Toro superam os US$ 300 milhões e fazem com que ela seja além de maior exportadora do Chile e responsável por um terço da produção nacional, uma das vinte maiores fabricantes de vinho do mundo.

CONQUISTANDO CLASSE DA FAIXA SUPERIOR DE MERCADO E DE MARCAS NOBRES

Concha y Toro, de maneira bastante intencional, decidiu embarcar no que se conhece nos meios industriais como estratégia de marca "silver bullet" ("solução mágica"): a marca principal lança uma submarca, ou conjunto de submarcas tendo em vista diretamente os especialistas, aguardando que a marca seja reanimada pela sua associação com a submarca recém-lançada. Assim como Gallo, a produtora em massa tanto de produtos populares como de vinhos finos da Califórnia, Concha y Toro produz grandes volumes de vinho a preços atrativos combinados com poucos rótulos de classe, selecionados tendo em vista a apreciação de uma pequena elite de provadores de vinho. Essa estratégia bifurcada de marca nobre/popular mantém os preços no extremo mais alto da faixa dos US$ 5 a US$ 10 do varejo ao mesmo tempo que remove do produto principal pelo menos alguns dos traços de *commodity* pura. Os produtores de vinhos chilenos, semelhantemente a outros produtores dos mercados emergentes que procuram conquistar mais aceitação no mercado internacional, têm lutado para ficar livres da imagem de produtores de vinhos sem graça e baratos.

> *"Desde os Rothschild aprendemos como 'acalentar' nossos vinhos — todos os segredos, das uvas à irrigação — e, constantemente, temos procurado ficar na alta faixa do mercado, com o objetivo de melhorar nossa carteira. Entretanto, para continuar crescendo, precisamos ter presença forte em todos os segmentos de preço."* — Rafael Guilisasti, Vice-Presidente

Como exportadores globais sofisticados, a Concha y Toro tem estado com a sensibilidade aguçada para os variados gostos e necessidades dos mercados individuais. Ainda que os chilenos prefiram seus vinhos mais velhos e doces, o público americano gosta mais do sabor limpo, frutado e fresco. Os britânicos, por sua vez, preferem que seus vinhos exibam sabores mais complexos. Cada mercado requer diferentes misturas de aço inoxidável e madeira e uma estratégia de distribuição diferente. No Reino Unido os maiores produtores de vinho são as dez cadeias de supermercados líderes, que exigem uma imagem na moda para emprestar a um determinado vinho espaços significativos e promotores à disposição nas lojas. Para responder a essa necessidade, em meados da década de 1990 a Concha y Toro estabeleceu um vinhedo tipo butique, a vinhas Cono Sur. Sua jovem equipe fez pressão para obter uma imagem estimulante, atualizada e trazendo ideias inovadoras e adequadas ao mercado britânico. Em pouco mais de uma década, a Cono Sur evoluiu para se transformar na quarta maior exportadora, contribuindo com 13% da exportação da empresa, principalmente para o Reino Unido onde hoje se encontra a marca líder da empresa.

Além das marcas mais populares Sunrise e Frontera, Concha y Toro ofereceu as marcas Trio e Casillero del Diablo e destinou as marcas Almaviva, Don Melchor e Amelia reservadas ao sublime segmento nobre dos vinhos. Crucial para o sucesso de Concha y Toro foi seu reconhecimento em publicações industriais importantes. Recebeu o título de estabelecimento vinícula mais importante do Chile e da Argentina na pesquisa de 1999, levada a cabo pela conceituada revista *Wine Spectator*, e de vinho chileno de maior venda nos principais restaurantes americanos na pesquisa de *Wine & Spirits*. A safra Don Melchor de 2001 ganhou 95 pontos em 100 no *Wine Spectator*, o que a transformou num dos três vinhos chilenos a obter tal distinção. Em 2004, Concha y Toro recebeu as mais altas pontuações dentre todos os estabelecimentos vinícolas chilenos, nas categorias de vinhos Super Premium e

Ultra Premium. Como Guilisasti orgulhosamente observa: "A demanda pelos nossos melhores vinhos é maior do que nossa capacidade para produzi-los." Ainda em 2004, a Concha y Toro foi designada pela décima vez um dos 100 maiores estabelecimentos vinícolas do ano pela *Wine & Spirits* e como o "Novo Estabelecimento Vinícola Mundial do Ano" pela revista *Wine Enthusiast*. Nesse meio tempo, a empresa foi convidada a ingressar no Club de Marques, uma associação de vinicultores para algumas marcas de primeira linha da indústria onde se incluem a Baron Philippe de Rothschild, Laurent Perrier, Barton & Guestier e a Robert Mondavi. Concha y Toro foi a primeira e única vinícola latino-americana a conquistar essa distinção.

Juntamente com a vinícola French Baron Philippe de Rothschild Winery, Concha y Toro criou a vinícola Almaviva no Chile, explicitamente para produzir os vinhos de primeira classe — Primer Orden — do Novo Mundo, o equivalente sul-americano do Grand Cru Classé da região de Bordeaux. "Desde os Rothschild aprendemos como 'acalentar' nossos vinhos — todos os segredos, das uvas à irrigação — e, constantemente, temos procurado ficar na alta faixa do mercado, com o objetivo de melhorar nossa carteira", Guilisasti me confidenciou uma década mais tarde. "Para continuar crescendo, precisamos ter presença forte em todos os segmentos de preço."

Concha y Toro tem sido frequentemente agraciada com uma publicidade positiva que contribui para promover seus esforços de construção de marca pelo lado do produto. Uma das providências que a Concha y Toro tomou para divulgar sua marca mundialmente foi organizar o International Distributor Summit no ano 2000 (o primeiro encontro internacional de distribuidores em que compareceria a indústria chilena) tendo em vista apresentar aos 60 maiores distribuidores mundiais exclusivos de vinho, novos desenvolvimentos da vinicultura e novos recursos de marketing. A empresa dedicou atenção especial em promover dois dos seus principais rótulos, a marca Casillero Del Diablo e a Don Melchor e, em 2002, realizou o lançamento regional asiático dos seus vinhos na grande muralha da China. Esses esforços promocionais foram muito proveitosos. Hoje a empresa é a vinícola chilena mais amplamente reconhecida no mundo e o Casillero Del Diablo é o seu vinho mais vendido. Concha y Toro foi reconhecida por uma pesquisa regional de leitores da Interbrand como a quinta marca mais conhecida da América Latina e a única classificada proveniente do Chile.

> *"A demanda pelos nossos melhores vinhos é maior do que nossa capacidade de produzi-los."*
> — Eduardo Guilisasti, CEO

Ponto de vista do investidor

- Concha y Toro conquistou um robusto nicho nos mercados de importação dos Estados Unidos, da América Latina e de vários países europeus como um exemplo importante do deslocamento norte-sul da indústria global de vinhos, em que a Austrália, o Chile e a África do Sul tornaram-se atores principais do outrora sufocante setor industrial dominado pela França, pela Itália e pela Espanha.

- O sucesso na indústria de vinhos de hoje exige mais do que um clima favorável, vinicultores experientes, boas uvas e mão de obra barata; são igualmente importantes a escala das operações, a sofisticação da marca, a boa publicidade e a distribuição global.
- A ascensão rápida da marca australiana Yellowtail ao topo do mercado importador americano foi uma dura lição para Concha y Toro a respeito de como lideranças de marca podem se evaporar na falta de uma escala gigantesca, competitividade de custo e imagem de vanguarda. A recuperação do primeiro lugar será difícil, especialmente com o peso chileno forte.

Lições

- A marca forte e a atenção constante com a distribuição são tão importantes como competitividade de custo, escala e qualidade estável.
- A construção de uma marca contribui para o esforço de desalojar os produtores que ignoraram a necessidade de inovação.
- A atribuição de marcas deslocou a indústria global de vinhos do norte para o sul.
- A estratégia "silver bullet" ajuda a imagem de marcas de mercados de massa.
- O próximo grande desafio das atribuições de marcas de vinho vem da China, com seu consumo cada vez maior.

CAPÍTULO 4

Outros Caminhos para as Marcas Líderes: Compre ou Pode Cair no seu Colo

A Lenovo compra o ThinkPad da IBM, a Haier tenta comprar a Maytag e a Corona Beer torna-se uma marca ícone inesperadamente

Estratégias

- *Comprar uma marca é uma operação arriscada, mas é a alternativa mais rápida para o lento processo de construir uma marca ao longo dos anos*
- *Em um campo saturado de marcas um recém-chegado ao mercado emergente pode precisar estabelecer uma imagem icônica*

Nem todas as multinacionais emergentes contam com tempo disponível para construir uma marca como a coreana Samsung e ou o vinho chileno da Concha y Toro. Especialmente as empresas chinesas parecem ansiosas para testarem o mercado global por si mesmas, exatamente no mesmo momento em que as marcas estrangeiras começaram a caçar furtivamente seus clientes no mercado doméstico.

A longa ascensão durante duas décadas que a Samsung levou para chegar ao poder e à atmosfera de excitação serve de exemplo do que significa escolher o longo caminho de liderança da marca global pela construção cuidadosa e cara de uma marca a partir do nada. Durante sua campanha para se tornar uma marca global, a Samsung adotou uma estratégia claramente copiada da Sony. Começou cortando os concorrentes pelo custo, estrategicamente investindo em P&D seus lucros sempre crescentes e melhorando a qualidade, as características e o projeto até conseguir ficar razoavelmente competitiva com a faixa mais lucrativa e não apenas com a faixa inferior de produtos. Assim como a Sony, a Samsung captou bem cedo a importância do projeto de vanguarda e da "garantia de estar na moda" e de agregar valor. Como a Sony, ela alcançou a liderança de mercado na eletrônica de consumo sendo partidária de mudanças precoces em produtos revolucionários (como os aparelhos de telefone com o formato de uma concha) que distinguiram seus lançamentos dos oferecidos pelos concorrentes. Também como os lendários co-fundadores Akio Morita e Masaru Ibuka da Sony, a família Lee da Samsung nunca hesitou em acreditar firmemente que sua empresa poderia competir com os líderes de mercado em todas as frentes, incluindo até mesmo a geração da qualidade efêmera de ser "excitante". Convencida de que a construção de uma marca é uma disciplina curiosa e idiossincrática, mais uma arte do que uma ciência, a Samsung passou deliberadamente para o próximo passo, além do produto, e foi até a marca.

Duas outras possibilidades acenam para as empresas dos mercados emergentes que buscam alcançar status de categoria internacional: "o atalho" e a "estrada secundária". Se o caminho da Samsung é a clássica via longa, várias multinacionais emergentes escolheram adotar a estratégia mais acelerada de atalho, um modo de saltar rapidamente por cima dos concorrentes que possuem grandes marcas simplesmente comprando abertamente a marca. Em alguns casos tal estratégia tem origem no receio ansioso de que tais empresas de crescimento rápido infelizmente cheguem tarde ao jogo, sem se darem ao luxo de gastar tempo. Em outros casos, são guiadas pela falta de confiança de serem capazes de construir uma marca mundial inteiramente nova por conta própria, dispensando o toque de classe de um rótulo amplamente reconhecido.

Cheias de dinheiro vindo do estimulante sucesso obtido na qualidade de concorrentes de baixo custo, essas multinacionais emergentes preferem comprar marcas estabelecidas no mercado do que terem o trabalho e as despesas de construir suas próprias marcas. A estratégia é incluir o patrimônio dessas marcas nutridas durante tanto tempo em suas próprias marcas de ingresso tardio. Um exemplo de uma empresa que deliberadamente tomou o atalho para a marca é o da Lenovo, em primeiro lugar na fabricação de computadores pessoais na China e agora (desde que comprou a divisão de PCs da IBM), a terceira fabricante de PCs do mundo, vindo logo depois da Dell e da HP. Talvez ela tenha sido encorajada a fazer isso, pois a Dell tinha começado a superar as vendas da Lenovo na China, parcialmente como resultado de seu modelo mais avançado de vendas diretas e de adaptação aos clientes, mas também tirando vantagem da força da marca Dell. Outra marca chinesa líder, a da fabricante de utensílios de cozinha Haier, fez uma tentativa infrutífera final de comprar a marca American Maytag, provocando não só consternação como também uma batalha com a Whirlpool, da qual a Haier (juntamente com as empresas americanas Bain Capital e Blackstone) foi forçada a se retirar.

A *"estrada secundária"* é a terceira estrada para o estrelato das marcas usada de maneira inteligente por marcas como a da Corona Beer da Modelo. Tais marcas ganham o status de marca quase por pura sorte. Para ser mais preciso, elas conseguem traduzir uma popularidade apaixonada (como a imagem da cerveja Corona "praia, surfe e sol") em uma marca icônica por meio de um marketing cuidadoso.

LENOVO
A empresa chinesa que engoliu o PC da IBM

Em 1984 (o ano em que a Apple satirizou a IBM no torneio do futebol americano Super Bowl com um comercial que representava funcionários da Big Blue como zumbis orwellianos), o Computing Institute da Chinese Academy of Sciences premiou Liu Chuanzhi, um de seus gerentes administrativos e sua equipe de dez pessoas, com US$ 25.000 e um modesto bangalô de um andar para estabelecer a New Technology Development Company (NTD). Com este empreendimento privado, a academia chinesa tencionava comercializar a pesquisa do instituto na esperança de acabar gerando lucros para o custeio de futuras pesquisas. O Computing Institute, agindo com muita perspicácia, localizou um vazio que precisava desesperadamente ser preenchido: desenvolveu um produto que era uma combinação de hardware e software, e que ficou conhecido como "Cartão de Inserção de Legenda em Chinês". Tratava-se de uma tecnologia única e muito inteligente "de associação" para minimizar o tempo gasto pelos usuários para introduzir caracteres chineses. Não consumia uma quantidade significativa de espaço no disco rígido dos computadores, muito escasso na época, e possibilitava adaptar um teclado do padrão ocidental para que fosse usado pelos chineses.

Em 1989, a NTD mudou seu nome para Legend como um recurso para capitalizar o zunzum que o cartão Legend estava criando e começou a incluir seus cartões do idioma chinês nos PCs importados. Por volta de 1993 ela já estava pronta para entrar por conta própria nos negócios de computadores pessoais. Anunciou sua intenção de competir decisivamente com as marcas estrangeiras por meio da fabricação e venda de seus próprios computadores na China. Poucos observadores da indústria levaram a firma a sério, especialmente depois que a empresa deixou de atingir sua meta anual de distribuir 30.000 unidades de PCs importados (faltou 10%). Como o presidente Liu pesarosamente relembrou: "Realmente não tínhamos certeza se poderíamos ou não sobreviver fabricando computadores pessoais. Considerando nosso passado, fabricar nosso próprio PC era o sonho da empresa inteira. Como nós ainda estávamos ganhando bem com o negócio da distribuição, decidimos continuar fabricando durante mais um ano."[1]

Felizmente para a empresa, aquele ano foi suficiente. Em 1994 as ações da Legend estavam sendo comercializadas na Bolsa de Valores de Hong Kong. Reconhecendo que seria necessário reforçar substancialmente as operações com computadores pessoais para algum dia sonhar em concorrer com as importações estrangeiras, a Lenovo concedeu ampla liberdade de ação a Yang Yuanqing, o novo gerente geral que acabava de ser indicado para a nova unidade de computadores pessoais. Rapidamente ele assumiu o controle dos custos e descartou o sistema de vendas diretas, que funcionava mal, mudando para uma operação dirigida pelo distribuidor e que incluía incentivos em função das vendas atingidas. Como resultado, a Lenovo surpreendeu seus rivais estrangeiros, conseguindo impulsionar em 152% suas vendas de 1994. Esse desempenho saído diretamente do portão da fábrica fez com que a empresa tivesse um rápido crescimento e ocupasse o terceiro lugar na China na fabricação de PCs, atrás apenas da Compaq e da AST.

Mas a máquina que realmente fez o nome da Lenovo explodir na indústria de computadores pessoais chineses foi o Tian Xi PC de uso simples, uma versão despojada que incluía um ano de acesso livre à Internet e apresentava um único botão de acesso à Web. Essa característica teve enorme popularidade em um país ainda densamente habitado por motoristas neófitos na superestrada da informação. O Tian Xi incluía um software de reconhecimento de voz e uma mesa digitalizadora para tornar mais fácil dar entrada no sistema dos caracteres chineses escritos à mão. Depois de vender 200.000 computadores Tian Xi nos primeiros seis meses, o executivo e vice-presidente da Lenovo, Li Qin, explicou que a empresa havia compreendido que sua única vantagem competitiva estava em criar máquinas cujas funções fossem talhadas para o mercado doméstico.[2]

Até 1998, a Legend tinha produzido um milhão de computadores pessoais. Em 2003, mudou seu nome para Lenovo, tomando o "Le" de Legend e acrescentando "novo", a palavra latina para "new", para refletir o espírito de inovação no núcleo da empresa. A chocante decisão (para os observadores ocidentais) de dezembro de 2004 da Lenovo, quando resolveu comprar a divisão que rapidamente fenecia de PCs da IBM por US$ 1,25 bilhão à vista, incluindo o estoque foi um reflexo do seu franco reconhecimento; seria impossível satisfazer suas ambições globais com uma marca conhecida apenas na China. Naturalmente, o fato de a IBM desejar se livrar do negócio de 1981 que tinha originado o PC há um quarto de século, dizia respeito ao fato de que, da perspectiva de uma América corporativa, a fabricação de computadores pessoais tinha se transformado em uma *commodity* de baixa margem comercial. Para a recém-chegada Lenovo, a marca ThinkPad representava um atalho para sua construção de marca e presença global, enquanto a veterana IBM claramente havia concluído que os PCs estavam absorvendo uma parcela muito grande dos seus recursos em troca de retorno muito pequeno.

Os resultados financeiros desde essa incorporação infelizmente lançaram pouca luz na questão candente de se a Lenovo tinha ou não sido capaz de segurar a clientela da IBM. Com aproximadamente US$ 13 bilhões em receitas anuais, o crescimento e os lucros foram decepcionantes desde a aquisição da divisão PC da IBM em maio de 2005. Durante uma teleconferência com analistas, o presidente Yang Yuanqing admitiu sem meias palavras que "a estrutura atual de custos da empresa e sua competitividade não foram otimizadas e que nossa carteira de produtos não é suficientemente completa. Deveríamos ter aspirações mais elevadas". As cifras comparativas de um ano para o mesmo período do ano seguinte com relação aos embarques de PCs em 2005 estavam entre as piores dentre os cinco maiores vendedores de PCs do mundo, de acordo com a pesquisadora de mercados IDC (International Data Corporation), com apenas 13% comparáveis ao crescimento global de 17% e ao crescimento de 20% da Dell. A Acer, a principal empresa chinesa rival na Ásia, também conseguiu uma revigorante taxa de crescimento de 53% durante 2005. Os executivos da Lenovo prometeram aumentar a eficiência operacional, impulsionar a linha de produção e focalizar mais a lucratividade. "Nesta indústria exige-se que sejamos os melhores do mercado em termos de eficiência operacional", disse William Amelio, o recentemente indicado CEO e presidente da Lenovo, que havia previamente chefiado as operações da Dell na Ásia. Em julho de 2005,[3] o *The Wall Street Journal* havia feito referências muito boas à perícia de Amelio quanto à reconfiguração do afamado modelo de negócios por vendas diretas da Dell com relação às vicissitudes do mercado chinês. A Lenovo, ao convencer Amelio a sair da Dell, inverteu as posições em relação à sua arquirrival.

Todavia ainda não se conhecem facetas da combinação Lenovo-IBM PC. Ao adotar o atalho para a construção da marca, a Lenovo correu o risco real de, em vez de ter abrilhantado a marca Lenovo por meio de sua associação com a IBM, ter estendido além dos limites, ou simplesmente maculado, décadas de um patrimônio de marca duramente construído pela IBM para o ThinkPad. O ceticismo dos investidores com relação às perspectivas de longo prazo das sinergias consequentes ao mencionado contrato refletiu-se nas ações da Lenovo, que caíram 13 pontos na esteira da fusão de maio de 2005. Isso posto, os investidores têm uma longa história de manobras estratégicas que dão errado.

QINGDAO HAIER
A marca mais conhecida da China torna-se global

Em 1984 (o mesmo ano de expansão na China que deu origem ao nascimento da Lenovo), Zhang Ruimin, gerente sênior da Qingdao Refrigerators, fábrica pertencente ao governo municipal da cidade de Qingdao, observou uma grande multidão vagando perto das instalações. Sabendo muito bem que a fábrica era notória pela produção de utensílios domésticos de qualidade inferior, e até mesmo com material reaproveitado, Zhang ficou um tanto chocado quando descobriu que essa multidão frenética e impaciente tinha se reunido na esperança de adquirir novos refrigeradores diretamente da linha de produção em vez de comprá-los das lojas.[4] Qingdao é uma bela cidade de praia, e um *resort* para veraneio e tratamento de saúde cujas colinas cobertas de árvores e os telhados de telhas vermelhas contemplam do alto o azul profundo do mar Amarelo.

Depois do desastroso "Grande Salto para a Frente" e da brutal Revolução Cultural da década de 1960, Deng Xiaoping tinha posto muito dinheiro no bolso dos consumidores, o que ocorria pela primeira vez desde a tomada do poder na China pelos comunistas. A diminuição gradual das restrições econômicas depois da morte de Mao deixou a economia e os consumidores da China ansiosos por qualquer tipo de eletrodoméstico, até mesmo os mal fabricados. Que tipo de competição ferrenha, Zhang indagava não sem alguma razão, poderia ser desencadeada pela empresa chinesa que conseguisse produzir refrigeradores e outros eletrodomésticos *decentes* para os já tão sofridos consumidores chineses?

Durante os 25 anos seguintes, enquanto a China se transformava num vasto canteiro de obras e numa das bases manufatureiras para o resto do mundo, o poder aquisitivo das sofridas famílias chinesas finalmente tinha crescido a ponto de permitir a compra de apartamentos novos e equipados com novos eletrodomésticos. Cheio de problemas pelas ineficácias e custos descontrolados, a fábrica do sr. Zhang estava muito próxima da falência, mesmo considerando a crescente demanda. Ainda assim, Zhang, homem enérgico e dinâmico, sentindo-se amarrado e tolhido pelos mecanismos que regem a economia, viu tais limitações como uma oportunidade de ouro para demonstrar a própria capacidade e experimentar ideias novas que já acalentava há bom tempo, mas que não podia pôr em prática na rígida burocracia comunista da grande fábrica. "Quero pegar apenas uma fábrica e transformá-la na melhor de todas", dizia, ao dar passos tímidos antes de tentar o "Grande Salto Capitalista para a Frente".

Depois de convencer seus colegas comunistas no governo municipal a indicá-lo para presidente da Haier, Zhang assumiu a empresa e, rapidamente, começou a transformar seu modo intenso de trabalhar. Dentro do primeiro ano, a Haier praticamente equilibrou suas receitas com as despesas. No ano seguinte a empresa conseguiu um lucro substancial. Vinte anos mais tarde, a Haier é agora a marca líder em bens de consumo na China e está em quarto lugar no mundo nessa categoria, com uma participação de 3% no mercado global.

As lendas populares sobre as empresas asiáticas (inclusive sobre a Samsung) estão repletas de contos, possivelmente apócrifos, sobre executivos seniores despedaçando produtos inferiores para demonstrar um compromisso cuidadoso com a qualidade. Apesar disso, Zhang insiste em contar que pouco depois de assumir as operações, ele tirou 76 geladeiras com defeitos de um lote de 400 diretamente do chão da fábrica, fixou em cada uma o nome do empregado que havia fabricado aquela unidade e pediu aos empregados responsáveis que destruíssem as peças selecionadas com marretas na presença de todos os funcionários da fábrica. Ele próprio insistiu em dar os primeiros golpes contra as geladeiras defeituosas. Sua meta, evidentemente, era impressionar os funcionários (que tinham apenas uma vaga noção de controle de qualidade) com a falta de tolerância para com serviços de baixa qualidade. "A mensagem dada é clara: não existe essa questão de qualidade A, B, C e D", diz ele. "Existe apenas a qualidade aceitável e a inaceitável."[6]

DISPOSIÇÃO DE CONQUISTAR
O MERCADO GLOBAL ALÉM DO LOCAL

O comprometimento de Zhang com a qualidade foi muito além das ações dramáticas. Apesar das regulamentações governamentais que limitaram a importação de componentes para bens de consumo feitos pelos chineses, Zhang começou a importar componentes fabricados na Alemanha quando os da China não conseguiam satisfazê-lo. O empregado que localizasse defeitos em algum produto recebido de um estágio precedente da fabricação tinha não só o direito, mas o dever de rejeitar a peça.

Em pouco tempo, a Haier estava produzindo alguns dos refrigeradores de melhor

Em pouco tempo, a Haier estava produzindo alguns dos refrigeradores de melhor qualidade da China, com o público chinês notando a mudança e fluindo em multidões para comprá-los. No devido tempo a Haier se expandiu, passando a fabricar outros utensílios domésticos e, por volta de 1997, foi considerada a marca número 1 da China.

qualidade da China, com o público chinês notando a mudança e fluindo em multidões para comprá-los. No devido tempo a Haier se expandiu, passando a fabricar outros utensílios domésticos. Por volta de 1997 a Haier era a primeira marca da China em seu segmento e a marca líder de geladeiras, máquinas de lavar, fornos de micro-ondas e freezers.

Em junho de 2005, a Haier trabalhou em grupo com outras duas empresas de capital privado (Bain Capital e a Blackstone Group) para fazer uma proposta-surpresa de US$ 1,3 bilhão pela Maytag Corporation, sediada em Iowa. Até então, somente poucos americanos tinham ouvido falar na maior produtora da China de utensílios domésticos. Menos pessoas ainda sabiam que a Haier já tinha construído uma grande instalação na Carolina do Sul para servir de embrião no mercado americano, e que seu principal interesse na Maytag não estava nos *bens imóveis* (fábricas, escritórios, instalação física e assemelhados), mas sim, nos conhecimentos, nos seus *bens intangíveis*, englobando qualificações, capital intelectual e a denegrida, embora bem conhecida, marca americana.

O que a oferta da Haier pela Maytag (por fim retirada devido à pressão de uma proposta rival da Whirlpool) revelava sobre a famosa e reservada empresa era que a Haier, à vista da dura concorrência com algumas das mais famosas marcas do mundo no mercado doméstico, estava evidentemente impaciente com a criação de sua própria marca pela via lenta, à maneira da Sony, do Japão, ou da Samsung, da Coreia. O *The New York Times* foi franco ao escrever: "Muitas empresas [chinesas] pareciam agir parcialmente movidas pelo desespero na medida em que aumentava o número de marcas estrangeiras nas prateleiras dos varejistas da China."[7]

A eventual retirada da Haier da briga encarniçada pela Maytag não sinalizou, de acordo com muitos observadores, nenhum sinal de recuo a longo prazo com relação à sua intenção de empreender uma nova estratégia global da marca. No mesmo mês em que a Haier fez e retirou sua oferta pela Maytag, a revista *China Entrepreneur* indagou aos seus líderes na matéria de capa, repetidamente publicada: "A China deve comprar a Wal-Mart?"

CONSTRUÇÃO DE UMA MARCA FORTE

Assim como ocorreu no caso da Samsung, Zhang logo compreendeu que a melhoria da qualidade, por si só, não seria suficiente para impulsionar sua empresa para a categoria internacional. A satisfação de suas aspirações globais exigiria a construção de uma marca global e o prestígio da marca junto aos consumidores, que viria junto da marca. "Quando fui a um jantar na Alemanha", o sr. Zhang uma vez relembrou, "perguntei à esposa de um dos gerentes se ela já tinha ouvido falar nos refrigeradores da Haier. Ela me respondeu que sim, que já tinha ouvido falar. Então perguntei se ela compraria um refrigerador Haier. Ela me disse que não compraria, que escolheria uma Miele, famosa marca alemã de geladeiras. A razão disso é que a Miele tinha se transformado num produto superior aos olhos do consumidor. Esse era o ponto aonde a Haier queria chegar."

Somente se passasse por um teste no mercado global — pela construção de uma marca — a Haier descobriria se poderia ser considerada uma empresa de categoria internacional. "Embora nosso mercado doméstico seja essencial para a estabilidade, ele não é suficiente. Devemos entrar no mercado global, do contrário jamais seremos influentes. Precisamos fazer isso em três etapas — sair do país, explorar a fundo o novo mercado e fortalecer nosso bom nome."[8] Segundo Zhang, apenas pela imersão nesse batismo de fogo, pela competição com o melhor dos melhores, a Haier poderia um dia ficar suficientemente forte para sobreviver como marca global. Ele começou a perseguir essa meta com a determinação que lhe é peculiar, lançando uma campanha em 1999 para abrir uma fábrica da Haier na Carolina do Sul, nos Estados Unidos, com um investimento inicial de US$ 30 milhões. Consciente de que a mudança da produção da China para os Estados Unidos arremeteria contra as empresas americanas que iam para a China para tirar vantagem dos custos menores, Zhang insistiu que, fosse qual fosse o sacrifício, fazer utensílios domésticos na América era a única maneira de a empresa livrar-se da imagem desgastada de "made in China".

Nos Estados Unidos, tanto Zhang como a Haier identificaram um nicho de mercado lucrativo e inexplorado até então por outras empresas de utensílios domésticos: as minigeladeiras para dormitórios de universidades e os frigobares para hotéis. Depois de abocanhar rapidamente 30% desse nicho de rápido crescimento, a Wal-Mart começou a vender mais amplamente refrigeradores Haier e freezers de outros tamanhos. Surgiram também outros varejistas importantes para comercializar a marca. Podemos vê-los até mesmo em Pittsfield, Massachusetts, que uma vez já foi o coração da terra da GE. A Haier prosseguiu construindo uma sólida reputação nas pequenas adegas climatizadas de vinhos, freezers tipo baú, máquinas de lavar roupa, lavadoras de pratos e tonéis de chope. Ela também encarou como ponto de competição, além do custo e da qualidade, a busca pelas inovações genuínas nos produtos — o caminho mais curto para a produção de uma marca. A empresa combinou a tecnologia inovadora com uma meticulosa pesquisa do mercado consumidor, tornando-se capaz de definir novos nichos e de entrar nos mercados novos com plena confiança de ser bem-sucedida.

DE CONFÚCIO A JACK WELCH

Zhang confessa que seus modelos de gerenciamento são líderes de negócios no Ocidente, tal como Jack Welch da GE, Michael Porter da Harvard Business School e Peter Senge do MIT e que ele segue os princípios de gestão de qualidade total, pesquisa operacional de tempos reais e Six Sigma. De fato, ele misturou o modo de pensar da gestão ocidental com sua própria paixão pela filosofia chinesa. Ele tira suas conclusões de fontes diferentes como Lao Tsé, Confúcio e Sun Tzu. As paredes das fábricas da Haier estão cobertas com slogans como "nunca diga não ao mercado", "especialização, defeito zero" e "observe o mercado de perto e crie qualidade superior". Seus escritos filosóficos exortando seus empregados a melhorar o desempenho, que regularmente aparecem nos panfletos da empresa na sua caligrafia original, usam essa curiosa mistura de filosofia antiga de Confúcio, antigas técnicas comunistas chinesas, métodos modernos de administração e treinamento executivo no estilo dos japoneses. A Haier combina o sistema de avaliação de empregados "salário por pontos", que interliga diretamente desempenho e qualidade a salários e promoções, com técnicas de doutrinação no estilo comunista e com o uso entorpecedor de slogans e de grupos de discussão.

> *"Primeiramente observamos e digerimos (um novo método). Depois tentamos imitá-lo. Finalmente, nossa compreensão torna possível projetar o novo produto de modo independente."*
> — Zhang Ruimin, CEO da Haier

Mesmo assim, a gerência da Haier considera *obrigatório* que os empregados concebam *insights* e ideias inovadoras. Inovações genuínas em produtos como as minigeladeiras e adegas climatizadas de vinhos, as gavetas transparentes para vegetais e o espaço extra para acomodar jarras nas portas servem para diferenciar os produtos Haier. O presidente Zhang insiste que tais inovações surgem diretamente da insistência em estimular as inovações a todo custo.

Haier e Zhang emularam cuidadosamente outras empresas dos mercados emergentes como a Sony, a Samsung e a Hyundai, minuciosamente absorvendo lições e fazendo comparações com marcos de referência tendo em vista controlar o próprio desempenho e, em última análise, com o fito de sobrepujar seus mentores. "Primeiramente observamos e digerimos (um novo método). Depois tentamos imitá-lo. Finalmente, nossa compreensão torna possível projetar o novo produto de modo independente."[9] Isso é feito, nem é preciso dizer, em uma tentativa inconsciente de vencer o modelo em seu próprio terreno.

Pouco tempo depois de assumir o controle da Haier, Zhang fez aliança com a Liebherr-Haushaltsgerate da Alemanha e introduziu modernas tecnologias para os processos da fábrica, possibilitando, dessa maneira, a produção de bens tecnologicamente avançados. Foi tal a amplitude do relacionamento entre as duas empresas que a palavra "Haier" é uma tradução direta da palavra alemã "Liebherr", cujo significado é "caro senhor". Mais tarde a Haier colaborou com a Mitsubishi e conseguiu licenciar sua tecnologia de refrigeração das centrais elétricas japonesas. Mediante tais alianças a Haier, lentamente, fez bom uso dos exemplos e lições na produção de bens de qualidade, tendo em vista iniciar sua própria produção.

O FUTURO E SEUS DESAFIOS

As ambições da Haier em se tornar uma das empresas listadas na Fortune 500 dentro de alguns anos pode ou não se transformar em realidade. A elevada ambição de Zhang — a de edificar uma sólida capacitação financeira seguindo o modelo da GE Capital enquanto construía a marca global — poderia também significar a queda da Haier: a área de relações públicas parece se concentrar de modo inevitável na visão pessoal de Zhang de um modo que curiosamente lembra o culto da personalidade do agora desacreditado Presidente Mao. "Não quero que a Haier seja como o Titanic",[10] Zhang insiste, em uma deferência pelo menos simbólica aos riscos da superexpansão. Ainda assim, ele ao mesmo tempo identificou novas áreas e categorias, como as das TVs de plasma e dos compressores de ar condicionado e decidiu, além disso, entrar em um campo onde sente que a Haier não consegue competir: o do abarrotado mercado chinês de aparelhos celulares. De maneira bastante semelhante ao caso da Coreia antes da crise asiática, um pouco de arrogância permeou os planos de expansão de muitas empresas chinesas que — amplamente protegidas depois das duras lições advindas da crise — nunca haviam enfrentado o declínio. Ainda existem líderes chineses aparentemente presos à ingênua crença de que, graças à combinação especial de vantagens competitivas, podem ser um pouco de tudo para todos. Enquanto os conglomerados coreanos eram obrigados a manter o foco além da crise, muitas empresas chinesas (inclusive a Haier) pareciam cometer os mesmos erros de suas contrapartes coreanas, até mesmo imitando suas estratégias de marca e qualidade.

Zhang, do modo que lhe é peculiar, usa uma estratégia de marca para justificar outra estratégia de marca. Nas entrevistas ele costuma dizer que seus aparelhos de telefone e máquinas de lavar podem parecer diferentes superficialmente, mas que ambos são usados pelos consumidores familiarizados com a marca Haier. Isso posto, a derrota da Haier na concorrência da Maytag certamente sugere que Zhang claramente entende as limitações da sua marca nascente. Conquanto propenso a sair atrás de outros alvos de compra, a Haier até agora não tinha conseguido desenvolver uma estratégia sofisticada de marca do tipo que define a Samsung. Nem tampouco tinha conseguido o tipo de manobra lucrativa como a da Lenovo, que escolhera uma marca ícone americana pagando um preço de liquidação.

Ponto de vista do investidor

Visão otimista
- A Haier tinha estabelecido uma posição de marca líder na China, está se tornando mais bem conhecida na Índia e está se movendo, ambiciosa e impacientemente, para se tornar marca global.
- Depois de uma estratégia "de nicho" bem-sucedida no mercado americano com minigeladeiras e climatizador de vinho, a Haier está agora ampliando seus canais de distribuição (inclusive Wal-Mart e outros varejistas principais).

Visão pessimista
- A informação financeira sobre a Haier continua inadequada para que um investidor faça sólidas avaliações financeiras.
- Um sério risco do investimento é a falta de controle da Haier em investir em outros produtos nos quais ela não tem uma comprovada vantagem competitiva.

Lições

- A construção de uma marca exige um foco de longo prazo na qualidade, no projeto e na distribuição do produto.
- Para a maioria das multinacionais emergentes as marcas desgastadas são de aquisição mais fácil do que as marcas famosas.
- Os esforços para comprar uma marca suscitam forte competição entre os concorrentes.
- A dificuldade de tirar vantagem de uma marca existente sem enfraquecer sua reputação é comumente subestimada.
- Os compradores de uma marca devem ter expectativas realistas e não devem diluir seus próprios esforços de construção da marca.

GRUPO MODELO
Como a Corona tornou-se uma marca ícone

Na década de 1970, certo distribuidor local do Grupo Modelo para a cidade do México sediado em Mazatlan, na costa mexicana do Pacífico, não conseguia entender a falta de tantas garrafas vazias de cerveja Corona no retorno dos engradados. As vendas cresciam vigorosamente, mas, ainda assim, uma quantidade razoável da característica garrafa clara de pescoço longo e casco retornável não achava o caminho de volta para o distribuidor.

Depois de algumas perguntas no comércio local ele rapidamente resolveu o mistério: a cerveja Corona tinha se tornado tremendamente popular entre os jovens surfistas americanos que visitavam as praias mexicanas, tão popular que eles tinham começado a levar para casa caixas inteiras — e, se isso não fosse possível, levavam mesmo as garrafas vazias como *souvenires*. Embora não tivesse sido de caso pensado, a cerveja Corona se firmou menos pelo seu sabor do que pelo seu pescoço alongado e pela garrafa de cristal inglês, ou cristal de chumbo,* tremendamente diferente das caras garrafas de âmbar nas quais as rivais vinham acondicionadas. A garrafa da cerveja Corona transformou-se, inadvertidamente, numa marca ícone e num símbolo do México ensolarado (repleto de associações com o surf, com as praias e com um despreocupado paraíso para as férias), da mesma maneira que a garrafa da Coca-Cola tinha se tornado um símbolo dos Estados Unidos.

> O anúncio da Corona com a imagem da praia e de surfistas ao fundo e mostrando a típica garrafa de pescoço longo transformou-a na marca número 1 das cervejas importadas nos Estados Unidos.

O nascimento de uma das maiores marcas de cerveja ocorreu mais por sorte do que como resultado de alguma cuidadosa estratégia de construção de marca — foi o resultado de uma "cultura de baixo para cima" e não de um marketing de "cima para baixo". O escritório central do Grupo Modelo foi suficientemente astuto para

---

* "flint glass", vidro fabricado com sílica extraída de seixos de rio moídos. (N.T.)

aproveitar essa oportunidade de ouro. Como mais tarde me disse o CEO Carlos Fernandez: "Durante os últimos anos da década de 1970 gastamos bastante tempo e dinheiro desenvolvendo uma garrafa para exportação que tivesse vidro de âmbar, folha de alumínio dourada no pescoço e um rótulo elegante. Para nós, ela transmitia a presença de uma 'marca premium'. Tratava-se exatamente da mesma cerveja que vendíamos no México em uma garrafa de cristal de chumbo, reembalada para o mercado americano."

A surpresa não poderia ter sido maior para Fernandez e seus colegas da administração sênior da empresa quando descobriram que os grupos de americanos mais jovens não ansiavam por uma marca "premium", mas sim, pela mesma cerveja popular de que eles tinham gostado tanto durante as férias passadas no México. Em pouco tempo, os donos dos bares nas cidades dos Estados Unidos adjacentes aos lugares populares da juventude em férias no México — San Antonio, Texas e San Diego na Califórnia — tinham começado a servir a Corona em quantidades que despertaram o interesse da sede na cidade do México.

A oportunidade do avanço da marca, decididamente, era uma sorte e favorecia muito o Grupo Modelo. Durante os últimos anos da década de 1970, uma das desvalorizações rotineiras do peso mexicano tinha deixado a empresa sem os dólares de que necessitava para saldar empréstimos e comprar equipamentos. Se o Grupo Modelo pudesse capitalizar a popularidade e o status que a Corona tinha no seio da comunidade de surfistas da Califórnia, ela obteria os dólares que precisava e firmaria o pé no mercado de cerveja tremendamente lucrativo da América do Norte.

Para os conhecedores da magnífica arte moderna da construção de marcas, o que tinha acabado de acontecer ao Grupo Modelo e à Corona era equivalente a um maná dos céus: uma "marca casual", sem dúvida o melhor tipo de marca, desde que conquiste realmente a demanda popular. Outro exemplo é o da Nike: ninguém na sua sede em Beaverton, Oregon, poderia jamais ter previsto que os tênis da Nike se tornariam populares nas áreas pobres dos bairros centrais, mesmo depois de assinarem um acordo exclusivo com o legendário jogador de basquete Michael Jordan. A consagração da Corona como uma grande marca não foi o resultado de uma estratégia calculada, mas ficou mais semelhante ao sucesso dos coloridos relógios Swatch ou do Beetle da Volkswagen: um produto popular e de preço popular que sensibiliza os jovens formadores de opinião sobre moda, superando até o mais sábio dos profissionais de marketing que poderia gastar bilhões sem conseguir os mesmos resultados. A Corona conquistou o coração e a alma dos jovens na Califórnia e no Texas sem, até o momento, ter gasto nada em anúncios.

Entretanto, a decisão de buscar agressivamente uma motivação na Califórnia para receber a exportação e de comercializar a Corona como a cerveja mexicana com grau de excelência para ser consumida na praia foi uma estratégia deliberada. O status da Corona genuinamente subiu de modo involuntário quando o dono de um bar a confundiu com uma cerveja mexicana diferente da que ele estava habituado a servir no México: foi quando ele começou a colocar uma fatia de limão na borda do copo, um recurso para evitar um tipo de diarreia comum aos visitantes (a Vingança de Montezuma) e, ao mesmo tempo, um toque de estilo à moda mexicana. Começando com uma base segura e firme na Califórnia, a Modelo sistematicamente expandiu sua distribuição pelos estados, aumentou sua imagem popular e começou a ampliar a margem de lucro operacional pela cadeia de distribuição.

Tudo foi correndo facilmente para o Grupo Modelo e para a Corona nos Estados Unidos até 1986, um ano excepcional no qual — como Fernandez me informou — as vendas da Corona atingiram o altíssimo patamar de um milhão de engradados por mês. Não foi mera coincidência o misterioso boato de origem incerta que — justamente quando a Corona acertava o passo nos Estados Unidos — começou a circular nos bares e cafés, divulgando que o amarelo brilhante da cerveja Corona realmente tinha traços de urina humana. A Modelo encontrou dificuldades para eliminar esse boato diabólico, por mais absurdo que parecesse ser. No entanto, o boato provou-se repulsivamente efetivo, fazendo com que as vendas de exportação afundassem, e criou uma atmosfera de crise no México, berço da Corona.

"Isso praticamente aniquilou a marca", Fernandez rememorou. Foi especialmente vexatório porque a empresa tinha sempre sido obsessivamente orientada pela qualidade e bastante meticulosa quanto à limpidez e pureza da cevada, do malte e, acima de tudo, da água do processo. Era também difícil eliminar o boato porque ele alimentava preconceitos irracionais com relação à pureza de todos os alimentos no México. A equipe de gestão de crises da Modelo, ao rastrear a fonte do rumor, identificou um distribuidor de marcas rivais de cerveja em Nevada e convidou então muitos jornalistas para fazerem uma visita às cervejarias limpas e modernas da empresa. Mostrou aos visitantes a última palavra no que tange à fabricação da cerveja e ao mesmo tempo — como Fernandez delicadamente observou — deu "início a um processo legal" contra os suspeitos por trás dos rumores, providência que conseguiu fazer com que eles cessassem.

A publicidade positiva que suplantou a publicidade negativa acabou gerando uma demanda maior ainda pela marca, terminando por ajudar os esforços de expansão dos mercados de exportações da Modelo. Aproximadamente no final dos anos 1980 o volume importado tendeu a aumentar abruptamente nos Estados Unidos, mais uma vez alcançando taxas anuais de crescimento na faixa dos 30% a 40%. No entanto, de acordo com Fernandez: a "Corona poderia ter sido uma marca da moda, um fogo de palha". Quando a abominável "crise da Tequila" em 1994 fez com que o México afundasse em recessão e as vendas de cerveja doméstica estagnaram, a Modelo não tinha outra escolha a não ser pendurar suas esperanças de recuperação no mercado vizinho.

UM CEO NOVO E SEUS PLANOS DE EXPANSÃO

Em 1997, ano em que a Corona tornou-se a marca líder das cervejas importadas pelos Estados Unidos — desalojando a Heineken da posição que mantivera ao longo de tantos anos — Carlos Fernandez tornou-se o novo presidente do Grupo

Modelo, herdando a posição do seu tio aos 31 anos de idade. Em 1925, Pablo Diez Fernandez tinha fundado a empresa no agitado distrito industrial da Cidade do México. A cerveja ainda não era uma bebida popular no México, parcialmente porque o *pulque*, preparado local de cana fermentada, era mais barato e mais forte, e em parte porque o gelo e a refrigeração não eram tão fáceis de encontrar em toda parte.

Desde o dia da posse de Pablo Diez Fernandez, as cinco famílias donas da Modelo mantinham a tradição de permitir que as gerações mais jovens trabalhassem na empresa. Em vez de assumirem as posições de destaque na sede, eles eram mandados para trabalhar como interinos nas novas fábricas ou nos distritos de venda que tinham dificuldades maiores. Os que não tinham vigor, habilidade no trato com as pessoas ou ambição bastante eram logo deixados ao longo do caminho. O jovem CEO do Grupo Modelo é um engenheiro mecânico que conheceu o aroma de malte desde seus dias de férias escolares, quando manualmente abria e fechava válvulas de vapor, limpava tanques, carregava sacos de cinquenta quilos para as tremonhas de alimentação e aprendia os truques e os apelidos dos trabalhadores. Mais tarde ele foi posto para trabalhar na construção de novas fábricas de cerveja até viajar em 1989 com engenheiros da Modelo para a Alemanha e a Itália, para conhecer novidades em automatização de fábricas. Em uma delas ele fez uma promessa: "Quer saber de uma coisa? Um dia nós teremos uma fábrica como esta aqui." Fiel à sua palavra, oito anos depois ele abriu a novíssima e avançada cervejaria Modelo.

Desde que Carlos Fernandez passou a ser o CEO do Grupo Modelo as vendas dobraram e as exportações cresceram ainda mais depressa, de 17% até 25,8% das vendas. As marcas importadas, geralmente vendidas com preços e margens mais altas do que os preços e margens das cervejas dos Estados Unidos, conseguiram 12% do mercado em 2005, ao passo que a Corona alcançou 30%, muito além dos 19% da Heineken. A terceira cerveja importada mais popular, a Canadian Labatte Blue, agora é da cervejaria rival da Modelo, a AmBev do Brasil.

A Corona tornou-se também a marca de importação líder do Acordo Norte-Americano de Livre Comércio (NAFTA), atualmente expandindo suas exportações para 150 países. Fernandez quer ser uma das maiores cinco cervejarias do mundo (melhorando a partir do seu sétimo lugar atual), indo além de concorrentes como a Carlsberg.

DA LIDERANÇA NO MERCADO LOCAL ATÉ ALCANÇAR A MARCA GLOBAL

O sucesso internacional da Modelo como marca de cerveja foi construído pela busca sistemática dos quatro passos estratégicos seguintes:

1. *Domínio do mercado doméstico*

O sucesso da Modelo no estrangeiro não teria sido possível sem o domínio do mercado mexicano. Não apenas seus primeiros seguidores entusiásticos "descobriram" a Corona no mercado doméstico, como também aumentaram a escala das operações e o fluxo financeiro para que ela se tornasse competitiva em outros locais. A empresa cuidadosamente protege sua franquia mediante o uso (comum em vários países, mas contra a lei em outros) de acordos exclusivos com bares e outros pontos de venda varejistas. Alguns veem o fato da posse de uma arena esportiva, de um time de futebol (enquanto patrocina outros nove) e de dois times de beisebol como uma tradição dispendiosa, mas outros já encaram isso como essencial para a promoção da marca. A Modelo, ao contrário de outros fabricantes de cervejas, não tem cervejarias em outros países. Ela acredita que a cerveja "importada" tem um apelo especial para os consumidores que gostam de seguir a moda, apelo este que desaparece tão logo se sabe que a cerveja é engarrafada localmente. É interessante observar que o sucesso da Corona no exterior possibilitou à Modelo reconquistar seu lugar no mercado doméstico, pois agora ela ocupa uma faixa superior do mercado em termos de imagem e preço em comparação com sua posição anterior. Conquanto o mercado da cerveja mexicana tenha crescido a uma lenta taxa de 2% nos últimos anos, os rótulos da Modelo têm conquistado participação no mercado crescendo cerca de 3% ao ano.

2. Construção de uma marca de destaque, internacional (*em vez de mexicana*)

Embora as pessoas peçam a cerveja Tsingtao em restaurantes chineses e a cerveja Singha com a comida tailandesa, a Corona, propositalmente, promove a associação de sua marca com a prática do surfe e com as praias ensolaradas, não com o país México. Seu slogan promocional é: "Mude inteiramente de latitude." A Corona é menos amarga do que as outras cervejas, por isso quem gosta de cerveja acaba bebendo mais. Ela se autopromove anunciando ser a *"cerveza sin fronteras"* ou "cerveja sem fronteiras". No entanto, a marca mais conhecida de "frijoles fritos" (feijão cozido, amassado, temperado e frito) é a Taco Bell, feita pela Kraft, ao passo que a maior empresa de comida hispânica no mercado dos Estados Unidos é a Goya, uma empresa estadunidense-cubana.

3. Superação da Heineken e entrada no mercado global

A Modelo não ficou parada depois do sucesso da Corona Extra no mercado dos EUA. Ela introduziu mais tarde a Corona Light, que agora está em oitavo lugar na classificação das cervejas importadas, e a Modelo Especial, que subiu para o quarto lugar. A importação da Corona no mercado dos EUA alcança o valor de US$ 900 milhões e já despertou a atenção do restante do mundo, onde suas vendas atualmente situam-se acima de US$ 160 milhões. Na Austrália, país conhecido pelo seu alto consumo de cerveja, a Corona está em primeiro lugar das bebidas importadas, apesar da forte competição que encontrou por parte dos mercados europeu e chinês.

4. A Corona e sua associação com as melhores marcas do globo

Nos últimos anos, o mercado de cerveja global tem se consolidado rapidamente por meio de muitas fusões. No Brasil, a AmBev uniu-se à Interbrew da Bélgica. A South African Breweries, que comprou a cerveja Miller do ramo de produtos alimentícios da Phillip Morris, é mais uma cerveja do mercado emergente com grande presença em outros países, inclusive na África, na Rússia e na China.

O principal desafio que a Modelo deve enfrentar consiste em manter o controle do mercado doméstico nesta época de maior abertura dos mercados, certificando-se de que essa abertura continue suficientemente grande na liga de produtores mais importantes para que eles a considerem uma sobrevivente, não uma empresa a ser adquirida. A fusão da AmBev, do Brasil, com a europeia Interbrew para formar a líder mundial InBev representa um desafio potencial para a Modelo no Canadá, na América Latina e até mesmo no próprio México. A Ambev é uma fabricante de cerveja bastante eficiente, com muito mais cervejarias na América Latina e tem seguido uma estratégia de marca bastante diferente: concentra seu foco mais nas marcas locais do que em uma marca global principal. Depois da fusão, a InBev ficou mais forte na Europa Oriental, um mercado que vem se consolidando rapidamente e que tem uma considerável presença na China. A SAB-Miller teve uma considerável vantagem inicial em toda a África e também na Europa Oriental e na China. A Heineken vende mais cerveja na Nigéria do que na Holanda ou nos Estados Unidos. Em contrapartida, a Modelo tem focalizado mais o mundo desenvolvido nos seus esforços globais de marketing e ainda não fez incursões significativas nos mercados emergentes mais populares.

Ponto de vista do investidor

- O futuro sucesso da Modelo reside em manter o domínio no México enquanto preserva separadamente sua imagem de marca no mercado global.
- Não se decidiu ainda se as melhores cervejas do mundo conquistarão uma fatia do mercado com marcas "locais" ou com a estratégia de marcas globais.
- A consolidação da indústria da cerveja continuará e as cervejas não terão outra escolha a não ser competir pela dominação.
- A combinação InBev-Ambev (e seu CEO brasileiro), bem como a fusão das cervejarias sul-africanas (SAB-Miller) superaram o porte da Modelo.

Lições

- Uma marca consagrada precisa de alguma história especial que fixe sua identidade na imaginação das pessoas.
- O domínio de uma marca, mesmo num mercado desesperadamente competitivo, pode ser conseguido mediante uma estratégia de marca cuidadosa.
- Marcas líderes bem estabelecidas podem ser destronadas.
- O sucesso com a marca num mercado pode ser usado para conseguir sucesso em outros.

CAPÍTULO 5

Os Maiores Exportadores da China... São os Taiwaneses: Criação da Presença Global por Trás do Véu do Anonimato

Hon Hai e Yue Yuen fazem computadores, telefones celulares e calçados

Estratégias

- *Não se prenda na própria malha, integre verticalmente para tornar possível a "compra de tudo num único lugar"*
- *Como um camaleão, construa com base na habilidade existente e suba constantemente a escala de valor*
- *Não construa uma marca muito cedo, conquiste presença no mercado global escondendo-se por trás do véu das marcas globais e deixe a distribuição para outros procurando, ao mesmo tempo, manter o foco na obtenção de um custo de fabricação eficiente*

Depois que Chiang Kai-shek fugiu do continente chinês para Taiwan em 1949 batendo rapidamente em retirada face aos surpreendentes avanços dos exércitos de Mao, somente a intervenção da Sétima Frota dos EUA evitou a invasão da ilha recentemente declarada bastião do capitalismo no Mar do Sul da China. O exército chinês começou bombardeando Quemoy e Matsu, duas pequenas ilhas no Estreito de Taiwan, primeiro com muita intensidade, depois intermitentemente, em seguida nos dias ímpares e, finalmente, com folhetos de propaganda. Os taiwaneses responderam à altura.

Praticamente seis décadas depois, a retórica entre dois adversários formais continuava aquecida. A China continua a olhar para Taiwan como uma província renegada, que terá que ser dominada mais cedo ou mais tarde e, enquanto isso, o presidente de Taiwan, Chen Shui-bian, não hesita sobre suas ambições a longo prazo de declarar a futura independência da ilha. Apesar das disputas e das posturas políticas dos dois antigos inimigos, o maior investidor na China hoje em dia é Taiwan e as empresas taiwanesas estão dentre as grandes exportadoras chinesas.

O investimento taiwanês total no continente avolumou-se para cerca de US$ 80 bilhões durante os últimos 15 anos,[1] bem na frente de outras nações com grandes apostas na China, como o Japão e a Coreia do Sul.[2] Hoje, enquanto discussões inflamadas de vez em quando atravessam o Estreito, centenas de milhares de taiwaneses dirigem-se calmamente para as fábricas, gerenciam seus restaurantes e administram seus apartamentos em Xangai (embora tenham ainda que voar até lá passando por Hong Kong). Propriedades industriais inteiras no sul da China estão ocupadas pelas fábricas taiwanesas. Praticamente toda empresa eletrônica taiwanesa hoje mantém suas operações de fabricação na China. E depois de muitas hesitações e desmentidos, até mesmo a gigantesca fábrica de semicondutores TSMC (Taiwan Semiconductor Manufacturing Company), recentemente recebeu permissão do governo para construir uma fábrica de semicondutores avançados no continente. Ainda assim, Taiwan é vista como sendo a bastante incompreendida mola propulsora do milagre econômico da China. De acordo com o *BusinessWeek*,[3] "Ninguém sabe com certeza quanto das exportações da China em hardware de informação e comunicação é feita nas próprias fábricas taiwanesas, mas estima-se que seja algo entre 40% e 80%. Cerca de um milhão de taiwaneses moram e trabalham no continente". Ainda sobre isso Russell Craig, um dos consultores técnicos de Vericors Inc, observou que "toda capacidade de fabricação na China está sobrecarregada com a capacidade gerencial e de comercialização dos taiwaneses e com os relacionamentos que mantêm no mundo todo".

Os melhores exemplos da realidade nesse terreno são duas empresas das quais a maioria dos consumidores nunca ouviu falar, embora usem seus produtos todos os dias.

1. Hon Hai produz mais partes e componentes para mais computadores, telefones móveis e consoles de jogos do que qualquer outra empresa no mundo. Sediada em Taiwan, Hon Hai continua sendo hoje uma empresa taiwanesa apenas no nome, pois mais de 100.000 de sua força de trabalho de 160.000 pessoas estão empregadas na China e apenas 5.000 permanecem na ilha.

2. Yue Yuen é outra empresa gigantesca da qual nunca se ouviu falar, embora ela produza cerca de 186 milhões de pares de sapato por ano, mais do que qualquer outra empresa no mundo. Como Hon Hai, Yue Yuen emprega milhares de trabalhadores numa rede de fábricas espalhadas por toda a Ásia. Somente nas quatro fábricas de Yue Yen na província de Guangdong no Sul da China trabalham mais de 160.000 pessoas.

CHINA: CENTRO DE DISTRIBUIÇÃO DE PRODUTOS PARA O SÉCULO DOS MERCADOS EMERGENTES

Tornou-se um clichê afirmar que a China é agora o centro mundial das fábricas, assim como a Grã-Bretanha o foi no século XIX e os Estados Unidos no século XX. Mas o clichê não torna o fenômeno menos notável. Durante décadas a China foi uma das economias mais fechadas do mundo. Ainda assim, para situar a entrada da atrasada China no cenário econômico mundial dentro de uma perspectiva histórica, as reformas de Deng dos anos 1970 abriram a economia chinesa para as influências dos "demônios estrangeiros" *muito mais cedo* na direção da industrialização do que o Japão e a Coreia o tinham feito antes.

A instrução em massa, a aparentemente inesgotável mão de obra barata, o potencial de um mercado de 1,3 bilhão de pessoas, a moeda estável e o enorme investimento na infraestrutura atraíram tanto o capital externo que o investimento estrangeiro direto (IED) de US$ 60 bilhões em 2004 ultrapassou o que antes era aplicado nos Estados Unidos, receptor anterior desse capital. Realmente, o investimento estrangeiro direto na China *cresceu* continuamente a partir de US$ 40 bilhões em 2000, enquanto o IED global *caiu* de US$ 1,4 trilhão para US$ 560 bilhões de 2000 a 2003.[4] Em termos globais, a China atraiu mais de US$ 550 bilhões em IED de investidores estrangeiros que empregam mais de 22 milhões de chineses, exportam mais da metade do total de exportações da China e são responsáveis pelo pagamento de 20% de todos os impostos.[5] Quando a China ingressou na OMC em 2001, ainda mais oportunidades de investimento foram criadas para as multinacionais e tais oportunidades não eram orientadas exclusivamente para as fabricações de baixo custo. Nos últimos anos, os interesses multinacionais foram além da mera fabricação de produtos. Entre junho de 2003 e junho de 2004, nada menos do que 200 centros de P&D foram estabelecidos por multinacionais na China.[6]

Com o setor de exportação crescendo 30% a mais por ano, durante vários anos seguidos, a China passou a ocupar o quinto lugar dentre os maiores exportadores do mundo. Em quinze anos a China deixou de ser um quase despercebido ponto luminoso na paisagem do comércio mundial e passou a ser a maior exportadora para os Estados Unidos e a Europa, superando o Japão. Quase a metade dos 200 maiores exportadores da China em 2004 era composta de empresas espaldadas no exterior, e essas 99 empresas contribuíram com US$ 72 bilhões, ou seja, 15% de todas as exportações da China.

CONSTRUA A PRESENÇA GLOBAL POR TRÁS DO VÉU DAS MARCAS GLOBAIS

Conquanto a Dell, Apple, IBM e Nokia possam ficar com o crédito integral pela liderança mundial na era digital, as fornecedoras de componentes como a Hon Hai, ou as projetistas de telefones inteligentes como a High Tech Computer, são cada vez mais importantes, não somente na fabricação como também no desenvolvimento e no projeto desses instrumentos complexos do desejo do consumidor. Embora somente alguns nomes familiares sejam conhecidos no mundo pela excepcional qualidade, confiabilidade e inovações técnicas de seus projetos, o consumidor médio dificilmente sabe que a qualidade e a engenhosidade dos produtos propriamente ditos se devem mais ao cumprimento das obrigações dos fornecedores de componentes do que ao *know-how* dos técnicos nos escritórios-sede de Austin, Santa Clara, Armonk e Helsinki.

Frequentemente, os iPods da Apple e os celulares e da Motorola que usamos diariamente são produzidos por fabricantes terceirizados e pouco conhecidos de remotos recantos da China, da Coreia e da Tailândia. Ainda que esse fato real seja de conhecimento corriqueiro hoje em dia, a *identidade* das empresas por trás desses rótulos e logotipos permanece deliberadamente obscura para o consumidor. A primeira prova desse movimento em prol das terceirizações é a gigantesca eletrônica de consumo, a Hon Hai, mais conhecida pelo nome de sua subsidiária em Hong Kong, a Foxconn. A Hon Hai atualmente supre o mercado externo — entre outros bens de consumo — com o PlayStation2 da Sony, com o mini Mac da Apple, com o Power Mac G5, com a estação de base sem fio AirPort Express e com partes do iPod da Apple, além de fornecer componentes para a Nokia e para outros produtores de telefones celulares. A Hon Hai não está sozinha. Por exemplo, a Quanta Computer de Taiwan, fabricante da linha atual dos computadores iMac G4 da Apple, está em primeiro lugar na fabricação de notebooks PC sendo a principal fornecedora da Dell e da Hewlett-Packard, assim como a Hon Hai. Outra fornecedora de componentes taiwanesa, a Asustek Computer, produz o iPod de áudio digital (iPod shuffle) e o iBook G5 da Apple.

Nem todo fabricante consumidor de eletrônica escolheu trilhar o caminho da escolha de uma marca anônima X. A BenQ, uma subsidiária da Acer, recentemente comprou a Siemens Mobile e investiu quantias consideráveis na construção de uma marca global com resultados incertos. A própria Acer também desfrutou de modesto sucesso na pesquisa discreta que fez almejando ter seu nome mais reconhecido.

MÃO DE OBRA MAIS BARATA POR QUANTO TEMPO AINDA? E DEPOIS?

Embora a força de trabalho na China seja sempre imensa, já existe escassez de trabalhadores qualificados para algumas indústrias especializadas como a de eletrônica. Os salários têm sofrido aumentos acima de 10% nos últimos anos. Em prazo mais longo, a política de apenas um filho para cada família e o consequente envelhecimento da população (não comum nas nações em desenvolvimento) são fatores que contribuirão para a gradual erosão da imensa margem competitiva da China quanto à mão de obra, provavelmente de maneira muito mais radical do que a provocada pelos ajustes à sua moeda forçados pela política dos Estados Unidos.

Multinacionais emergentes inteligentes, como a Hon Hai e a Yue Yuen, sabem que o baixo custo da mão de obra não continuará lhes dando margem competitiva por muito tempo nos mercados globais. Centenas de empreendedores locais ambiciosos provavelmente vão superá-los no terreno dos custos, a menos que eles descubram meios além do pagamento de baixos salários para continuarem na dianteira.

Mantendo o sucesso no jogo da terceirização

- Economias de escala na produção e no suprimento.
- Design e P&D do produto.

- Vasto estoque de produtos com contínua ascensão na escala de valores.
- Optar pela integração vertical em vez de "ficar preso na malha".
- Rapidez de colocação do produto no mercado.
- Flexibilidade na adaptação aos caprichos, às modas e aos avanços da tecnologia de suas indústrias.

HON HAI PRECISION INDUSTRY CO. LTD., TAIWAN
A maior das empresas da eletrônica de consumo, da qual nunca se ouviu falar

Em um dos extremos da afamada autoestrada Sun Yat-Sem encontra-se localizada a alta tecnologia de Taiwan, o Hsinchu Science Park. A sensação provocada pelos reluzentes escritórios-sede das mais famosas empresas de eletrônica que ali se encontram é bem diferente da que se percebe da sede evidentemente sóbria da Hon Hai em Tucheng, um dos subúrbios arenosos de Taipei.

Depois de passar pelo apertado hall de entrada e área da recepção onde os engenheiros discutiam animadamente seus projetos, fui escolhido por uma série de corredores fracamente iluminados e de piso gasto, para uma pequena sala de reunião de mobília discreta. Conforme aviso que recebi, essa era a antessala dos escritórios executivos do fundador da Hon Hai e do seu presidente, Terry Gou, atualmente o homem mais rico de Taiwan cujo patrimônio líquido estava na casa dos US$ 3,2 bilhões.[7]

> A Hon Hai passou para o primeiro lugar do mundo dentre as fornecedoras de componentes eletrônicos em 2004, ficando na frente da Flextronics.

A insipidez desse escritório executivo combinava bem com a preferência por um estilo espartano e sem luxo de Terry Gou. Os "mega-sites" da Hon Hai na China pareciam muito mais impressionantes. Não pude deixar de pensar que o rigor desse estilo executivo e despretensioso era mais uma pose do que uma política, tendo em vista o porte e o poder da empresa. Posso entender que Tucheng signifique "cidade suja" em chinês, mas, ainda assim me ocorreu que a empresa bem que poderia atualizar o mobiliário e instalar alguns metros de carpete sem ser acusada de ocidentalizada decadente.[8] Afinal, a Hon Hai recentemente tinha ultrapassado a Flextronics (de Cingapura) e a Selectron fundada no Vale do Silício (também sediada em Cingapura), tornando-se a maior fornecedora de componentes eletrônicos do mundo, com US$ 17 bilhões de vendas em 2004. Tinha mais patentes em seu nome do que qualquer outra empresa taiwanesa, exceto a TSMC.

Cabe observar uma vez mais que esses escritórios surrados fincado em solo pobre e arenoso sugeriam uma reflexão mais atenta sobre o sucesso da estratégia de invisibilidade de Gou, que nas últimas três décadas tinha feito crescer a maior de todas as empresas despercebidamente, transformando-a não apenas na maior, mas na mais lucrativa fabricante de componentes eletrônicos do mundo. Como o homem rico que se veste com modéstia porque pode, Terry Gou, pessoalmente dono de um quarto da Hon Hai e de um castelo medieval na República Tcheca, competentemente tem conseguido manter — a si mesmo e a sua empresa — ocultos sob um véu de anonimato, atitude que lhe tem facultado produzir uma enorme variedade de componentes e produtos para empresas competitivas como a Dell, Apple, IBM, Nokia e Sony sem nunca parecer ameaçar a hegemonia das marcas de categoria internacional dessas empresas. Assim como a TSMC discretamente insiste que "nunca competirá com seus clientes" — e faz o possível para resguardar a confidencialidade dos projetos de chips e outras propriedades intelectuais —, a Hon Hai tem conseguido manter sua margem competitiva agindo como um banco suíço ao servir muitos mestres: garante a máxima discrição e segurança na produção das mercadorias para empresas concorrentes.

Uma visão mais precisa do imenso tamanho e abrangência da empresa não deve ser fundamentada no pouco atraente escritório em Tucheng; para esse fim seria mais eficaz visitar um dos gigantescos parques industriais da Hon Hai na China continental. Dos 100.000 trabalhadores da Hon Hai alguns trabalham na produção dos "três Cs" (computadores, artefatos para comunicações e dispositivos para o consumidor), que abrange PCs, aparelhos de telefone, console de jogos e outros dispositivos para o consumidor nesses dispersos parques industriais, que assim como outras instalações semelhantes na China, assemelham-se a pequenas cidades. Hon Hai, gigantesca cidade dentro de outra cidade em Shenzhen, fronteira com Hong Kong, está próxima dos principais portos e emprega mais de 30.000 pessoas. É apenas um exemplo de como a capacidade da Hon Hai em manter sua vantagem competitiva estratégica cria economias de escala na China capaz de esmagar as tentativas semelhantes dos rivais. Não são fábricas no sentido ocidental do termo, mas cidades industriais executadas à semelhança do modelo soviético, com seus próprios dormitórios, clínicas médicas, lojas, restaurantes self-service e uma miscelânea de outros serviços de apoio. Durante a epidemia da Síndrome Respiratória Aguda Grave (Severe Acute Respiratory Syndrome —SARS), essas comunidades-fábricas eram mantidas praticamente isoladas do mundo exterior até que ficasse claro que a situação além dos portões da comunidade estava sob o controle do governo. Rapidez e eficiência em vez de diversão e criatividade aparentemente eram os verdadeiros produtos sendo comercializados nesse paraíso do proletariado. Segundo a *BusinessWeek*, o salário de quem trabalha na linha de montagem dessas fábricas taiwanesas na China é atualmente de US$ 120 por mês, suficiente para se viver na China, mas baixo pelos padrões ocidentais.

Palavras como "difícil, campo de batalha e consciência dos custos" são de importância vital na cultura corporativa espartana da Hon Hai, evidentemente como resultado natural do estilo pessoal sensato do seu fundador. O próprio Gou tem comparado favoravelmente suas fábricas a campos de batalha e orgulha-se de ser conhecido como gerente exigente e de pulso firme, que comanda seus negócios usando disciplina militar e expectativas igualmente rígidas. Como ele em mais de uma ocasião já declarou: "É necessário que haja uma disciplina verdadeira. O líder não deve dormir mais do que seus liderados, deve ser o primeiro a chegar e o último a sair." Gou foi treinado na frota mercante, ao contrário da maioria dos líderes executivos da indústria de alta tecnologia de Taiwan, que conquistou doutorado em alguma universidade americana importante. Ele também se orgulha de, contrariamente aos seus contemporâneos taiwaneses, nunca ter recebido um dólar de ajuda governamental nem redução no pagamento de impostos.

Ao ser questionado numa entrevista a uma publicação taiwanesa[9] quanto aos valores iniciais do sucesso da Hon Hai, Gou escolheu distinguir a "simples e assídua coragem e disciplina reinantes na empresa",* que, a seu ver, é superior à cultura de "alta tecnologia" das firmas líderes, tanto em Taiwan como no estrangeiro. "Hon Hai sempre trabalhou arduamente como um búfalo no campo de componentes de precisão." Ele especificamente estabeleceu o contraste da cultura de búfalo de Hon Hai comparada com "os estudantes [nos Estados Unidos], que mal saem do campus e já são acionistas de empresas recebendo altos salários com muita facilidade". Como ele orgulhosamente explicou numa reunião com os acionistas da Hon Hai mais tarde, naquele mesmo ano: "Somente uma jornada longa é capaz de testar a resistência da montaria."

UMA INCURSÃO PREMATURA NA CHINA NA CRISTA DA ONDA DA TERCEIRIZAÇÃO DO PC

Hon Hai é o exemplo clássico da empresa de alta tecnologia criada na garagem por um empreendedor fanático por trabalho, ajudado por dez subordinados e que consegue manter viva a "cultura de garagem" e a impetuosa atitude inicial de vencer seus adversários muito depois de se tornar responsável e "prata da casa" da própria empresa. Em 1974, Terry Gou e seus colegas começaram a produzir interruptores de plástico e outras peças para aparelhos taiwaneses de TV preto e branco baratos. Por volta de 1981, a empresa já tinha atraído a atenção da florescente indústria de computadores pela produção de um encaixe confiável para expansões de memória tipo snap-on de computadores domésticos. As vendas de PCs decolaram a partir de 1980 e levaram consigo as vendas da Hon Hai. Pouco tempo depois, a empresa diversificava e começava a produção de módulos inteiros e de placas de circuitos para praticamente todo produtor de PC do planeta.

Depois do seu registro na bolsa de valores de Taiwan em 1991, o movimento estratégico primordial da Hon Hai foi feito em 1993, quando ela se tornou uma das primeiras empresas eletrônicas taiwanesas capazes de produzir em grande escala para a China. Contrariamente a tantas outras, a Hon Hai construiu suas próprias fábricas imensas em vez de comprar itens desatualizados de segunda mão de seus

---

* O autor refere-se à "buffalo culture" ou à "buffalo soldier"; "buffalo" foi o nome dado pelos índios aos soldados americanos que se notabilizaram por essas duas qualidades. (N.T.)

clientes, conseguindo assim maior eficiência e economia de escala no longo prazo. Enquanto prosseguia em seu caminho rumo ao auge do sucesso do PC, o fundador Terry Gou continuava dando o exemplo para sua equipe, trabalhando quinze horas por dia, seis dias por semana, gastando mais da metade do tempo no exterior, ou nos muitos locais de produção da Hon Hai ou ainda em reuniões com clientes. Contrariamente ao procedimento de muitos CEOs ele é notoriamente tímido com a imprensa, raramente se encontra com repórteres ou analistas de mercado e continua mantendo a discreta imagem de "nenhuma marca".

A empresa Hon Hai reina indiscutivelmente no campo das terceirizações mas, assim como seu fundador, mantém uma energia incansável e está sempre ansiosa para dar o próximo passo. Por volta da virada do século, as imensas instalações da Hon Hai na China respondiam por mais de 80% da capacidade total do país, uma proporção muito mais alta do que a de seus principais concorrentes: a Flextronics de Cingapura, com 40% e a Solectron, fundada nos Estados Unidos (e agora sediada em Cingapura), com 27% da produção chinesa no continente. O acesso à vasta concentração de trabalho barato obviamente tem sido fundamental para o sucesso da Hon Hai, mas seria ingênuo presumir que o *contínuo crescimento de mais de 35% das vendas por trimestre, entre 1998 e 2004* — exceto pelo surto da epidemia de SARS no segundo trimestre de 2003 — possa ser atribuído unicamente à mudança do grosso da produção para a China. Mesmo durante as paralisações da indústria, quando todos seus concorrentes estavam perdendo dinheiro, a Hon Hai conseguia manter ganhos crescentes. Sem dúvida, trata-se da empresa fornecedora de componentes eletrônicos mais lucrativa do mundo. Enquanto as quatro principais fornecedoras de componentes eletrônicos perderam dinheiro em 2004, a Hon Hai praticamente dobrou sua participação no mercado *global* de componentes eletrônicos para 15%[10] pelo ganho de participação de mercado tirada de outras empresas líderes como a Flextronics e a Solectron, com participação de 21% em PCs e 13% em aparelhos de telefone, a despeito do fato de ter ingressado tarde na área de telecomunicações. Em 2001, a Hon Hai ultrapassou a TSMC em vendas, tornando-se a maior fabricante de Taiwan. Em 2002, tornou-se a maior exportadora *de produtos da China*, embarcando US$ 4,4 bilhões em mercadorias do continente para todos os locais do mundo.[11]

É NECESSÁRIO MAIS DO QUE APENAS MÃO DE OBRA BARATA

Lembro-me quando minha colega Rita Lun, que faz o acompanhamento das empresas taiwanesas para nós, voltou de uma conferência em Nova York onde havia encontrado Terry Gou. Ele havia lhe mostrado um exemplar da revista *BusinessWeek* que tinha uma matéria de capa sobre o novo modelo de distribuição direta da Dell. "Esta é a onda do futuro", ele exclamou mal contendo seu entusiasmo. Ele claramente queria que a Hon Hai tomasse parte dessa importante revolução e foi fiel à sua palavra. O fato é que a Hon Hai de Gou conseguiu transformar o conceito da "compra de tudo em um único lugar" em novo modelo organizacional revolucionário para contratos de fabricação. O modelo está inteiramente sintonizado com as necessidades dos clientes para entregas *"just-in-time"* (no tempo certo), cadeia de produção enxuta e modelo de distribuição direta da Dell. Além de tudo isso, a Hon Hai consegue também ser mais ágil do que as concorrentes e constantemente corta custos para permanecer na posição de produtora de mais baixo custo, ao mesmo tempo que continuamente sobe a escala de valor.

A *compra de tudo em um único lugar* significa deixar a fabricação de componentes individuais como conectores e passar a fazer desde as caixas externas ou "invólucros" até módulos completos de vários produtos diferentes. A Hon Hai foi a primeira fabricante de componentes eletrônicos EMS (Electronic Manufacturing Services ou serviços de manufatura de produtos eletrônicos) a adotar o modelo de integração vertical.

> *A Hon Hai conseguiu ficar no topo não apenas por ser a mais rápida, por continuar sendo uma fornecedora de baixo custo e por subir na escala de valor, mas também por ter desenvolvido o conceito da "compra de tudo em um único lugar" ("one-stop shopping"), um modelo de organização revolucionário e completamente sintonizado com o modelo de distribuição direta da Dell.*

Quando Gou compreendeu como o modelo de distribuição direta da Dell revolucionaria radicalmente a cadeia de suprimento global e permearia toda a indústria de computadores, foi dado o passo para essa mudança radical, pondo em uso a capacidade da Hon Hai de integrar a engenharia elétrica com a mecânica e com sua legendária perícia em moldagem. Gou sabia que no mundo novo inaugurado pela Dell, a minimização do tempo de processamento e da duração do projeto seriam cruciais para obtenção do sucesso. Somente pela integração vertical ele seria capaz de satisfazer as necessidades dos consumidores da sua grande marca.

Numa época anterior, a rapidez com que a Hon-Hai projetou os moldes dos complicados encaixes fez com que ela fosse a primeira empresa a ser certificada pela Intel para o encaixe do pente de memória do Pentium sem fio, e fez com que ela captasse 70% do negócio de moldes da Intel. Isso aumentou as vendas dos curvilíneos computadores da Apple. A Hon Hai o chama de modelo CMMS (Componentes, Módulos, Mudanças, Serviços) de integração vertical, um sistema que possibilita passar agilmente dos modelos mais antigos rebaixados a *commodities* de baixa lucratividade para novos produtos de margem mais alta.

OS SEGREDOS PARA O SUCESSO DO SEGREDO DA HON HAI

Com milhares de empresas menores em toda a China e Ásia procurando imitar sua execução flexível e rápida como um raio, Terry Gou sabe que sua maior tarefa é dificultar a imitação da Hon Hai. Ao longo dos anos, fiz reuniões com muitos dos seus executivos seniores, mas não uma entrevista com o próprio Gou, pois sua estratégia de anonimato não deixa muitas oportunidades para encontros, o que é válido até mesmo para seus acionistas de longa data. Depois de discussões com nossos analistas e com analistas de outras empresas sobre como puncionar esse véu corporativo impenetrável, concluí que os segredos-chave por trás da eficiência de Gou, da chegada rápida do produto no mercado e da produção com preço competitivo, são: (1) escala, (2) busca de clientes mais exigentes, líderes nas respectivas indústrias, (3) projeto "conjunto" altamente focalizado e de alta rentabilidade, e (4) ascensão constante na escala de valor.

1. A *escala* simples das operações da Hon Hai e a capacidade da empresa em rapidamente ampliar suas operações são difíceis de serem superadas. Devido à insistência de empresas como a HP, Dell, Intel e Nokia, Gou também cresceu globalmente inaugurando fábricas na Europa (Hungria, República Tcheca e Escócia), na América Latina (México e Brasil) e, dentro em pouco, também na Índia.[12]

2. Gou é campeão em buscar os clientes mais exigentes na crença de que eles forçarão a empresa a permanecer na dianteira. Hon Hai, conscientemente, tem como alvo de dois a quatro clientes em cada setor industrial que atende: Dell, HP, Intel e Apple em computação, Nokia e Motorola nos aparelhos de telefonia, Cisco e Sun nos microssistemas em rede, Sony e Nintendo nos jogos play stations. Conta-se que tão logo Gou recebeu informações sobre o elegante iPod novo, voou para a sede da Apple, sua cliente, porque reconheceu que os consumidores seriam tão sensíveis ao estilo de bom gosto quanto eram pela tecnologia. Armado com a perícia de moldagem da Hon Hai ele só almeja trabalhar com o que há de melhor.

3. Em vez de tentar administrar a P&D sozinho, ele preferiu apostar no destino de um projeto *conjunto* de vanguarda. Decididamente ele está determinado a seguir um caminho diferente de muitas outras empresas de fornecimento de componentes eletrônicos. Ele sabe que "somente fabricação e OEM não viabilizam a sobrevivência" e prefere, em suas próprias palavras: "Fazer projetos conjuntos porque saberei desde o primeiro dia quem o pagará e quem será meu cliente." Os centros de P&D da Hon Hai nos Estados Unidos, no Japão e na Europa estão profundamente envolvidos nos primeiros estágios de P&D e nos novos desenvolvimentos de produtos, ao passo que os pesquisadores em Taiwan e na China focalizam na área da moda da tecnologia sem fio e nos obstáculos aos processos de engenharia. Com 3.000 engenheiros incluindo mais de 100 com doutorado,[13] a Hon Hai já obteve mais de 13.000 e fez mais de 20.000 pedidos de patentes, principalmente relacionados a conectores elementares, mas também para áreas novas como a de tecnologias ligadas às aplicações ópticas e aos dissipadores de calor. Em vez de meter o nariz apenas nos seus próprios assuntos, o procedimento camaleônico de Gou levou-o a crescer graças ao seu conhecimento especializado fazendo com que se deslocasse, incansavelmente, de uma área para outra. Sua próxima meta é tornar-se um dos principais atores no fornecimento de eletrônica para automóveis, embora ele, cautelosamente, admita que "os fabricantes de carros e seus fornecedores de primeiro nível tratam de seus próprios negócios. A terceirização da eletrônica ainda não está crescendo rapidamente e poderá levar mais uns cinco anos" para decolar.[14] Gou está constantemente à procura de novas oportunidades

e de uma margem competitiva importante para sua empresa, a qual, embora tenha aumentado, tem conseguido, até o momento, manter-se bastante ágil para identificar as novas tendências industriais e manter-se à frente delas. "Não fazemos pedidos de compras ou listas, mas nossa base de dados interna nos diz rapidamente quando os outros não podem fazer algo. Encaramos isso como um nicho de crescimento potencial e rapidamente corremos para desenvolver essa área, comprar uma equipe ou até uma empresa inteira, desde que o tamanho do nicho compense." Enquanto isso, ele

> Com 3.000 engenheiros incluindo mais de 100 com doutorado a Hon Hai já recebeu 13.000 patentes.

afirma "manter o foco no crescimento orgânico", acaba de comprar a Ambit, empresa taiwanesa conhecida pela experiência de redes e sistemas sem fio e a Eimo, na Finlândia, pelas suas técnicas avançadas em nanotecnologias empregadas na moldagem de ultraprecisão.[15]

COMO CONTINUAR COM O CUSTO COMPETITIVO

Uma equipe de engenheiros experientes complementada por imensas instalações e moderno maquinário faz parte do fanático sistema de controle de custos de Gou — que ele orgulhosamente proclama ser a já mencionada "cultura búfalo". Hon Hai ganhou reputação não apenas por apresentar propostas de custos 10% a 30% abaixo dos concorrentes, mas também por levar o produto ao mercado no menor tempo de todos, vantagem essencial para uma fabricante terceirizada de eletrônicos. Por exemplo, Hon Hai foi capaz de reforçar a linha de computadores da Acer em 2003 mais rapidamente do que a própria Acer, levando apenas dois meses entre o pedido e a produção dos seus PCs.

DESAFIOS FUTUROS

A Hon Hai tem boas condições de crescimento e conseguiu progredir no mesmo ritmo de sua explosiva expansão, mas foi retardatária para acompanhar o modelo de "categoria internacional" quanto às governanças corporativas e transparência de atitudes. Na cultura corporativa da Hon Hai, os clientes estão em primeiro lugar. Espera-se que os acionistas confiem nas decisões da gerência, não que entendam do negócio e de seus aspectos financeiros. Gou afirmou publicamente que vê banqueiros investidores como pessoas que não seriam bem-sucedidas como fabricantes, capazes apenas de "voar de primeira classe de um lado para o outro e se hospedar em hotéis luxuosos". As fábricas e os negócios da Hon Hai são dirigidos por gerentes e engenheiros profissionais, mas a empresa é fortemente dependente da orientação do presidente. Ao cabo de algum tempo, talvez os fornecedores consigam acompanhar o passo da Hon Hai e seus concorrentes chineses talvez se tornem capazes de trabalhar com margens menores das praticadas atualmente. Gou enfaticamente tem se recusado a abordar a principal tarefa, a de execução mais difícil de todas: treinar um sucessor para ele mesmo.

Desde seu começo há três décadas produzindo interruptores e outras peças plásticas para TVs, a Hon Hai sempre foi capaz de se adaptar rapidamente e de escalar infatigavelmente a cadeia de valores agregados. Tanto a estratégia como a motivação de Hon Hai sempre foram justas. Hoje ela é a maior fabricante de suprimentos eletrônicos do mundo pelo critério de vendas faturadas, e tem mantido a lucratividade em ocasiões de baixa atividade econômica geral da indústria e das suas principais concorrentes.

Lições

- A mão de obra barata é de importância fundamental, mas é apenas uma vantagem transitória.
- A fabricação exclusiva está migrando para a consideração de projetos conjuntos e até mesmo de projetos originais.
- A liderança no nível superior é fundamental para o sucesso na execução e para o controle dos custos.

Ponto de vista do investidor

Visão otimista

- Um movimento prematuro ambicioso na China.
- Imensas fábricas com equipamentos modernos.
- Gerenciamento agressivo e dinâmico.
- Especialmente perita em moldagens.
- Oferece o balcão único (compra de tudo em um único lugar) e a integração vertical.
- Fortes relacionamentos com líderes da indústria.
- Execução superior.
- Rápido crescimento.
- Maior lucratividade do que seus pares na indústria.

Visão pessimista

- Existem outros fazendo o possível para imitar a Hon Hai.
- Falta de transparência financeira.
- Haveria cultura corporativa depois da sucessão?
- Despesas com P&D menores do que as da concorrência.
- Dificuldade de integrar as principais aquisições.
- Sem marca registrada.
- Pouca independência de projeto.
- Crescimento orgânico poderá acabar sendo lento.
- Sempre pressionando para obter lucro.

YUE YUEN
A maior dentre as empresas fabricantes de sapato, da qual nunca se ouviu falar

Quando estudante de administração de empresas em Stanford, em 1960, Phil Knight, futuro CEO da Nike, escreveu um artigo sobre as vantagens da terceirização. De acordo com sua definição, os calçados esportivos de alta tecnologia e de baixo custo produzidos numa eficiente economia asiática como o Japão poderiam realmente algum dia conquistar o terreno da líder alemã da indústria, a Adidas. Dentro de algumas décadas, a terceirização de calçados rapidamente migrou do Japão para a Coreia, Taiwan, Tailândia, chegando hoje à China, Vietnam e Indonésia. Milhares de fabricantes de sapato se espalharam por essas áreas, mas Yue Yuen é o maior de todos. Trata-se de empresa taiwanesa, com a maioria de suas instalações produtivas na China, no Vietnam e em outras partes da Ásia.

A primeira vez que visitei uma das instalações de Yue Yuen na província de Guangdong na China (onde podem ser vistos mais arranha-céus e fábricas grandes brotando aparentemente ao acaso, do que vacas zanzando pela pastagem), fiquei impressionado pela imensa escala do empreendimento, que se descortinava diante de meus olhos num terreno que antes fora uma plantação de lichia chinesa. Este vasto complexo industrial emprega mais de 50.000 jovens, principalmente mulheres trabalhadoras num conglomerado de 20 fábricas modernas. Neste complexo, elas passam incontáveis horas (embora não tantas como era comum há uma década) sentadas silenciosamente em máquinas de costurar e cortar, colando e cosendo diferentes tipos de sapato. O que é mais surpreendente é que um fabricante como Yue Yuen não tenha feito opção de exclusividade com nenhum cliente ou marca. Em vez disso, cada marca — Nike, Reebok, Adidas e New Balance que fazem calçados ou a Timberland com suas botas — tem seu próprio edifício separado, numa tentativa talvez ingênua de evitar que os projetos e outras inovações de alta tecnologia transpirem de uma fábrica para a outra.

Cerca de 160.000 trabalhadores dos aproximadamente 250.000 empregados pela Yue Yuen no mundo todo trabalham em três locais, distantes cerca de 12 quilômetros um do outro no sul da China. Huang Jiang foi o que visitei, e pelos padrões da Yue Yuen, trata-se de uma fábrica de porte médio. Ainda assim ela se orgulha de contar com seu próprio reservatório, estação geradora, central telefônica, estação de água potável, brigada de incêndio, dormitórios, correio e lojas. E, como fui orgulhosamente informado pelo porta-voz da gerência, o maior curtume do mundo pertencia e era operado pela matriz taiwanesa da mesma empresa. Pendurados no teto viam-se inúmeros couros curtidos rodopiando de ganchos de carne, prontos para serem transformados em sapatos, botas e forração de sofás. Foi-me dito que mais de oito mil couros eram importados diariamente do Brasil e dos Estados Unidos, passando pela coloração com anilina e pelo acabamento rigorosamente em seis minutos, processo que há alguns anos levava horas de encharcamento em tanques malcheirosos.

Uma impressionante variedade da eclética coleção de calçados da empresa estava à mostra no showroom, embaixo de cartazes em inglês e chinês descrevendo precisamente as regras que regulavam o trabalho, a segurança e o ambiente. Foi esse legado de alvoroço que apanhou a Nike, a Reebok, a Adidas e outras em seu raio de ação, mas que também tornou a Yue Yuen parte da solução, ela que uma vez já tinha sido parte dos problemas da Nike e de outras marcas.

Na folga para o almoço vi um grupo de moças vagueando pelos jardins, tagarelando enquanto faziam compras rápidas nas lojas da fábrica. Muitas vinham de pobres áreas rurais no nordeste da China, viviam em dormitórios durante anos e ganhavam poucos dólares por dia, o que não era muito pelos padrões ocidentais, mas que consistia em generosa melhoria com relação ao que podiam ganhar em casa.

UM NOVO CONJUNTO DE PADRÕES

No dia 12 de maio de 1998, Phil Knight, CEO da Nike, subiu timidamente ao palanque do clube de imprensa em Washington. Ao som de grande fanfarra ele anunciou a organização de um plano de seis vertentes para melhoria das condições de trabalho em cerca de 600 instalações de terceirizadas no mundo todo fornecedoras do calçado Nike, principalmente na Ásia. Knight, antigo membro da equipe de corridas da University of Oregon e seu treinador, o lendário Bill Bowerman, há três décadas tinham fundado uma firma dedicada a produzir os mais finos calçados do mundo para atletas em competição. A Nike concentrou-se inicialmente nos tênis de corrida, mas acabou diversificando e começou a fabricar calçados para outros esportes.

Dada a sua independência, por volta de 1980 a Nike já havia tirado da Adidas, nos Estados Unidos, a espantosa fatia de 50% do mercado de calçados de corrida, e estava mais devotada do que nunca ao seu modelo de terceirização original, tendo em vista obter a máxima vantagem sobre seus concorrentes domésticos e europeus. Phil Knight estava orgulhoso da inovação que ele tinha ajudado a criar, pois a seus olhos mantinha as atenções dos seus empregados focalizadas no projeto, na promoção e na distribuição dos calçados, enquanto a produção era feita pelos fabricantes terceirizados, primeiro no Japão e depois em outros lugares da Ásia. Foi somente no final dos anos 1980 que um dinâmico jornalista do semanário *The Oregon Weekly* começou com os rumores na cidade natal de Eugene que a verdadeira fonte do crescimento saudável e prestígio de Phil Knight — mão de obra asiática barata — estava prejudicando seriamente sua marca emblemática.

A essa altura, tudo indicava que as investigações de vários grupos ativistas sobre as práticas trabalhistas da Nike em localizações exóticas como a China e a Indonésia, por causa da proeminência da Nike como marca ícone, iriam obter o máximo de exposição na mídia. Os ativistas trabalhistas na Ásia, peritos em jogar lenha na fogueira, descobriram que suas histórias tinham primeiramente virado notícia no Reino Unido — inclusive na Thames TV e no *Economist* — e, com o tempo, foram difundidas pela mídia mais progressista dos Estados Unidos. Aproximadamente em

1997, a Nike sentiu-se bastante pressionada pelo consumidor e decidiu contratar o antigo embaixador Andrew Young para uma visita de inspeção às fábricas asiáticas da Nike, tendo em vista a emissão de um relatório pelo qual esperava se ver livre das acusações de abuso trabalhista. Knight, por sua vez, não tinha receio de externar sua visão ressentida: a Nike estaria injustamente sofrendo o impacto dos múltiplos males da terceirização e da globalização.

Os contrastantes brados de convocação das organizações não governamentais (ONGs) e da mídia eram que a Nike e outras multinacionais que procuravam terceirizar a produção em países de mão de obra barata deveriam arcar com todos os elos de suas respectivas cadeias de suprimento globais. Mesmo que os trabalhadores que faziam os calçados e outras mercadorias não fossem diretamente empregados pelas empresas em questão, os consumidores, preocupados, exigiam cada vez mais que as empresas que faziam terceirizações exercessem alguma influência e controle sobre as políticas trabalhistas dos fornecedores contratados para dar conta da produção.

Nos últimos anos da década de 1990 esse assunto apresentava tal risco à integridade da marca e à sua popularidade entre os volúveis consumidores jovens, que Phil Knight e a Nike passaram a dar ouvidos às críticas e começaram a tomar providências para corrigir a situação. Sim, eles concordavam, a Nike *era* responsável pela saúde e subsistência dos seus trabalhadores na Tailândia, Vietnam, China e Indonésia. Nos últimos anos, a Nike leva milhares de observadores interessados da mídia, mão de obra sindicalizada, ONGs e grupos de investimento, para visitar suas fábricas asiáticas, inclusive as que pertencem à gigante dos calçados Yue Yuen e são operadas por ela, cujas imensas fábricas na China, Indonésia e Vietnam produziram um de cada seis pares de calçados esportivos vendidos mundialmente em 2005.

Devido à pressão cada vez maior da Reebok, Nike, Timberland e de outras empresas americanas, a Yue Yuen interrompeu muitas práticas que contribuíam para denegrir a marca no exterior. Aboliu o controverso sistema de multar os trabalhadores por mau comportamento e interrompeu a modalidade principal de pagamento, que era a de remunerar por unidade produzida. Os quesitos levantados pelas empresas globais "nos ajudaram a prestar mais atenção aos aspectos referentes aos direitos humanos", declarou Edward Ku, diretor-executivo da Yue Yuen a um repórter do jornal *San Francisco Chronicle* em 2000.[16] Pressão semelhante foi exercida por ativistas, que sugeriram que a empresa substituísse o formaldeído por produtos menos tóxicos e por colas à base de água em toda a linha de produção. Os repórteres do *Chronicle* viram slogans espalhados pelas paredes da fábrica exortando os trabalhadores a, entre outras coisas, "trabalharem diligentemente porque a vida é dura e curta (moto inspirador da Yue Yuen)".

No livro recentemente publicado[17] sobre a responsabilidade corporativa global, Tsai Chi-jui, presidente do Pou Chen Group, observou que no momento em que as grandes marcas americanas começaram a exercer pressão sobre ele e outros para melhorarem suas práticas trabalhistas, a persuasão moral ocasionou a imposição de padrões de qualidade superiores aos de *seus* fornecedores. "Estabeleceu um bom exemplo para a indústria", Tsai Chi-jui afirmou. "De fato, algumas marcas com as quais trabalhamos adotaram nossas políticas de responsabilidade social corporativa (RSC) como padrão, e levaram seus subcontratantes a adotarem nossas práticas RSC.

As marcas principais têm preferido produzir usando um seleto grupo de fornecedores por causa das pesadas críticas das ONGs sobre as condições de trabalho e do meio ambiente. Esse grupo tem demonstrado o desejo de cumprir as estritas regras de conduta e, além disso, pode ser auditado eficazmente. Como resultado, Yue Yuen tem crescido a uma taxa duas vezes superior à da indústria. O jornal *The Financial Times*[18] descreve bem o processo de auditoria ambiental e social que os fornecedores terceirizados devem enfrentar na Ásia.

> As grandes empresas dos EUA e da Europa, principalmente as da indústria de vestuário e calçados, enviam equipes e auditores de terceiros para determinar se os fornecedores chineses estão atendendo aos códigos de conduta multinacionais e às leis trabalhistas nacionais — que estipulam 40 horas de trabalho por semana para a China, com um máximo de 36 horas de horas extras por mês. Os auditores conversam com os gerentes de fábrica, examinam os registros para verificar se as horas trabalhadas ultrapassaram o limite legal e se caracterizam condições escravizantes. Eles inspecionam a fábrica e verificam a existência de trabalhadores menores de idade, se o acesso às portas de saída é adequado e se o número de extintores de incêndio é proporcional ao número de trabalhadores que compartilham as dependências do dormitório da fábrica.

Essas auditorias podem representar uma perspectiva arrepiante para muitas fábricas chinesas, porque a reprovação de um auditor pode significar a mutilação de um negócio potencial. Em 2000, a Reebook transferiu um contrato importante da Yue Yuen para outra empresa até que ela demonstrou ter corrigido completamente a situação. A conformidade pode exigir reestruturações dispendiosas. Os auditores começam dizendo: "Se fôssemos até a fábrica veríamos que eles não atendem a muitos padrões de conformidade",[19] conta Steve Li, diretor-executivo da Yue Yuen Industrial, registrada em Hong Kong. O sr. Li também afirma que melhorar o cumprimento das obrigações sociais é um esforço permanente nas suas fábricas. "É uma jornada muito longa. E ela não terminou. Ainda existe muito para ser melhorado."

O fundador Tsai Chi-jui da Yue Yuen/Pou Chen foi criado em Taiwan pelos pais, um casal de tecelões de bom gosto, fabricantes de tradicionais tecidos chineses. Depois de lecionar muitos anos na escola elementar, ele concluiu seus estudos de artes na Taichung Normal University. Paralelamente, começou a trabalhar em meio expediente como projetista para fabricantes locais de calçados até que, em 1969, ele e mais três irmãos fundaram a Pou Chen em Taiwan. Na década de 1970, a empresa fez sua primeira incursão substancial na fabricação global terceirizada de calçados, firmando um importante contrato com a New Balance. Numa sequência drástica a essa manobra, em 1980 a empresa firmou um contrato maior ainda com a fabricante alemã de calçados e há muito tempo líder da indústria, a Adidas. Com o passar do tempo, os contratos abriram a porta para uma proximidade maior nos relacionamentos com mais de quarenta marcas internacionais, e as instalações produtivas da Pou Chen começaram a crescer, dispersas por toda a Ásia.

Em 1988, a Tsai fundou a Yue Yuen e registrou a empresa em Hong Kong, tendo em vista um gerenciamento mais eficaz das linhas de produção rapidamente crescentes da empresa. Indicou seu irmão, Tsai Chi-neng, para ocupar a presidência, e embarcou em imensa migração, comparável com a da Hon Hai, para a China continental. Em 2002, sobravam apenas cinco linhas em Taiwan, principalmente para processamento da montagem final visando ao mercado local, pois das 279 linhas de produção da Yue Yuen, 156 estavam localizadas na China, 72 no Vietnam e 51 na Indonésia.

Muito discretamente, a Yue Yuen explodiu no mundo como a maior fabricante de calçados esportivos e informais para todas as marcas principais, com 17% de participação no mercado global, bem na frente dos seus concorrentes. Em 2005, ela produziu 186 milhões de pares com receitas totais de US$ 3,2 bilhões. Depois de 11 anos consecutivos de aumento das receitas e lucros, a Yue Yuen responde por 20% dos pedidos da Nike, mais de 25% dos que chegam à Adidas e mais de 20% das encomendas da Reebok.

O DIFERENCIAL DA YUE YUEN

A mudança prematura da Yue Yuen para centros de produção de baixo custo, como os da China, explica apenas em parte seu retumbante sucesso. Existem milhares de pequenas fábricas de sapato na China e em outros países que não são mais do que ateliês de costura de trabalho escravo, suprindo com dificuldade suas existências marginais sem conseguirem ingressar na liga maior de fabricantes respeitados. O diferencial da Yue Yuen vem da sua experiência anterior na fabricação de calçados em Taiwan, da economia de escala de suas imensas instalações, do controle de qualidade por causa da integração vertical, do seu variadíssimo sortimento de produtos, da flexibilidade em se adaptar, com incrível velocidade, às rápidas mudanças da indústria de calçados, e da astuta orientação de jogar respeitando as regras.

> *O diferencial da Yue Yuen vem da sua experiência prévia fabricando calçados em Taiwan, da economia de escala de suas imensas instalações, do controle de qualidade por causa da integração vertical, do seu variadíssimo sortimento de produtos, da flexibilidade em se adaptar, com incrível velocidade, às rápidas mudanças da indústria de calçados, e da astuta orientação de "jogar respeitando as regras".*

A manutenção e proteção dos segredos da marca é um dos maiores desafios da Yue Yuen, bem como seu importante fator de sucesso. Evitar que os direitos de propriedade intelectual vazem de uma marca para outra é parte do trabalho de Jackson

Lee, gerente do escritório central de P&D da Yue Yuen, que considera seu ponto de honra impedir as equipes de desenvolvimento da Adidas e da Nike entrarem em contato. Aprendi durante minhas visitas que até mesmo tirar uma simples fotografia quando se está próximo das linhas de produção é estritamente *proibido*. A espionagem industrial não é desconhecida em Taiwan, ou em outros locais da Ásia, e é um problema que afeta a fabricação de calçados bem como o projeto de chips para semicondutores avançados.

A eficiência na produção e os baixos custos certamente não são os únicos segredos do crescimento explosivo da Yue Yuen. O desenvolvimento de parcerias a longo prazo, com clientes e fornecedores-chave, tem sido um fator maior ainda de sucesso. Em recente tentativa para estimular uma colaboração mais próxima e ainda mais criativa com os clientes, Pou Chen uniu-se à Nike e fundou um centro de pesquisa e desenvolvimento no complexo do seu novo escritório central na cidade de Taichung, localizada perto da famosa Tunghai University. Esse empreendimento marcou a aspiração de Yue Yuen de fazer parcerias com os clientes não meramente visando diminuir os custos, mas também para aspectos de como agregar valor ao negócio de calçados: mediante pesquisas e projetos.

Contando com seus imensos curtumes dentro de seus próprios estabelecimentos e apostando em mais de 60 fornecedores diferentes, Yue Yuen (e a empresa matriz Pou Chen) assegura aos clientes que pode cumprir suas promessas de economia de escala e qualidade. Sua escala torna possível a exploração do mundo em busca da matéria-prima, a compra em grandes quantidades e a negociação pelos preços baixos. Em se tratando de uma indústria na qual os materiais compreendem 50% do custo total de produção, tal economia corresponde a uma vantagem competitiva crucial.

Muitos materiais da Yue Yuen têm origem em fornecedores próximos para minimizar os custos de transporte. Depois dos calçados esportivos, ramificou a produção para os calçados informais e femininos, mas evitou entrar na fabricação de forros para bancos de automóveis e móveis. Yue Yuen é capaz de localizar rapidamente as tendências da moda por causa do seu acervo de relações que inclui praticamente todas as marcas principais, e sua longa experiência na indústria de calçados lhe mostrou que os fabricantes bem-sucedidos conseguem colocar os calçados nas prateleiras. Em seus laboratórios de P&D, jovens projetistas tentam descobrir características novas para os clientes explorarem nos anúncios.

Os calçados esportivos continuam sendo o principal produto da Yue Yuen, respondendo por 65% das vendas, mas os calçados informais e os solados de calçados têm ficado mais importantes e já representam respectivamente 17% e 15%. O mercado americano, que absorve 42% da sua produção, sempre foi o maior da empresa, mas a Europa e a Ásia são mercados crescentes. Yue Yuen tem agora seis lojas de calçados na China.

Em fevereiro de 2005, a empresa anunciou estar adiantada em relação ao seu cronograma de abertura de 1.000 lojas varejistas, até 2008, para venda de materiais esportivos na China com vistas aos jogos olímpicos de Pequim. Os dois irmãos Tsai que dirigem a empresa estão certos de que vão poder aproveitar suas décadas de experiência na indústria de calçados. Eles não têm medo de sempre experimentarem novas alternativas. Além dos seus planos ambiciosos para o varejo, a Yue Yuen também tem a intenção de fabricar roupas esportivas. Quando indagado sobre o novo empreendimento, David Tsai simplesmente diz modestamente que "isso complementa nosso negócio de calçados".

Ponto de vista do investidor

Visão otimista
- No futuro a médio prazo, existem poucos desafios para a competitividade dos custos da mão de obra chinesa.
- A Yue Yuen mantém relações firmes com todas as principais marcas de calçados esportivos e informais.
- Pouquíssimos fabricantes de calçados são grandes o bastante para competir na mesma escala com a Yue Yuen e com sua capacidade de fornecer matéria-prima.

Visão pessimista
- A elevada rotatividade da mão de obra e o aumento crescente de salários provocados pelo rápido desenvolvimento da China como centro de fabricação representam altos custos para a Yue Yuen.
- O mercado de calçados esportivos e informais nos Estados Unidos e na Europa está maduro e faz com que a Yue Yuen pesquise novas áreas de penetração nas quais tem pouco domínio.

Lições

- As marcas globais estão cada vez mais considerando que seus fornecedores assumam a responsabilidade de operarem dentro de um rígido código de conduta, o que oferece oportunidades e desafios.
- Mesmo dentre as indústrias que dependem de mão de obra barata, somente algumas conseguem o status de categoria internacional e se diferenciam pela escala, qualidade, adaptabilidade à moda e aos projetos.

CAPÍTULO 6

De Imitadores a Inovadores

A Taiwan Semiconductor Manufacturing Company (TSMC) e a High Tech Computer saem ganhando pela reinvenção de indústrias e produtos

Estratégias

- *Surpreenda os detentores de informações privilegiadas sobre a indústria pela desagregação das atividades, evitando que as pequenas empresas projetistas gastem bilhões*
- *Suba alguns degraus na escala de valores passando de simples fabricante a projetista sofisticado*
- *Colabore com os clientes compartilhando bibliotecas sobre tecnologia*

Depois de perder a guerra civil chinesa (1945-1949), os nacionalistas, desalojados de seus cargos, sonharam que poderiam canalizar a criatividade empreendedora dos chineses para criar um modelo competitivo com base no mercado na ilha vizinha, Taiwan, tendo em vista fazer um contraste favorável com a ascética sociedade comunista e a economia planejada que estava em implantação por Mao e seus discípulos no continente.

Não que a República da China de Chiang Kai-shek não tivesse sido rígida e opressiva à sua própria maneira, mas a nação corajosa da pequena ilha, animada pela insistente ajuda estrangeira dos EUA, conseguiu executar sua sublime ambição de ser um lugar sagrado para o espírito capitalista na Ásia. No âmago irrequieto dessa pequena empresa audaciosa, estava a indústria eletrônica dos consumidores de Taiwan. Entretanto, depois de mais de duas décadas de vigoroso crescimento, K.T. Li (ministro encarregado da tecnologia para a nascente República da China) não o considerou sofisticado, nem avançado, e que o cadinho dos acontecimentos descritos acima precisava terrivelmente ser revolvido adequadamente.

Nem toda grande ideia de negócios nasce perfeitamente acabada na mente hiperativa dos rigorosos bandeirantes empreendedores, mesmo que eles sejam os mais indicados para fazê-la dar certo. Algumas ideias audaciosas e criativas de empresas importantes, principalmente as dos mercados emergentes, nascem dos pequenos momentos em que o burocrata do governo exclama "ahn-han" sentado à sua mesa de trabalho, no fundo do empoeirado corredor onde a luz do sol nunca chega. Um desses burocratas visionários foi K.T. Li, ex-ministro das finanças e graduado em física pela Cambridge University do Reino Unido que, em meados dos anos 1980, tomou para si e para o seu governo o encargo de empurrar para o degrau de cima a complacente indústria da eletrônica de consumo de Taiwan.

As empresas de tecnologia têm prosseguido como podem produzindo rádios com transistores baratos e ar condicionado, raramente pensando em inovações. Tornaram-se bastante adeptas da produção acelerada de toneladas de mercadorias baratas para liquidação rápida, de relógios digitais sem marca a calculadoras de bolso e aparelhos de televisão. Mas até agora não surgiu em Taiwan nenhuma Sony, Samsung, Motorola ou Texas Instruments.

O nome do jogo em Taiwan era a imitação — não somente a mais franca das bajulações, mas o atalho-chave para o sucesso econômico. A imitação bem-sucedida frequentemente deve ser levada a cabo mediante a constante violação dos direitos de propriedade intelectual. Isso aconteceu com os Estados Unidos no século XIX, no Japão nos primórdios do século XX, e hoje em dia nos tigres asiáticos e na China. Assim como o passado dos imitadores das multinacionais emergentes ainda os prejudica aos olhos dos consumidores, os complacentes industriais europeus, no início, olhavam com desdém seus seguidores americanos. Mais recentemente, americanos e europeus sentiram-se aflitos por terem subestimado a capacidade das aciarias e dos fabricantes de automóveis japoneses ao observarem que eles não apenas competiam como também ganhavam em qualidade, projeto e inovação tecnológica.

Como K.T. Li sabia, praticamente todas as empresas e países passam pela fase de mimetismo durante os primeiros estágios do desenvolvimento industrial. Mas sempre há uma armadilha. Como uma proteção para a indústria nascente, a imitação fornece um escudo crucial durante a fase de incubação. No longo prazo, no entanto, a imitação tende a corroer o progresso se as empresas ficarem cada vez mais dependentes de lucro fácil. As empresas nos mercados emergentes que pretendem alcançar categoria internacional precisam dar um basta no seu passado de imitações para que tenham alguma esperança de se estabelecer como líderes no futuro. Num congresso recente na Índia, ouvi Ratan Tata, o presidente de grande visão do Tata Group na Índia, desafiar outros colegas de liderança de empresas ao observar: "Nenhuma empresa conquista categoria internacional até que interrompa a reengenharia e comece a fabricar suas próprias inovações." Ele garantiu que a Tata Motors continuará firmemente na linha de frente das inovações na Índia com sua nova linha de carros compactos, a Indica.

Desde os tempos de Thomas Edison e continuando até a estirpe atual de magnatas da tecnologia com Steve Jobs e Bill Gates dentre outros, a inovação na célere indústria da eletrônica de consumo não tem sido um luxo, mas um pré-requisito para a sobrevivência. Todos os anos uma série de novos produtos chega ao mercado seguindo um padrão de fluxo contínuo que levou o economista austríaco-americano Joseph Schumpeter a chamá-la, com certa apreensão, de "ventos da criação destrutiva".* Com um piscar de olhos, os tubos de raios catódicos foram substituídos pelas telas planas multimídia, os computadores de grande porte pelos PCs de mesa, estes pelos notebooks em rede com servidores, e os últimos, por uma estonteante coleção de dispositivos sem fio que nos mantêm conectados à Internet e com os outros praticamente em qualquer lugar do mundo.

Os telefones fixos e seus cabos de transmissão foram amplamente substituídos pelos dispositivos mais populares da história junto aos consumidores, os telefones celulares. Até mesmo os fabricantes dos celulares têm enfrentado a furiosa investida dos tipos mais recentes, que miraculosamente se transformaram em "telefones inteligentes" ("smart phones") combinando vídeo, acesso à Internet, teclado para e-mail portátil, calendário eletrônico, jogos, MP3 player e câmera digital.

A maioria dos fabricantes mundiais de eletrônica de consumo é dirigida da Ásia, especialmente da China, para a qual vêm migrando atividades intelectuais e de capital intensivo como as de projetos e desenvolvimento (percebida ainda como baluarte de atividade de valor agregado para o mundo industrializado). Isso tem ocorrido não apenas por economia, como também pelos ganhos com a proximidade a uma das economias mais dinâmicas do mundo. Os fabricantes de equipamentos originais (OEMs) localizados nos mercados emergentes (antes conhecidos por produzirem rapidamente produtos baratos com base em desenhos dos clientes), buscam agora a estratégia da animada escalada na cadeia de valores, rumo ao status mais sacrossanto de fabricantes de projetos originais (ODMs).

A medida mais amplamente aceita de inovação tecnológica tem sido tradicionalmente a riqueza intelectual da empresa ou da nação, refletida pelo estoque das novas patentes acumuladas. Ao raiar do século XXI, os mananciais dos direitos de propriedade intelectual continuam dominados pelo antigo Primeiro Mundo,[1] mas aparecem novas nações todos os dias dentre as anteriormente represadas pelo regime colonial. Com 1.641 patentes, a Samsung Electronics ocupava o quinto lugar na classificação mundial em 2005, na frente da Micron, Intel, Hitachi e Toshiba, mas ainda atrás da IBM e da HP.[2] Medida como uma porcentagem das vendas, a atividade de pesquisa e desenvolvimento (P&D) em muitas empresas de categoria internacional é parecida com a dos seus concorrentes no mundo desenvolvido.[3]

Como se observa na Coreia, em Cingapura, em Taiwan, na China e na Índia, a motivação para inovar ao invés de imitar, principalmente na Ásia emergente, é muito grande. A China estabeleceu a meta de ostentar duas das dez universidades líderes do mundo ao final da presente década. As comparações feitas entre diplomados em engenharia e as pontuações obtidas em ciência e matemática acentuam o progresso que os mercados emergentes asiáticos têm conseguido na construção das bases da inovação e da originalidade intelectual para o futuro.[4]

---

* O autor faz referência a "The Process of Creative Destruction", de Joseph A. Schumpeter, 1942. (N.T.)

De acordo com o *Global Information Technology Report* (publicado pelo World Economic Forum — Fórum Econômico Mundial), Cingapura conseguiu tirar os Estados Unidos (agora no quinto lugar) de sua posição costumeira de liderança graças à qualidade da instrução em matemática e ciências, à custa das telecomunicações e facilidade de acesso à Internet.[5] Hong Kong atualmente classifica-se na frente do Japão, do Reino Unido e da Alemanha; Taiwan ultrapassou os Países Baixos, a França, Israel e Coreia, e a Estônia está na frente da Bélgica e da Espanha.

Além de uma despesa expressiva com P&D, as empresas líderes dos mercados emergentes beneficiam-se dos melhores resultados para a mesma quantidade de dinheiro gasto, uma vez que seus pesquisadores custam apenas de 10 a 20% dos seus concorrentes americanos, europeus e japoneses. As empresas de Taiwan e outras asiáticas têm gerenciado a estonteante parcela de 70% dos projetos dos novos modelos de PDAs sem fio, 65% dos notebooks e 30% das câmeras digitais.[5]

TAIWAN SEMICONDUCTOR MANUFACTURING COMPANY (TSMC)
Reinventando a maneira de fabricar semicondutores no mundo

Pode ter sido saudade de casa, pode ter sido por patriotismo, pode ter sido por desassossego, pode ter sido por falta de empenho empresarial durante muito tempo ou uma clássica crise da meia-idade, mas quando o ministro de tecnologia de Taiwan, K.T. Li, convidou o dr. Morris Chang, pioneiro da indústria de semicondutores que morava nos EUA, o dr. Chang sentiu que o trabalho oferecido por Li era uma honra que não podia recusar. Estávamos no ano de 1985 e o dr. Chang, nascido em Xangai, tinha acabado de completar 44 anos. Recentemente ele tinha passado a trabalhar para a arquirrival da TI, a General Instruments, depois de trabalhar quase 25 anos com a Texas Instruments. A despeito deste fato — como me confidenciou no hotel Sherwood, no centro de Taipei, durante um agradável café da manhã — ele havia ocupado cargos de destaque numa das indústrias de crescimento mais dinâmico do século XX, e como chinês educado nos Estados Unidos, sentia que tinha chegado a um ponto além do qual não conseguiria ir.

> Cresci aborrecido com a vida corporativa nos EUA. Eu tinha sido o homem responsável pelo negócio de semicondutores da Texas Instruments, mas não o CEO. Formulei a estratégia de semicondutores, mas ela precisava ser examinada, criticada e modificada pelo meu chefe e pelo chefe dele. Nunca me senti com bastante liberdade de ação. Estávamos ganhando muito com semicondutores naquela época, mas a empresa estava usando nosso negócio como fonte de financiamento para outras atividades como calculadoras eletrônicas, brinquedos educativos e relógios digitais. Sentia-me frustrado por não poder guardar o dinheiro que estava entrando para aplicar nos semicondutores.

Para Chang, a perspectiva de liderar o Industrial Technology Research Institute (ITRI) de Taiwan, fundado pelo ministro Li, parecia constituir um perfeito antídoto para o mal-estar da meia-idade. O novo instituto estava sendo lançado com a esperança de que conseguisse seduzir os chineses nativos, fazendo-os regressar das escolas americanas ou do Vale do Silício, tendo em vista estimular o desenvolvimento tecnológico da indústria da eletrônica de consumo do próprio lugar. Tentando imitar o status de empresa incubadora do Vale do Silício, o ministro Li estava em estágios bem avançados para estabelecer o hoje afamado Hsinchu Science Park nos subúrbios de Taipei.

DE ENGENHEIRO DO DESENVOLVIMENTO NO VALE DO SILÍCIO A EMPREENDEDOR EM TAIWAN

Chang tinha sobrevivido a uma infância fugindo das brutalidades dos suseranos japoneses que invadiram a China nos últimos anos da década de 1930 e que somente foram expulsos em 1945, depois de derrotados pelas forças aliadas. Quando eles saíram deixaram um vazio que Chiang Kai-shek e Mao Tsé Tung tentaram preencher durante quatro anos brutais. Com a queda da China perante as forças de Mao em 1949, Chang e seus pais fugiram para os Estados Unidos no exato momento em que Chiang Kai-shek e seus seguidores estavam tentando entrincheirar-se defensivamente em Taiwan. Tendo chegado a Massachusetts com 18 anos, Chang passou um ano aperfeiçoando seu comportamento social e intelectual em Harvard, transferindo-se posteriormente, já como segundanista, para o MIT. Em 1952, ele concluiu seu curso superior no MIT e fez mestrado em engenharia mecânica no ano seguinte.

Antes de voltar ao MIT para fazer doutorado, Chang arranjou o emprego de engenheiro de desenvolvimento júnior na hoje extinta Sylvania Electronics, sete anos depois do anúncio da invenção do transistor, em 23 de dezembro de 1947, pelo dr. William Shockley e seus colegas do Bell Laboratories. O primeiro uso comercial do transistor foi a miniaturização dos circuitos eletrônicos de produtos de auxílio auditivo. Enquanto as 1953 patentes da Motorola para transistores de rádio acumulavam poeira por falta de uso, coube à genialidade visionária do fundador Akio Morita da Sony no então emergente mercado do Japão comercializar a invenção do Bell Laboratories e a popularizar o rádio transistor de bolso.

Em 1958 — mesmo ano em que Jack Kilby, lendário engenheiro sênior da Texas Instruments (TI) registrou sua primeira patente para um semicondutor de "circuito sólido" — Chang ingressou na TI como engenheiro de desenvolvimento. A TI, fundada em 1930 com o propósito de fornecer equipamentos de exploração sísmica para a indústria de petróleo, firmou-se na jovem indústria eletrônica depois que adquiriu a Geophysical Service Incorporated (GSI) de Massachusetts, fabricante de equipamentos eletrônicos de precisão e aparelhos de medição para os militares dos EUA durante a Segunda Guerra Mundial.

Durante a década de 1960, a TI desenvolveu o primeiro circuito integrado para computadores, o pioneiro chip lógico para a comunicação entre transistores (TTL, lógica de transistor-transistor), comercializou a primeira calculadora manual, produziu o primeiro microcomputador de chip único e foi a primeira a comercializar o microprocessador de um único chip, desenvolvido juntamente com a Intel. Na Motorola, na IBM, e em outros fomentadores e fabricantes importantes, computadores e chips cada vez mais rápidos lançavam as fundações dos circuitos de estado sólido da Idade da Informação.

Morris Chang estava presente na criação e, não obstante as três décadas de vida nos Estados Unidos, ele ainda se sentia emocionalmente ligado à sua terra natal chinesa. Conquanto a perspectiva de voltar à China Comunista estivesse obviamente fora de questão, ajudar a Taiwan nacionalista a dar seu próximo passo tecnológico era uma atitude de sensível apelo venturoso e patriótico, mais do que simplesmente financeiro.

A nostalgia de Chang e a sua afinidade com a cultura e os costumes chineses aprofundavam-se a cada viagem que fazia para "casa" em Taiwan, tendo em vista atender a sequências intermináveis de entrevistas de trabalho. "Aqui havia um grupo de funcionários do governo que pareciam ansiosos para erguer a economia do país", lembrava afetuosamente. De uma só tacada, o dr. Chang não apenas reingressava na cultura chinesa de sua juventude, como recapturava a sensação de excitamento, ambição e aventura daquele fluxo de lançamentos arrojados, quando tanto ele quanto a TI tinham o fogo da juventude. Um dos mais sedutores aspectos da sua nova posição como presidente da Industrial Technology Research Institute (ITRI) — "um dos instrumentos principais da política industrial taiwanesa naquela época", disse-me ele — era que sua equipe de mais de quatro mil empregados, mais da metade constituída por engenheiros e cientistas de primeira linha, respondia somente a ele. "Ainda que o tipo de trabalho fosse semelhante ao que era feito nos Estados Unidos", ele notava que a diferença crucial residia no fato de em Taiwan ser possível fazer "coisas semelhantes com um orçamento muito grande" sem ter seus números revisados inúmeras vezes pela alta direção. Agora, *ele* era a alta direção.

Somente depois do retorno de Chang a Taiwan, seu poderoso patrão considerou apropriado explicar que ele tinha sido atraído a Taiwan sob falsas alegações. Durante todo o tempo, o ministro Li tinha secretamente esperado persuadir o dr. Chang a usar o ITRI como base para o lançamento de alguma coisa menos governamental e mais empreendedora. Ele desejava que o estimado dr. Chang colocasse em funcionamento algo equivalente a uma Motorola ou TI em Taiwan.

Sem que Chang soubesse, há anos antes de sua chegada uma equipe de técnicos e engenheiros já trabalhava dia e noite no desenvolvimento de uma linha-piloto de semicondutores. No início Chang resistiu à ideia porque "faltava-lhes o primeiro requisito de um negócio bem-sucedido: um conceito concreto de produto!" Ainda assim ele sabia que se ele e seus colegas taiwaneses tivessem algum dia que vencer a acirrada competição contra empresas de semicondutores europeias, japonesas e americanas, a chave do sucesso deveria ser baseada numa abordagem radicalmente diferente do problema.

Chang explicava seu dilema dizendo: "Não quero desapontar esse ministro porque ele se empenhou muito para que eu fosse contratado. Mesmo se ele tivesse me recrutado dizendo que eu ocuparia a presidência da ITRI, sua verdadeira intenção era a de me fazer transformar um projeto piloto num negócio real pela criação de uma empresa independente (*spin-off*). Quanto mais eu hesitava, mais entusiasmado ele ficava. Afinal de contas, ele tinha dado início a tudo e achava necessário dar um destino ao seu pessoal depois que o treino terminasse. Fundamentalmente, ele *me* deixava realizar um sonho que era *dele*. Eu sempre o admirei muito por isso."

Em uma reviravolta dos mercados emergentes, o ministro K.T. Li não tinha a menor ideia de como Chang poderia pôr para funcionar uma empresa privada. O dr. Chang nunca tinha *sonhado* empreender um projeto tão ambicioso e claramente absurdo sem um apoio significativo do setor público. Se o projeto falhasse, Chang e Taiwan seriam alvos de risos da Ásia inteira.

UM NOVO E REVOLUCIONÁRIO CONCEITO

Falando francamente, ninguém em Taiwan poderia estar mais ciente do que o dr. Chang de que o conceito do ministro K.T. Li, do ponto de vista prático, era completamente maluco. Por mais difícil que seja hoje lembrar o acontecido, em meados da década de 1980, quase todas as fábricas de circuitos integrados ou de "chips" eram "fábricas de dispositivos integrados" completas, tais como a Intel, Compaq, DEC, IBM, Texas Instruments, Motorola e Siemens. Como de costume, essas e outras empresas estavam habituadas a projetar, fabricar e comercializar semicondutores partindo do zero. Mas o dr. Chang sabia com base na sua experiência de 25 anos em TI, que das cinco fases da fabricação de um circuito integrado (especificação e projeto, litografia da pastilha de silício, teste, montagem e acondicionamento) a mais difícil e complexa de todas é a da fabricação e litografia das pastilhas de silício propriamente ditas.

As pastilhas de silício são fabricadas em salas ultralimpas (conhecidas como "fabs" [Computer-Chip Fabrication Plants]) por processo puríssimo que combina placas polidas, finas e circulares de silício, de 15 a 30 centímetros (feitas de areia das praias australianas), com eletrodos minúsculos em circuitos integrados. A superfície de silício é coberta com uma fina camada de alumínio ou cobre (que faz sua ligação com os circuitos da camada inferior) e a placa é então dividida em chips individuais, testados na posição definitiva, conectados ao produto do cliente e testados mais uma vez. É desnecessário dizer que o investimento necessário para uma "fab" é maior por centímetro quadrado do que o correspondente a qualquer outra indústria. Colocar uma "fab" em funcionamento não custa pouco: o capital investido para construir e equipar uma é da ordem de um bilhão de dólares.

Mas, o dr. Morris Chang se perguntou, e se uma fundição especializada fosse contratada para desenvolver a capacitação e o parque industrial necessário para tirar dos ombros dos projetistas de chips o transtorno de fabricar pastilhas e chips de silício? E se, na falta de uma instalação própria para tanto, um projetista independente triunfasse ou fracassasse no mercado não por causa da sua capacidade de fabricar chips, mas da criatividade demonstrada em cada projeto e na sua lógica interna?

Como o dr. Chang me informou durante um café da manhã em Taipei, a ideia de uma fundição independente nasceu do professor americano Carver Mead, do California Institute of Technology (Caltech). Esse professor tinha sido autor de um livro no qual discorria sobre o potencial que chips mais genéricos, designados por ele pela sigla ASICs (Application Specific Integrated Circuits [circuitos integrados para aplicações específicas]), poderiam ter numa época em que todos os circuitos integrados eram personalizados de acordo com o cliente. A revolução na indústria de semicondutores antevista pelo dr. Chang já ocorria em pequenas proporções, mas prosseguia em marcha lenta até o momento em que Chang a impulsionou com o respaldo e os recursos do governo de Taiwan.

A propriedade intelectual da criação dos chips era encarada com tanta seriedade que os bons projetistas, com muita razão, viviam temendo que fosse furtada por algum fabricante sem escrúpulos. Mas a Taiwan Semiconductor Manufacturing Company (TSMC) assegurava formalmente aos seus clientes em potencial pela internet: "Nosso alvará nos impede de projetar ou ter circuitos integrados com nossa própria marca. Por esse motivo a TSMC é uma parceira, não uma concorrente dos seus clientes."

Morris Chang sabia também, pela sua própria experiência, como o negócio dos semicondutores podia sofrer com a falta de investimentos nas ocasiões em que o produto final da matriz subitamente saía da moda. Ele se convenceu de que naquele mundo em constante mutação de desenvolvimento de produtos novos, uma fábrica independente de chips teria a produção mais flexível e sairia de um setor extenuado para um florescente, tornando mínimo o impacto sobre o uso da capacidade instalada. Ele também cultivava a ideia arrojada de que projetistas terceirizados de chips poderiam um dia emergir da execução bem-sucedida do seu plano. Com relação a esta última questão, ele tinha razão. Hoje em dia, aproximadamente 1.000 projetistas terceirizados de chips no mundo todo surgiram e hoje eles constituem a maioria dos 400 clientes da TSMC, e correspondem a 60% de suas vendas e são vitais para sua existência.

> A TSMC foi a primeira empresa que identificou a oportunidade inovadora de apenas fundir chips deixando para outros a tarefa de projetá-los e colocar suas próprias marcas.

"Penso ter sido benéfico o estabelecimento das fundições de chips nos anos 80", Chang me disse durante o café da manhã. "Não acho que isso teria acontecido ou dado certo sem minha presença por aqui, pois nos primeiros anos a nossa sobrevivência dependia dos pedidos das grandes marcas. Nós não teríamos recebido essas encomendas não fosse pela minha presença na TSMC, porque eles confiavam em mim devido ao meu trabalho anterior na Texas Instruments. Nossos principais clientes durante os primeiros anos eram grandes empresas que não precisavam de nós, mas que nos usavam quando esgotavam suas capacidades de produção porque vendíamos mais barato. Mas a partir de 1991-92, as empresas terceirizadas vieram a nós como uma manada. Subitamente, nossa tecnologia era verdadeiramente competitiva."

SUCESSO DEPOIS DO RIDÍCULO E O INÍCIO MELINDROSO

Mesmo que a existência desse nicho de mercado pareça óbvia em retrospecto, a maioria dos pioneiros da indústria de fundição de chips presumiu que o dr. Chang estava fora de si. "Quando saí por aí buscando capital, até mesmo Gordon Moore (fundador da Intel e autor da famosa 'lei de Moore' pela qual se afirma que a capacidade de processamento dos chips dos computadores dobra a cada período de 18 meses) me disse não achar que esse conceito de fundição exclusiva de chips fosse dar certo. Ele a chamou de 'ideia imprestável'!".

Imprestável ou não, o fato é que o conceito "nasceu do desespero de constatar que nós não tínhamos uma verdadeira ideia de *produto* a ser vendida", segundo Chang despreocupadamente me garantiu. Taiwan tinha muitos trabalhadores e engenheiros entusiastas e habilidosos, mas "não tinha uma clientela correspondentemente alinhada e estava duas gerações atrasada em relação à Califórnia".

A inabalável crença coletiva de que uma fundição independente de chips não daria certo trazia dificuldades praticamente intransponíveis para levantar fundos, construir uma fábrica e encontrar clientes. Os anos de 1985 e 1986 foram ruins para a indústria dos semicondutores e a maioria das empresas não tinha condições para investir na construção de uma grande e nova instalação. No desespero, Chang começou a entrar em contato com quem ele tinha tido relacionamentos firmes anteriormente. Sondou minuciosamente a Intel, Motorola, Siemens e Thompson, dentre outras produtoras japonesas de chips, mas todas alegaram não ter recursos disponíveis suficientes para a escala de investimentos que ele almejava. Chang esperava comprometer US$ 220 milhões ao longo de três ou quatro anos, incluindo a participação governamental de 49% de Taiwan, mas ainda seria obrigado a levantar o restante com investidores privados.

Finalmente a gigantesca Philips, empresa holandesa de eletrônica de consumo — que já operava uma grande instalação em Taiwan, com quase 15.000 empregados — acabou sendo a única investidora principal de Chang. E isso ocorreu principalmente porque, como Chang me avisara: "Havia o desejo de ficar do lado bom do governo de Taiwan." Ela tinha "a estratégia global", mas era fraca em transformar inovações em negócios viáveis. Sozinha dentre as empresas fabricantes de chips, a Philips estava disposta a ser persuadida por Chang e desejava poder contar com o forte apoio de Taiwan para encarar a tal "ideia imprestável" como uma oportunidade nascente.

Mesmo o negócio com a Philips quase naufragou quando os holandeses demonstraram ser negociadores inflexíveis — uma característica nacional com a qual estou pessoalmente familiarizado. "Eles persistiram em exigir todo tipo de concessão, inclusive uma opção para poder converter a participação inicial de 27% em 51% de participação majoritária ao cabo de três anos, caso a TSMC fosse bem-sucedida." Por fim, Chang manteve aberta sua linha de comunicações com a Philips e ainda pôde mudar as condições mais onerosas.

O restante dos fundos de investimento foi obtido de um grupo de investidores locais que já havia ajudado bastante o governo. Depois de nove meses de tensas negociações, a TSMC deu início à sua primeira instalação em junho de 1986.

Foi necessário mais de uma década para que a TSMC passasse a ser considerada capaz de oferecer "produtos verdadeiramente de vanguarda". Embora há apenas poucos anos Chang olhasse a TSMC como "ainda cerca de 50 ou 100 passos atrasada em relação à IBM e à Intel", hoje ele vê a empresa como estando "no mínimo equiparada à Intel e à IBM. Em algumas áreas, tais como na tecnologia de imersão, na realidade, já passamos nossos concorrentes".

Fatores-chave do sucesso da TSMC

- Desenvolvimento de um novo modelo industrial — livrando as empresas responsáveis pelos projetos ou aperfeiçoamento de circuitos integrados (*design houses*) do encargo de fabricar semicondutores.
- Economias de escala.
- Foco contínuo na inovação tecnológica.
- Mais baixo ponto de equilíbrio entre a receita e a despesa graças à alta eficiência operacional.
- Obsessão pela qualidade superior.
- Balanço estruturado.
- Foco no serviço ao consumidor — ajudando os clientes a inovar.

ELEVADA EFICIÊNCIA OPERACIONAL TRADUZINDO-SE EM BAIXO PONTO DE EQUILÍBRIO

Morris Chang desde o início tinha resolvido que manteria baixos custos fixos e curtos ciclos de produção. A TSMC controla os custos enquanto acelera o processo produtivo permitindo que múltiplos clientes usem a mesma "máscara" (utilizada para proteger as áreas que não estão sendo tratadas) para suas pastilhas de silício. Por meio dessa e de outras conquistas de eficiência operacional *o ponto de equilíbrio da TSMC consegue ser de apenas 40%* da capacidade de utilização, em comparação com 65% a 70% dos seus três maiores concorrentes: United Microelectronics Corporation (UMC) de Taiwan, Chartered Semiconductor Manufacturing Plc. ("Chartered" de Singapore) e a Semiconductor Manufacturing International Corporation (SMIC) da China continental.

MANTENDO-SE NA LIDERANÇA DA TECNOLOGIA

Descansar sobre os louros conquistados é a receita certa para o desastre. Mas pode representar o beijo da morte para empresas como a TSMC, cuja existência depende de desafiar repetidamente o pensamento prevalecente e a ordem vigente no seu respectivo setor industrial. Tanto as indústrias já estabelecidas como as iniciantes *precisam inovar constantemente*, caso contrário sucumbirão vitimadas pela próxima geração de indústrias que surgem. Em meados de 2005, a TSMC anunciou sua intenção de ser a primeira fundição de chips a produzir chips com a "Arquitetura X" em colaboração com o Vale do Silício — com base no Cadence Design Systems e na projetista terceirizada de produção de chips para gráficos 3D, a ATI Technologies. Esse processador de gráficos revolucionário para computadores usa interconexões diagonais para aumentar o desempenho, reduzir custos e exige baterias de menor capacidade. Segundo o vice-presidente de P&D, o dr. Ping Yang: "as regras que estamos desenvolvendo agora para projetos de 65 nanômetros" espelham em cores vívidas os esforços da TSMC nessa promissora área da nanotecnologia.[7]

AMPLA GAMA DE SERVIÇOS COM TECNOLOGIA DE PONTA À DISPOSIÇÃO DOS CLIENTES

A TSMC bem cedo compreendeu que não bastava ser dona de uma tecnologia avançada, precisava também garantir que seus clientes tivessem o mesmo. Ela mantém escrupulosamente sua posição na tecnologia de ponta desenvolvendo e adquirindo arquivos e bibliotecas, que franqueia não somente para seus engenheiros como também para seus clientes. Esses arquivos facilitam os projetos da clientela possibilitando aos clientes consultar bibliotecas que aceleram os projetos de semicondutores sofisticados com base na tecnologia mais recente para os processos industriais envolvidos. Por meio da contínua ampliação de acordos com os fornecedores das bibliotecas e com serviços de propriedade intelectual de interesse, a TSMC propicia acesso a uma rede mundial de especializações e de projetos. Chang uma vez ou outra até tentou prender mais ainda seus clientes investindo neles. "Consideramos investir numa empresa se acharmos que ela melhorará seus negócios, mas desistimos de proceder assim se percebermos que se trata apenas de um investimento passivo."

DESAFIOS PARA O FUTURO

A despeito da mera característica cíclica da indústria dos semicondutores, o maior de todos os desafios para a TSMC será o de reforçar as fundições independentes de chips, cada vez mais sofisticadas na China, para acompanhar a provável migração de grande parte da indústria eletrônica. Chang reconhece abertamente que a TSMC ainda se encontra na dianteira dos concorrentes chineses: "Se eu fosse começar a TSMC hoje, provavelmente eu o faria na China. Não por causa da mão de obra barata, mas por causa do reservatório maior de talentos." O governo

> *Nossa maior inovação consiste em não competir com nossos clientes.*
> — Morris Chang

taiwanês finalmente deu permissão para que a TSMC investisse US$ 900 milhões numa fábrica própria na China.

Naturalmente, a TSMC e outras empresas taiwanesas esperam controlar os projetos e as inovações enquanto abrem mão da maioria das suas fábricas na China. "Não acho que Taiwan esteja hoje em posição de liderança", afirma James C. Mulvenon, coautor de estudo da Rand Corporation em 2004 sobre as indústrias de chip em Taiwan e na China, no qual conclui que os fabricantes de chips japoneses e europeus fornecerão a tecnologia para a China que os taiwaneses estão se recusando a fornecer. Na realidade, os taiwaneses, pelo menos por ora, continuam sendo os principais atores no desenvolvimento da indústria de semicondutores da China.

Pela recusa em se escravizar seguindo o exemplo de outros, a TSMC criou dois modelos inteiramente novos para a indústria de semicondutores — a das empresas terceirizadas de produção de chips ("fabless") e a das empresas de projetos independentes. Não é muito comum ver uma única empresa tendo a capacidade de estabelecer duas indústrias inteiramente novas. Nesse processo, Morris Chang e a TSMC criaram não apenas novos modelos para suas próprias indústrias, mas também um papel exemplar para inovações e mudanças nos mercados emergentes como um todo.

Em parceria com empresas líderes fabricantes de chips, a TSMC é capaz de criar produtos mais rapidamente, com menor custo e de melhor qualidade do que suas concorrentes e de tal modo que mantém seus lucros mesmo nas épocas em que age sob pressão. Para Morris Chang, que passou duas décadas nos Estados Unidos observando, sem nada poder fazer, as tentativas da Ásia "tentando alcançar o último vagão do trem", não deixa de ser uma conquista ter sido capaz de criar uma empresa abrangente da Ásia e da mais ampla transição que já se viu nos mercados emergentes; deixou de ser uma empresa imitadora e transformou-se numa empresa inovadora.

Ponto de vista do investidor

Visão otimista
- As empresas terceirizadas de produção de chips demonstraram-se viáveis.
- Liderança tecnológica.
- Crescimento da demanda robusto e contínuo.
- Tendência firme embora volátil de crescimento dos ganhos.
- Capital humano sólido e apostando no futuro.

Visão pessimista
- A concorrência chinesa está ficando aquecida.
- Sustentação problemática enquanto a indústria eletrônica muda para a China e o dinheiro não constitui obstáculo.
- Indústria com ciclos de renovação muito frequentes.
- Valor de Mercado da qualidade TSMC bem reconhecido.
- A motivação da geração nova será tão forte assim?

Lições

- Ideias revolucionárias investigadas por especialistas (principalmente caso tenham motivos pessoais para agir assim) podem abalar a indústria e pavimentar uma nova rota para o sucesso.
- Não basta inovar no começo; a necessidade de inovação é constante.
- Geralmente o apoio inicial do governo é crucial para que uma indústria nova consiga se firmar, mas se torna opressivo se mantido por muito tempo.
- Para a maioria dos novos negócios é essencial que os fundadores tenham firmeza e ampla experiência.
- As indústrias de capital fortemente intensivo podem ser bem-sucedidas nos mercados emergentes se forem fortemente capitalizadas, gerarem fluxos de caixa significativos e operarem em ambientes de baixas taxas de juros.

HIGH TECH COMPUTER CORP. (HTC)
Empresa de ponta na comunicação sem fio

Na sexta-feira, 10 de maio de 2005, no Mandalay Bay Resort and Casino, em Las Vegas, o presidente Bill Gates da Microsoft desvelou o calorosamente esperado Windows Mobile 5.0 durante uma pragmática palestra no Mobile & Embedded DevCon da Microsoft de 2005. "Estamos aqui para falar sobre um grande avanço no sistema operacional interno dos celulares que, combinado com novos instrumentos, torna viável aplicações antes impossíveis", foram as palavras de Gates ao seu entusiasmado público. "Todo o campo da telefonia celular está incrivelmente aquecido. Estamos indo muito além dos simples chamados de voz e dos Serviços de Mensagens Curtas ou Short Message Services (SMS), a caminho de uma ampla seleção de aplicações que levarão produtividade, informações locais e mídia a maneiras mais novas e mais ricas de apresentação."

Segurando no alto dois microcomputadores, um fabricado pela Samsung e o outro pela pouco conhecida High Tech Computer Corporation, ele anunciou que o telefone PDA (personal digital assistant) da High Tech Universal que ele tinha em sua mão direita era "o primeiro baseado no Windows Mobile 5.0". Dentro de segundos, ele recebeu um anexo de e-mail que combinava uma versão móvel do Word, uma versão móvel do PowerPoint e uma versão móvel da planilha Excel. O que mais impressionou foi uma versão móvel do Windows Media Player 10 no High Tech da Universal sincronizada com o PC desktop de Bill Gates, possibilitando que ele transferisse música, imagens, figuras, vídeos e arquivos de áudio via internet (*podcasts*) do seu PC para o PDA.

A High Tech Computer Corp. (HTC) de Taiwan, que desenvolveu o dispositivo Universal, é uma fabricante de projeto original (ODM) que projeta e fabrica dispositivos não só para a HP, iMate, Audiovox, e outros vendedores de equipamento dos celulares com Windows Mobile, mas também para a maior parte dos principais operadores de telecomunicação nos Estados Unidos e na Europa. Também produz os novos e tremendamente populares e versáteis telefones inteligentes Treos que funcionam com ambos os sistemas operacionais, Palm e Windows. A HTC Universal é um dispositivo de terceira geração (3G) equipado com teclado completo e com uma tela pivotante em 180° de nitidez e brilho excepcionais, que passa com facilidade da posição paisagem para retrato simplesmente girando-se o pulso. Possibilita aos usuários a criação e edição de arquivos usando aplicativos do Microsoft Office e a remessa ou recebimento sem fio e por conexões rápidas de fotografias e arquivos de vídeo. O som estereofônico por alto-falantes duplos permite que seus donos assistam a vídeos de alta resolução enquanto esperam nos aeroportos ou durante outros momentos de folga. A tela pode ser protegida graças ao inteligente projeto da articulação no aparelho, que permite que ele seja dobrado sobre o teclado. Além disso, o usuário pode atender a telefonemas sem abrir a tampa, simplesmente apertando um botão.

TOTALMENTE PORTÁTIL — A ONDA DO FUTURO

Embora o porte da HTC ainda seja relativamente pequeno, com vendas de US$ 2,3 bilhões e lucro líquido de US$ 366 milhões em 2005, ela é hoje uma das mais bem situadas empresas do mundo para aproveitar a crescente tendência de "convergência" rumo aos dispositivos portáteis sem fios, capazes de unir telefonia celular, acesso à Internet, correio eletrônico, fotos, MP3 player, televisão e um minúsculo centro de entretenimento, tudo isso num pacote portátil.

Num futuro não muito distante a maioria, se não todas as funções tradicionais do nosso velho computador pessoal serão substituídas por esse novo tipo de PC. Barato, global, sempre à mão, sempre ligado, esse "comunicador pessoal" que cabe na palma da mão, muito em breve suplantará o telefone celular em popularidade. Usaremos esses aparelhos para fazer chamadas videofônicas, procurar informações ligeiras na Internet, jogar, ouvir músicas, assistir videoclips de televisão e até mesmo capítulos de novelas, fazer reservas, sermos lembrados de compromissos e aniversários e fazer pagamentos. Os projetistas de software não perderão tempo em engajar usuários para os já na moda *content snacking* [aperitivo de conteúdo] — assistir fragmentos de programas selecionados enquanto surfando ou trocando pacotes de dados à vontade entre plataformas múltiplas. Eventos esportivos, dos jogos de futebol da Copa do Mundo às Olimpíadas, serão condensados de maneira conveniente em breves segmentos, assim como a pornografia de baixo nível e as notícias do mais alto nível cultural, hoje os itens mais populares da Internet. Em breve, não ficaremos mais presos aos nossos computadores desktops ou telefones, nem obrigados a levar incômodas câmeras fotográficas em reuniões sociais, ou guardar pilhas de CDs para nosso CD player. Assim como Bill Gates fez em Las Vegas, apenas sem a multidão, usaremos os aparelhos de mão para nos manter conectados em qualquer lugar do mundo.

Quando perguntei ao porta-voz Peter Chou, CEO da HTC, o que o motivava e aos seus jovens engenheiros a criarem a próxima geração de PCs de mão, ele não se fez de rogado, e admitiu que a empresa mal podia conter a vontade de inovar.

"O que me impulsiona", disse simplesmente, "é o orgulho de estar na linha de frente dos projetos de tecnologia sem fio."

"Mostre-me o que a empresa tem em seus laboratórios de desenvolvimento", não pude deixar de pedir manifestando minha curiosidade de conhecer alguns dos novos produtos em que estariam trabalhando os 1.100 engenheiros pesquisadores dessa inovadora empresa. No início relutantemente, ele acabou cedendo e me guiando pelos laboratórios da HTC até um estúdio acústico onde eu conseguiria, literalmente, ouvir um alfinete cair no piso (montado com a ajuda de engenheiros acústicos alemães e britânicos). Seguimos depois para uma sala de testes de novas antenas, que ficava ao lado de outra cheia de engenheiros, ocupadíssimos em testar equipamentos de radiofrequência.

"Precisamos resolver nossos problemas em vez de recorrer à Qualcomm ou à Texas Instruments", comentou Chou, vivamente. "Somos capazes até de trabalhar com sistemas operacionais diferentes agora." É verdade que a HTC mostrou-se tão apta em lidar com o Windows como com o Palm e foi bem-sucedida em integrar a tecnologia do "conteúdo conforme a demanda (*push*)" de e-mail do Blackberry. A HTC, espertamente, investiu no mesmo equipamento usado pelas equipes de certificação para os testes internos, o que possibilitou à empresa enviar produtos para serem certificados "com mais de 90%" de certeza de serem aprovados.[9]

Em outro edifício, tão limpo, claro e vivamente iluminado como uma das telas da empresa, jovens projetistas e outros indivíduos criativos trabalhavam em modelos para os lançamentos dos anos seguintes. Um sorridente Chou me mostrou o que designou como "a nossa BMW", enquanto orgulhosamente apontava para a versão melhorada do Universal, recentemente desvelado, que integra a recepção dos telefones de terceira geração Bluetooth e WiFi "juntamente com os adicionais habituais. Com este aqui a gente tem não apenas um MP3 player, mas também um GPS, com acesso à Internet e possibilidade de vídeo. Nossa ideia é manter um amplo portfólio de produtos", ele observou brandamente. "No último ano lançamos vinte produtos novos e somente um não deu certo."

A ESTRATÉGIA CLÁSSICA DE SUN TZU LEVA À MODERNA INOVAÇÃO

Em 1997, uma equipe de engenheiros das operações em Taiwan da Digital Equipment Corporation (DEC) decidiu que, depois de quinze anos que vinham trabalhando para a DEC, tinham finalmente compreendido as sutilezas de transformar em realidade a ideia de um produto. A DEC estimulou o ambiente de inovação e disciplina que os fundadores da HTC estavam levando para esse novo empreendimento. Nos tempos da DEC um produto era construído a partir do zero, dos chips ao projeto da sua aparência externa. Isso foi uma lição valiosa para o primeiro projeto de PDA de autoria dos fundadores da HTC.

O fundador Chou e sua equipe eram brilhantes engenheiros pesquisadores que compartilhavam a crença de que a especialidade da alta tecnologia tradicional taiwanesa em fabricar notebooks e periféricos de computadores, brevemente estaria obsoleta e que a indústria logo veria suas margens ameaçadas pela comodização progressiva. Como um antídoto a tal destino, esses ambiciosos empreendedores decidiram se concentrar no que firmemente acreditavam que viria um dia ser a tecnologia do futuro. Depois de ouvirem a recusa da Palm, eles se consolaram citando entre si passagens do clássico chinês *A Arte da Guerra*, de Sun Tzu, em que o autor ensina aos seus discípulos como um inimigo mais poderoso pode ser vencido por táticas inteligentes.

Por sorte deles, Cher Wang, presidente da empresa e filha do homem mais rico de Taiwan (o bilionário da petroquímica Wang Yungching, fundador do Taiwan Plastics Group), era também presidente da VIA Technologies, empresa projetista de circuitos integrados com registro na Bolsa. Como havia trabalhado com o pessoal da gerência da HTC na época em que estava na DEC, ela acreditava nesse pequeno grupo de talentosos engenheiros taiwaneses e resolveu financiar a entrada em operação da empresa, uma atitude compensadora em termos dos muitos bilhões de dólares de receitas recebidos desde então.

Quando visitei a empresa pela primeira vez, um dos seus engenheiros me contou como ele e seus colegas haviam quebrado a cabeça tentando imaginar como a HTC poderia fazer o lançamento do popular assistente digital pessoal PDA no mercado. Todos sabiam que os "chefões" tinham levado a pior nas negociações. A supercompetitiva Microsoft sofria porque seu sistema operacional Windows CE não tinha conseguido se popularizar entre os que o adotaram logo, e que acabaram preferindo o Palm por uma margem de pelo menos dois para um. Os chips de microprocessadores da Intel não estavam sendo usados no Palm Pilot e, enquanto isso ocorria, a Sony sentia-se marginalizada daquele mercado que já considerava seu devido ao sucesso dos jogos Walkman e PlayStation.

A HTC decidiu agradar a todos os jogadores marginalizados montando um dispositivo de belo estilo combinado com o chip da Intel, com Windows CE e com a tela TFT-LCD (tela de cristal líquido com transistores de película fina) da Sony. Depois de mostrarem o protótipo completo à Compaq (agora HP) em 1999, ganharam o contrato da HTC como únicos projetistas e produtores e começaram a vender os aparelhos usando o próprio nome. A Compaq iPaq foi o primeiro sucesso estrondoso e logo se transformou no PDA mais vendido do mundo.

O iPaq foi o primeiro PDA a ser validado pelo teste de laboratório NTSL (National Software Testing Laboratories) da Microsoft e ganhou diversos prêmios de "melhor produto" em várias mostras importantes de tecnologia.[10] Aproximadamente em 2003, a empresa embarcava perto de 1,5 milhão de PCs de bolso baseados no WinCE e dois anos depois, produzia metade dos PDAs do mundo baseados no Windows CE.

NA LINHA DE FRENTE DOS APARELHOS DO FUTURO

Com um olho no mercado europeu, a HTC procurou se assegurar de que seria capaz de produzir o primeiro telefone inteligente baseado no sistema operacional Windows da Microsoft. Peter Chou rapidamente ressaltou que a High Tech estava próxima não somente da Microsoft, Intel, Qualcomm, Hewlett-Packard, Palm e Dell nos Estados Unidos, mas da Toshiba e Sharp no Japão. Não tendo dúvidas de que os operadores de telecomunicações davam mais valor à lealdade dos clientes do que à marca do telefone portátil, a HTC desenvolveu telefones inteligentes com "cartões de crédito de fidelização de clientes ou cartões de bandeira privada" decorados com as marcas dos estabelecimentos em lugar da própria marca ou das marcas das concorrentes Nokia, Motorola e Samsung. A empresa manteve bons relacionamentos com praticamente todos os operadores de telecomunicações na Europa, inclusive com a Orange, Vodafone, Telefonica e T-Mobile, bem como com as principais dos Estados Unidos, como a Verizon, Cingular e Sprint. Como uma política de segurança, deu os primeiros passos para implantar a própria marca HTC, o que acabou acontecendo em meados de 2006. Mesmo hoje em dia, embora poucos tenham ouvido falar da HTC, incluídas entre seus principais clientes estão as melhores marcas de telecomunicações do mundo.

Fatores-chave para o sucesso

- Foco precoce no nicho de rápido crescimento da indústria da telefonia móvel, que decolará com a disseminação da terceira geração das telecomunicações.
- Firme talento para projetos.
- Constante impulso para as inovações e para os novos modelos.
- Excelente nível de relacionamento com os fornecedores de tecnologia e com as empresas de telecomunicações.

INOVAR, INOVAR E INOVAR

A falta de firmeza em P&D e as despesas têm sido o calcanhar-de-aquiles tradicional de muitas empresas taiwanesas.

> *A HTC tem uma impressionante lista de "primeiros lugares" conquistados.*

Contando com uma equipe de mais de 1.100 engenheiros orientados para P&D (200 dos quais das antigas equipes da DEC), a High Tech Computer fornece uma claríssima exceção à regra acima. O desenvolvimento da equipe de engenharia dedicada inteiramente ao Mercado do PDA é a maior equipe de P&D de seu tipo em Taiwan, grande até mesmo pelos padrões coreanos. Por meio de ofertas aos empregados de pacotes de vantagens competitivas e ações da empresa e cultivando um ambiente de trabalho arejado, mas disciplinado, a HTC

> *A HTC é capaz de atrair os mais brilhantes e dedicados engenheiros de Taiwan.*

tem sido capaz não apenas de atrair engenheiros altamente qualificados como também de manter no seio da empresa essa ampla experiência, a despeito das lucrativas propostas que recebe do exterior.

Lista dos "primeiros lugares" da HTC

- Primeiro Windows CE do mundo de 64k, ultrafino, PC de mão com telas de cor.
- Primeiro PDA a usar o processador StrongARM da Intel.
- Primeiras telas de LCD de polissilício de baixa temperatura (LTPS).
- Primeira a usar baterias de lítio-polímero.
- Primeiro PC chinês de bolso, sem fio e GSM/GPRS*.
- Primeiro telefone inteligente baseado no Windows, o telefone SPV (Sounds Picture Video, ou som-imagem-vídeo).
- A marca XDA de telefones inteligentes foi o primeiro produto a combinar um PDA com um telefone portátil GPRS numa única unidade compacta capaz de fornecer acesso à Internet em cores, correio eletrônico pela Internet (web-mail) e funcionamento como telefone móvel.
- Ficou entre os primeiros fabricantes a adicionar a funcionalidade do Blackberry para outros aplicativos.

FOCO NO PROJETO E NA QUALIDADE

Assim como fez a Samsung na Coreia, a HTC controla um grande e crescente estúdio de projeto onde os artistas e outras mentes criativas experimentam vários modelos e materiais novos em conjunto com as inovações que emanam dos laboratórios de engenharia. O tamanho, a forma, o estilo, o espaçamento entre as teclas do teclado, a colocação de antenas são aspectos testados em centenas de modelos novos, com os melhores sendo selecionados para lançamento.

> *"Dizemos aos nossos clientes que se o produto não estiver conseguindo atender aos nossos padrões de qualidade absoluta, nós não o despachamos."*
> — Peter Chou, CEO

"Dizemos aos nossos clientes que se o produto não estiver conseguindo atender aos nossos padrões de qualidade absoluta, nós não o despachamos", Chou me assegura categoricamente. Desde o dia em que a HTC foi fundada, o gerenciamento da empresa tem determinado que nenhum produto saia da linha de fabricação se não estiver com qualidade impecável.

PROXIMIDADE COM OS CLIENTES

Pelo diálogo constante com clientes que operam redes sem fio, a HTC é capaz de ter consciência do que os compradores procuram nos novos produtos de hoje em

---

* Global System for Mobile Communications [Sistema Mundial para a Comunicação Móvel], uma variante da tecnologia TDMA e General Packet Radio Service, serviço de comunicação sem fio baseado em pacotes para tecnologia de telefonia móvel padrão GSM, que cobra por pacote de dados transferidos em vez de por minuto de conexão. (N.T.)

dia e quais melhorias eles gostariam de ver no futuro. Isso pode variar desde tópicos aparentemente mundanos como a facilidade de digitação de textos, até itens críticos como a qualidade da recepção (e a eficácia do funcionamento da antena interna da unidade).

FUTURO DO TELEFONE PORTÁTIL E DO TELEFONE INTELIGENTE

Depois que os telefones inteligentes caírem no gosto popular além da elite de negócios e dos jovens preocupados com status, as pressões referentes aos preços provavelmente se tornarão intensas. Inevitavelmente os PDAs sem fio serão convertidos em produtos de grande consumo e os produtores em massa ocuparão espaços atualmente onde hoje se encontra o sofisticado grupo da adesão inicial. O ceticismo com relação à velocidade possível que as comunicações 3G adotarão mundialmente franqueia espaço para a HTC tomar pé e se estabelecer como produtora líder nessa área. O novo chip 3G da Qualcomm possibilitará videoconferências de telefones portáteis muito superiores às que temos hoje. Com uma forte carteira de produtos, a HTC teve um começo vantajoso, embora saiba que a Samsung e outras com grandes nomes de marcas e imensas equipes de projeto estão coladas na sua rabeira.

A HTC chega a estar doze meses na frente de outras empresas no desenvolvimento dos seus produtos, mas muitas outras empresas taiwanesas como a BenQ (que recentemente adquiriu a Siemens Mobile), fabricantes de notebooks Asustek e Compal, e a Mitaq, fabricante de GPS, estão brigando para conseguir uma fatia desse lucrativo bolo. Mesmo que elas não possam competir em tecnologia, elas indubitavelmente competirão no preço.

A High Tech Computer Corp. começou a funcionar com base numa proposição improvável: construir um aparelho portátil quando o resto da indústria tecnológica de Taiwan estava concentrada exclusivamente em fabricar notebooks para o mundo. A HTC convictamente insistiu em projetar um produto de alta qualidade, moldando para si própria um nicho no mundo da comunicação pessoal e compreensivelmente começando a abastecer a tendência de crescimento rápido que convergisse para os aparelhos portáteis. Esse pequeno grupo de engenheiros da minúscula ilha de Taiwan cresceria, transformando-se numa das inovadoras mundiais de tecnologia, desafiando o bom senso convencional e as previsões funestas.

Ponto de vista do investidor

Visão otimista
- A HTC domina o mercado de tecnologia de ponta para telefones inteligentes e PDAs baseados na Microsoft.
- A HTC está mantendo a liderança tecnológica apesar dos esforços de outros que tentam recuperar o terreno.
- É firme o crescimento das vendas e dos lucros.

- As vendas são comparáveis às do RIM (Research in Motion) da Blackberry.
- As margens operacionais são mais altas do que as da Nokia ou Samsung.

Visão pessimista
- A HTC tem atuação modesta numa indústria altamente competitiva e de capital intensivo em P&D.
- À medida que os telefones inteligentes tornam-se mais onipresentes, a maioria dos consumidores presta menos atenção nas características e na tecnologia e torna-se mais atenta ao projeto e às tendências da moda.
- A disseminação da terceira geração das telecomunicações tem sido frustrantemente lenta, e toma tempo dos usuários até que se acostumem com as novas características.
- A HTC apenas recentemente introduziu suas próprias marcas nominais (HTC na Europa e Dopod na Ásia).

Lições
- Os recém-chegados procuram nichos crescentes e atraentes, ignorados pelos líderes da indústria.
- Mesmo as pequenas empresas com experientes pesquisadores podem aparecer com novos produtos que derrubam as tecnologias existentes.
- Tirar vantagem da popularidade dos novos aplicativos pode significar a estrada rápida para o sucesso.

CAPÍTULO 7

Quem Será seu Próximo Empregador Global?

A Hyundai e a CEMEX querem estar perto dos seus consumidores, não importa onde

Estratégias

- Construir fábricas em localizações estratégicas do mundo para ficar perto dos clientes e ganhar flexibilidade para exportar para toda parte
- Ter confiança para adquirir ou construir instalações nos países em desenvolvimento, da mesma maneira que as multinacionais tradicionais deslocaram suas produções para países de baixo custo
- Assegurar-se de que o projeto seja local mesmo que a produção seja global
- Mudar o código de endereçamento postal para melhorar as finanças e a imagem

Em 19 de maio de 2005, um Boeing 747 fretado pousou no aeroporto de Montgomery, no Alabama, trazendo algumas centenas de executivos da Hyundai da Coreia do Sul acompanhados pela banda tecnopop de três garotas e de imensa popularidade na Coreia, a Eleccookie. O alto escalão do QG da Hyundai em Seul ficaria ausente pelo resto do dia para presidir a inauguração da nova fábrica de automóveis de US$ 1,1 bilhão, localizada nas adjacências da antiga capital da Confederação dos estados sulistas.

Três anos tinham sido necessários para transformar mais de 690 hectares de pastagem numa das fábricas de automóveis mais automatizadas do mundo. A primeira fábrica da Hyundai nos Estados Unidos ocupa uma área de 185.000 metros quadrados e não deixa de ser um aviso de concreto e aço sobre os tempos difíceis que a indústria automobilística enfrentará ao ingressar no Século dos Mercados Emergentes. Existem estimativas indicando que, ainda que fossem modernizadas, as antigas fábricas estabelecidas há anos em Detroit, demandariam uma força de trabalho 25% maior para produzir o mesmo volume de carros de uma fábrica tão automatizada como a montada em Montgomery, Alabama. Tal fato decorre dos altos custos de pensões e assistência médica e da ineficácia do fluxo de trabalho das antigas instalações.

Durante a inauguração foram exibidas imagens de cintilantes folhas de aço emergindo completamente prontas da estamparia totalmente automatizada e projetadas em gigantescas telas para um público de mais de 4.000 altos executivos e convidados. As folhas, golpeadas por duas prensas de 5.400 toneladas para assumir contornos reconhecíveis, eram em seguida levadas por reluzentes monotrilhos eletrificados para a oficina de soldas, onde 250 braços robóticos moviam-se agilmente e soldavam as superfícies externas ainda sem pintura. Dentro da oficina de pintura as superfícies externas de aço eram mergulhadas e davam dez voltas de 360 graus dentro de um banho de catodo para se tornarem resistentes à corrosão. As carrocerias recebiam então a pintura de base, a pintura final e a capa de pintura transparente que a empresa divulgava como "100% automatizada".

Uma informação da Hyundai para a imprensa tinha uma explicação bastante útil: "A automação evita danos no aço e ainda garante a qualidade e a constância." Naturalmente, o alto grau de automação também poupa a empresa e seus acionistas de incontáveis milhões em salários e benefícios. A automação mantém mais de 2.000 "membros da equipe" permanentemente de sobreaviso, conscientes de que bastaria uma simples assinatura para serem trocados por robôs — que não exigem aposentadoria — ou para verem suas tarefas terceirizadas favorecer trabalhadores mais baratos no exterior.

Em nenhum lugar encontram-se desafios ou oportunidades iguais às criadas pela automação e globalização de modo mais palpável do que aqui, na nova fábrica de Hyundai, no Alabama, onde os salários e os benefícios são praticamente a metade dos pagos por cargos comparáveis em Detroit. Quando visitei uma fábrica da Hyundai maior ainda no porto marítimo a sudeste de Ulsan, na Coreia — a maior fábrica de carros integrados no mundo pelo volume produzido —, percebi que seus 30.000 empregados sindicalizados consumiam mais de oito toneladas de arroz todos os dias à custa da Hyundai, e a empresa ainda arcava com o custo total da instrução escolar dos filhos dos empregados, incluindo as mensalidades da universidade. Mesmo assim, os custos herdados das antigas fábricas são os principais responsáveis pelo fato de os custos totais da mão de obra em Detroit serem praticamente o dobro dos custos da força de trabalho coreana mais jovem da Hyundai em Ulsan. Ainda que a crise asiática de 1997 tenha cortado o custo dos salários em dólares, os custos totais por automóvel produzido estão praticamente alinhados comparando-se a Coreia com o Alabama. Sendo assim, por que a Hyundai gastou um bilhão e resolveu construir outra fábrica no novo Sul?

- Ela está seriamente convicta de que vai ser a principal presença no mercado americano de automóveis, seguindo de perto os passos da Toyota e da Honda e roubando participação de mercado das "Três Grandes".
- Ela espera convencer os últimos céticos que alegam ser impossível ter o mesmo sucesso com os carros fabricados nos EUA e com carros importados, produzidos com a mão de obra coreana de baixo custo.
- Ela quer demonstrar ser uma produtora verdadeiramente global e com instalações invejáveis.

- Ela quer tornar mais curta a extensão da cadeia logística de suprimento entre suas instalações e os milhões de clientes potenciais no maior, mais lucrativo e mais difícil mercado de carros do mundo.

O QUE HOUVE COM O "BARULHO DA MARCHA PARA EMPREGOS NO MÉXICO"?*

O ponto alto das celebrações foi o breve discurso do ex-presidente George H. W. Bush, depois da cativante dança das encantadoras Eleccookie cantando em coro a canção "Oh Suzana", de Stephen Foster. "Sabe, quando eu era presidente trabalhei com cidadãos que pensavam como eu para ajudar a abrir o mercado global tendo em vista dias como os de hoje. Resumidamente, eu estava convencido de que *não* haveria uma gigantesca debandada para a procura de empregos fora do país. Muito pelo contrário, acredito que mais empresas como a Hyundai viriam para cá e aproveitariam o acesso a uma economia mais avançada e a mão de obra mais qualificada do mundo."

Afinal, o que houve com o "ruído da caminhada para pegar empregos no México",[1] previsto com tanto estardalhaço pelo industrial e candidato H. Ross Perot em 1992, quando a administração Clinton preparava o acordo sobre a Área de Livre Comércio das Américas — ALCA (North American Free Trade Agreement — NAFTA) para aprovação pelo Congresso? Esperava-se um ciclone drenante acompanhando a migração maciça de empregos bem-remunerados nas fábricas, manejados pelos sindicatos fortes de Michigan e de Indiana, para as *maquiladoras*** distantes da fronteira entre os Estados Unidos e o México. Conquanto a migração de trabalhos através da fronteira realmente fosse uma realidade, os efeitos tangíveis, principalmente do acordo da ALCA e dos Acordos de Livre Comércio em geral sobre os empregos nos Estados Unidos eram mais ambíguos do que os advogados de ambos os lados argumentavam. Doze anos depois da entrada em vigor da ALCA em 1994, o mais próximo de um consenso sobre os efeitos do Acordo no longo prazo não estava com os que o denegriram (e que previam um fluxo enorme de empregos dos EUA cruzando a fronteira para o México), nem com seus incentivadores (que previam economias surgentes em ambos os lados da fronteira). Nenhum dos lados viu seu cenário — o negro ou o róseo — transformar-se em realidade.

Ainda que os efeitos de um Acordo sobre o Livre Comércio relativo a empregos sejam difíceis de quantificar, poucos comentaristas há uma década teriam predito que as empresas estrangeiras, principalmente as empresas baseadas em mercados emergentes, seriam crescentes empregadoras de americanos na primeira década do

---

* Alusão à frase cunhada na campanha presidencial de 1992 nos EUA. Refere-se ao deslocamento dos trabalhadores americanos para empregos no México se o Tratado do Comércio Livre da Área de Livre Comércio das Américas (ALCA) fosse efetivado. (N.T.)

** Fábricas estrangeiras localizadas no México, dirigidas por empresa estrangeira e exportando os produtos para a matriz. (N.T.)

século XXI.[2] Mesmo considerando-se o aumento da publicidade em torno da terceirização e da relocação de empregos da América e de outros mercados maduros como os da Europa Ocidental para as economias emergentes, a indústria automobilística é somente um exemplo de como o comércio livre e a globalização levaram firmas estrangeiras a *criar* novos empregos nas fábricas de economias maduras. Acima e além dos 2.000 empregos ocasionais na instalação da Hyundai em Montgomery, 75 fornecedores relacionados construíram instalações em outras localidades na América do Norte a um custo total de mais de US$ 500 milhões, criando cerca de 5.500 empregos apenas para serviços prestados à Hyundai do Alabama. Milhares de outros foram empregados pelos revendedores dos carros Hyundai e pelas projetistas americanas da empresa na Califórnia e em Michigan.

Conquanto a divulgação da Hyundai, como era de se esperar, apresente imagens dos sorridentes "Membros da Equipe" alegremente preparando as linhas de montagem em Montgomery, comentários improvisados de funcionários e gerentes da empresa à imprensa são difíceis de serem desprezados como mera propaganda. Considere por exemplo John Kalson, diretor de produção da Hyundai, que se afastou de um emprego semelhante na Ford em Detroit pela abundância que a Hyundai oferecia na instalação de Montgomery. "A Ford está construindo uma nova fábrica? Não. A GM está? Não. E a Daimler? Também não." Kalson fez essas perguntas, obviamente retóricas, a um pequeno grupo de repórteres durante uma visita às instalações. Nenhum dos interlocutores tinha uma resposta, porque as questões falavam por si mesmas.

> *Ao contrário da percepção popular, as multinacionais emergentes não transportam os empregos existentes para o exterior quando assumem o controle de empresas no Ocidente; o que realmente fazem é acrescentar os novos empregos aos antigos como resultado das novas ampliações.*

O que H. Ross Perot e outros industriais pessimistas deixaram de prever há mais de uma década foi a ascensão de modernas Michigans* em locais remotos como o Alabama e a Eslováquia. A primeira impressão é que existe pouca semelhança entre a parte menos desenvolvida da antiga Tchecoslováquia e o Alabama. Mas o crescimento explosivo em ambas as regiões nos últimos anos pode ser diretamente ligado às deliberações dos produtores de automóveis e fornecedores, em trocar áreas produtivas por ambientes de trabalho de baixa remuneração nas proximidades de mercados maduros, plenas de consumidores acostumados aos altos gastos. O que as empresas inteligentes estão fazendo é acompanhar o fluxo e tirar vantagem das grandes disparidades de custo das diferentes regiões dentro desses mercados: Alabama em contraste com Detroit e Eslováquia em contraste com Stuttgart.

---

* Refere-se ao Estado americano onde se concentram as três grandes montadoras.

A CRIAÇÃO DE EMPREGOS SERÁ TRANSFORMADA NUMA RUA DE MÃO DUPLA

A Hyundai apenas exemplifica um fenômeno novo, com tendência de se espalhar mais rapidamente do que hoje somos capazes de imaginar: a globalização se transformará numa rua de mão dupla para a criação e a destruição de empregos. Como sou um investidor pragmático, um observador a longo prazo da globalização e como me sinto comprometido com a realidade, não consigo ver uma alternativa provável ao incessante fluxo de perda e ganho de trabalhos regionais. Uma confusão complexa de fatores cobrindo custos, logística, formalidades e suas respectivas supressões nas economias recentes de mercado, e a comparativa flexibilidade das regras e da ética do trabalho forçarão as multinacionais tradicionais e as emergentes a trocar agilmente a produção entre instalações estrategicamente espalhadas pelo mundo todo.

HYUNDAI MOTOR
A persistência compensa
O JOGO GLOBAL DA HYUNDAI

Com a sabedoria que vem junto com a experiência, a decisão da Hyundai de gastar mais de US$ 1 bilhão na instalação do Alabama, à primeira vista parece maluca. Ainda assim, durante a primavera de 2001, dois anos antes de a primeira pá romper o solo no subúrbio de Montgomery, os gerentes da Hyundai em Seul haviam me informado peremptoriamente que tinham ainda muitas questões em aberto sobre os riscos óbvios de ingressar nesse imenso jogo de azar num continente estrangeiro, no qual haviam fracassado sombriamente no passado. Há mais de cinco anos o dólar americano ainda era forte e o won coreano era fraco. Muitos guardavam lembranças recentes da crise asiática, os mercados de automóveis na Ásia estavam começando a decolar e a lealdade dos clientes americanos à Hyundai estava próxima de zero por causa de persistentes problemas na qualidade dos produtos. Ainda assim, o CEO Mong Koo Chung e a equipe da alta gerência da Hyundai acreditaram, até antes dos seus gerentes de nível médio, que era absolutamente crucial para o futuro da empresa estabelecer uma presença importante nos Estados Unidos, lugar de clientes exigentes e de margens de lucro sedutoras.

UM COMEÇO DESFAVORÁVEL

A Hyundai Construction foi fundada depois da Segunda Guerra Mundial pelo idiossincrásico Ju-Yung Chung, homem de meios modestos e pouca instrução formal, cujo irmão falava um inglês tolerável o suficiente para que ele entrasse em contato com as autoridades militares americanas, que estavam ansiosas para conceder aos civis contratos de construção. A inexperiente empresa encontrou sua rota para a riqueza começando a pavimentar estradas e a construir edifícios próximos ou nas próprias bases militares dos EUA na Coreia do Sul. A Hyundai começou a acumular experiência profissional aprendendo a cumprir as especificações dos militares dos Estados Unidos, famosas pelas exigências e de obediência obrigatória por todo empreiteiro contratado pelo U.S. Army Corps of Engineers, notório pela dificuldade em se ver satisfeito. A empresa em rápido crescimento viu-se favorecida pelo cenário da guerra coreana de 1950 com uma plenitude de contratos por administração de apoio às missões militares dos Estados Unidos na conflituosa península coreana. Em 1960, os contratos dos serviços de construção com os militares dos EUA — com os quais o governo sul-coreano mantinha vínculos notoriamente rígidos — forneciam 70% dos lucros da empresa e um quarto de suas receitas.

De acordo com os costumes comerciais coreanos, a Hyundai transformou-se num dos *conglomerados familiares* mais poderosos do país, diversificando-se para produzir cimento, aço e — duas décadas depois de a empresa ter sido aberta — automóveis, em 1967. Os laços de família entre as afiliadas do grupo permanecem suficientemente fortes e o primeiro presidente da Hyundai Motor foi ex-presidente da Hyundai Cement. Em 1973, a Hyundai Heavy Industries (HHI) construiu seu primeiro navio. Menos de uma década depois, a HHI tornou-se a maior empresa de construção naval do mundo, com encomendas acumuladas que ultrapassavam 10 milhões de toneladas.

A Hyundai Motor começou modestamente produzindo um Cortina coreano juntamente com a Ford, uma parceria que lhe possibilitou absorver a tecnologia de uma líder da indústria automobilística e aprimorar suas qualificações pelos acordos de licenciamento e assistência técnica de fabricantes japoneses, inclusive a Mitsubishi. Inspirada pelos seus parceiros japoneses, a Hyundai Motor instituiu círculos de controle de qualidade, prática posteriormente transferida para a área de construção naval da empresa e que assentou as bases para seu sucesso posterior.

UMA DESASTRADA INCURSÃO NO EXTERIOR

Depois de gastar mais de uma década humildemente fabricando com base em projetos de outras empresas, o grande progresso da Hyundai aconteceu em 1975 com o sucesso do subcompacto Pony. O primeiro carro fabricado e projetado independentemente na Coreia foi um tremendo sucesso no mercado doméstico, nessa época ainda fortemente protegido, e lançou a Hyundai para os primeiros lugares da lista de fabricantes de carros coreanos. Em fevereiro de 1986, a Hyundai introduziu o subcompacto Excel aos compradores de carros dos EUA, esperando captar um nicho no mercado americano de carros baratos que os japoneses estavam abandonando. Os clientes que compravam um carro pela primeira vez, incapazes de arcar com o valor de sedans médios, rapidamente compraram 100.000 Excels em sete meses e 169.000 no primeiro ano. Na crista do repentino sucesso, a gerência da Hyundai, na Coreia, traçou planos ambiciosos para construir sua primeira fábrica no exterior em Bromont, Quebec.

Quando a fábrica de Quebec ficou pronta e começou a funcionar em 1989, irados consumidores americanos ficaram conscientes de que as etiquetas de preços baixos da Hyundai não vinham junto com a qualidade japonesa. A lealdade do consumidor americano, que já era fraca, caiu verticalmente. A imagem da marca Hyundai desceu ao mais baixo nível quando o *Tonight Show* de Jay Leno comparou os Hyundais com os Yugos, os calhambeques da era comunista importados da Iugoslávia. "Com os preços da gasolina tão altos", ele gracejou, "a maioria das pessoas vai querer um carro que precise ser empurrado o resto da vida." Enquanto a Hyundai caiu para o nível mais baixo nas classificações de qualidade da J.D. Power & Associates, Jay Leno sarcasticamente observava que os carros da Hyundai "não tinham jeito, era preciso empurrá-los para que eles andassem e eles somente iam ladeira abaixo".

DE BAIXO PARA CIMA

Como foi então que a Hyundai, em poucos anos, deixou de ser o prato principal das comédias dos shows de fim de noite e passou a ser reconhecida pela *Business-Week-Interbrand*, em 2005, como digna de ser incluída na lista das 100 principais empresas do mundo? A Hyundai alardeou as nítidas vantagens em ter pela frente um amplo campo para se aperfeiçoar. A Hyundai teve um começo desanimador no final da década de 1980, chegando a ter 272 problemas a cada 100 carros, mas conseguiu chegar ao topo da classificação das marcas nonpremium na Initial Quality Survey de J. D. Power, de 2006 com 102 problemas, pela primeira vez passando na frente da tradicional líder Toyota (com 106). Perdeu na classificação apenas para as marcas premium Porsche e Lexus, mas ficou na frente de nomes consagrados como Jaguar (109), Honda (110), General Motors (119), Volvo (133) e Mercedes (139), bem como da média de 124 do setor industrial. A classificação amplamente aceita da J. D. Power Survey afere o número de queixas dos consumidores durante os primeiros 90 dias da compra do automóvel.[3]

Essa notável vitória culminou anos de esforços intensos para construir qualidade sob o impulso de teimosa persistência, brio nacionalista e espetacular ambição. Quando questionei os engenheiros coreanos quanto aos progressos alcançados na qualidade, eles deram a entender que consideravam pouco importante as compensações financeiras e as opções em ações oferecidas como retribuição, mostrando orgulho, no entanto, pelo fato de "não se sentirem inferiorizados como nação ou empresa". Os mesmos engenheiros lembraram-se de um jovem colega cujo casamento tinha coincidido com a descoberta de um ruído quase impossível de ser ouvido provocado pelo vento num novo modelo. O recém-casado praticamente deixou de ir para casa para ver a jovem esposa durante os seis meses que levou para consertar o problema. Sua recompensa? Dois dias de folga.

A SABEDORIA DO PRESIDENTE CHUNG

Em março de 1999, Mong Koo Chung, então com 63 anos, com suas maneiras suaves, assumiu o controle da empresa fundada pelo seu pai. As expectativas eram de que o filho mais velho do fundador demonstraria ser incompetente e transitório, possivelmente pavimentando o caminho para uma eventual passagem do controle para uma administração fora do domínio da família. Tendo passado a maior parte de sua carreira na divisão de serviços pouco glamourosos do pós-venda (o equivalente à Sibéria da indústria automobilística), a ideia de que Mong Koo Chung pudesse se transformar num campeão de transformações radicais parecia meio forçada.

Assim, os empregados da Hyundai, acostumados a fazer greves contra administrações anteriores, ficaram pasmos quando viram Chung parar a linha de montagem em Ulsan, pouco depois de ter assumido o cargo de CEO, para expressar sua irritação com relação ao Sonata que estava inspecionando. De acordo com o gerente da fábrica, Chung gritou: "É preciso dar atenção para o fundamental! A única maneira de sobrevivermos é conseguindo equiparar nossa qualidade com a da Toyota."[4] Tarefa nada fácil, pois a Toyota era a líder indiscutível da qualidade global. De fato, James E. Press, diretor da Toyota Motor Corporation nos EUA, prontamente declarou: "A Hyundai executou um trabalho notável ao acelerar sua curva de aprendizado e o ciclo de desenvolvimento dos seus produtos. Eliminaram o atraso com uma rapidez que ninguém julgava possível."[5]

> "A garantia de 160.000 quilômetros ou dez anos nos elevou para a lista de compra das pessoas — deixamos de ser o último recurso na escolha de uma marca e passamos a ser a marca de escolha."
> — CEO da Hyundai nos EUA

Hoje, a Hyundai participa do mesmo grupo dos líderes da indústria automobilística e tem superado nomes mais conhecidos como os da Volkswagen, Volvo, Chevrolet e Suzuki. Quando conversei com os engenheiros de controle de qualidade da Hyundai em Ulsan, eles indicaram que esse foco obsessivo na qualidade possibilita poupar em vez de perder dinheiro, porque os problemas são resolvidos antes de um único veículo sair das linhas de produção, não depois de serem descobertos pelos consumidores, o que acarreta recolha dos produtos (*recalls*) e reparos dispendiosos muitas vezes cobertos por garantias.

Ciente que deveria ter uma postura corajosa para convencer os compradores de que aqueles problemas de qualidade tinham sido superados, a Hyundai começou a oferecer uma garantia sem precedentes de dez anos ou 160.000 quilômetros nos Estados Unidos, uma agressiva manifestação de confiança que persuadiu os consumidores americanos a considerar a empresa mais uma vez. "Essa garantia tornou possível nossa entrada na lista de compras das pessoas", observou Finbarr O'Neill, primeiro presidente da Hyundai Motor nos Estados Unidos. "Deixamos de ser o último recurso na escolha de uma marca e passamos a ser uma marca de escolha."[6] O custo atual dessa iniciativa resultou mais baixo do que foi reservado e, além disso, o apoio da imprensa e a propaganda boca a boca compensaram largamente os fundos adicionais compulsados.

> **Ambição surpreendente**
> Os coreanos são empolgados pela ambição, do mesmo modo que os chineses gostam de resumir a filosofia corporativa de suas empresas em slogans simples de poderoso alcance. Os quatro objetivos da Hyundai parecem muito batidos, mas ilustram como são ambiciosos seus objetivos:
> - Melhor serviço ao consumidor
> - Melhor tecnologia
> - Melhor qualidade do produto
> - Máxima valorização das pessoas
>
> Ou simplesmente: ser a melhor empresa em tudo. A Hyundai encara com seriedade esses objetivos, mesmo que não tenha conseguido sempre cumprir suas promessas no passado.

A crise financeira asiática de 1997-98 quase destruiu o Hyundai Group. A venda de carros caiu verticalmente pela metade e os saudáveis lucros transformaram-se em prejuízos de revolver o estômago.

Ainda assim a crise foi uma bênção disfarçada para a Hyundai: (1) a empresa automobilística emergiu forte e independente do resto do grupo e não foi mais forçada a servir de cofrinho de moedas para afiliadas que rendiam menos que o esperado; (2) a enorme desvalorização do won tornou os carros coreanos novamente acessíveis nos mercados estrangeiros; (3) a severa recessão da Coreia deu a Hyundai a oportunidade de adquirir por quase nada a Kia Motors, sua principal concorrente, simultaneamente tirando do mercado de automóveis o Samsung Group, sua arquirrival; (4) o colapso do mercado doméstico obrigou a Hyundai a redobrar seus esforços de exportação; e (5) a empresa foi forçada a ficar mais enxuta e agressiva para competir globalmente.

Fatores-chave para o sucesso

- Foco incansável na qualidade depois da derrocada inicial.
- Desenvolvimento de tecnologia interna em vez de continuar dependente de licenciamentos.
- Diligentes esforços na construção da marca.
- Reconhecimento de que o projeto e o estilo locais são cruciais para o sucesso.
- Ousadia de se movimentar para produzir em todos os mercados-chave.

MENTALIDADE GLOBAL, CAPACIDADE PARA PROJETOS LOCAIS

Empresas como a Honda e a Hyundai podem ser formadoras de tendências e mudar a produção de automóveis para a "nova Detroit" no sul. Mas algo mais acontece na linha de frente dos projetos, que hoje são classificados tendo o item qualidade próximo aos primeiros lugares da lista de prioridades do consumidor. Ninguém menos do que uma autoridade do porte de Bob Lutz, vice-presidente da General Motors, afirma que a moderna indústria de automóveis está entrando no negócio do "entretenimento".[7] Projeto e estilo estão se tornando tão importantes como a tecnologia — e não só na indústria de automóveis. As multinacionais emergentes estão rapidamente absorvendo a lição de que estar sintonizado em assuntos mais efêmeros de gosto e *buzz* movimenta os negócios. Somente os sintonizados criativa e culturalmente e que continuam imersos na cultura local conseguem ser bem-sucedidos em conceber projetos e estilos que não somente apelam aos consumidores como satisfazem desejos ocultos e não expressos.

Consideremos a instalação da Hyundai-Kia Design & Technical Center em Irvine, Orange County na Califórnia de US$ 30 milhões e 8.100 metros quadrados. "A equipe de projetos da Califórnia compreende melhor as tendências automobilísticas e sabe como fazer para que elas agradem aos consumidores dos Estados Unidos, em ampla escala", insiste Peter Butterfield, presidente da Kia Motors America, uma filial da Hyundai. A Hyundai mantém também um America Technical Center em Ann Arbor, Michigan, encarregado de supervisionar as atividades de engenharia nos Estados Unidos.

Dando sequência às tentativas ingênuas da empresa para conquistar o mercado americano de automóveis, o presidente Chung compreendeu que satisfazer ao gosto sempre mutável do consumidor americano fornecia outra chave para o rompimento do mercado mais difícil do planeta. Ao inundar o mercado americano de carros econômicos ("econocars") despojados, incapazes de mobilizar corações e mentes, foi uma estratégia especialmente falha. Chung descuidou-se em não fazer uma reengenharia radical da nave capitânia Sonata para criar um potente "matador de "Camry".[8]

Em uma pesquisa qualitativa realizada no ano 2000 em San Diego, solicitou-se a mais de duzentos consumidores americanos que classificassem o Sonata com relação a todos os atributos concebíveis comparando-o com seus rivais e incluindo os itens estética, potência e preço. Quando os consumidores manifestaram-se ardentemente pelo luxuoso Audi A6, a Hyundai o transformou no principal marco de referência para o Sonata. Na Hyundai, o Sonata 2006 ficou conhecido como um "A6 acessível".

Pela primeira vez na história foi pedido aos executivos coreanos para se sentarem no banco de trás e deixarem seus colegas americanos finalizarem o projeto do primeiro utilitário esportivo (SUV) da empresa. Quando o SUV Santa Fé da Hyundai foi o mais vendido da noite para o dia não apenas nos EUA como também em todo o mundo, considerou-se justificada a nova abordagem do projeto. Contrariamente aos coreanos preocupados com o consumo de combustível, a equipe dos EUA reconheceu que os consumidores americanos (pelo menos antes dos preços da gasolina decolarem) desejavam mais potência e decidiram então fazer o motor V-6 do Santa Fé com 2,7 litros em contraposição ao motor de quatro cilindros com dois litros das SUVs da Toyota e da Honda. A equipe adotou curvas de robustez para o capô e painéis das portas, uma decisão enérgica combatida pelos conservadores da empresa na Coreia, que acharam que o carro tinha ficado com a aparência de "amassado". Mas esse aspecto do projeto foi muito bem recebido pelos consumidores americanos, tanto que foi imediatamente imitado pelos concorrentes.

O jovem projetista chefe da Hyundai no Hyundai-Kia Design and Technical Center de Irvine, Joel Piaskowski, é filho do projetista veterano da Chrysler que trabalhou para a GM nos Estados Unidos, Alemanha e Japão. Piaskowski disse-me que o novo Santa Fé é um veículo inspirado, da calota ao capô. "Não acho que se passe um único dia em que eu não dirija pelo sul da Califórnia sem ver carros exóticos, personalizados, clássicos, envenenados, calhambeques japoneses transformados em carros de corrida e outras esquisitices de transporte trafegando nas ruas." O Sonata, apresentado no Alabama como um sucesso global de vendas, está sendo totalmente remodelado para o mercado norte-americano. Parte do desafio enfrentado pela quase totalidade dos projetistas de automóveis hoje em dia é conciliar as tensões inevitáveis que surgem de equilibrar os gostos e requisitos locais com a necessidade de projetar e manter as marcas globais.

Quando conversei com os engenheiros de controle de qualidade da Hyundai em Seul, eles me apontaram com muito orgulho o edifício separado e exclusivo que usavam, equipado com tecnologia de ponta em realidade virtual, compartilhada pelos centros de projetos ao redor do mundo. Oh Sung Hwan, diretor geral adjunto de produção na fábrica da Hyundai em Ulsan, disse claramente: "Agora tentamos e fazemos carros do ponto de vista do cliente e não do engenheiro."

ESTRATÉGIA DE FABRICAÇÃO GLOBAL COM PLATAFORMAS EM TODOS OS MERCADOS PRINCIPAIS

Com vendas de US$ 57 bilhões em 2005, e com a capacidade global de três milhões de carros por ano, a Hyundai Motor, com quase 50 anos de idade, classifica-se (juntamente com a Kia) como a sexta maior empresa de carros do mundo e visa ficar entre as cinco primeiras por volta de 2010, meta que exigirá mais do que o dobro da sua produção atual. Menos de um ano antes de inaugurar a nova fábrica americana, a Hyundai completou a construção de uma fábrica para 200.000 carros em Pequim, e outra para 250.000 carros na Índia. A venda de carros da Kia na Europa tem crescido mais rapidamente do que a de qualquer outra empresa de carros, porque a Kia na Europa goza de excelente reputação pela eficiência no consumo de combustível, qualidade razoável e por ser, em termos gerais, menor do que a organização da Hyundai. Em junho de 2005, a Kia assinou um acordo com a Eslováquia para construir uma fábrica de 700 milhões de euros.

> Com novas fábricas nos Estados Unidos, China e Índia, a Hyundai Motor tem planos de ultrapassar o dobro de sua produção de automóveis e tem a estratégia firme de conseguir ser classificada entre as cinco maiores empresas de carros por volta de 2010.

A DEMANDA POR UM CARRO GLOBAL ESTÁ MUDANDO O COMPORTAMENTO DA HYUNDAI

A manutenção das ambições globais da Hyundai no longo prazo é uma modificação importante na demanda por carros globais. O mercado de automóveis nos Estados Unidos, Europa e Japão efetivamente encolheu durante os últimos anos. *A totalidade* do crescimento global de três milhões de unidades veio da Ásia emergente, especialmente da China e da Índia. Mesmo com suas baixas rendas per capita, os dois países responderam por cerca de 10% dos 57 milhões de unidades do mercado global de carros. Aproximadamente em 2015, mais de 28 milhões de automóveis serão vendidos nos mercados emergentes, praticamente 40% do total ou mais do dobro da participação atual desses mercados.

A marca Hyundai já é admirada em muitos mercados mais novos de carros e os problemas persistentes de qualidade que a perseguiram na América nunca foram problemas nessas regiões. Na Índia, a Hyundai é a segunda maior fabricante de carros depois da Maruti, uma *joint-venture* com a Suzuki do Japão. Com 18% de participação de mercado, a Hyundai já passou na frente do Indica, o modelo nativo popular da Tata Motor.

Como era de se esperar, a Hyundai guardou seus planos mais ambiciosos para a China, o último dos mercados emergentes de automóveis. "No ambiente cada vez mais global, é crucial conseguir economias de escala, e a China nos ajudará nisso", observa o diretor de marketing, Harry Choi.[9] A Hyundai espera que a China se transforme no seu maior mercado fora da Coreia, com 1,2 milhão de carros no final desta década, mais do que na Europa e mais também que o 1,1 milhão que espera vender nos Estados Unidos. O modelo Elantra da Hyundai já é o principal esteio da frota de táxis de Pequim e o segundo sedan mais vendido depois do Xiali, produzido na China pelo parceiro chinês da Toyota.

DESAFIOS FUTUROS

Em junho de 2006, o promotor público coreano anunciou o indiciamento do presidente Chung Mong Koo. Ele foi acusado de desviar US$ 136 milhões de empresas da Hyundai para criar um caixa dois político, ao que parece uma prática comum entre os *conglomerados* locais (*chaebols*) antes da crise financeira asiática, ameaçando assim paralisar a cúpula daquela que tinha sido julgada recentemente ser a sexta maior empresa de automóveis do mundo. Os problemas legais de Chung Mong Koo foram ainda concomitantes com uma investigação paralela sobre as atividades do seu filho e suposto herdeiro, Chung Eui Son, presidente da Kia Motors. O presidente Chung "é o Moisés que nos trouxe até onde estamos hoje" declarou um porta-voz da Hyundai ao *The New York Times*. O espectro do filho do poderoso presidente da empresa tendo que tomar decisões enquanto mofava na cadeia, lançou dúvidas sobre a capacidade da empresa de continuar se movendo agressivamente nos novos mercados como tinha sido capaz antes do escândalo.[10,11]

A Hyundai precisará provar que pode manter alto uso e baixos custos em suas novas fábricas nos Estados Unidos, China e Índia. Ao contrário de suas antecessoras, são fábricas de categoria internacional em termos de porte, tecnologia, adaptação ao local e qualidade e rivalizam com empresas de automóveis que são líderes mundiais. Não se sabe, todavia, se essa estratégia de produzir localmente nos principais mercados em vez de exportar da Coreia será compensadora no longo prazo.

Como o gerente de marketing da Hyundai uma vez me disse: "Estávamos obcecados com os concorrentes que estavam mais adiantados. Acreditamos agora que é muito mais importante ficar de olho nos novos fabricantes de automóveis na China e na Índia. Ser dono de uma marca de primeira classe não é mais um luxo, é uma necessidade." A Hyundai, mais do que muitos, sabe que a China será uma grande exportadora de automóveis no futuro e terá custos difíceis de serem igualados. Ela planeja manter a dianteira pela forte presença no mercado chinês, pelos projetos sofisticados, qualidade superior e inovações tecnológicas constantes. Durante os próximos anos, a Hyundai introduzirá três modelos novos na Coreia, cinco na China e seis nos Estados Unidos. Seu sucesso com esses novos modelos será crucial para o futuro, agora que a marca tem aceitação mais ampla.

Como centro de gravidade da indústria de carros globais dos Estados Unidos, da Europa, da Ásia e de outros mercados emergentes, a Hyundai comprovou que se mantiver a atitude e a determinação e der a devida atenção aos itens de qualidade, projeto e P&D, uma empresa pode fabricar produtos de categoria internacional, mesmo em países em desenvolvimento como a Coreia, enquanto conquista o reconhecimento de ter atingido esse status. A concorrência em Detroit, Stuttgart e Tóquio mantém olhar atento e nervoso em cada passo dessa gigante coreana.

Ponto de vista do investidor

Visão otimista
- A Hyundai Motor não enfrenta problemas herdados de administrações anteriores de fabricantes de carros nos Estados Unidos e na Europa.
- Pelo seu posicionamento como fabricante de automóveis, a Hyundai tem flexibilidade para deslocar sua produção como e quando sente necessidade, enquanto se prepara para o futuro dos mercados emergentes na China e na Índia.
- A obsessão pela qualidade fez com que a Hyundai fosse capaz de preencher a lacuna existente no principal mercado de carros japoneses mais rapidamente do que a maioria julgava que seria possível e de reconquistar a confiança dos compradores. Ela alcançou seus objetivos de equiparação com a Toyota em qualidade, de acordo com o mais recente levantamento da J. D. Power.
- Não existe nenhuma empresa nos mercados emergentes capaz de se equiparar à Hyundai. A maioria nunca saiu dos seus mercados protegidos ou, no máximo, da engenharia reversa. A única exceção é a Tata Motors com o projeto do seu pequeno modelo nativo Indica, mas que está muito aquém da posição ocupada pela Hyundai.
- A Hyundai tem escala de produção, custos de mão de obra, eficiência e qualidade de categoria internacional, e está alcançando a concorrência em projeto e tecnologia.

Visão pessimista
- A eficiência da produção nas novas fábricas ainda precisa ser demonstrada.
- Os fabricantes de carro chineses se tornarão uma ameaça dentro de uma década.

- A Hyundai está atrasada na adoção da tecnologia híbrida introduzida pela Toyota.

Lições

- É possível ter sucesso depois de um primeiro fracasso.
- O status de categoria internacional exige a incansável busca da qualidade.
- A imagem de qualidade e de lembrança da marca pode ser bastante diferente entre os mercados emergentes e os mercados tradicionais, o que é uma vantagem para as multinacionais emergentes.
- A flexibilidade das plataformas de produção será o principal fator competitivo do futuro.

CEMEX

"No México temos artistas, arquitetos e fotógrafos de categoria internacional. Por que não poderíamos ter também negócios de categoria internacional?"[12]
— Lorenzo Zambrano, presidente e CEO da CEMEX

Durante um jantar em 1992 no Museum of Modern Art em Nova York, Lorenzo Zambrano, CEO de Cementos Mexicanos (neto e homônimo do fundador da empresa), casualmente lembrou ao então presidente John Reed, do Citicorp: "Não seria ótimo se devolvêssemos o golpe que recebemos da Espanha e assumíssemos o controle do setor de cimento quinhentos anos depois de os espanhóis terem conquistado o México?" Quem estava ouvindo percebeu que, por trás do comentário casual, Zambrano não estava brincando. Extenso, o currículo de Zambrano até a data dava a ideia de que estava longe de ser absurdo uma empresa de cimento mexicana dominar sua antiga mestre colonial na indústria de cimento. Ainda assim havia certa perplexidade quando se considerava uma empresa emergente do México tendo a *ousadia* de querer dominar seu setor industrial numa nação tão avançada como a Espanha.

"Era o aniversário de 500 anos da conquista das Américas pela Espanha", foi o comentário do elegante CEO de fala macia da CEMEX, de suas salas cheias de obras de arte em pleno centro de Nova York, mal disfarçando o riso. "Cinco séculos antes, Colombo e Cortez tinham conquistado nosso país. Estávamos procurando equilibrar nossa carteira de clientes com forte presença no mercado mexicano." Quando duas grandes empresas de cimento espanholas surgiram para venda mais cedo do que se poderia esperar, Zambrano e a CEMEX decidiram arremeter. Depois de uma sucessão de aquisições agressivas, sua empresa tornou-se a fabricante de cimento mais importante do México. Mas Zambrano não tinha a política de investir todo o capital numa única empresa e tinha prometido nunca ter mais de um terço dos seus negócios localizado num único país.

> *"Ou nos tornamos grandes e nos internacionalizamos ou vamos acabar sendo comprados por um protagonista mais forte."*
> — Lorenzo Zambrano, CEO da CEMEX

Desde que os protagonistas principais do cimento internacional começaram a considerar o México como um local atraente para fazer negócios, a expansão europeia de Zambrano também seria uma maneira de proteção. "Ou nos tornamos grandes e nos internacionalizamos, ou vamos acabar sendo comprados por um protagonista mais forte",[13] disse ele à sua equipe. Pouco tempo depois dessa conversa casual com John Reed, a CEMEX adquiriu os dois maiores produtores de cimento espanhóis e o Citibank de Reed supriu o grosso do financiamento. As ações da CEMEX imediatamente despencaram 30% enquanto os analistas de mercado trabalhavam para compensar débitos em vez de fazer mais aquisições, considerando muito difícil de engolir a ideia de que a CEMEX teria mais sucesso se adquirisse o controle de uma indústria dominada por algum seleto grupo de protagonistas europeus. "Para os hispânicos, a ideia de uma empresa mexicana vir à Espanha para mudar a alta gerência era inconcebível", disse-me Zambrano. "Eles dizem que uma empresa mexicana nunca poderia dar certo na Europa."

Manobrando com perícia cirúrgica, Zambrano e a CEMEX começaram a provar que as críticas estavam erradas. Ambas as empresas estavam "em um pandemônio total", ele me disse, "com um excesso de membros de diretoria e de executivos do mais alto nível." Zambrano encaixou seu próprio "time de alto potencial", termo que ele usa para definir "pessoas jovens e inexperientes querendo trabalhar num horário insano para alcançar nossas metas financeiras. Ainda assim, a comunidade financeira permaneceu cética porque a maioria dos investidores compartilhava da crença comum que recebíamos um pagamento mais alto do que merecíamos".

Depois de reduzir as despesas a um terço, modernizar a administração, reduzir o consumo de energia na hora de pico, introduzir combustíveis alternativos, automatizar todas as fábricas e cortar drasticamente os níveis de estoque de produtos, a estratégia de expansão europeia da CEMEX elevou o perfil de expansão da empresa e colocou-a no radar dos investidores como firma em ascensão. Aproximadamente a partir de 1997, a CEMEX passaria a ser conhecida como "a mais admirada empresa da Espanha" pela revista *Actualidad Economica*. Por volta do ano 2000, a empresa tinha quadruplicado as margens operacionais espanholas, que saindo de 7%, já estavam próximas dos 33%. Como Zambrano refletiu orgulhosamente: "Era um negócio crucial para a empresa. Fazendo um retrospecto, admito que quando o fizemos, foi sem uma compreensão clara do risco operacional. Mas queríamos trabalhar muito para colocar essas duas empresas novamente nos primeiros lugares de seus respectivos mercados."

Ainda assim, os que tinham se impressionado pela ágil dose dupla espanhola da CEMEX, ficaram surpresos quando observaram que, em 2003, a revista *Wired* classificou a empresa em quinto lugar na lista das 40 primeiras das empresas "mestras em inovação, tecnologia e visão estratégica". Descrita como "estudo de caso na transformação de uma empresa de irremediável baixo nível técnico para modelo de eficiência na idade da informação", a CEMEX, na pesquisa em que a revista definia as empresas que estariam "remodelando a economia global", ficou atrás apenas das marcas de alta tecnologia como Google, Nokia, Yahoo e IBM, mas passou na frente de empresas do porte de uma eBay, Amazon.com, Microsoft e Cisco.[14]

COMO UMA AÇÃO ANTIDUMPING TRANSFORMOU A CEMEX EM PRODUTORA GLOBAL

A "reconquista" da América do Norte pela CEMEX no estilo de Cortez começou com um sério contratempo. Em 1989, oito empresas de cimento locais no sudoeste americano uniram-se para formar o Ad-Hoc Committee of AZ-NM-TX-FL Producers of Gray Portland Cement [Arizona, Novo México, Texas, Flórida], grupo de pressão liderado por Southdown, a maior produtora de cimento dos Estados Unidos. A longa ladainha de reclamações encaminhada ao Comitê Ad-Hoc incluía a alegação de que as elevadas importações de cimento mexicano para a região sudoeste — caracterizadas como "concorrência estrangeira injusta" — tinham forçado sete fábricas de cimento da região sul a fechar as portas. Os reclamantes alegaram que a queima de preços dos produtores mexicanos tinha feito o preço do cimento cair mais de 50% nos Estados Unidos. "Nossa pesquisa até o momento nos convenceu de que o sucesso dos mexicanos nos mercados dos Estados Unidos foi por causa dos preços abaixo do mercado e não deve ser atribuída a nenhum outro fator. Não devemos desistir dos mercados e dos empregos dos Estados Unidos a favor dos preços de importação injustos do México. Se perdermos para uma concorrência *justa* do México, paciência!", declarou Clarence Comer, o CEO da Southdown. O sucesso dessa ação não estava — como alguns observadores concluíram cinicamente — inteiramente desconectado da contribuição da empresa para a eleição de George H. W. Bush durante a campanha presidencial de 1988.[15]

Em novembro de 1989, a International Trade Commission (ITC), um braço do U.S. Department of Commerce, pendeu a favor das acusações dos requerentes, o que deixou Zambrano primeiro espumando de raiva e depois, calculista. "Foi a única vez em meu trabalho que eu me senti furioso o bastante para chorar", Zambrano admitiu para mim, anos mais tarde. Contudo, a reação matizada da CEMEX à ameaça de enfrentar um processo federal refletiu sua sofisticação crescente na qualidade de uma concorrente global. Imediatamente foi contratada uma série de consultores legais e de mídia de alto nível nos Estados Unidos para explicar a política da empresa com profundidade maior do que a divulgada nas manchetes em negrito e na retórica barata da imprensa. O *Wall Street Journal* e outros meios de comunicação penderam a favor da CEMEX.

Conquanto legalmente contestasse que a ITC tivesse praticamente ignorado seus maiores custos na importação de cimento dos Estados Unidos, a CEMEX percebeu que os encargos antidumping eram simplesmente um expediente para reprimir sua expansão no exterior. Uma vez consolidada tanto quanto possível no México, Zambrano considerava crucial para a sobrevivência da empresa a expansão para os Estados Unidos — seu mercado mais próximo. Mas depois que a International Trade Commission impôs encargos antidumping de 58%[16] em todas as importações de cimento do México, o governo mexicano apelou para o grupo de arbitragem do GATT (Acordo Geral sobre Pautas Aduaneiras e Comércio) que decidiu a seu favor e opinou que as tarifas impostas violavam os acordos do comércio global internacional. Uma bizarra brecha no acordo GATT possibilitava aos Estados Unidos rejeitar unilateralmente as regras de arbitragem e manter os 58% de "taxas alfandegárias compensatórias (protetoras do comércio americano)".

Uma maneira óbvia de controlar a regulamentação antidumping seria a CEMEX continuar a importar o cimento para os Estados Unidos a partir de terceiros com base em outras nações que não o México — ainda que os terceiros fossem empresas suas subsidiárias. Zambrano, além de ser o principal *comerciante*, também era o principal *produtor* de cimento e simplesmente aumentou suas importações para os Estados Unidos a partir de operações em outros países. Transportou muitas toneladas de cimento chinês barato pela rede própria de terminais da CEMEX na costa oeste dos EUA.

Ao encontrar essa barreira regulatória nos Estados Unidos, a empresa reconsiderou sua estratégia de expansão internacional, finalmente estruturando-se como um concorrente internacional mais robusto. Segundo Hector Medina, vice-presidente de planejamento e finanças: "A regulamentação antidumping nos deu a compreensão de que os EUA não eram o mundo todo." Ele foi categórico ao descrever a ação antidumping como "a sorte na desgraça", porque obrigou a CEMEX a "entrar no jogo de gente grande".

UM TIRO NO PRÓPRIO PÉ

Consideremos por um momento a vitória de Pirro alcançada pela ação antidumping. Há duas décadas, de cada dez toneladas de cimento os Estados Unidos importavam uma. Hoje, a cada *quatro* toneladas de cimento, uma é importada. A CEMEX, juntamente com outras produtoras de cimento mexicanas, há dez anos exportava cinco milhões de toneladas de cimento para os Estados Unidos a partir do México. Hoje os EUA continuam a importar *os mesmos* cinco milhões de toneladas de cimento da CEMEX, praticamente um quarto do total importado, porém menos de dois milhões de toneladas vêm do México.

Numa entrevista com a *Cement Americas* em julho de 2002, Gilberto Perez, presidente das operações da CEMEX nos EUA, desafiadoramente declarou: "Nós não perdemos nossa fatia de mercado por causa da ação antidumping." Em vez disso, a CEMEX simplesmente adquiriu empresas na Venezuela, no Caribe e em outros locais, e todas hoje exportam principalmente para os Estados Unidos. Hoje, parcialmente como resultado de consequências não intencionais da ação antidumping, a CEMEX transformou-se *na maior produtora de cimento dos Estados Unidos*. Quanto à Southdown, a empresa com sede no Texas que havia iniciado a ação antidumping, seu destino foi ser absorvida por uma empresa estrangeira: a

CEMEX! "Esse foi um bônus que realmente gostei de saborear", disse-me Zambrano, orgulhosamente, muitos anos depois. Em resumo, a ação antidumping transformou a CEMEX na empresa global que é hoje, com apenas 21% de suas vendas provenientes do México, 27% dos Estados Unidos, 28% da Europa e 24% do restante do mundo.

Os consumidores americanos pagam preços mais altos hoje pelo cimento que importam. Como praticamente a metade de todo cimento consumido nos Estados Unidos é comprado para uso em obras de infraestrutura e em outros serviços públicos, o governo e os contribuintes acabam pagando a conta por essa malfadada tentativa de evitar que os produtores domésticos de cimento sejam extintos.

PRODUTORA GLOBAL

Desde o processo judicial, a CEMEX transformou-se numa empresa verdadeiramente global. Lorenzo Zambrano, formado pela Stanford Business School, insiste que sua experiência quando foi para o exterior estudar na Califórnia mudou completamente sua perspectiva quando estava numa idade impressionável. "Aprendi que existem outros modos de pensar — e também como seria a concorrência mais tarde. Fiquei convencido como é importante para os futuros gerentes passarem algum tempo fora do próprio país", prática esta que ele institucionalizou na CEMEX.

Hoje em dia, o presidente das operações mexicanas da CEMEX é espanhol, o vice-presidente de recursos humanos era antes o engenheiro encarregado do concreto pré-misturado da Venezuela e o chefe das operações europeias anteriormente era o encarregado das operações no sudeste da Ásia. Quando assumiu o escritório da Southdown no Texas e começou a modernizar suas operações, a CEMEX indicou um gerente mexicano para sua fábrica em Louisville e um gerente filipino para a fábrica de Charlevoix, em Michigan.

UM MANUAL DE ESTRATÉGIA DA CEMEX PARA AQUISIÇÕES E PÓS-AQUISIÇÕES

Durante sua competição para conquistar presença global, a CEMEX refinou a arte da aquisição transformando-a em ciência. A primeira lição aprendida a duras penas foi a de que é fácil pagar mais do que o preço justo quando o ciclo de negócios para a indústria local de cimento está fortalecido.

Pouco tempo depois de suas aquisições com alto estilo, a Espanha atravessou a recessão mais profunda em décadas. A CEMEX também aprendeu, com a incorporação espanhola de 1992, que a necessária institucionalização do processo de aquisição era como um refinamento da estratégia de integração pós-aquisição.

> "Estratégia é execução. O caminho para o aproveitamento de uma boa oportunidade é estudar, estudar, estudar. Descobrimos que as melhores empresas têm executores, não conversadores."
> — Lorenzo Zambrano, CEO da CEMEX

Depois de identificar um país para investir, a CEMEX varre o mercado procurando empresas específicas que correspondam às suas exigências: uma em que a participação majoritária seja da CEMEX, de modo a ter a flexibilidade necessária para operações de reformas e escopo suficiente para aumentar a eficiência, ou otimizar a capacidade de utilização. Além de um rigoroso critério mínimo de 10% do capital empregado, o tempo exigido para dar uma reviravolta no rumo de uma empresa é outro fator crucial que a CEMEX leva em conta ao analisar uma empresa candidata a ser adquirida. Depois da identificação adequada do alvo, uma equipe de dez pessoas é enviada ao local para minuciosos levantamentos, de uma ou duas semanas de duração, com base em metodologias padronizadas — revisadas e atualizadas a cada seis meses. Todos os aspectos do negócio são escrutinados, abrangendo idade e educação do pessoal, tempo médio de afiliação dos empregados aos sindicatos, envolvimento do governo e programas de treinamento. A equipe da CEMEX também faz reuniões com funcionários do governo e concorrentes para verificar se não existem problemas varridos para debaixo do tapete. Como um concorrente uma vez me comentou muito admirado: "Contrariamente aos europeus, eles não ficam paralisados durante a análise. Em vez de comitês intermináveis, eles têm controle familiar e um forte gerenciamento executivo."

> *O segredo do sucesso da CEMEX tem sido uma bem afiada capacidade de localizar aquisições atraentes, dar uma reviravolta nos rumos das empresas adquiridas e, rapidamente, integralizá-las.*

Quando um negócio novo é adquirido, a CEMEX despacha uma equipe de integração pós-fusão (IPF) para analisar profundamente e sugerir mudanças nas áreas em que a operação possa ser melhorada com base na experiência e prática passadas. Antes de deixar o escritório central, a equipe da IPF frequenta oficinas de conscientização cultural e de formação de equipes para a concentração de esforços nas melhorias operacionais, no compartilhamento das melhores práticas e na harmonização das crenças culturais.[17] Os gerentes regionais fazem visitas locais a cada mês e o presidente da empresa no país presta contas em intervalos regulares diretamente a Zambrano.

"NÃO É POSSÍVEL GERENCIAR O QUE NÃO SE PODE AVALIAR"

Em 1988, o gerente de TI, Gelacio Iniguez, convenceu Zambrano de que a CEMEX deveria se tornar a primeira empresa mexicana a possuir sua própria rede de telecomunicações por satélite. Tal procedimento numa empresa orientada para empreendimentos de engenharia não era raro nessa época.

Hoje em dia, a CEMEXNet interliga todas as operações globais da empresa e fornece aos executivos, de Monterrey a Manila, acesso detalhado em tempo real aos dados financeiros. Os volumes de vendas são desdobrados para incluir, em todos os países, as rotas de entrega dos caminhões das fábri-

> *No meio industrial, a CEMEX é reconhecida como líder no uso da TI para melhoria da eficiência operacional.*

cas. Os dados operacionais de cada fábrica e forno estão disponíveis, inclusive os dados referentes à granulação e à composição química de cada batelada de cimento produzida. "Eu sempre me surpreendo com o fato de os nossos concorrentes praticamente não usarem computadores", comenta Gilberto Perez. "Isso significa que os escritórios centrais deles só conhecem os dados operacionais do mês anterior. Eu posso consultar os dados da noite passada apertando um simples botão."[18]

Essa atenção para os detalhes tem ajudado a CEMEX a manter estável seu consumo de energia por tonelada apesar da disparada dos preços do óleo combustível nos últimos anos, graças à economia de energia e ao uso de energias alternativas, como a dos resíduos e dos pneus.

A CEMEX acredita que a logística é tão importante para a indústria do cimento como a produção. No México, uma rede de 2.100 distribuidores e consumidores especiais (chamados Construrama), tem interligação sem fio para atender às solicitações de fornecimento de concreto pré-misturado meia hora depois do recebimento dos pedidos. É uma cópia do modelo da Domino Pizza e a CEMEX pretende duplicar esse procedimento em outros países. A empresa ajuda os construtores quando seus cronogramas sofrem variações e se esforça para fornecer o equivalente ao conceito da "compra de tudo em um único lugar" no ramo da construção. E ao reduzir o tempo de espera dos caminhões, os clientes ganham confiança de que o concreto pré-misturado (e outros materiais de construção) realmente chegará aos lugares certos no tempo certo.

A COLHEITA DOS FRUTOS DA EXPANSÃO

A CEMEX é a terceira maior fábrica de cimento do mundo, produz dois bilhões de toneladas por ano, tem capacidade de produzir 97 milhões de toneladas e 61 fábricas próprias em 18 países. Está em primeiro lugar no fornecimento de concreto pré-misturado e em segundo lugar em agregados para construção sendo, desse modo, a segunda maior produtora de materiais de construção do mundo depois da Lafarge da França, na frente inclusive da Holcim da Suíça. Mais impressionante ainda, a CEMEX tem persistentemente conseguido ser mais lucrativa dos que seus pares na indústria do cimento e tem sido considerada uma referência em eficiência, tendo apresentado uma taxa de crescimento de fluxo de caixa livre de 21% durante a última década.

Depois de sua busca pelo crescimento nos mercados emergentes, a estratégia da CEMEX mudou significativamente depois da aquisição da Southdown nos Estados Unidos e da aquisição em março de 2005 da RMC, terceira maior produtora de agregado e cimento europeia por US$ 5,8 bilhões, uma das mais antigas produtoras de materiais de construção da Grã-Bretanha, onde está em segundo lugar no mercado. A audácia da aquisição da RMC induziu a revista *The Economist* a fazer a seguinte observação irônica: "A rainha Vitória, cujos súditos construíram ou financiaram grande parte da infraestrutura da América Latina, não teria achado graça."

A aquisição da RMC praticamente duplicará a receita da CEMEX, que deverá ultrapassar US$ 15 bilhões, considerando-se a capacidade produtora de 97 milhões de toneladas de cimento, 125 milhões de toneladas de agregados e 76 milhões de toneladas em concreto pré-misturado. O fundamento lógico por trás da aquisição foi o de otimizar a logística, fortalecer a posição da empresa na Europa e nos Estados Unidos, e dar mais peso ao desenvolvimento de uma marca junto ao consumidor por meio do ingresso nas margens de lucro mais altas do concreto pré-misturado e dos agregados. Vender o cimento nos sacos da CEMEX em vez de comercializá-lo a granel sem marca propiciou a oportunidade para que a empresa competisse também na rapidez da entrega e não apenas no preço justo. A marca CEMEX já está entre as mais conhecidas da América Latina e a empresa está determinada a se tornar mais conhecida mundialmente. Enquanto eu ia de carro para o aeroporto na Califórnia com o CFO Rodrigo Trevino, ele salientava o logotipo de destaque da CEMEX num caminhão da empresa para apoiar sua alegação que depois da aquisição da RMC a CEMEX já não era mais uma produtora de *commodities*. Isso ainda pode ser um sonho, se bem que esse produtor tremendamente eficiente está trabalhando com firmeza para fazer com que os materiais de construção passem de *commodity* a marca.

Ponto de vista do investidor

Visão otimista
- A CEMEX é de categoria internacional na melhoria das empresas que adquire, no gerenciamento e no uso da TI.
- A CEMEX consegue ser mais lucrativa e eficiente do que suas concorrentes globais.
- A CEMEX é líder numa indústria em consolidação.
- A empresa conta com um gerenciamento de alto nível e é muito cuidadosa em empregar pessoas altamente qualificadas.
- A CEMEX tem a capacidade comprovada de ampliar a visão limitada de empresas locais conseguindo que passem a ter uma visão global.
- Cada aquisição feita trouxe economias devido a sinergias significativas ou melhorias de produtividade.

Visão pessimista
- A CEMEX está tendo dificuldades para estabelecer uma base sólida na Ásia.
- Alguns investidores gostariam de ver dividendos mais elevados ou mais dívidas pagas em vez das sucessivas aquisições.
- Ainda se faz necessário comprovar a sustentabilidade da mudança de mercados emergentes crescentes, de crescimento mais acelerado, para mercados emergentes de crescimento mais lento nos Estados Unidos e na Europa.

Lições

- O cimento deixou de ser uma indústria local e cada vez mais passa para o domínio de diversos atores globais.
- A logística é tão importante como a produção eficiente.
- Numa indústria em consolidação, os que não adquirirem serão adquiridos.
- A maior integração vertical ajuda não só o consumidor, mas também os objetivos da empresa.
- A fixação da marca no mercado ("branding") será importante no futuro, mesmo para as *commodities* como o cimento.
- A entrada no mercado global antes de alcançar a tecnologia de ponta em TI é receita para o desastre.

CAPÍTULO 8

Virando o Modelo da Terceirização de Cabeça para Baixo

A fabricante brasileira de aviões, Embraer, ocupa o lugar de liderança junto aos fornecedores do mundo desenvolvido

Estratégias

- *Como um recém-chegado, explore as oportunidades criadas pelos altos custos das empresas tradicionais e mudanças regulatórias (transportadoras de baixo custo assumindo empresas aéreas "tradicionais" e mudanças no escopo da cláusula proibindo voos em jatos comerciais menores ["pilots' scope clause"])*
- *Ouse tirar vantagem da perspectiva nova de quem vem de fora sobre as mudanças na indústria dos mercados desenvolvidos (linhas aéreas distanciando-se do modelo de centro de distribuição)*
- *Siga a recomendação de Sun Tzu para encontrar o "ponto fraco" dos concorrentes (Boeing e Airbus ignorando o mercado de jatos regionais pelo fato de estarem focalizadas em construir aviões maiores)*
- *Coloque-se no centro do modelo de "terceirização" em vez de ser um fornecedor de um projetista montador de aviões do mundo desenvolvido*
- *Tire vantagem da "engenharia de baixo custo"*
- *Jogue a carta Sul-Sul nas vendas de aviões comerciais e militares*

O aguaceiro pesado e o vento frio fora de época que vinha da Serra do Mar não conseguiam diminuir o entusiasmo da festa num dos hangares de São José dos Campos, Brasil, em setembro de 2005. A Embraer, fabricante brasileira de aviões, comemorava a primeira entrega de uma encomenda de 100 jatos Twin* Embraer 190 nas mãos ansiosas da JetBlue, empresa aérea dos Estados Unidos. O clima no amplo hangar era de franco otimismo enquanto os membros da equipe que havia projetado e construído a aeronave de 100 poltronas assistiam a um vídeo musical

---

* Refere-se a certificação ETOPS (Extended-range Twin-engine Operations, ou "alcance estendido para operações bimotor") da Federal Aviation Administration (FAA), dos Estados Unidos. A aeronave obteve o mesmo certificado da Agência Nacional da Aviação Civil (ANAC) no Brasil. (N.T.)

amador montado com a participação deles mesmos. Os sons alegres enchiam o hangar, no qual a novíssima família de jatos designados pelo "E" da Embraer saíam das linhas de montagem ampliadas em bateladas de uma dúzia a cada mês.

Na conclusão da cantoria do musical, a tela na qual passava o vídeo foi recolhida e uma cortina negra foi aberta para exibir o reluzente novo avião da JetBlue, resplandecente no seu acabamento de cor azul, específico da linha aérea. Imediatamente depois do vídeo, os funcionários da JetBlue confirmaram a intenção de incluir versões idênticas do E-190 na frota sempre crescente da empresa a uma taxa de 18 por ano entre 2006 e 2011. O custo total alcançaria US$ 3 bilhões, com mais US$ 3 bilhões se a JetBlue fizesse a opção de compra de 100 unidades adicionais.

"Hoje é o dia esperado ansiosamente pelos clientes da JetBlue e pelos membros da tripulação de suas aeronaves", exclamou exultante o CEO da JetBlue, David Neeleman, ao proclamar o E-190 "o avião do futuro", dizendo ainda: "Quando olho este belo novo avião, vejo muitas oportunidades novas para levar a experiência da JetBlue às comunidades de toda a América do Norte." O modelo 190 ofereceu um complemento "perfeito" para a frota existente da JetBlue de 81 Airbus 320, acrescentou o gerente geral Dave Berger. "O modelo 190 representa o que chamo nosso 'Pathfinder' (descobridor de caminhos) com relação à abertura de novas rotas."[1]

Algumas semanas depois de aceitar seu primeiro E-190 da Embraer, a JetBlue anunciou a inauguração de voos diários entre os aeroportos JFK de Nova York e Logan, de Boston, bem como de Boston para Austin (Texas), Bahamas e West Palm Beach (Flórida), rotas servidas pelos recém-adquiridos E-190. O *The New York Times* lembrou a surpresa da analista de empresas aéreas da Standard & Poor's, Betsy Snyder, que mencionara como os novos "pequenos por fora, grandes por dentro" jatos da Embraer tinham interiores muito "luxuosos". "Podem incluir várias cidades que não conseguiam atender com o [Airbus] 320", foi sua observação. "[O 190 da Embraer] abre um campo inteiro de novos destinos para cidades assim."[2]

"Achamos que valia o risco, tendo em vista as centenas de rotas novas que seremos capazes de atender", insistiu Neeleman. "Realmente, quando o conhecemos [o 190 da Embraer], concluímos que ele não apenas *não* representava um risco, como provavelmente seria arriscado não comprá-lo."[3] A Embraer, por outro lado, "colocou todos os ovos na mesma cesta" no desenvolvimento da família "E" — cerca de US$ 1 bilhão — convencida de que tinha vislumbrado um espaço aéreo na indústria suficientemente amplo para permitir a passagem de uma família inteira de jatos. No começo de 2006, a fabricante de aviões já estava com US$ 10 bilhões de pedidos confirmados, inclusive 459 encomendas asseguradas e 442 opções de compra para a série E, reafirmando as expectativas realistas de uma demanda a longo prazo para as duas próximas décadas, nas quais existe a esperança de se alcançar a marca das 6.000 unidades.

A afinidade pessoal do CEO Neeleman da JetBlue com sua nova frota da Embraer era, sem dúvida, aumentada pelo fato de ele ter nascido em São Paulo, ser filho de jornalista correspondente de uma agência de notícias, e falar português fluentemente — capacidade que tinha prazer de exercitar para gosto dos jornalistas que compareciam às tumultuadas entrevistas coletivas no escritório central da Embraer. Tendo sido criado em Salt Lake City e desligando-se da faculdade — pressionado por um persistente Distúrbio do Déficit de Atenção (ADD — Attention Deficit Disorder) — Neeleman voltou ao Brasil como missionário mórmon. Converteu mais de duzentos brasileiros à sua fé antes de ganhar suas asas de empreendedor transportando, via aérea, grandes famílias mórmons de Utah para excursões econômicas no Havaí. Depois de vender sua participação no negócio das excursões para a Southwest Airlines em 1993 pela atraente quantia de US$ 20 milhões, o incansável Neeleman trabalhou por curto período para o impulsivo CEO da Southwest, Herb Kelleher, após o que foi despedido. Depois de amargar cinco anos de inatividade por causa de uma cláusula que o impedia de competir, ele decidiu lançar a JetBlue, uma rival intencional do seu primeiro empregador.

Ao acompanhar a Embraer, Neeleman estava disposto a abandonar uma parte fundamental da lendária estrutura de preços baixos da JetBlue, ou seja, a estratégia de aeronave única, movimento que havia lhe poupado incontáveis milhões em custos de manutenção e treinamento, e oferecido simplicidade e eficiência indizíveis durante os últimos cinco anos. Ainda assim o iconoclasta Neeleman demonstrou desejo de chegar a um acordo no seu casamento monógamo com o Airbus 320 de 156 lugares com base em sua firme convicção de que a vitória nos céus seria dada às transportadoras que conseguissem voar mais rotas entre as cidades pequenas sem fazer escalas. A *Business Week*, citando o fundador da People Express Donald Burr, escreveu: "O mercado se desloca na direção dela [Embraer]. Os aeroportos centralizadores (*hubs*) estão cheios e muitas pessoas em papéis de liderança acham que uma aeronave mais personalizada, operando *diretamente* (itálico acrescentado) entre aeroportos que não tenham as características de pontos de entroncamento será a solução para que as pessoas possam fazer viagens mais rápidas novamente."[4]

PROBLEMAS HERDADOS CRIAM OPORTUNIDADES PARA OS RECÉM-CHEGADOS

O CEO da Embraer, Maurício Botelho, que trabalhara como engenheiro mecânico e era um veterano especialista em recuperação de empresas, resume impecavelmente o desafio enfrentado pelas principais linhas aéreas hoje em dia: "As linhas aéreas estão operando com os aviões errados e estão amargando prejuízos." O trabalho predominante de Maurício durante a última década tem sido assessorar mundialmente as empresas aéreas em dificuldades a "dimensionar adequadamente" a frota em processo de envelhecimento. Defensor incansável do mantra *"small is beautiful"*, ele conseguiu mudar o conceito sobre a indústria aeronáutica brasileira, avaliada praticamente incapaz e falida no início da década de 1990, mas hoje considerada a quarta maior fabricante de aviões do mundo. Somente a Boeing, a Airbus e a Bombardier de Montreal (conhecida pela construção do problemático trem de luxo Acela da Amtrak) vendem mais do que a Embraer nessa competição destrutiva pela sobrevivência.

Em vez de concorrerem na construção de grandes aviões para voarem entre os grandes aeroportos de conexões, a Embraer e sua rival Bombardier têm buscado agressivamente o mercado de jatos regionais. Fabricar jatos menores para voarem seguindo as "rotas" que irradiam dos importantes aeroportos centralizadores de Chicago, Nova York, Denver, Londres, Paris, Hong-Kong e Cingapura tem sido um nicho de exploração evitado pelos dois grandes concorrentes até o momento. O significado da entrega das primeiras encomendas do E-190 para a JetBlue é que a linha "E" da Embraer representa uma oportunidade de verdadeira remodelação da indústria aeronáutica comercial em termos mundiais. Com a prestação de serviços econômicos durante os voos como praticado na JetBlue, capaz de levar menos passageiros, em rotas mais curtas e por custo menor, o resultado inevitável será pôr as empresas antigas ainda mais na defensiva.

Outro caso pode também ser focalizado: no começo de outubro de 2005, duas semanas depois das comemorações pela entrega dos aviões à JetBlue, os pilotos da US Airways chegaram a uma tentativa de acordo com a antiga linha aérea U.S. Air para operar o Embraer 190 sob nova tarifa. Os sindicatos dos pilotos em escala mundial tinham resistido bravamente ao desejo das empresas aéreas de mudar para aviões menores, pois as remunerações para voar com aviões menores são menores.

Mas a US Airways estreou seu novo E-170 com um voo de Pittsburgh a Albany alguns meses antes, em abril de 2005, e agora estava relutante em permitir que seus pilotos modificassem o "escopo" da cláusula proibindo a operação de aeronaves do porte de um 190 sem sua explícita permissão. "Tudo o que tínhamos que fazer era apontar para a JetBlue", teria sido o comentário de um porta-voz da empresa aérea para tentar convencer os sindicatos. A U.S. Air agora tem 57 encomendas dos E-190.

> *"Este avião é o nosso passaporte para o Primeiro Mundo."*
> — *Geraldo Alckmin, Governador do Estado de São Paulo na época*

UM PLANO VERSÁTIL PARA OS MERCADOS REGIONAIS

O que a Embraer conseguiu com sua linha E de enorme aceitação e vendas foi fornecer um avião no segmento de 70 a 110 lugares com praticamente todos os confortos e atrativos dos aviões maiores e mais custosos. Durante a excursão de apresentação do JetBlue 190 para a imprensa, os visitantes faziam o gesto de aprovação com o polegar para cima ao passarem pela ampla ala central do avião, ao longo da qual alinhava-se, de duas em duas poltronas, uma centena de assentos de couro com monograma, sem o pavoroso banco intermediário, evitado como praga. O talentoso projeto da fuselagem provia os novos jatos da Embraer com um bom espaço geral normalmente reservado às pessoas maiores, ao mesmo tempo que as formas suaves, sem arestas visíveis e a iluminação indireta aprimoravam a sensação envolvente de espaço e conforto. Quando recentemente voei no novo avião da série E num voo militar de Washington, D.C. para Boston, tanto os pilotos quanto a tripulação estavam extasiados com a espaçosa aeronave.

APOSTE NOS ACORDOS "SUL-SUL"

Embora jogando totalmente seus melhores trunfos — tamanho e custo — a Embraer explorava febrilmente sua vantagem natural de empresa de mercado emergente vendendo uma boa quantidade de aviões de baixo custo para outras empresas importantes dos mercados emergentes. Em dezembro de 2005, a Saudi Arabian Airlines recebeu da Embraer o primeiro dos quinze aviões da frota adquirida do modelo 170 de 70 poltronas, um contrato de US$ 400 milhões, segundo dizem. A Copa Airlines do Panamá (anteriormente uma cliente exclusiva da Boeing) anunciou estar atualizando a sua frota de aviões antigos com novos aviões da Embraer para aumentar a frequência de voos e atender a mais rotas. A empresa aérea polonesa LOT anunciou voos do modelo 170 da Embraer saindo de Varsóvia para destinos em toda a Europa. Também em 2005, o Ministério da Defesa Indiano anunciou a aquisição de nova frota de jatos executivos Embraer Legacy, luxuosamente decorados e equipados com a última palavra em aviônica para transportar ministros do governo e outras personalidades VIP pelo subcontinente e pelo mundo.

Talvez o mais extremado exemplo dessa estratégia sagaz de "farinha do mesmo saco" tenha sido o estabelecimento da Harbin Embraer Aircraft Industry Company, uma *joint venture* entre a Embraer, a Harbin Aviation Industry Group Ltd. e a Hafei Aviation Industry. O CEO Maurício Botelho, quando indagado se não estava preocupado com a possibilidade de os chineses copiarem os aspectos tecnológicos avançados do avião, encolheu os ombros e respondeu: "Como outra alternativa, eles sempre poderão comprar um e simplesmente praticar a reengenharia." Com sede em Harbin (capital da província de Heilongjiang), a Harbin-Embraer especializou-se na fabricação e venda dos jatos regionais mais antigos ERJ 145, de 30 a 50 poltronas, para as empresas aéreas chinesas. As primeiras vendas da empresa foram feitas para a China Southern Airlines, a maior empresa aérea da China, que encomendara um total de seis ERJ 145 em fevereiro de 2004, e para a Sichuan Airlines, parcialmente controlada pela China Southern, e que se mostrava satisfeita por ter operado meia dúzia de ERJ 145s na China durante o ano anterior.

PREENCHENDO A LACUNA

A estratégia da Embraer de vender tantos aviões, para tantas empresas aéreas, em tantos países e num prazo tão curto é extremamente simples — chega quase a ser ilusória. A Embraer revela abertamente seu plano na Internet expondo a "Regra 70 a 110", com os números mágicos indicando o número de assentos no avião como um atraente lugar no futuro. Uma versão anterior da mesma regra foi sucintamente expressa pelo filósofo e estrategista chinês Sun Tzu: "Golpeie onde seu oponente é mais fraco." A Embraer ainda segue mais literalmente essa regra.

> Os aviões principais com muitos assentos estão fazendo as rotas menos procuradas. Os mercados regionais estão em expansão e pressionam os jatos regionais a levar mais passageiros com maior frequência. A demanda de passageiros tende para o segmento de 70 a 110 poltronas, uma faixa para a qual não existe uma família de aviões eficiente. A indústria faz face a uma lacuna de equipamentos. Apresentamos a prova da existência dessa lacuna, oferecemos uma estratégia para obtenção de lucro do segmento 70 a 110 lugares e auxiliamos sua empresa a preencher essa lacuna.

O AEROPORTO CENTRALIZADOR DO HEMISFÉRIO SUL

Durante recente tour à fábrica da Embraer, uma viagem fácil de 45 minutos do aeroporto centralizador de conexões de São Paulo, encontrei um conjunto de edifícios modernos impecavelmente limpos e fui guiado através de um aglomerado de salas bem iluminadas, cheias de jovens e brilhantes engenheiros e projetistas trabalhando em linha numa fila de computadores. O escritório central da Embraer, que parecia um campus universitário, foi originalmente estabelecido pelo Ministério da Aeronáutica em 1969 com a intenção de ser o berço doméstico dos aviões modernos de sua pequena, embora ambiciosa, força aérea. Hoje em dia, o campus da Embraer tem mais de 12.000 empregados, mas, há apenas uma década, somente metade da sua folha de pagamento podia ser paga devido à dramática diminuição das encomendas resultante da depressão econômica não só local, como regional e global e dos custos, que rapidamente alcançavam as nuvens.

O ponto alto da minha visita aconteceu quando fui levado para uma sala fracamente iluminada, escondida num canto remoto de um dos prédios. Meus anfitriões na Embraer entusiasticamente me pediram para colocar um par de óculos 3D do tipo de lentes plásticas multicoloridas que ficariam mais adequadas num parque de diversões do que no escritório de um dos maiores fabricantes de aviões do mundo. Estavam alegres como crianças, na expectativa do espetáculo que estavam prestes a demonstrar. Sem querer estragar a alegria deles e com minha curiosidade espicaçada, coloquei os óculos 3D e me acomodei na primeira das diversas filas de macias poltronas do auditório para apreciar o espetáculo.

Surgindo do nada, de repente apareceu na minha frente o modelo reduzido de um avião a jato tridimensional, que aparentemente por magia pairava no espaço como uma miragem moderna. Era como se eu tivesse instantaneamente sido transportado para um hangar a jato sem ter deixado o conforto da minha cadeira. A detalhada aeronave podia ser girada para a esquerda e para a direita, para baixo ou para cima, ser vista ampliada ou reduzida, podendo ser observada de todos os ângulos possíveis. Podia abrir a porta, entrar no avião, passear pelo seu bem aparelhado interior, ocupar o assento do piloto e inspecionar o interior do motor. Depois de apertar alguns botões, toda a parte exterior do jato foi removida, ficando visível uma complexa rede de fios, mangueiras, tubulações e chaves. Os componentes individuais, iluminados por diferentes cores, destacavam-se facilmente uns dos outros dentro de um labirinto de circuitos elétricos e equipamentos. As conexões podiam ser inspecionadas, as medidas verificadas e os projetos aprovados. Cada fio, parafuso e porca que apareceria na versão real encontrava-se precisamente recriada em perfeita 3D diante dos meus olhos.

O mais impressionante era a possibilidade das equipes de engenheiros aeronáuticos de todo o mundo poderem examinar esse mesmo modelo 3D de tamanho real nos seus próprios equipamentos de realidade virtual e assim colaborarem em tempo real na elaboração dos projetos, desafiando limitações físicas. Os clientes podiam ver réplicas precisas de suas compras acabadas muito antes de uma única peça de metal ser soldada em outra. Todos os aspectos do processo de fabricação podiam ser simulados do começo ao fim em impressionante detalhe, até mesmo a organização do processo de fabricação, a determinação do croquis da aeronave, a escolha do revestimento das poltronas e o projeto do esquema da sua pintura externa.

Antigamente, os modelos em tamanho real precisavam ser construídos penosamente de materiais de difícil manejo, como a madeira, o metal e o plástico. Agora a Embraer podia poupar tempo e dinheiro manuseando tais tarefas no mundo virtual, confiando na tecnologia antes privativa dos filmes de Hollywood. Como um dos meus anfitriões me informou discretamente, logo que tirei os óculos 3D: "Somos a primeira empresa aérea do mundo a usar a realidade virtual com nossos clientes. Fomos mais rápidos em reconhecer os benefícios que ela oferece. Seguramente fomos mais rápidos do que a concorrência em tirar do mercado o que o mercado tem para nos oferecer. Todos os dias, pesquisamos incansavelmente o mercado para verificar o que existe e o que podemos empregar para ficarmos a salvo de qualquer possível mudança na indústria."

COREOGRAFIA INDUSTRIAL

Como um verdadeiro "bis" dessa impressionante demonstração de realidade virtual, fomos encaminhados para a área de produção onde pudemos visitar hangares plenamente ocupados por linhas de montagem de aviões em diferentes estágios de evolução. Minha primeira impressão foi a de estar observando atividades diligentes, executadas com calma e confiança, mais semelhante ao que se poderia ver em um laboratório do que numa fábrica. Fiquei surpreso ao observar a precisão delicada que empregavam no complexo trabalho de montagem e vi que a execução estava nas mãos de colaboradores bem treinados e obviamente bem motivados. Enquanto observava à distância, espreitei disfarçadamente um dos trabalhadores que lutava com uma peça incômoda interromper o que estava fazendo quando um indivíduo com ares de gerente aproximou-se querendo ajudá-lo. Ele, com muita calma, mostrou ao trabalhador o que precisava ser feito e, discretamente, continuou seu caminho. A linha de montagem retomou sua marcha.

O episódio todo não levou mais do que poucos segundos. Entretanto, para mim, que já havia visitado centenas de fábricas como parte do meu trabalho, o que acabara de presenciar tinha toda desenvoltura de um passo de dança bem ensaiado, um simples e elegante *pas-de-deux* que revelava a qualidade das operações da Embraer onde os engenheiros formam 25% da força de trabalho. Ali estava a cooperação e o trabalho de equipe, não a rotina monótona de um trabalho que faz os trabalhadores perderem o interesse com o decorrente sacrifício na qualidade. O mesmo sentido de orgulho e confiança pode ser notado nos engenheiros, nos gerentes e executivos da Embraer. Como uma empresa de excepcional avanço tecnológico em âmbito mundial e campeã da dinâmica economia brasileira, a Embraer, já há muito tempo atraía os mais brilhantes e talentosos recém-formados das melhores faculdades técnicas do país, inclusive os egressos do renomado Instituto Tecnológico de Aeronáutica (ITA), praticamente ao seu lado.

São José dos Campos é uma cidade viva, de vida agradável, bem-administrada, que reflete positivamente a presença não somente da Embraer, mas de dezenas de laboratórios, universidades, institutos técnicos e de várias empresas, muitas fundadas por antigos empregados da Embraer no intuito de apoiar o desabrochar da indústria aeroespacial brasileira. Seria até possível imaginar que Michael Porter, o proponente da Harvard Business School da formação de "núcleos" de instituições educacionais e indústrias relacionadas, tivesse sido o idealizador da cidade. O campus do Instituto Nacional de Pesquisas Especiais do Brasil (INPE), que coordena as ciências e tecnologias espaciais além da intensa pesquisa de observação da Terra, é vizinho da Embraer. A Embraer está convenientemente localizada entre São Paulo e Rio de Janeiro, as duas mais ativas regiões de produção e consumo do país. A cidade e a região vizinha são cortadas pela rodovia Presidente Dutra. A cidade do escritório central da Embraer tem sido conhecida, com bastante propriedade, como o epicentro do "Vale do Silício" do Brasil. Embora situada em um vale, uma analogia mais precisa provavelmente seria a da antiga fazenda de New Jersey, entre Nova York e Filadélfia, que rapidamente se industrializou no período pós-guerra.

FOI UM BRASILEIRO O PRIMEIRO A CONQUISTAR OS ARES?

Os brasileiros gostam de contar aos estrangeiros que o verdadeiro pai da aviação foi Alberto Santos Dumont, um saudável e excêntrico "bon vivant", filho de um barão do café brasileiro, que ficou famoso em toda a Europa em outubro de 1901. Nesse mês, ele contornou a Torre Eiffel pilotando uma aeronave motorizada (ou dirigível), um voo testemunhado por doze reis e rainhas, Júlio Verne e Gustave Eiffel. Em contraste com os discretos irmãos Wright, que não contavam com nenhum observador oficial no momento para confirmar a primeira incursão do Kitty

Hawk* na Carolina do Norte em 1903, Santos Dumont, impecavelmente vestido como sempre, pilotou seu frágil e quebradiço invento que pesava apenas 45 kg, decolando o 14-Bis e voando 60 metros nos arredores de Paris no dia 2 de novembro de 1906, espetáculo visto por uma multidão de pessoas. O forte vento que desestabilizou o Kitty Hawk desqualificou ainda mais a dúbia reivindicação dos inventores dos EUA, do ponto de vista brasileiro, de terem voado num avião "sem assistência". Até os dias de hoje os brasileiros consideram legítima a alegação de que esse marco do progresso foi furtado deles pelos gananciosos ianques que, ao glorificarem o "voo de galinha" dos Wright, ao mesmo tempo condenam ao esquecimento o heroico feito de Santos Dumont.

Um dos novos heróis do turbulento Brasil entre as guerras mundiais foi outro pioneiro da aviação, Casimiro Montenegro, o copiloto do voo inaugural do sistema de correio aéreo brasileiro. Montenegro também cativou a imaginação do povo, à semelhança de Charles Lindbergh nos Estados Unidos, e foi um dos pioneiros da nascente indústria da aviação no Brasil em ambos os lados da cerca, o militar e o civil. Como coronel da força aérea brasileira, Montenegro fez voos de reconhecimento sobre a Itália pilotando bombardeiros brasileiros. A força aérea fora estabelecida em 1941, sob a influência americana, como tentativa de neutralizar o sentimento progermânico entre a classe extremamente conservadora dos militares brasileiros. Ele voltou para casa convencido de que a onda do futuro estava no espaço aéreo e que o Brasil — com suas dimensões territoriais, amplos espaços e infraestrutura rodoviária e ferroviária cronicamente subdesenvolvida — era o candidato ideal para conquistar a supremacia dos ares.

UM PRIMEIRO CENTRO PARA A PESQUISA AERONÁUTICA

Ao patrocinar a criação de um instituto de treinamento no Brasil para cultivar em casa seus próprios engenheiros aeronáuticos, Montenegro superou Richard Smith, nessa época chefe de engenharia aeronáutica no MIT, na disputa para ficar encarregado do planejamento de uma instituição de elite. Esse estabelecimento, modelado fielmente no MIT, deveria ser construído nas glebas férteis do Vale do Paraíba, onde Montenegro certa vez mal sobrevivera ao pouso forçado do seu avião em um arrozal. O Centro Tecnológico da Aeronáutica (CTA) se tornou o novo lar para um contingente de engenheiros aeronáuticos alemães que incluía o afamado Heinrich Focke, inventor do primeiro helicóptero realmente manobrável, o FA-61, e fundador da empresa Focke-Wulf Aircraft, fornecedora de aviões de alto desempenho para a Luftwaffe. Embora as tentativas de Focke para aperfeiçoar o híbrido de avião e helicóptero no Brasil tenham fracassado, o poderoso legado da mão de obra e da precisão alemã ajudou o CTA a sair do chão.

---

* 341 kg de peso com o piloto. (N.T.)

Segundo o responsável pela engenharia e desenvolvimento Satoshi Yokota me disse, referindo-se ao estabelecimento da Embraer em 1969 pelo governo brasileiro: "Tudo começou com o CTA e o ITA." O ITA continua a educar a elite dos engenheiros brasileiros vizinhos da Embraer e demonstra como uma educação de alto nível pode ser crucial para o desenvolvimento da indústria de alta tecnologia, tal como ocorre na Índia, em Taiwan, na Coreia e na China. Durante a visita, uma sensação de corporativismo foi compartilhada entre os colegas graduados do ITA Yokota e Clecius Peixoto, nosso analista da companhia para o Brasil, enquanto trocavam histórias sobre as conexões da rede, econômicas e intelectuais, que ligam as duas instituições.

CAMPEÕES NACIONAIS

Um excesso de aviões ociosos remanescentes da Segunda Guerra Mundial, juntamente com uma taxa média de crescimento econômico acima de 8%, anualmente (comparável à da China de hoje), estimulou o desenvolvimento do Brasil e uniu o litoral superpovoado ao interior de baixa densidade populacional. Durante as décadas de 1960 e 1970 o Brasil era uma usina de ideias otimistas, modernistas — alguns diriam surrealistas — enquanto o governo criava uma capital inteiramente nova, Brasília, localizada no planalto central do país, muito longe do litoral do Rio.

As teorias econômicas em desenvolvimento na época, ensinadas como evangelho por quase toda universidade importante do planeta, exigiam que cada nação em desenvolvimento promovesse "campeões nacionais" para se atualizarem com o progresso do Primeiro Mundo. Os enormes custos envolvidos no lançamento dos "campeões nacionais" não faziam sentido em termos comerciais, salvo se houvesse uma pesada proteção, mas a ideologia triunfou sobre o pragmatismo. O governo brasileiro estabeleceu a Embraer com o mesmo espírito expansivo que usou para criar a gigantesca empresa estatal Petrobrás, juntamente com a fabricante de automóveis FNM, mais tarde adquirida (ou melhor, salva) pela Volkswagen, por uma indústria local de computadores e pesquisas nucleares. Dentro do estonteante espírito da época, parecia racional, tendo em vista o rápido desenvolvimento, que uma superpotência latino-americana adquirisse a "autonomia técnica" necessária para se tornar especialista em projetar e produzir aviões.

UMA EMPRESA ESTATAL E A "MENINA DOS OLHOS" DOS MILITARES

A Empresa Brasileira de Aeronáutica S.A., mais conhecida como Embraer, sob o controle majoritário (51%) do Ministério da Defesa brasileiro, começou modestamente em janeiro de 1970 com menos de US$ 2 milhões. Seu primeiro produto foi o modelo Ipanema, pequeno e atraente pulverizador agrícola cujo projeto contou com a colaboração da Piper, fábrica privada dos Estados Unidos. Esse foi um caso clássico da combinação entre proteção precoce da indústria e transferência de tecnologia, enquanto as concorrentes da Piper, a Beechcraft e a Cessna (que tinham tido grande penetração no Brasil antes do modelo Ipanema), lamentaram-se ruidosamente em protesto. Para manter seus compromissos como adjunta dos militares brasileiros, o produto seguinte da Embraer foi um jato para treinamentos, o Xavante, projetado em colaboração com a empresa italiana Aermacchi.

O braço militar dos negócios foi carinhosamente nutrido pelo ex-capitão Ozires Silva da FAB (Força Aérea Brasileira), com seus 41 anos quando foi indicado para ser o primeiro CEO da empresa. Ozires Silva vinha de família humilde do interior e quando garoto fazia biscates em um aeroclube de sua cidade natal. Aos 14 anos e sem licença, pilotou seu primeiro avião. Ao concluir a academia da aeronáutica depois do fim da Segunda Guerra Mundial, subiu rapidamente de posto evoluindo gradativamente de piloto excepcional a gerente de primeira linha.

Embora sua força estivesse em motivar uma organização a fazer um produto que, em primeiro lugar e acima de tudo, fosse soberbamente projetado para somente depois ser comercialmente lucrativo, ele demonstrou conhecer bem as melhores maneiras de exportar mercadorias difíceis de comercialização nos mercados globais, onde o rótulo "Made in Brazil" era tudo menos um facilitador para abrir as portas. "Quando projetamos nosso primeiro avião", lembrou mais tarde, "o pequeno e simples modelo Ipanema, obviamente pensei que deveríamos tentar vendê-lo para outros países do Terceiro Mundo. Mas então descobri que o Terceiro Mundo somente importa modelos sofisticados; o Primeiro Mundo é que gosta de aviões simples."[5] Sem dúvida, o Ipanema vendeu melhor internacionalmente do que no mercado doméstico, pelos motivos expostos.

A década de 1970 testemunhou o "milagre econômico" no Brasil e foi uma época em que o país, como relembra o capitão Ozires Silva, "imaginou que seria capaz de produzir absolutamente tudo". Durante algum tempo, o Brasil e a Embraer viveram um sucesso muito além dos sonhos mais ousados dos seus fundadores por trás de sólidas barreiras protetoras. Depois de três anos de operação, a Embraer fez um gol de placa com o Bandeirante de 19 lugares, pelos padrões de hoje um jato primitivo turbo propelido e não pressurizado, mas bem equipado para a época em que foi lançado. As origens do avião datam de 1965, quando Ozires Silva — ainda como empregado do Ministério da Aeronáutica, mas já participando da criação da Embraer — pediu ao engenheiro Max Holste para projetar um avião com dois motores turboélice para os militares brasileiros. O primeiro protótipo do Bandeirante foi projetado usando os planos de Holste pelos engenheiros do CTA em atenção ao pedido de Ozires Silva.

Por volta de 1982, depois de praticamente dez anos de produção, 22 linhas de pontes aéreas nos Estados Unidos contavam com 130 Bandits* em rotas domésticas, capazes de absorver 46% do mercado de turboélice da ponte aérea. A Fairchild, líder do mercado dos Estados Unidos, sentindo-se ameaçada pelas incursões da Embraer em sua área de negócios, chegou mesmo a entrar com uma ação antidumping na U.S. International Trade Commission (ITC) afirmando que os colossais subsídios brasileiros justificavam a imposição de igualmente colossais taxas alfandegárias de compensação sobre todas as aeronaves importadas com turboélices.

A ITC acabou rejeitando a alegação de subsídios excessivos da Fairchild. Conquanto não totalmente desprovida de mérito, a ação convenientemente deixou de mencionar que praticamente todos os outros países estavam profundamente engajados em subsídios e exportações de recursos para a aviação, dos Estados Unidos e à Europa para o Japão e o Canadá. Sem as pesquisas apoiadas pelo governo e os imensos contratos militares, a maioria das empresas aéreas já teria cerrado as portas há muito tempo. A Embraer absolutamente não era a única a usufruir de uma impressionante série de dádivas e subsídios dos seus patrões em Brasília.

Contudo, dentro das luminescentes nuvens sendo sopradas no horizonte, havia um manto escuro à espreita. É muito raro o governo conceder subsídios a uma empresa sem que fortes compromissos não venham atrelados. De maneira semelhante ao que ocorre com muitas empresas subsidiadas pelo governo ao longo dos anos, a Embraer também sofreu os efeitos de ser tão dependente dos seus clientes militares. Como pais indulgentes, a Força Aérea Brasileira poucas vezes sentiu-se compelida a refrear a tendência natural de promover os fatores técnicos e de desempenho dos aviões — sempre do interesse mais agudo dos compradores militares e políticos — acima dos assuntos estritamente comerciais.

ANOS DE CRISE E PROXIMIDADE DO COLAPSO

Assim como os ambiciosos anos da década de 1970 fundiram-se na espiral descendente dos anos 1980, as rachaduras na economia brasileira começaram a aparecer. A dependência destrutiva da Embraer no seu relacionamento lucrativo com os militares brasileiros veio apenas em acréscimo à sua corrente de infortúnios. Em 1985, a instável situação da Embraer sofreu uma pronunciada inflexão para pior quando, depois de duas décadas de ditadura militar, um governo democrático eleito livremente tomou posse em Brasília. Com o declínio dos contratos militares, uma série de administrações civis em Brasília produziu pouco mais do que rotinas burocráticas e inflação galopante. Por volta de 1990, a inflação brasileira estava parecida com a da república de Weimar, a maior de todos os tempos, e alcançava 6.800% em termos anuais. Vivia-se no âmago de um período global de baixa

---

* EMB 110 da Embraer. (N.T.)

atividade econômica do comércio militar decorrente do gradual declínio provocado pela Guerra Fria.⁶

Enquanto os subsídios às exportações evaporavam e a capacidade de investimento da nação em novas tecnologias chegava ao fundo do poço, as vendas anuais da Embraer caíam de US$ 700 milhões em 1985 para US$ 200 milhões em 1995. As perdas anuais se acumulavam, apesar da relutante imposição de medidas duras para cortar gastos, abrangendo até mesmo 50% da mão de obra, que passou de 12.000 para 6.000 funcionários (mudança implementada sob violenta oposição do Congresso).

O frágil estado da empresa foi ainda mais enfraquecido quando, seguindo determinações do governo civil, a Embraer meteu-se em desastrosa *joint venture* com uma contraparte argentina para o desenvolvimento de um avião turboélice pressurizado. A primeira razão de ser desse avião foi comemorar a recente aproximação entre dois tradicionais adversários. O CBA-123, cuja sigla significa consórcio Brasil-Argentina, foi um clássico exemplo de alta tecnologia, prestígio e custo de projeto, idolatrado pelos engenheiros da empresa, mas que não atraiu de maneira alguma a demanda de sua potencial clientela. Foi o cúmulo da ironia que depois de chorar a perda dos seus mecenas da área militar, o maior de todos os prejuízos da Embraer tenha sido um empreendimento patrocinado pela administração civil do presidente José Sarney.

A partida do capitão Ozires Silva em 1986 para administrar a Petrobrás, a gigante do petróleo brasileiro, em nada ajudou a melhorar a volátil fortuna da Embraer, pois o projeto do turboélice pressurizado continuou a absorver recursos estrangeiros em proporções aterrorizadoras. A Embraer esbanjou milhões para se capacitar com um custoso CAD/CAM numa época em que poucos fabricantes de aviões exibiam tal luxo de tecnologia avançada. Depois do gasto de dezenas de milhões custeando o desenvolvimento do CBA-123, nem uma única unidade do turboélice duplo e pressurizado de 30 passageiros tinha sido vendida. As encomendas de novos aviões caíram verticalmente e para não parar as linhas de montagem a administração da Embraer rebaixou-se ao iniciar a produção rápida de *mountain bikes*.⁷

Por volta de 1990, com a inflação alçando o voo mais alto de todos os tempos, a folha de pagamentos da Embraer alcançou o insustentável pico de 12.700 funcionários. No ano seguinte, sofreu o maior de todos os golpes: perdeu o contrato de fornecimento de um JPATS (Sistema Integrado de Aeronave de Treinamento Primário) de US$ 7 bilhões com a força aérea e a marinha dos Estados Unidos. A Embraer já havia gasto milhões e um tempo incalculável aparando as dificuldades para deixar o Super Tucano turboélice dentro das especificações e acabou perdendo para um consórcio europeu. Em uma desesperada tentativa, na esteira desses infortúnios, o capitão Ozires Silva foi procurado às pressas na Petrobrás e incitado a voltar para salvar seu velho navio que afundava.

Ozires Silva tinha ido para a Petrobrás esperando transformar a gigantesca e dispersa estatal do petróleo em uma empresa enxuta, agressiva, moderna, eficiente e orientada para o mercado. Mas, apesar disso, tinha falhado, pois não levara em conta o poder da impressionante inércia da inchada burocracia em Brasília, capaz de bloquear todas as tentativas de mudanças, até mesmo as mais modestas. Quando voltou para a Embraer, estava convertido à causa da privatização, noção ainda controversa no que diz respeito a empresas patrocinadas pelo estado e empregadores importantes.

Tendo conseguido fazer com que a Embraer subisse ao topo da lista de privatizações iminentes em 1992, Ozires Silva dirigiu a empresa com firmeza e atravessou dois anos de lancinantes protestos trabalhistas, turbulências no congresso e trâmites de burocracia, até a venda efetiva da empresa em dezembro de 1994. Por US$ 265 milhões ela passou para a Companhia Bozano Simonsen, conglomerado brasileiro de serviços financeiros, para dois grandes fundos de pensão do setor público e para a Wasserstein Perella, uma empresa de capital privado dos Estados Unidos. Quando a Wasserstein Perella deixou de honrar sua parte com a entrada de recursos, a Bozano Simonsen enfrentou o desafio e assumiu o que faltava.

UMA ESTONTEANTE REVIRAVOLTA

A Bozano Simonsen, empresa de gerenciamento rígido de recursos financeiros, com interesses em mineração, patrimônio imobiliário, agricultura, bem como aviação, tinha muito trabalho pela frente para recuperar a Embraer. Nove meses depois de assumir o controle da Embraer, a Bozano Simonsen e suas associadas contrataram Maurício Botelho, engenheiro treinado, para o projeto de recuperação da empresa. No seu último ano como empresa patrocinada pelo estado, a Embraer tinha perdido a estonteante soma de US$ 310 milhões num volume de vendas de US$ 250 milhões. Assim que Maurício Botelho assumiu o comando, a lista de pedidos pendentes pouco excedia a US$ 200 milhões, substancialmente menos do que as perdas do ano anterior.

Assim como Ozires Silva (que então dirigia a Varig, empresa aérea nacional) era o perfeito líder fundador da Embraer, Maurício Botelho era igualmente qualificado. Maurício Botelho formou-se em 1965 em engenharia mecânica, na Escola Nacional de Engenharia da Universidade do Brasil e, aos 26 anos, foi contratado para a construção de uma serraria na ilha de Marajó no nordeste do Brasil. Lembrando-se dessa época ele comentou: "Não havia nada por perto. Tínhamos de atender aos empregados, suas famílias e às comunidades vizinhas. Para isso construímos uma escola. As crianças remavam canoas no rio e vinham de longe para assistir às aulas. Era uma situação profundamente comovedora. Aprendi que se fosse dada uma oportunidade às pessoas, elas poderiam desabrochar."[8]

Depois de ter sido gerente e diretor responsável de desenvolvimento de negócios e implementação de projeto de geração de energia e transmissão, e de ter trabalhado na gigantesca Empresa Brasileira de Engenharia (em aciaria, mineração e indústria petroquímica), assumiu seu primeiro papel de liderança como presidente e CEO da Odebrecht Automação e Telecomunicações Ltda., especializada em controle de processos e implementação de sistemas de telecomunicações.

Dois meses depois de assumir o comando da Embraer em São José dos Campos, Maurício Botelho persuadiu a diretoria que a primeira prioridade era aumentar a produtividade. Apesar de a mão de obra ter sido reduzida para apenas 6.000 funcionários, Maurício Botelho reuniu-se com a ansiosa comissão de representantes dos empregados explicando que era necessário mais trabalho, mais reduções no quadro de pessoal, e um corte de 50% nas horas extras. Quando a empresa recuperasse a lucratividade o quadro de pessoal seria recomposto, foi sua promessa. Atendendo ao pedido do sindicato, Botelho concordou, como se fosse qualquer outro empregado, a ter um corte de 10% no próprio salário. Depois desse comprometimento simbólico conseguiu que aprovassem seu plano. "O acontecimento foi o ponto crucial, marcou a reversão das expectativas", relembra Maurício Botelho. "A administração estava seriamente comprometida a obter resultados. Os trabalhadores, por sua vez, abraçaram a causa da recuperação da empresa."

SEGREDOS DO SUCESSO

Como essa notável empresa transformou-se na quarta maior fabricante de aviões do mundo, conseguindo mudar seu rumo a uma falência praticamente certa em 1994? Imagine o que significa sobreviver à hiperinflação; enfrentar, num único ano, uma queda de 80% nas vendas; perder subitamente as encomendas militares com o final da Guerra Fria; enfrentar pressões governamentais para assumir projetos sem saída e tecnologias ultra-ambiciosas; lidar com as bancarrotas dos principais clientes, e reverter o plano de aumentar as vendas de aviões depois do ataque de 11 de setembro. Além disso, transformar o projeto estatal predileto dos militares brasileiros em empresa do setor privado, eficiente fabricante de jatos populares, com fornecedores e clientes em todo o mundo. Como a única principal atuante nessa categoria, uma empresa localizada num mercado emergente, conseguiu vencer a competição em um setor industrial altamente competitivo, de capital intensivo e de tecnologia avançada? Como e onde essa empresa descobriu sua vantagem competitiva?

APOSTANDO NOS PEQUENOS JATOS

Os seguintes fatores exerceram papel de destaque na ressurreição da Embraer durante sua primeira década nos domínios da iniciativa privada: privatização, nova administração, dispensa temporária de empregados, redução dos débitos, substancial investimento em sistemas de TI, hierarquia enxuta, gestão de qualidade total, recuperação da economia global, melhor conhecimento do mercado e introdução do sistema de *feedbacks* do desempenho. Mas até o mais ávido advogado do corte sistemático nos custos e do arrocho nas eficiências operacionais de programas existentes, compreende que a receita duradoura para o desenvolvimento sustentado vigoroso no longo prazo reside em lançar produtos de sucesso e em encontrar novos nichos de mercado.

A recuperação da Embraer pode ser atribuída a um único jogo corajoso que, em 1995, parecia ser um tiro no escuro. Arquitetar a transição de mudar a produção dos bimotores turboélices para os jatos regionais era uma meta ridícula naquela época. No momento da privatização em 1995, a única aventura da Embraer no rarefeito universo dos aviões pressurizados tinha sido o desastrado CBA-123 de trinta passageiros. Felizmente para Maurício Botelho e para a Embraer, em 1989 a empresa tinha começado a planejar jatos regionais em resposta às pressões do mercado. Os turboélices que tanto tinham contribuído para a fortuna volátil da Embraer até a data envelheciam rapidamente e seus voos, lentos e barulhentos, já começavam a incomodar os passageiros acostumados ao silêncio e conforto dos grandes jatos. Os sistemas centralizados iniciados por Robert Crandall na American Airlines estavam sendo revisados, pois as rotas a partir do centro de distribuição dos voos estavam cada vez mais longas, ao mesmo tempo que os voos tornavam-se mais frequentes. Uma das soluções para as dores de cabeça do planejamento das linhas regionais eram os jatos menores, um nicho de mercado que a antiga rival da Embraer, a Bombardier de Montreal, também buscava agressivamente.

Em 1989, a Bombardier apostou metade de sua capitalização bursátil de US$ 250 milhões num jato regional de 50 lugares que poderia superar os turboélices nas rotas regionais favorecidas pelas pontes aéreas. Com seu jato Canadair CRJ-200, que subiu aos céus em 1992 e rapidamente coletou US$ 4 bilhões em encomendas pendentes, a Bombardier era a primeira a comercializar nesse nicho. Mas a pobre Embraer, preocupada com as perdas do turboélice, com seu quadro de pessoal e com os perigos da privatização, padecia da desvantagem — que resultou em vantagem — de ter seu competitivo avião mofando nas pranchetas de desenho.

Enquanto a Embraer ia para o martelo do leilão, o plano básico — que resultara na produção do mais vendido de setenta lugares ERJ-145 — tinha sido ressuscitado brevemente pela administração como uma maneira de "dourar a pílula" para conseguir o mais alto preço possível no mercado. Embora Maurício Botelho possa não merecer todo o crédito pela ressurreição do jato regional dentro da Embraer, sua liderança foi severamente testada quando ele conseguiu tirar a Embraer da beira do abismo, levando-a para um patamar do qual ela foi capaz de arquitetar um plano tão sofisticado.

Durante o projeto do ERJ-145, os engenheiros da Embraer foram forçados a começar do zero porque a experiência deles estava limitada a produzir o turboélice de trinta lugares. Contrariamente à Bombardier, a Embraer não tinha um jato mais antigo para reconfigurar, um que possibilitasse aos engenheiros incorporar sugestões de clientes como fazer duas poltronas de um lado e uma do outro lado do corredor para oferecer mais largura de cabine por passageiro. Em mais uma virada irônica, a capacidade reforçada do CAD/CAM e de outros penduricalhos inovadores que tanto tinham incrementado os custos de desenvolvimento do malsucedido turboélice vieram a calhar para o projeto e montagem do ERJ-145.

Enquanto isso a Bombardier simplesmente pegou seu jato comercial existente e o esticou para transformá-lo num jato de 50 lugares, significando que o novo jato levava mais de uma tonelada e meia de peso extra, dispunha de sistemas desatualizados e tinha características operacionais desnecessárias. O jato regional mais moderno e confortável que a Embraer trouxe ao mercado três anos depois da entrada da Bombardier era duas toneladas mais leve, três milhões de dólares mais barato e tinha operação 15% mais econômica do que o modelo competitivo da Bombardier de US$ 21 milhões. O ERJ-145 foi apresentado pela primeira vez no Farnborough Air Show, no Reino Unido, em 1996, garantindo rapidamente um contrato com a empresa de pontes aéreas Continental Express, uma filial da Continental Airlines. Durante três anos sucessivos, a Embraer vendeu outros 300 aviões, tantos quanto a Bombardier conseguiu vender em sete. Por volta de 1997, o ERJ-145 respondia por 60% da receita ressuscitada da Embraer. Aproximadamente em 1998, depois de três anos de privatização e de onze anos consecutivos no vermelho, a Embraer tinha conseguido exatamente o que precisava.

Os lucros restaurados possibilitaram reconstruir paulatinamente o quadro de pessoal até além dos 11.000 funcionários, um pouco menos do que o pico alcançado na década anterior. Em 2005, a Embraer teve a satisfação de ver suas vendas alcançarem a marca de US$ 3,8 bilhões, seu lucro líquido sendo de US$ 291 milhões. Maurício Botelho defendeu mudar o foco da empresa propondo que a Embraer deixasse sua orientação estritamente técnica e passasse a focalizar o mercado orientado para o cliente. Em termos organizacionais, ele deslocou a empresa para mais perto dos consumidores pela criação de cinco centros de lucros, três fundamentados na região e geografia adequada para os jatos comerciais, um para aeronaves leves e um para as vendas governamentais. Colocou um "empreendedor" a cargo de cada divisão, com a responsabilidade de desenvolver e melhorar as relações com o consumidor, permitindo que esses gerentes regionais operassem seus próprios controles de P&L (Profit & Loss, ou Lucros e Perdas), mudando a decisão para mais perto do cliente.

NICHO DE MERCADO

A identificação e depois a exploração dessa lacuna escancarada do mercado, ignorada pelos grandes fabricantes de aviões, claramente foi a chave para a recuperação da Embraer. Assim como Henry Ford gostava de vender seu modelo T em qualquer cor desde que fosse preta, a Boeing e a Airbus, líderes da indústria, há muito tinham se contentado em vender qualquer tipo de avião, desde que fosse grande. A Airbus tinha até apostado no domínio do mercado com seu paquidérmico corredor duplo de 600 lugares, o A380. Outras empresas do mercado emergente podem aprender com a Embraer que a obediência à regra de ouro da arte da guerra é compensadora: *Não ataque frente a frente, escolha um ponto fraco no qual a atenção do seu oponente não esteja focalizada.* A Embraer teve sucesso onde legiões de outros fabricantes de aviões muito conhecidos fracassaram miseravelmente, dentre os quais o Fokker, da Holland, a Mitsubishi do Japão, o Fairchild-Donnier, germânico-americano e o BAE Systems, da Grã-Bretanha.

VIRANDO O MODELO DA TERCEIRIZAÇÃO DE CABEÇA PARA BAIXO

Como destróieres formigando protetoramente em volta de um porta-aviões, as empresas nos países emergentes já fizeram componentes para a "nave-mãe" nos Estados Unidos, na Europa e no Japão. A Embraer, fabricante brasileira de aviões, é o primeiro exemplo do novo tipo de empresa que, localizada num mercado *emergente*, situa-se no centro de uma vasta rede de fornecedores de nações *desenvolvidas*. *Isso virou a terceirização de cabeça para baixo.*

Ironicamente, sua obsessão inicial pela tecnologia em contraste com a busca de sua viabilidade comercial fertilizou seu sucesso posterior. A Embraer é capaz de projetar novos aviões a partir do zero, com custos menores do que as empresas concorrentes, valendo-se de engenheiros brasileiros que são tão treinados como os das firmas contrapartes, porém menos dispendiosos do que os engenheiros das nações desenvolvidas. Ela constrói aviões globais, até o momento ocupa lugar de liderança da integração, do projeto e da montagem inovadora de aviões a jato regionais nos seus imensos hangares no estado de São Paulo e terceiriza a fabricação de muitas peças.

A empresa estimula "associadas que compartilhem os riscos" para o desenvolvimento conjunto de peças com seus projetistas. O jato E-170 de setenta lugares da Embraer, que voou pela primeira vez em fevereiro de 2002, e o Embraer E-190, que fez seu voo inaugural em março de 2004, são acionados por dois motores recentemente projetados pela GE, são equipados com a aviônica da Honeywell, com asas remanescentes e colunas da Kawasaki no Japão, chapas de titânio da VSMPO da Rússia, porta e partes da fuselagem da França, da Espanha e da Bélgica e têm a eletrônica proveniente de várias empresas americanas.

A terceirização reversa torna a Embraer capaz de obter a qualidade máxima e as peças mais baratas do mundo além da nítida vantagem sobre as empresas concorrentes mais verticalizadas e horizontalmente integradas, como a Bombardier. Como Satoshi Yokota me disse durante um almoço na cantina da Embraer: "Temos um modelo mais flexível. Todos os nossos subconjuntos são montados fora. A Bombardier faz tudo internamente. Quando queremos acelerar a produção, mandamos mais atividades para serem feitas fora, ao passo que a Bombardier segura seus subconjuntos até a montagem final, o que faz com que ela seja a força motriz do seu ciclo de montagem. É muito simples aumentar a taxa de produção com nossa cadeia de suprimentos e processo de montagem. Precisamos apenas fazer investimentos insignificantes para acelerar as coisas." Essa flexibilidade é enormemente útil durante as inevitáveis quedas do mercado tais como as decorrentes do 11 de setembro. O modelo de terceirização também possibilita que a Embraer faça alianças estratégicas com fornecedores de peças, conserva-a na linha de frente da tecnologia, acelera o ritmo de suas fases de desenvolvimento e mantém mínimos seus custos. Os contratos de coprodução e licenciamento também ajudam a Embraer a vender aviões e mantém a concorrência acuada. O CEO Maurício Botelho, afirma que "quando se tem apenas 100 clientes, tem-se que dirigir o foco inteiramente para o que eles querem".[10] Isso é muito diferente do que dizia seu predecessor: "Somos guiados pela engenhosidade... não somos fanáticos pelo lado comercial."

DESAFIOS FUTUROS

Como praticamente qualquer outra empresa do seu setor industrial, o faturamento e as receitas da Embraer sempre foram voláteis. Não é provável que isso se altere no futuro. O sucesso da nova família de aviões, a despeito do começo encorajador, não é totalmente garantido. Os fabricantes de aviões tendem a ter apenas alguns clientes volúveis e a Embraer não é uma exceção. Períodos repentinos de baixa atividade para indústrias notoriamente instáveis podem vir rapidamente a comprometer grandes encomendas de aviões, ou causar um indefinido adiamento nas encomendas essenciais, principalmente considerando que tantas empresas nos Estados Unidos e na Europa têm oscilado no limiar de situações de insolvência. Abundam os rumores de que a Boeing e a Airbus podem dedicar atenção ao mercado de 100 lugares, embora seja de alguma valia que um consórcio aeroespacial francês, que detém 20% das ações da Embraer, possa vê-la como "sua" pequena fabricante de aviões.

É simples a questão essencial que a Embraer enfrenta hoje: Para onde ela deve ir a partir daqui? As encomendas pendentes para a família "E" e as estimativas de que o mercado seja capaz de consumir mais 6.000 aviões regionais nas duas próximas décadas, dependem do envelhecimento dos predecessores do turboélice "E", juntamente com uma drástica expansão dos voos "radiais" a partir dos aeroportos centralizadores atuais.

Como no negócio das empresas aéreas o porte dos aviões é evidentemente importante, o ponto ideal da Embraer — que atualmente possui aviões de médio porte — somente pode se expandir num dos dois sentidos. Recentemente, a empresa começou a divulgar seu interesse em explorar um novo nicho: o mercado de jatos "leves" e "ultraleves", bem menor do que até mesmo os menores Legacy dos jatos empresariais atuais, hoje configurados para 16 poltronas de passageiros.

"Durante a próxima década, espera-se vender praticamente 10.000 jatos empresariais custando cerca de US$ 144 bilhões." A Embraer estima que o mercado global para aeronaves leves e ultraleves, na faixa de US$ 2 a US$ 7 milhões, alcance 3.000 aviões na próxima década. Com custos iniciais de desenvolvimento estimados em US$ 250 milhões, o conceito de leve para a Embraer na próxima década pode ser o mesmo do que o conceito de porte médio na década atual: uma oportunidade para alcançar uma vantagem competitiva estratégica. Ela espera que os jatos ultraleves constituam um quarto das unidades vendidas e que incrementem em 4% as receitas. A Embraer também planeja alavancar sua parceria com seus acionistas europeus da EADS (European Aeronautic Defence and Space Company) e Dassault para a construção de um caça supersônico F-X para a Força Aérea Brasileira. Maurício Botelho tem dito que, se o projeto vingar, a Embraer passaria a ter acesso a uma tecnologia crucial para o desenvolvimento de jatos empresariais supersônicos brasileiros, um ultraleve super-rápido. Um dos cenários especulativos no longo prazo é o da Embraer usar suas enormes vantagens em custos e treinamento para começar a construir grandes jatos no Brasil para suas maiores concorrentes, inclusive a Boeing e a Airbus.

CAPÍTULO 9

Produtores de *Commodities* que Redefiniram suas Indústrias

A Aracruz, a CVRD e a POSCO desafiaram o pensamento convencional... e as probabilidades

Estratégias

- *Desafie o pensamento convencional mediante total determinação de modo a superar os produtores estabelecidos por meio da criação de um novo modelo industrial*
- *Tire vantagem da necessidade sempre crescente de recursos naturais nas "novas" economias industriais estreitando relações nos acordos "sul-sul"*
- *Utilize a ciência moderna para melhorar rendimentos e adequar produtos às necessidades dos clientes*
- *Faça uso de navios cargueiros para o embarque de matéria-prima com destino a locais à beira-mar e para exportar produtos acabados para o mundo*

Em 1817, o economista inglês David Ricardo profeticamente escreveu sobre a "vantagem comparativa" usufruída pelos produtores de vinho em Portugal e pelos fabricantes de roupas na Inglaterra. As diferenças nos custos de produção tornavam o vinho barato em Portugal e caro na Grã-Bretanha, ao passo que as roupas eram baratas na Grã-Bretanha e caras em Portugal. Segundo a explicação que ele dá, as mudanças na prosperidade de regiões, nações ou indústrias tende a se relacionar estreitamente com as mudanças nos custos comparativos de produção e de distribuição de matérias-primas e de produtos acabados.

Bem recentemente, no início do século XX, era indispensável o trabalho extenuante de 40% da população americana para manter o setor da agricultura suficientemente desenvolvido para alimentar o país. Hoje, 4% da população americana podem cultivar mais do que o necessário de trigo, soja e carne bovina para sobreviver e ainda sobra bastante para exportar. Tendemos a nos esquecer o quanto as economias nacionais têm se ajustado a tais mudanças ao mesmo tempo que se beneficiam dessas economias de escala, e até que ponto os consumidores das nações desenvolvidas têm lucrado com os baixos preços decorrentes dessas economias.

MUDANÇA INVERSA

Como as nações rapidamente industrializadas do futuro Primeiro Mundo colonizaram a África, a Ásia e as Américas, estas colônias forneceram às indústrias embrionárias da Europa e da América do Norte uma provisão aparentemente infinita de matérias-primas de baixo custo, bem como mão de obra barata, ou mesmo gratuita, para a manipulação desse insumo.

> A China é agora a maior produtora de aço do mundo e a de mais rápido crescimento, com mais de 1.000 aciarias produzindo um quarto de todo o aço mundial, mas, assim como o Japão e a Coreia, precisa importar uma grande parte de sua matéria-prima e energia.

A primeira fase da globalização foi definida por uma equação brutalmente simples: as regiões subdesenvolvidas do mundo detêm a parte do leão dos recursos naturais e, complacentemente, cedem seus ricos recursos para as multinacionais do Primeiro Mundo que dominam o *know-how*, o capital, a experiência e os contatos globais para comercializar e refinar essas matérias-primas em produtos finais.

Hoje elas não apenas têm o *know-how* para cultivar, extrair e processar a matéria-prima e os produtos finais nas multinacionais emergentes, como a demanda global mudou por causa delas dando origem a um novo grupo de potências industriais. Esse recente conjunto de multinacionais emergentes tem conseguido taxas de crescimento e lucratividade surpreendentes pela exploração inteligente de suas vantagens naturais: proximidade dos recursos, estrutura de custos mais eficiente, capacidade de superar antigos concorrentes por meio da tecnologia mais moderna, sagacidade e conhecimentos suficientes.

Ao longo dos séculos, a característica mais saliente dos produtos de *commodities* tem sido sua fungibilidade: são comercializáveis nos mercados abertos independentemente da conscientização ou do reconhecimento da marca. Mesmo considerando que as *commodities* básicas variam em qualidade, grau e facilidade de extração ou produção, um pouco de celulose, de minério de ferro ou de aço nunca é drasticamente diferente de outro tanto de celulose, de minério de ferro ou de aço. Mas hoje em dia, empresas previdentes como a POSCO da Coreia (aço), a CVRD (Companhia Vale do Rio Doce, atualmente VALE) do Brasil (minério de ferro) e a Aracruz (celulose) aprenderam que não é mais suficiente apenas ser um produtor de *commodities* de baixo custo para vencer concorrentes globais. Para serem bem-sucedidos hoje em dia, os produtores de *commodities* devem ter tecnologia de produção avançada, usar a ciência para melhorar o rendimento, ser pioneiros em sistemas criativos de logística e informação e fazer as adaptações e atualizações das *commodities* básicas para melhor atender às necessidades dos seus clientes.

ARACRUZ CELULOSE
Sem semelhança com "Pulp Fiction"*

Antes de completar 21 anos, Erling Lorentzen, descendente de uma antiga família de navegadores noruegueses, liderou 800 guerrilheiros antinazistas na sabotagem de uma fábrica suspeita de produzir água pesada para uma possível bomba atômica nazista. Mais tarde ele descreveu modestamente essa ousada incursão como uma bem-vinda interrupção na rotina das longas horas passadas na transmissão de mensagens secretas de rádio para os britânicos. Depois de passar seus anos de formação lutando secretamente pela liberdade, Lorentzen achou que lhe faltava um diploma universitário e candidatou-se ao curso da Harvard Business School. Apesar da falta do diploma, ele foi aceito na Harvard. Uma vez de posse do certificado do MBA e tendo passado mais alguns anos ganhando experiência no negócio familiar dos embarques marítimos, o incansável Lorentzen resolveu se estabelecer no Brasil, onde a família mantinha laços comerciais.

Apesar dos caprichos da política brasileira e da notoriamente volatilidade da economia, Lorentzen mantinha um otimismo incorrigível com relação às possibilidades de explorar os recursos naturais ilimitados da nação para acelerar seu desenvolvimento. Depois de operar com bastante sucesso, durante 20 anos, o negócio da distribuição de gás comprado da Exxon, ele aprimorou seu talento empresarial, conheceu o país e começou a ansiar por novas experiências. Quando dois amigos brasileiros que tinham negócios florestais pediram seu conselho para implantar um esquema de exportação de aparas de madeira para o Japão, usando navios que também levavam minério de ferro, ele conseguiu persuadi-los a "industrializar" os produtos de madeira no Brasil, exportando a *commodity* acabada (a celulose) por um custo menor do que os concorrentes estrangeiros.

Mesmo sendo um novato na indústria de transformação madeireira, ele sabia que ao longo dos séculos as publicações impressas tinham criado uma demanda sempre crescente pela celulose de madeira, ingrediente bruto essencial para a fabricação de papel para jornais, livros, revistas, lenços de papel, papel de embrulho, toalhas de papel e placas. Tradicionalmente, as florestas de pinheiros dos Estados Unidos, do Canadá e dos países do norte da Europa têm fornecido o maior volume de madeira de coníferas para a produção de celulose. Mas nos climas mais frios do norte, as árvores adequadas podem levar até quatro décadas para alcançar a maturidade, enquanto que em países tropicais como o Brasil e a Indonésia, as árvores de madeira de lei, ou duras como o eucalipto, podem ser colhidas em cinco ou sete anos.

---

* No original, "pulp nonfiction", referência ao filme *Pulp Fiction* [Tempo de Violência], de Quentin Tarantino, com John Travolta, 1994. (N.T.)

INCLUINDO O EUCALIPTO BRASILEIRO NO MAPA GLOBAL

Lorentzen estabeleceu uma empresa nas profundezas da floresta tropical brasileira para fazer celulose a partir do eucalipto, tirando plena vantagem do clima tropical do Brasil, do ciclo de rápido crescimento do eucalipto, das concessões generosas de impostos dadas pelo governo brasileiro para reflorestamentos e do baixo custo da mão de obra local. Lorentzen perseverou, malgrado os muitos especialistas que condenaram seu esquema e qualificaram sua ideia como a de um doido varrido. O IFC, braço do setor privado do Banco Mundial, chegou mesmo a enviar uma severa carta na tentativa de dissuadi-lo da insensatez. Felizmente para seus futuros acionistas e para o IFC (que anos depois lhe franqueou crédito substancial para produção), ele havia displicentemente desconsiderado as recomendações dos especialistas.

Tendo há muito se convertido à doutrina da "sustentabilidade", Lorentzen compreendeu que o eucalipto era um recurso infinitamente renovável. Insistiu na imposição dos mais rigorosos padrões ambientais operacionais, confiado nos avanços tecnológicos iniciados na Noruega, sua terra natal, em outros países escandinavos, e nos recentes aperfeiçoamentos das leis americanas. Igualmente adepto dos diversos benefícios da ciência e da tecnologia, confiava cegamente que a P&D e o bom manejo florestal seriam capazes de aumentar o rendimento e a qualidade muito acima dos níveis correntes. Esse homem visionário também compreendeu um fato crucial: existiam novas oportunidades para transformar a celulose do eucalipto em papel sanitário. Enquanto isso, importantes produtores como Kimberly Clark não tinham florestas e celulose para atender às suas próprias necessidades.

Lorentzen levantou capital suficiente durante uma época de taxas de juros estratosféricas no Brasil para construir uma fábrica praticamente três vezes maior do que uma fábrica de tamanho normal naqueles dias. Plantou as primeiras árvores em 1967, começou a construção da primeira indústria de celulose em 1975 e, três anos depois, produzia 450.000 toneladas anuais. Hoje em dia, quase um quarto de século depois da passagem da primeira celulose pelas suas máquinas, a Aracruz continua sendo a maior produtora independente de celulose do mundo, favorecida pelos menores custos do mercado. Exportando praticamente toda sua produção para os cinco continentes nessa indústria fortemente cíclica, ela pode contar com contratos de longo prazo para 80% das vendas de US$ 1,4 bilhão que atingiu em 2005, sobre as quais auferiu um lucro líquido de US$ 477 milhões.

OS CICLOS DOS MERCADOS SÃO CAPATAZES BRUTAIS

A longa estrada para o sucesso tinha muitos buracos. Como o CEO da Aracruz, Carlos Aguiar, disse-me em seu escritório no Rio: "Os promotores originais do projeto rapidamente compreenderam que não é possível embarcar minério de ferro no mesmo navio como celulose. A oxidação anula o branqueamento e provoca manchas negras na celulose. Por outro lado, demonstrações itinerantes nos Estados Unidos e na Ásia não conseguiram convencer consumidores céticos até que eles

> *"Nossos custos de US$ 70/t pela madeira equivalem apenas a um terço dos enfrentados pelos nossos concorrentes no norte da Europa e na América do Norte. É claro que a natureza nos ajuda bastante, mas sempre colocamos grande ênfase no manejo florestal para melhorar o rendimento."*
> — Carlos Aguiar, CEO, Aracruz

compreenderam muito mais tarde que a fibra de eucalipto aumenta a velocidade de processamento das máquinas e produzem impressões de melhor qualidade."

O mercado de celulose é tão fragmentado e cíclico que até mesmo um produtor importante não usufrui do poder do preço. Quando os preços da celulose são altos, os imitadores inundam o mercado, arruínam os preços e apressam o próximo período de baixa. "Durante 1993, os preços diminuíram, nossa dívida era imensa e a economia brasileira estava em péssimas condições. Não tínhamos outra alternativa a não ser cortar metade da nossa mão de obra de 6.000 funcionários. Eu morava perto da usina e jogava futebol com meus funcionários todas as semanas. Toda noite chorava por não poder fazer nada pelos meus amigos que não tinham mais trabalho e que não o conseguiriam de volta. Minha família começou a receber ameaças de morte. Foi o pior ano da minha vida, mas sabia que essa era a única maneira de sobrevivência possível. Hoje produzimos mais celulose com apenas 2.000 pessoas."

"Sempre ambicionamos ter o menor custo de produção do mundo — sempre, sempre, sempre", Aguiar insistia, como se repetindo um mantra. "Costumo dizer que custos são como as unhas das mãos. Podemos cortá-las, mas elas crescem novamente, de modo que devemos cortá-las de novo." Ele sustenta que a margem competitiva da Aracruz tem pouco a ver com a mão de obra barata. "Empregamos muita mecanização e nossos custos de mão de obra não são pequenos como muitos acreditam.

"Pagamos 125% de encargos sociais no Brasil, ao passo que nos Estados Unidos esses encargos nos custam somente 40%. Na primeira vez que estive na Finlândia, fiquei muito surpreso quando descobri que eles conseguiam fazer uma serraria funcionar com apenas 400 pessoas, enquanto nós o fazíamos com 1.200. Disse aos meus gerentes que deveríamos ser capazes de fazer o mesmo, mas ninguém acreditou em mim." Resolvido a convencer os que duvidavam, Aguiar despachou um grupo de engenheiros para a Finlândia para buscar novas soluções que levassem a Aracruz a alcançar os níveis de produtividade dos finlandeses.

DUPLICAÇÃO DO RENDIMENTO COM MANEJO FLORESTAL SOFISTICADO

Por mais importante que tenha sido a natural "vantagem do eucalipto" da Aracruz para mantê-la na dianteira, seu duradouro sucesso tem mais relação com as contínuas melhorias no rendimento, decorrentes de uma avançada administração florestal, na adaptação inovadora dos seus produtos às necessidades dos clientes e na sua obsessiva determinação por eficiência. "É claro que a natureza nos ajuda bastante", admite Aguiar, "mas o sr. Lorentzen sempre coloca grande ênfase no gerenciamento florestal para melhorar o rendimento. Ainda fazemos bastante P&D. Por meio da pesquisa genética, conseguimos cultivar agora 45 metros cúbicos por hectare a cada ano, praticamente o dobro dos 25 metros cúbicos que conseguíamos em 1970 nas nossas primeiras plantações."

A SELEÇÃO GENÉTICA TORNA A MADEIRA DA ARACRUZ MAIS BARATA E MAIS DESEJÁVEL

Na década de 1970, a Aracruz seguiu a prática padrão da indústria ao estabelecer plantações comerciais de sementes importadas da Indonésia e da Austrália. Mas por volta dos anos 1980, a Aracruz tinha se afastado das práticas da indústria fazendo uso pioneiro da ciência da propagação genética para determinar as espécies mais adaptáveis às condições ambientais brasileiras, inclusive tolerância às doenças e resistência.

A Aracruz foi a primeira empresa florestal a empregar técnicas de propagação clonal em escala comercial fora do laboratório. A meta consiste em criar plantações que cultivem árvores com os mais desejáveis traços genéticos e, ao mesmo tempo, manter um grau de diversidade suficientemente grande para evitar a vulnerabilidade genética às doenças. As técnicas modernas de manejo permitem que a Aracruz cultive árvores que precisam de menos água para crescer mais depressa até ficarem maduras e que acabam tendo maior densidade do que as cultivadas de maneira natural pelas suas contrapartes. O objetivo essencial é aumentar a produtividade, ou o rendimento florestal, definido como metros cúbicos de celulose cultivada por hectare de plantação. Uma das metas secundárias do programa de cultivo é reduzir o uso da água e dos despejos industriais pela minimização do conteúdo de lignina da madeira.

No início da década de 1990, a empresa iniciou um projeto de microbacias de drenagem para estudar o impacto ecológico das árvores de eucalipto no aquífero, no solo, na vegetação e na fauna local. O objetivo dessa prática visualmente impressionante consiste na obtenção de uma compreensão mais profunda das interações complexas entre o eucalipto e o meio ambiente. Os gerentes das florestas da Aracruz mantêm o registro da quantidade de chuva retida pela raiz da árvore e qual o volume de água que foi absorvido pelo solo. Entre outros segredos da floresta tropical, a Aracruz revelou que um hectare de terra ocupada por uma plantação de eucalipto consome a mesma quantidade de água que a floresta nativa que a cerca, embora o eucalipto seja mais eficiente na conversão da água e de outros nutrientes em biomassa do que a floresta nativa. A empresa tem explorado meios de fertilizar as florestas por processos naturais reciclando os resíduos da colheita novamente para o solo, inclusive as folhas, os galhos e as cascas. Como resultado de tais eficiências, as plantações de madeira dura tropical de mais de três décadas da Aracruz têm produtividade muitíssimo maior do que a de seus concorrentes, tanto no hemisfério norte como no sul.

DESAFIOS FUTUROS

O maior desafio enfrentado pela Aracruz é a consolidação da indústria de papel que se encontra em andamento. "A produção anual de toda celulose do mercado é de 40 milhões de toneladas", explica Aguiar. "A produção brasileira total é ainda muito pequena, com oito milhões de toneladas das quais fazemos três (logo programadas para chegar até quatro) milhões. As máquinas produtoras de papel são tão imensas hoje em dia que, com apenas algumas, é possível abastecer um mercado local inteiro, motivo pelo qual existem cada vez menos empresas dedicadas a produzir papel. Sempre digo à minha equipe que não seremos nada se não vendermos US$ 1 bilhão."

Com quatro fabricantes de papel sanitário de primeira linha controlando 50% do mercado mundial, os produtores de celulose estão mais fragmentados do que seus clientes. Quando o balanço demanda-suprimento não está favorável, a celulose transforma-se num mercado comprador. Como reação contra essa perda de alavancagem, a Aracruz tem constantemente mantido o foco na solidificação de relacionamentos de longo prazo com os principais produtores de papel e papel sanitário do globo. Cerca da metade de sua celulose é utilizada para papel sanitário, 30% para papel para impressão e 20% para papel fotográfico.

A empresa tem comercializado agressivamente seus produtos para países pobres em celulose na Ásia, como a China, a Coreia e o Japão. Hoje em dia, a Ásia representa uma fatia crescente das vendas da Aracruz e participa com 33% do total, aproximadamente o dobro da sua participação há alguns anos, embora a Europa ainda se mantenha na dianteira com 40%. Considerando o grande impacto da China no mercado de celulose, suas necessidades e políticas de compra serão um fator determinante na fixação dos preços, mas a demanda em outros mercados emergentes como a Coreia, Taiwan e a Índia está também em rápida expansão.

A Aracruz precisa crescer se espera melhorar seus preços no longo prazo. Ela deve expandir sua capacidade orgânica e fazer aquisições ou fusões com outras empresas. A VCP — Votorantim Celulose e Papel, um dos principais grupos industriais do Brasil, comprou participação e outras operações de celulose da Aracruz, mas outros acionistas (incluindo o fundador Lorentzen), até o momento, têm se recusado a vender. A *joint venture* com a Stora Enso, da Finlândia, abre outras oportunidades, mas somente o futuro deixará claro se será a Aracruz ou os outros que estarão entre os últimos sobreviventes dessa brutal consolidação.

Ponto de vista do investidor

Visão otimista
- A Aracruz é a maior, mais lucrativa e a que tem o menor custo de produção do mercado de fibra curta de celulose mundial.
- A celulose de eucalipto tem baixo custo e é particularmente atraente para papel sanitário.

- Considerando-se que a principal demanda futura virá da China, são esperadas novas expansões, aquisições e fusões na indústria de celulose.

Visão pessimista
- A indústria de celulose continua sendo bastante cíclica.
- Um súbito declínio na demanda chinesa provocaria um impacto devastador.
- Os clientes de papel e papel sanitário da indústria de celulose estão muito concentrados e, por esse motivo, têm uma posição bastante consolidada, exceto nas ocasiões de pico do ciclo.
- O sucesso futuro da Aracruz dependerá de ela acabar no topo de uma indústria consolidada e que atualmente está fragmentada.

Lições
- As transportadoras de grande volume mudaram a relação de custos de muitas indústrias aceitando embarques em âmbito mundial de matérias-primas como celulose e minério de ferro.
- Mesmo indústrias de mercados emergentes podem aumentar drasticamente a produtividade por meio da pesquisa de seleção genética.
- Em uma indústria cíclica, medidas de valorização, que são típicas do investidor, são de pouca relevância, mas a posição competitiva e as tendências do setor são de extrema importância.

COMPANHIA VALE DO RIO DOCE (CVRD)
A produtora líder de minério de ferro entra no mercado global

Sobrevoando Carajás, a cidade da empresa, a mineração a céu aberto pode ser vista estendendo-se até o horizonte e deixando uma cicatriz rubra na argila vermelho-escura por baixo do dossel da floresta tropical, cujo verde seria impecável não fosse pela escavação. A região de Carajás abrange grandes extensões dos estados do Pará e do Maranhão, e espraia-se na vastidão da bacia amazônica. Nela está o coração do sistema norte da CVRD, onde o maior depósito individual de minério de ferro do mundo estende-se a alguns centímetros de profundidade nas terras de vegetação luxuriante pertencentes ao governo. O barulho da remoção de terra e rocha dos enormes *motoscrapers*, pás mecânicas, escavadeiras, caminhões e tratores de esteiras é ensurdecedor. Todas as minas parecem iguais a olho nu, mas a escala e a qualidade do minério escavado é o que faz a diferença entre as operações que dão lucro ou prejuízo.

Existe tanto minério de ferro em Carajás que, mesmo nos níveis atuais de produção estimulada, existe o suficiente para duzentos anos de exploração. Estima-se em vinte anos o prazo necessário para consumo apenas das reservas comprovadas. O minério de ferro de Carajás prescinde do processo de *beneficiamento* padrão (purificação e refinamento) graças ao seu alto conteúdo de ferro mais elevado do que a média da indústria e da ordem de 66%. Isso reduz mais ainda seus custos de produção.

Mais impressionante é o fato de a Empresa Vale do Rio Doce (CVRD) ter ganho o reconhecimento ambiental internacional em 2004 no quesito "sustentabilidade" relativa à sua mineração a céu aberto, justamente o tipo de obra que tem sido alvo das mais inflamadas objeções dos grupos ambientais. A CVRD é a primeira operadora de mineração a céu aberto a receber o certificado de gerenciamento ambiental ISO 14001, o que não apenas é um motivo de orgulho para seus esforços na "defesa do verde", como também satisfaz uma necessidade econômica. "O que fazemos na CVRD não é apenas porque amamos os macacos, pássaros e borboletas, mas porque precisamos manter a empresa competitiva", foram as palavras de Maurício Reis, gerente dos sistemas ambientais da empresa dirigindo-se a um grupo que visitava Carajás. "Nossos ecossistemas estão na berlinda... Nossos clientes, especialmente da Europa, exigem métodos limpos de produção."[1]

A empresa descobriu que a adoção de práticas ambientalmente sólidas espelha bom senso gerencial porque revela falhas operacionais e torna os sistemas auxiliares — incluindo os de energia e saneamento — mais eficientes. O World Business Council for Sustainable Development (estabelecido em decorrência da Cúpula da Terra, organizada no Rio de Janeiro em 1992), endossou os esforços da CVRD para controlar os danos que suas operações tinham causado em áreas ambientais sensíveis como a de Carajás. "Precisamos de matérias-primas e é aqui que nós vamos encontrá-las", foi o comentário do vice-presidente de operações, Eric Derobert, depois de sua visita a Carajás. "É impressionante o espetáculo dessas pessoas no meio deste fim de mundo adotando abordagens tão modernas."[2]

As credenciais ambientais duramente conquistadas pela CVRD, realmente lhe concedem uma procuração válida para um gerenciamento eficiente. Mas tais aprovações entusiásticas refletem a sofisticação desse gigante global, hoje o maior e o *melhor* produtor de minério de ferro do mundo e o de menor custo de exploração. As minas da CVRD são meros nós das redes do complexo sistema de transportes e comunicação da empresa, invejado pelas empresas de mineração do mundo inteiro. Em Carajás, um trem puxa 240 vagões de minério em uma viagem de ida e volta de 43 horas, levando 130.000 toneladas de minério todos os dias ao terminal marítimo da empresa em Ponta da Madeira, Maranhão. Um longo canal de 100 quilômetros de comprimento garante o acesso dos navios de até 420.000 toneladas de capacidade. O sistema de carregamento opera em dois modernos terminais da empresa e todo ele é integrante de ampla rede que interliga a escavação, o transporte e as instalações de embarque, estando equipado com esteira porta-cabos, correias transportadoras e carregador de navios com lança individual.

O sistema sul da CVRD, localizado no estado de Minas Gerais, consiste de nove complexos de mineração adicionais com todos os acessos rodoviários por estradas para o terminal marítimo de Tubarão, e conta com instalações capazes de armazenar até cinco milhões de toneladas de minério de ferro e peletes. O sistema sul da CVRD, assim como Carajás, é explorado pelo processo pouco atraente visualmente da mineração a céu aberto. Apesar disso, a extração é feita com zelo considerável pelas vizinhanças, obtendo-se ampla variedade e concentrações, passíveis de serem misturadas para atender às especificações do cliente.

> *A CVRD é a primeira produtora de minério no mundo, a segunda em produção de manganês e ligas de ferro, e ocupa atualmente a quarta posição no setor mundial de exploração de minérios e fabricação de metais.*

Graças ao grande aumento de preço dos últimos anos, a CVRD transformou-se na maior empresa de mineração das Américas (maior ainda do que a Alcoa, Phelps Dodge, Newmont e outras empresas de mineração da América do Norte). É a maior exportadora do Brasil e uma das poucas empresas brasileiras cuja dívida mereceu a classificação de grau de investimento. Com reservas de minério de ferro imbatíveis pelo tamanho e qualidade no mundo, a produção anual de 200 milhões de toneladas mundiais da CVRD é responsável pela colossal fatia de 30% das exportações globais, mais do que o dobro das concorrentes mais próximas, a Rio Tinto da Austrália e a BHP Billiton. A Vale do Rio Doce é atualmente a quarta empresa de mineração e indústria de metal do mundo, com receitas de US$ 14 bilhões, lucros líquidos de US$ 4,3 bilhões e uma capitalização bursátil de US$ 46 bilhões em 2005. Em agosto de 2006, ofertou US$ 17,6 bilhões à vista para aquisição da Inco Ltd, a gigante do níquel canadense, superando duas outras ofertas, a da Phelps Dodge, produtora de cobre dos Estados Unidos e a da Tech Cominco Inc., produtora de zinco canadense. Embora suas outras operações de mineração sejam ainda menores do que a mais diversificada anglo-americana BHP e Rio Tinto, a CVRD é mais lucrativa, pelo crescimento dos fluxos de caixa em mais de 30% anualmente durante os últimos quatro anos e pela manutenção de uma margem operacional de 43%.

ANTECEDENTES HISTÓRICOS

A despeito dos méritos da iniciativa privada defendidos posteriormente pelos Estados Unidos, quando o país entrou na Segunda Guerra Mundial os governos militares do Brasil foram pressionados pelos americanos para a formação da CVRD como empresa governamental. Os aviões usados na ofensiva no norte da África precisavam urgentemente dos aeroportos do nordeste brasileiro como base, e a guerra acarretava um apetite insaciável dos americanos por ferro e aço. A bem da verdade, o governo dos EUA tinha razões para recear a excessiva simpatia demonstrada por alguns generais na liderança do governo militar brasileiro pelo regime nazista. Apoiou assim a nascente indústria do aço brasileiro, não muito sutilmente subornando o Brasil para que não favorecesse as potências do Eixo.

Depois da guerra, com a diminuição do interesse americano pelas jazidas de mineração do Brasil, o engenheiro Eliezer Batista (mais tarde Ministro das Minas e Energia do Brasil, despedido depois do golpe militar de 1964, retornou à CVRD na década de 1980 para criar Carajás) encontrou espaço oportuno para entrar e melhorar o uso dos recursos minerais. A explicação me foi dada por Francisco Gros, ex-presidente do Banco Central, durante um jantar no Rio de Janeiro: "Batista viu como o Japão estava reconstruindo sua indústria do aço e precisando importar a maior parte do minério de ferro. Ele estava consciente da vizinhança dos fornecedores australianos, mas acreditava que o Brasil poderia ser competitivo se construísse grandes navios e portos especializados. Seu comentário favorito era dizer que a CVRD era mais uma empresa de logística do que de mineração. A força e o encanto de sua personalidade o levaram a estreitar relações com os japoneses e a convencer o governo brasileiro a ajudar a CVRD a construir ferrovias e portos de exportação para o Japão, embora isso parecesse ser pouco prático."

> *O sucesso da CVRD na exportação veio junto com o brilho da visão de um sonhador: Eliezer Batista, mais dedicado à logística do que à mineração.*

Na década de 1970, a CVRD expandiu suas operações em Carajás construindo uma ferrovia especial para transferência do minério para seu novo porto, devidamente equipado com novas docas que foram projetadas para atender especialmente às crescentes necessidades da empresa. Aproximadamente em 1974, a CVRD tinha se transformado numa das maiores empresas exportadoras de minério de ferro do mundo, e controlava 16% dos transportes de minério de ferro transoceânicos. Com o crescimento do fluxo financeiro, a CVRD, por meio de um atabalhoado programa de diversificação de várias atividades sem nenhuma relação umas com as outras — muitas das quais inclusive drenantes do seu fluxo monetário — conseguiu criar um legado de caos e confusão que exigiu décadas dos especialistas para ser revertido.

Hoje, a CVRD continua a ser tanto uma empresa de logística como de mineração. Seus 9.000 quilômetros de ferrovias e oito terminais marítimos respondem por mais de dois terços do frete total transportado pelas ferrovias brasileiras. A filial Docenave, ou Vale do Rio Doce Navegação S.A., oferece navegação costeira e transporte de longa distância para seus clientes em âmbito nacional. A rede logística da empresa é mais do que uma fonte de dinheiro, ela serve como meio de controlar e maximizar a eficiência de cada passo entre a extração do minério e o usuário final.

PRIVATIZAÇÃO E NOVO GERENCIAMENTO FAZEM DA CVRD UMA EMPRESA DE CATEGORIA INTERNACIONAL

O fato mais surpreendente acerca da CVRD é que durante décadas ela apenas subsistia sofrivelmente como uma empresa governamental rica, porém medíocre até que um dia a privatização a deixou pronta para a sorte grande. A empresa era a mais requisitada do programa de privatizações do presidente Fernando Henrique Cardoso em meados de 1990, mas acabou sendo a de privatização mais controvertida, depois que populistas e ativistas moveram ações judiciais e organizaram vigorosos protestos contra a decisão do governo de "vender as jóias da coroa". Depois da laboriosa eliminação dessas barreiras, a CVRD foi vendida em 1997 por US$ 3,3 bilhões para um consórcio liderado pela Companhia Siderúrgica Nacional (CSN). O negociador principal dessa transação complexa foi o banqueiro de investimento Roger Agnelli do Bradesco, um dos

> Sem se prender às tradições, a nova equipe de gerenciamento liderada por Roger Agnelli queria privatizar a CVRD não apenas para constar, mas realmente para valer, tendo em vista transformar a gigante do minério de ferro num império mundial e diversificado de mineração. E isso foi antes da demanda da China explodir.

maiores bancos privados do país, que foi bem-sucedido ao manobrar astutamente a CSN e outros para assumir o controle da diretoria tendo sido, finalmente, nomeado seu CEO.

Agnelli pode se considerar abençoado pela aparência de galã cinematográfico, mas durante nossa entrevista deu todos os sinais de ser também um bom estrategista. Sua principal meta era a privatização da CVRD, não apenas para constar, mas realmente para valer. Sem se sentir obrigado pelas sufocantes tradições passadas, Agnelli, modestamente, referia-se a si próprio como "sujeito de sorte" com a perspectiva de alguém de fora que o ajudava a encontrar soluções novas para uma lista de problemas.

"Banqueiros de investimento", ele observou com o devido respeito, "levam algumas vantagens cruciais sobre os engenheiros treinados para serem executivos de mineração hoje em dia: trata-se de ter um certo sentido de urgência, uma perspectiva global e a atitude de manter o foco no lado financeiro do negócio.

"O negócio da mineração era muito tradicional e fechado para as ideias novas. A globalização forçou as empresas a serem mais eficientes. A resposta que eu costumava receber antes de assumir era 'estamos estudando este assunto'. Na qualidade de banqueiro de investimentos, eu não tinha o hábito de enfrentar estudos adicionais, estava acostumado a receber os resultados. Não achava suficiente que me dissessem que ninguém poderia nos bater no minério de ferro, eu queria ver mais crescimento orgânico."

Agnelli era muito jovem quando se tornou presidente do Bradesco. A atividade bancária, muito semelhante à mineração, era uma indústria conservadora no Brasil. Como era muito jovem, as pessoas não se importavam que ele fizesse uma série de perguntas. "Aprendi que poderia ser útil fazer muitas perguntas 'bobas'." Uma das perguntas bobas que ele fez depois de assumir a CVRD foi por que eram usadas duas correias transportadoras para os sistemas norte e sul. Observando que uma consumia muito mais aço que a outra, Agnelli "primeiramente obteve respostas evasivas como alegações de que a razão estava no clima, nos ventos que sopravam do oceano ou na umidade do ar. Mas uma investigação mais profunda, fez com que os engenheiros finalmente admitissem que sempre haviam trabalhado dessa maneira". Os relatórios mostram que a consolidação operacional da CVRD e dos sistemas do sul e do norte salvaram US$ 2 milhões em custos operacionais apenas no primeiro ano.

ALÉM DOS METAIS FERROSOS, TAMBÉM O COBRE, A BAUXITA E O NÍQUEL

Agnelli não se opunha à diversificação, ele apenas não concordava com a diversificação sem pé nem cabeça. Ele descartava os negócios paralelos como o da celulose e papel, tentando focalizar novamente as atividades da empresa em uma carteira coerente de metais e produtos associados ao metal, incluindo bauxita, cobre, níquel, potássio e caulim. A empresa, desde essa época, transformou-se na segunda maior produtora de manganês (usado na fabricação do aço e das baterias) e de ligas de ferro (com 11% do comércio global via marítima). Quanto ao cobre, com a abertura em junho de 2004 da mina de Sossego nas vizinhanças da que operava no estado do Paraná, a CVRD tornou-se a quinta maior produtora do mundo.

A mina de Sossego é o primeiro projeto inteiramente novo de mineração da CVRD em vinte anos. José Auto Lancaster Oliveira, diretor-executivo da área de minerais não ferrosos e energia, lembrava-se que na época em que trabalhava para a Phelps Dodge, a gigante do cobre americana, tinha decidido não investir no Brasil enquanto os preços do cobre estivessem baixos. Ele rememorava sorridente, a indevida preocupação conservadora de Phelps Dodge com relação ao cobre da América Latina ao comentar: "No Chile, chegamos a construir alojamentos para os empregados nas proximidades do aeroporto, de modo que eles pudessem sair rapidamente se fosse necessário. Os engenheiros da Phelps Dodge, quando avaliaram o projeto, estimaram que seriam necessários dez anos para concluí-lo. A CVRD concluiu em sete."

Agnelli estava determinado a transformar Sossego num modelo de mina moderna, na qual os empregados não estariam isolados em um nicho especial da empresa, mas imersos na comunidade local. "Meus engenheiros disseram-me para deixar essa ideia de lado, que aquilo era equivalente ao nosso oeste bravio. Havia até uma zona da luz vermelha, com garotas de 10 anos de idade, e algumas sofriam de lepra. Fui verificar e consegui que o prefeito mudasse a área. Implantamos tratamentos de água e de esgotos, construímos uma escola, um posto policial e uma estrutura de treinamento técnico. A cidade rapidamente viu sua população triplicar e alcançar 15.000 pessoas. Como mineiros modernos, afirmou Agnelli, "não podemos ser apenas técnicos. Precisamos ouvir a comunidade e ser menos arrogantes".

Como consequência das aquisições de grandes minas no Brasil e no Paraguai, a CVRD tem o propósito de se tornar uma das principais protagonistas em bauxita (ingrediente básico para a produção de alumínio). Dentro de uma década, sua produção de 20 milhões de toneladas viria a colocá-la no mesmo patamar da gigantesca Alcoa. A CVRD também lançou um projeto de mais de US$ 1 bilhão para a exploração de níquel e, discretamente, observa os depósitos de níquel de Cuba, correspondentes a 30% das reservas mundiais. Se sua proposta de adquirir a Inco tiver sucesso, a CVRD colocaria sob seu guarda-chuva a segunda maior produtora de níquel do mundo.

A CVRD tem uma visão globalizante sobre o carvão, mas, em novembro de 2004, ganhou uma aguerrida concorrência internacional na região de Moatize ao norte de Moçambique, área que encerra 2,4 bilhões de toneladas, o maior depósito inexplorado de carvão do mundo. "O carvão é um bem estratégico para o fornecedor de aço", diz Agnelli. O projeto de Moçambique é apoiado pela International Finance Corporation (IFC) e pelo BNDES, Banco Nacional de Desenvolvimento Econômico e Social. A CVRD planeja investir US$ 1 bilhão a título de pagamento de concessões, desenvolvimento da exploração da mineração, construção de um terminal marítimo para o carregamento de navios que será interligado a uma ferrovia local existente para alcançar os portos na costa de Moçambique.

A TRANSFORMAÇÃO EM MINA GLOBAL

Apenas 10% da atividade atual de mineração da CVRD ocorre fora do Brasil (onde ela atua em 18 estados), mas Agnelli espera elevar esse porcentual para 30% dentro da próxima década. Apenas a entrada da Inco já faria Agnelli ultrapassar essa meta. Atualmente está presente nas três Américas; na França e na Noruega no continente europeu; em Bahrain no Golfo Pérsico; em Moçambique, Gabão e Angola na África, e na China e Mongólia na Ásia. O escopo mundial da CVRD é também refletido no fato de ela ter escritórios de venda em todos os principais mercados, de Bruxelas e Nova York a Xangai e Tóquio. Agnelli vê um grande futuro para a CVRD na África, e acredita que o Brasil tem uma afinidade natural com o continente. Ele francamente espera chegar na frente da China na aquisição dos recursos do continente. "Os chineses estão invadindo o mundo, especialmente onde a soberania corre grandes riscos." Embora cautelosamente otimista acerca das oportunidades na China e na Rússia, ele maneja com flexibilidade uma estratégia mais baseada na oportunidade prática do que em algum grande esquema teórico.

UM PRODUTOR DE *COMMODITIES* INOVADOR

Agnelli sentiu-se orgulhoso ao me mostrar como todos os altos executivos da CVRD trabalhavam juntos numa única sala, sem repartições privadas, no mesmo estilo de "sala de aula" que me lembrava ter visto quando visitei o Bradesco de onde ele saíra para entrar na Companhia Vale do Rio Doce. Ao me mostrar a sala, ria ao rememorar: "Há alguns anos encontrei o CEO de uma das principais empresas de mineração do mundo, numa época em que estávamos em nono ou décimo lugar. Ele disse-me que gostava da CVRD e que gostaria de somar esforços conosco. Respondi: 'meu pai me ensinou, quando eu ainda era uma criança, que não devemos chamar um lobo para nos defendermos dos cães. Nesse momento seu porte é maior que o nosso, somos muito pequenos. Voltemos a conversar sobre isso daqui a quatro anos. Talvez então possamos falar de igual para igual. Quem sabe até terminemos *comprando* sua empresa?' Recentemente, tive novamente um encontro com o mesmo executivo. Disse a ele: 'Realmente, não estamos mais interessados em adquirir sua empresa, entretanto, nós é que somos maiores agora.'"

Ponto de vista do investidor

Visão otimista
- Uma mina eficiente, de baixo custo e de escala global está se transformando numa corporação mineradora diversificada, com liderança na área e de amplitude mundial.
- A CVRD é um caso clássico de como a privatização e um novo gerenciamento dentro de poucos anos, conseguem transformar uma grande, desalentada e superdiversificada empresa numa empresa de categoria internacional.

Visão pessimista
- O apetite repentino e insaciável da China pelo minério de ferro inflou tanto o fluxo de caixa da CVRD que pode ter criado "maus hábitos".
- A CVRD precisará provar que pode ser tão eficiente na exploração de cobre, bauxita, níquel e carvão como o é em suas operações com o minério de ferro.

Lições
- A sorte de um crescimento inesperado da demanda é capaz de mudar a característica de uma empresa, embora também possa levar a desperdícios no fluxo de caixa.
- A privatização frequentemente oferece uma oportunidade única para iniciar um novo gerenciamento, mudar a cultura corporativa, criar um senso de urgência e adotar uma estratégia nova e mais focalizada.

POHANG IRON AND STEEL COMPANY (POSCO)
Contra todas as expectativas

O relatório de março de 1969 do Banco Mundial era claro. A construção de uma "aciaria integrada na Coreia [era] uma proposição prematura para a qual faltava viabilidade econômica". Se algum leitor do relatório estivesse propenso a questionar suas conclusões o autor explicou, nos mínimos detalhes, o fundamento lógico das razões pelas quais condenava a ideia da aciaria.

1. A Coreia não tinha *minério de ferro*, componente essencial na fabricação do aço, e as fontes primárias de um suprimento firme de ferro estavam distantes e seriam alcançadas somente a um alto custo.
2. A Coreia não tinha *carvão*, a matéria-prima do coque, componente fundamental na fabricação do aço.

3. Faltava à *engenharia* coreana *conhecimento técnico e experiência necessária para a fabricação integrada do aço.*
4. A Coreia carecia de *capital* disponível para empreender a fabricação integrada do aço.
5. Além de a Coreia não dispor de um *grande mercado doméstico para o aço*, as aciarias mais eficientes do mundo estavam no Japão, país praticamente vizinho da Coreia.

Por volta do ano de 1969, em qualquer outro país que não a Coreia do Sul, sob o regime repressivo e despótico do ditador militar Chung-hee Park, veredictos negativos inadmissíveis pronunciados pelo todo-poderoso Banco Mundial (um espelho do apoio e do ponto de vista americano) teriam afundado o projeto sem mais delongas. Mas o governo coreano estava determinado a realizar suas mais ousadas ambições. Tinha definido com prioridade máxima o desenvolvimento da auto-suficiência na fabricação do aço, indústria âncora vista como crucial para o desenvolvimento de uma economia industrial completa.

Apesar do peso dos argumentos racionais contrários, a determinação firme e o orgulho nacional superaram o bom senso. Enquanto o Banco Mundial emitia sua avaliação pessimista, grupos de construção limpavam a área de Pohang, antigo vilarejo de pesca, abrindo caminho para a primeira usina de aço moderna da nação. Seria a primeira desde que os japoneses — nos tempos de guerra os chefes supremos da Coreia — tinham construído as duas aciarias na antiga colônia para o suprimento estratégico essencial de aço para seus exércitos que estavam lutando na Manchúria e na China.

Desde o término da Guerra da Coreia em 1953, o governo sul-coreano tinha vigorosamente tentado influenciar seus aliados no estrangeiro para que apoiassem a construção de uma aciaria local a partir do zero. O governo da Coreia do Sul estava coberto de razão ao suspeitar que um pouco do ceticismo do relatório do Banco Mundial tinha sua origem na pressão das grandes aciarias americanas que já enfrentavam uma nova e dura competição do Japão. É uma ironia histórica que quando os americanos não conseguiram segurar o touro pelos chifres, o Japão, antigo adversário da Coreia, tenha se movido agressivamente para preencher essa lacuna. Além de identificarem a oportunidade comercial promissora na Coreia do Sul, os japoneses encontraram uma maneira tangível de reparar os "36 anos de adversidades sob o controle japonês", conforme o próprio governo do Japão admitiu contritamente.

Um legado dos sofrimentos sob o controle japonês tinha, finalmente, rendido seus dividendos sob a forma de uma colaboração essencial entre essas duas nações, agora amigas. A Coreia ainda era um país desesperadamente pobre, com uma renda per capita tão baixa quanto a do Peru, mas seguia fir-

> *Depois da recusa americana, os japoneses, liderados pela Nippon Steel, viram a oportunidade e passaram a ser os principais parceiros técnicos da Posco, oferecendo treinamento e consultoria diária.*

memente as pegadas japonesas. Não é de admirar que a equipe coreana despachada para representar o país no Japão contasse apenas com a escassa diária de US$ 10 por pessoa.

Durante o dia, despenderam orgulhosamente a quantia sem precedente de US$ 175 milhões na aquisição de equipamentos de aciaria da mais alta qualidade. Durante a noite, ficavam confinados no decadente hotel, jantavam macarrão instantâneo comprado na calçada em frente e lavavam a roupa de baixo na pia do banheiro do quarto.

A obstinada burocracia coreana continuou a objetar contra o custoso equipamento comprado de comum acordo com os japoneses até o presidente Chung-hee Park intervir pessoalmente. Ele fez questão de externar seu desprazer imperial assinando uma nota apressada que ganhou fama quando se tornou conhecida como o "Memorando com a Assinatura Manuscrita do Presidente", deixando claro que os obstáculos futuros que surgissem seriam derrubados com uma canetada presidencial. Para garantir que esse imenso projeto não saísse dos trilhos, o presidente Park indicou o destacado general Taejoon Park (sem relação com o presidente, mas um defensor importante do golpe que o levou ao poder) como sensato e exigente presidente da empresa.

Como todos os homens fortes do mundo, o presidente Park não se acanhava quanto a estabelecer exemplos de brutal eficiência. Ao descobrir que o furo para um parafuso de ancoragem estava com o ângulo erradamente ajustado, ele não teve dúvida em reunir os empreiteiros e ordenar a destruição da seção inteira na frente de todos. Não foi surpresa quando a primeira fase da construção foi terminada um mês antes do cronograma. Mais surpreendente ainda, os coreanos conseguiram construir a aciaria por um custo extremamente baixo, subcontratando principalmente empreiteiros locais por salários mais baixos.

Em abril de 1970, foi rompido o solo para a edificação da primeira usina da Posco, com a alardeada capacidade anual de 8,5 milhões de toneladas. Por volta de julho de 1973, a empresa entrou em funcionamento. Em 1986, foi completada a segunda aciaria, com 11,4 milhões de toneladas de capacidade produtiva anual. Pelo final da década de 1980, a Posco já exportava aproximadamente três milhões de toneladas de aço por ano, cifra que dobrou em meados da década de 1990 para corresponder a 30% da produção total de seis milhões de toneladas. Hoje, a empresa é uma dentre as maiores, mais eficientes e tecnologicamente mais avançadas fabricantes de aço do mundo. Em 2005, a Posco foi qualificada pelos editores da *Fortune* como "a empresa mais admirada globalmente", tendo sido mesmo designada pelos principais analistas da indústria do aço como "a mais competitiva [aciaria] do mundo" além de receber o título de uma "das mestras em bobinas de aço" pela *Business Week*.

COMO A PROTEÇÃO DADA A UMA INDÚSTRIA NASCENTE PODE AJUDAR OU PREJUDICAR

O fato de a Posco ter sido estabelecida e criada nos primeiros anos pelas ações intensas, determinadas e autocráticas do governo, constitui um excelente exemplo da política que já foi moda no mundo em desenvolvimento, a de *"proteção à indústria nascente"*. Não resta dúvida de que a Posco se beneficiou enormemente de ter sido o projeto favorito de um militar ditador e de seus homens de confiança nos mais altos níveis do governo coreano. O apoio do governo foi crucial para a sobrevivência da empresa em seus primeiros anos, uma vez que os generais evitaram que ela caísse nas mãos dos poderosos *chaebols* locais (grupos empresariais familiares coreanos) ao mesmo tempo que mantinham na linha os tradicionalmente militantes sindicatos trabalhistas.

A proteção sob o governo do presidente Park chegou ao ponto de produzir, em 1970, o esboço de uma lei visando à especial promoção da indústria de ferro e aço, franqueando-lhe empréstimos com baixas taxas de juros para a compra de equipamentos, construção de um porto, de instalações de abastecimento de água, de uma usina geradora de eletricidade, de estradas e de uma linha ferroviária. Estima-se que esse bem sortido pacote de produtos e serviços, com descontos de 20% a 50%, tenha respondido pelo acréscimo de US$ 42 bilhões de dólares aos resultados de 1970.[3]

O que muitos daqueles que moveram ações antidumping contra a Posco não sabem é que essa profusão de subsídios e proteções tem um certo custo. Durante a maior parte de sua história, a Posco foi obrigada a vender aço para seus consumidores domésticos por um preço "especial", menor do que os preços mundiais da época para o mesmo produto caso ele fosse exportado. A Posco ficou sujeita a uma intromissão constante do governo, que se tornava cada vez mais opressiva à medida que a empresa crescia. Durante anos, o governo coreano não apenas nomeou a alta gerência como fez questão de definir até o último detalhe, como a quantidade de aço a ser vendida no exterior, o preço a ser cobrado do consumidor doméstico, quanto ela deveria investir na aquisição de empresas concorrentes para afastá-las do mercado e quais outras "indústrias nascentes" ela deveria ajudar. Pesando os prós e os contras, o apoio do governo provavelmente representou mais um peso do que uma ajuda. Ainda assim o governo coreano demorou até 2001 para desistir de controlar a empresa.

Fatores-chave para o sucesso

- Motivação para a exportação apesar da proteção à indústria nascente.
- Em todos os níveis hierárquicos, a equipe da Posco foi impelida pelo orgulho nacional nos seus esforços voltados para transformar uma ideia não convencional em realidade.
- A Posco aprendeu com os japoneses e depois os superou em eficiência.
- Desde o princípio, a Posco investiu nas pessoas, não no equipamento.
- A empresa tinha uma poderosa motivação para "suplantar os melhores" globalmente em tecnologia.

- Desde o início a Posco teve uma visão ampla ao reconhecer o crescente domínio da China no aço, deslocando-se não apenas para a "faixa superior do mercado" como também tornando-se produtora global com instalações na China, na Índia e nos Estados Unidos.

UMA OBSESSÃO PELO TREINAMENTO

O gerenciamento da Posco compreendeu desde o início que uma grande aciaria trabalhando sozinha não conseguiria conquistar o status de categoria internacional face à alta competitividade da indústria. A aquisição de capacitações no nível de empresa mundial exigiria treinamento e absorção de *know-how* tecnológico externo. Antes mesmo de as operações começarem, 597 pessoas da equipe já tinham recebido treinamento no Japão e na Austrália. Os treinadores japoneses ficaram surpresos quando viram os *trainees* da Posco, vindos do exterior, tomar notas apaixonadamente e memorizarem informações de uma maneira que lembrava a conduta dos próprios japoneses de antigamente. Estavam tão comprometidos com o treinamento que antes de começarem efetivamente a trabalhar na estação ensaiaram suas funções gritando ordens uns para os outros ao ar livre, num campo de futebol. Foi exigido que a equipe treinada ficasse com a Posco durante dois anos para desenvolver materiais de treinamento para os próximos grupos internamente.

Os técnicos que alcançaram um "consagrado estágio" de conhecimento eram altamente valorizados e recompensados com tratamento especial. A Posco também colocava engenheiros altamente qualificados para trabalharem como encarregados na usina, uma estratégia que rapidamente se mostrou compensadora em termos de melhoria na produtividade.

A Posco destaca-se em sua motivação para se tornar uma empresa de categoria internacional devido ao seu imenso compromisso com a inovação e com o treinamento tecnológico, tornando-a líder em produtividade, eficiência e custos.

DO *TRAINEE* AO TREINADOR

A Posco aprendeu dos japoneses que uma produtividade de primeira linha somente pode ser alcançada mediante uma sintonia fina e ininterrupta, sem depositar toda a confiança na tecnologia da informação e em equipamentos de alta tecnologia. Tão importante quanto isso é a minimização dos tempos de ociosidade, a rejeição das bateladas de aço que não atendam aos rígidos requisitos de qualidade, a manutenção preventiva e um quociente baixo para a relação de empregados por tonelada (agora, baixados virtualmente aos níveis japoneses da cifra três vezes maior de 1975). Em uma concorrência para diminuir sua dependência da tecnologia estrangeira, as autoridades coreanas trabalharam incansavelmente para unir a Posco ao Potech (Pohang Institute of Industrial Science and Technology), e ao RIST (Research Institute of Science and Technology). Consequentemente, e depois de muita tentativa e erro, a Posco conseguiu desenvolver internamente vários tipos de equipamentos e tecnologias.

No final da década de 1980, os engenheiros da empresa conseguiram montar um sistema especializado para fazer previsões sobre as mudanças de pressões na ventilação de um autoforno, diagnosticar anomalias e controlar seu calor interno. Nos anos 1990, os engenheiros da Posco exportaram métodos e tecnologia patenteada para os Estados Unidos, a Europa, a África do Sul e a Índia. Em 2006, a Posco abriu uma nova usina revolucionária empregando uma tecnologia avançada conhecida pelo nome de Finex. Esse novo método de fabricação de aço foi desenvolvido internamente e prescinde do demorado estágio tradicional de fusão do carvão e do minério em torrões, na presença de ar quente (denominado coqueamento e sinterização), desse modo economizando energia e diminuindo em 90% as emissões.

A Posco é forte não apenas no processo de fabricação de aço, mas, como qualquer empresa que se respeite e de categoria internacional, é líder na tecnologia da informação. Começando em 1999, ela entrou em rede não apenas com suas 81 usinas, mas também com seus fornecedores e 19.000 clientes. Todos na empresa acreditavam firmemente em manter o acesso à mesma informação online, para evitar duplicações, erros e confusões, bem como permitir que os fornecedores conhecessem as necessidades futuras da empresa e que os clientes obtivessem informações atualizadas sobre os prazos de entrega. Durante seu primeiro ano de operação, 1.600 clientes fizeram pedidos pela Internet que resultaram em 5% das vendas.

AVANÇO INTERNACIONAL

Como mais um sinal de como as coisas mudam com o tempo, a Posco começou uma *joint venture* com a U.S. Steel para modernizar — pelo custo inicial de US$ 450 milhões — uma antiga aciaria na Califórnia cujas raízes datavam da década de 1910. Hoje, uma fábrica afamada por fornecer a matéria-prima para construir a ponte San Francisco-Oakland Bay Bridge* qualifica-se como uma das mais avançadas usinas do mundo, emprega 1.000 americanos, embarca diariamente toneladas de laminados a frio, galvanizados e chapas finas estanhadas (folhas de flandres) de laminados a quente para mais de 150 clientes, localizados principalmente nos treze estados do oeste. Com procedimento semelhante ao da nova fábrica da Hyundai no Alabama, as indústrias USS-Posco fornecem à Posco uma apólice de seguro eletrônico contra sanções comerciais e tarifas punitivas contra "estrangeiros" acusados de fazer botaforas de aço barato no solo americano. A Posco, na qualidade de coproprietária da United States Steel, uma aciaria que sustenta centenas de americanos, obteve 30% de isenção nas tarifas de importação de aço para os Estados Unidos, dias depois de elas terem sido impostas pelo governo Bush. Embora a Posco tenha melhorado a produtividade da U.S. Steel e tenha exportado tecnologias exclusivas para empresas tais como a Saldanha na África do Sul, a VSL na Índia e a Hoogovens na Holanda, ela tende a se manifestar com modéstia surpreendente acerca de suas conquistas.

---

* Ponte que liga San Francisco a Oakland e tem dois andares para o tráfego terrestre. (N.T.)

Um de seus motos de propaganda enuncia a sua política de sobriedade: "Movemos o mundo em silêncio."

Ponto de vista do investidor

Visão otimista
- A Posco, uma das maiores, mais eficientes e mais econômicas produtoras de aço, tem como sua principal característica positiva a alta qualidade dos galvanizados e das chapas de aço inoxidável.
- A Posco domina o mercado coreano com uma participação de mercado de 55%.
- Tendo menos de 25 anos de idade, a Posco não tem que lidar com um legado de pesados fundos de pensão.
- A nova tecnologia Finex deverá aumentar a liderança tecnológica da Posco.
- Os empreendimentos conjuntos na China e uma imensa instalação nova na Índia dão flexibilidade ao mercado global.
- Cada vez mais os contratos de longo prazo garantem o acesso à matéria-prima.

Visão pessimista
- A indústria do aço na China está surgindo rapidamente e dentro de pouco tempo será a maior e mais moderna do globo.
- A clientela da Posco ligada às indústrias automobilística e de construção de navios está cada vez mais globalizada.
- Até mesmo as fábricas mais novas na China cada vez mais alcançam nível internacional.
- Ficando para trás em porte e a reboque da Mittal Steel, a Posco pode ser forçada a fazer alianças com uma ou mais outras aciarias líderes.
- A Posco teve um avanço lento nos países de baixo custo com grandes mercados.
- A luta por recursos ficará mais dura.

Lições

- A Posco demonstrou que é possível construir uma aciaria de baixo custo, eficiente e de categoria internacional sem necessidade do minério de ferro e recursos de carvão usuais, com base em determinação, forte apoio governamental e mercado cativo de administradores e construtores de navios.
- A construção de uma fábrica de crescimento sustentável e contínuo sem experiência prévia pressupõe que haja muito treinamento e que exista uma empresa de categoria internacional disposta a servir de mentora.
- Os esforços constantes para alcançar tecnologia de ponta e usar amplamente a TI são úteis apenas se for prestada muita atenção aos "pequenos detalhes" da operação da fábrica e se a meta for a de alcançar uma eficiência de categoria internacional com a estrutura de menor custo possível.

CAPÍTULO 10

Produtores de Energia Alternativa

A Sasol da África do Sul fabrica combustíveis sintéticos a partir do carvão e do gás, os carros do Brasil usam biocombustíveis e a Tenaris da Argentina faz tubos sem costura, suficientemente bons para serem usados nas profundezas oceânicas ou nos climas árticos

Estratégias

- *Procure fazer pesquisas e experimentos ligados às fontes de energia alternativa tendo em vista o crescente consumo de energia*
- *Em vez de rejeitar, leve a sério as energias alternativas dos "mercados emergentes"*

A Gazprom, gigante estatal controlada pela Rússia, discretamente vem se tornando não apenas a maior empresa dos mercados emergentes, como também, sem sombra de dúvida, a maior fornecedora de gás natural para a Europa ocidental. No dia 1º de janeiro de 2006, em plena manhã de domingo, com algum estardalhaço e no meio de um dos invernos mais frios que já houve na Europa, a Gazprom resolveu cortar abruptamente o suprimento de gás natural para a vizinha Ucrânia. A explicação da Gazprom para essa atitude foi a recusa do governo ucraniano em pagar US$ 230 dólares por 1.000 metros cúbicos de gás, quase o quíntuplo do preço que vinha sendo subsidiado há muito tempo, pouco menos do que US$ 50. Embora os russos conservassem a expressão impassível de quem blefa no pôquer e alegassem que se tratava de "um preço de mercado justo" e de "uma discussão puramente comercial", tanto os ucranianos como o restante do mundo sentiram que as altas apostas da Rússia no campo da energia eram temerárias.

O que provocou um calafrio na espinha inflexível das nações da Europa ocidental não foi apenas que o presidente russo Vladimir Putin e seus aliados dentro da Gazprom pareciam ter usado isso como uma oportunidade de serem duros com os ucranianos por terem eleito o simpatizante dos costumes ocidentais Viktor Yushchenko como presidente, e não candidato fortemente apoiado pelo Kremlim. Ainda mais preocupante, suas próprias fontes de gás natural ficaram ameaçadas por essa atitude, bem como a maioria do gás que fora enviado pelas tubulações ucranianas e que se destinava ao transbordo para abastecer clientes em outras regiões da Europa ocidental. Alexei Miller, CEO da Gazprom, apareceu no *Russia Today* (o primeiro canal de TV por satélite de língua inglesa do país) insistindo em que o gás que ia para a Europa por tubulações que passavam pela Ucrânia não seria interrompido por iniciativa de sua empresa. Mas os europeus viram que não podiam confiar muito nessas garantias quando a Ucrânia ameaçou desviar um volume de gás suficiente para atender às suas próprias necessidades deixando apenas as sobras para serem mandadas através de seu território para abastecer o Ocidente.

Quando os preços do petróleo e do gás subiram bruscamente nos mercados mundiais em resposta à perspectiva dos capitais da Europa sumirem devido à recessão, a disputa cada vez mais amarga acabou sendo resolvida de maneira nervosa por meio de manobras para salvar as aparências. Porém, o fato de ter escapado por um triz da anarquia na área energética somente serviu para salientar o fato assustador de que a União Europeia era dependente do seu maior fornecedor, a Rússia, assim como os Estados Unidos se encontram na dependência do petróleo do Oriente Médio para suprir suas necessidades de energia.

O gás mal tinha começado a fluir pelas tubulações ucranianas novamente quando, em 31 de janeiro, o presidente George W. Bush declarou em seu discurso anual que a "América é um país viciado em petróleo, o qual é frequentemente importado de regiões instáveis do mundo". Antes que o impacto dessas palavras se dissipasse — impacto esse agravado pelo fato de os dois presidentes Bush terem sido homens do petróleo muito antes de assumirem a presidência — o presidente Bush garantiu com firmeza: "A tecnologia é o melhor recurso para vencermos esse vício." Chegando ao ponto essencial da questão, o presidente fez o que pôde para que dentro de sua lista de tecnologias promissoras existam "recursos adicionais sobre métodos de vanguarda para a produção de etanol, não apenas a partir do milho, mas também proveniente do processamento de aparas de madeira e de uma gramínea comum nas pradarias americanas. Nossa meta deverá ser a de tornar prática e competitiva a produção desse novo tipo de etanol dentro de seis anos".

Embora alguns céticos tivessem questionado o valor prático da promessa do presidente Bush de reduzir as importações de petróleo do Oriente Médio em 75% por volta de 2025, tanto os ambientalistas como os peritos em energia aplaudiram a posição do presidente quando colocou o problema da dependência energética como sendo de alta prioridade. Talvez as misteriosas referências à fabricação de combustível de "aparas de madeira, espigas de milho e grama" — uma planta de crescimento rápido que cresce nas pradarias das Grandes Planícies americanas, conhecida como 'switchgrass' — fez alguns observadores coçarem a cabeça. Mas os investidores, governantes e políticos perceberam a nova abertura na Casa Branca para a promoção de fontes de combustível não fóssil alternativas e renováveis para atender as necessidades de energia nacionais.

Um consenso global começou a vigorar, transmitindo a ideia de que a economia energética tinha sofrido mudanças radicais, não necessariamente para melhor, e que o aquecimento global exigia uma atitude drástica para reduzir o nível de emissões de dióxido de carbono, se não fosse para protelar uma importante crise, no mínimo para servir como prudente apólice de seguro.

Praticamente qualquer pessoa de qualquer convicção política concordaria que seriam necessárias soluções radicais para que se alcançasse a "independência energética" nos EUA e na Europa no futuro próximo. Mas ainda assim prevalecia a pergunta de US$ 64 trilhões: será que a combinação da conservação de energia, carvão mais limpo, etanol mais barato, energia eólica e solar, melhores baterias, células de combustível de hidrogênio para mover veículos não poluentes e uma confiança renovada em fontes nucleares mais seguras e baratas, não seria capaz de resolver não somente o problema energético dos Estados Unidos, como também os problemas de energia do mundo todo? E o que dizer sobre o fato de mais carros e caminhões abarrotando as novas estradas no Brasil, na Rússia, na Índia e na China (para citar somente os "BRICS"), queimando mais gasolina e óleo diesel, mais fábricas e casas consumindo eletricidade no mundo inteiro e mais linhas aéreas de baixo custo transportando viajantes de primeira viagem que antes não poderiam se dar ao luxo de voar, o uso da energia *apenas para a área de transporte* deveria crescer quase *três vezes mais rapidamente* na Ásia emergente do que no resto do mundo nos próximos vinte anos? Estava ficando cada vez mais claro que as energias alternativas e a necessidade de evitar um impasse ecológico seriam questões centrais no Século dos Mercados Emergentes.[1]

> *Com mais carros e caminhões abarrotando as novas estradas no Brasil, na Rússia, na Índia e na China (para citar somente os "BRICS"), queimando mais gasolina e óleo diesel, mais fábricas e casas consumindo eletricidade no mundo inteiro e mais linhas aéreas de baixo custo transportando viajantes de primeira viagem que antes não poderiam se dar ao luxo de voar, o uso da energia apenas para a área de transporte deveria crescer quase três vezes mais rapidamente na Ásia emergente do que no resto do mundo nos próximos vinte anos.*

Mas até mesmo um mercado capaz de produzir e consumir 85 milhões de barris de petróleo por dia não parecia ter espaço para acomodar também as agitações tribais da Nigéria, rica produtora de petróleo; o desassossego do Iraque; o Irã e sua exibição de poderio militar nuclear; a retórica populista vinda da Venezuela; o novo governo da Bolívia e, ainda por cima, os furacões Wilma e Katrina. Ainda que não fosse necessário tanto para perturbar o sistema, endireitá-lo exigiria muitíssimo em novos investimentos, determinação e criatividade.

No meio do saco de surpresas das alternativas energéticas promovidas como potencialmente viáveis, causou a maior reação a promessa do presidente dos EUA de fabricar um carro competitivo e prático a "etanol celulósico" (combustível do álcool derivado de resíduos da agricultura: cavacos, 'switchgrass' — o capim alto, típico das pradarias americanas — e talos dos milharais, recolhidos depois da colheita do milho) dentro de seis anos. Onde será que ele foi buscar a ideia de que usar etanol seria remotamente factível? Simplesmente o presidente americano havia feito uma visita amigável ao Brasil.

"Quando o presidente Bush fez uma recente escala em Brasília", relatou o *The Wall Street Journal*,[2] "o presidente brasileiro Luiz Inácio Lula da Silva lhe ofereceu um churrasco e descreveu como o país tinha conseguido reduzir sua conta da importação do petróleo." Realmente, ao mesmo tempo que os Estados Unidos e a Europa tinham subsidiado pesadamente os biocombustíveis feitos de beterraba, milho e sementes de girassol, o Brasil tinha desenvolvido soluções de baixo custo surpreendentemente práticas e econômicas. A maioria da frota brasileira de automóveis atualmente é de carros "flex-fuel", equipados para andar com etanol da cana-de-açúcar, de menos emissões e de custo menor do que a gasolina, e tudo isso sem precisar dos subsídios governamentais que impulsionaram o processo no passado, mas que já foram interrompidos há muitos anos. A Índia e a China recentemente mandaram delegações de altos funcionários para testemunhar o inovador programa brasileiro em primeira mão. A Índia, atualmente a terceira produtora de açúcar do mundo depois do Brasil, decidiu em 2003 que nove dos seus estados acrescentassem 5% de etanol na gasolina.[3] As empresas indianas, como Praj e Uttam, trabalham arduamente para desenvolver processos mais eficientes para consumir uma variedade de biocombustíveis.[4] Suzlon, outra empresa indiana, está entre as maiores fabricantes do mundo de moinhos de vento e empresas chinesas, como a Suntech, estão se tornando muito importantes na produção de energia solar. Será que as soluções para atendimento do crescimento exponencial das necessidades de energia virão cada vez mais dos próprios mercados emergentes?

O PODER DOS BIOCOMBUSTÍVEIS

Em novembro de 1976, um Beetle, um Dodge e um Gurgel brasileiro (três carros movidos a etanol), desenvolvidos no laboratório da Força Aérea Brasileira, empreenderam uma jornada épica de 8.000 km entre o laboratório de pesquisas da força aérea, em São Paulo, e a bacia amazônica, em Manaus.[5] O contexto da viagem — capitalizada pelo governo como "Rally da Integração Nacional" — afirmava que os choques de petróleo da OPEP em 1973 (incitado pela guerra árabe-israelense, que praticamente quadriplicara os preços de um dia para o outro) tinham acertado o Brasil como um soco no estômago. O Brasil, cronicamente carente de recursos financeiros, importava 80% do seu suprimento de energia, consumindo 40% da sua renda em moeda estrangeira para pagar pelo petróleo sob o novo regime da OPEP.

Evidentemente um dos lados deveria fazer concessões e o general Ernesto Geisel, líder da junta militar na ainda vigente revolução ocorrida em 1964, resolveu que não seria a economia brasileira. Com uma canetada ele decretou que o abastecimento de gasolina do país fosse misturado com 10% de etanol e que essa proporção moderada chegasse a 25% nos cinco anos seguintes para dar ao Brasil uma vantagem inicial de 30 anos. A sofrida indústria açucareira do Brasil, que já penava com os preços achatados do açúcar, tornou-se a agradecida beneficiária dos empréstimos baratos para construir as indústrias de etanol, bem como do generoso apoio para os preços do produto resultante.[6] Infraestrutura? Isso não foi problema.

O governo baixou uma instrução para que a estatal controlada pelo estado, a Petrobrás, construísse os oleodutos e os equipamentos necessários para distribuição do etanol pelo país inteiro. *Presto!* O problema do petróleo estrangeiro estava praticamente *resolvido*.

A tecnologia inovadora desenvolvida localmente também desempenhou um papel igualmente importante para facilitar a transição brasileira. O engenheiro-chefe da empresa de autopeças italiana Magneti Marelli no Brasil, Fernando Damasceno, inventou o dispositivo "flex-fuel" ou "total flex" programando um computador padronizado para automóveis para constantemente calcular qual a mistura existente de etanol e gasolina no tanque de combustível e fazer o correspondente ajuste necessário no motor. Em 2002, sua equipe vendeu a caixa preta de Damasceno para a Volkswagen, que a utilizou no seu modelo Gol. Hoje, a caixa preta brasileira é instalada rotineiramente em praticamente todos os automóveis fabricados no Brasil.

Trinta anos mais tarde, cerca de 29.000 postos de combustíveis — não tem sentido continuar chamando esses postos de "postos de gasolina" — no Brasil propiciavam um fluxo regular de etanol para abastecimento da frota doméstica de carros "total flex" equipados para rodar com etanol, gasolina, ou qualquer mistura dos dois. Para um país cujas dimensões rivalizam com as dos Estados Unidos, Rússia e Canadá, onde percorrer longas distâncias por rodovias (geralmente em altas velocidades) é costume nacional, o fato de o etanol ter um efeito acelerador semelhante ao do combustível de foguetes tornou o destilado (comparável à caipirinha, bebida nacional típica) popular entre os apreciadores da alta velocidade no Brasil. Com os preços atuais, o etanol, produzido localmente, custa cerca de 10% menos do que a gasolina. Mais de 300 aviões de pequeno porte voam com etanol. Diante dos nossos olhos, temos uma nação que alcançou objetivos tentando a independência energética nos dias de hoje.

Entretanto, imitar a experiência brasileira, especialmente na América do Norte e na Europa, não é tão simples como enviar uma equipe de especialistas para copiar suas características mais atrativas. A chave tripla que dá vantagem ao etanol brasileiro é que o país esbanja não só abundância de sol, como também baixos custos de terra, água e mão de obra. Essa combinação faz crescer a matéria-prima básica (açúcar) e sua destilação em combustível é uma alternativa competitiva comparada com o bombeamento do petróleo. Some-se a isso o fato de que, de acordo com a análise de um relatório recente do Citigroup, "as instalações brasileiras geralmente são muito eficientes não apenas em usar o combustível gerado pela produção de etanol para fazer a instalação funcionar, como algumas vezes também em vender o excedente de volta para a matriz energética. Isso sugere que a vantagem competitiva brasileira pode durar, no mínimo, por mais algum tempo".[7]

O etanol baseado no açúcar é exportado do Brasil para os Estados Unidos, mas, contrariamente às regras da OMC, está sujeito à taxação integral de US$ 0,14/litro como imposto de proteção aos fazendeiros americanos contra a concorrência estrangeira indevida. "Não tem sentido taxar o etanol proveniente de países amigos como o Brasil quando não taxamos o petróleo importado de países como a Arábia Saudita", é a opinião do general Luft, diretor-executivo do Analysis of Global Security, grande instituição de pesquisa e consultoria em Washington e especializada em questões de segurança energética.[8] O governo norte-americano, em vez de simplesmente promover a independência com relação ao petróleo estrangeiro (do qual 70% é consumido em transportes), tem mantido a tradição de beneficiar agricultores de estados importantes em eleições, que produzem 15 bilhões de litros de etanol por ano de suas reservas de milho.

Apesar dos impostos, o etanol brasileiro está atualmente sendo produzido pelo preço equivalente do petróleo de US$ 25 cada* barril.[9] Em Nova York é encontrado por US$ 0,29 o litro, barato se comparado com os preços atuais da gasolina.[10] A não ser que os preços do petróleo despenquem, tudo indica que o comércio dos biocombustíveis vai disparar ao sair do seu minúsculo patamar das 1,8 milhões de toneladas em 2004. O Brasil e a Índia desbravaram o caminho do baixo custo dos combustíveis, continuamente descendente e hoje oscilando entre US$ 0,15 e US$ 0,20 por litro. Enquanto isso, na Europa, o etanol da beterraba,[11] custa US$ 0,60 o litro. Os cientistas acreditam que as novas tecnologias de enzimas poderão, até o final desta década, tornar o etanol "celulósico", fabricado do grão e da celulose (aparas de madeira, grama, etc.),[12] competitivo com os custos atuais de produção no Brasil do etanol da cana-de-açúcar.

SASOL
Conversão de carvão sujo e gás queimado em óleo combustível

Em 23 de março de 2004, durante a cerimônia de assinatura no hotel Ritz Carlton de Doha, no Qatar, Abdullah Bin Hamad Al-Attiyah, ministro de energia do Qatar, deu as boas-vindas à empresa sul-africana de energia Sasol, bem como à sua associada americana Chevron, para o novo empreendimento. Depois dos bem-educados aplausos ele encorajou as empresas estrangeiras a "trabalharem com afinco para realizar a ambição do Qatar de se tornar a capital da transformação do gás em líquido (GTL).

AUMENTO DO SUPRIMENTO DE GÁS NATURAL

Segundo a revista *World Oil*,[13] imensos volumes de gases queimados e de outros tipos de gases "encalhados" (desperdiçados se não forem usados), um pouco menos de 10% do volume total das reservas de gás mundial, poderiam entrar no mercado sem causar tensões indesejáveis no sistema. Em vez de simplesmente queimar esse gás atualmente desperdiçado e que é também um risco ecológico, a Sasol da África do Sul descobriu como transformá-lo em óleo combustível por meio de um moder-

---

* 1 barril = 159 litros. (N.T.)

no processo de alquimia bem diferente dos processos que os químicos medievais usavam quando tentavam transformar o carvão em ouro.

Usar o gás dessa maneira inovadora aumentaria bastante o suprimento já feito pelos dois modos mais comuns de transporte por gasoduto — gás e gás natural liquefeito (GNL) ou, em inglês, Liquified Natural Gas (LNG). Outra multinacional emergente, a Gazprom da Rússia (que ainda não é uma empresa de categoria internacional, mas que certamente é global no porte), sem dúvida é a maior e mais poderosa produtora de gás do mundo, como sugere a experiência ucraniana. Atualmente ela usa enormes oleodutos para abastecer cerca de um quarto do gás da Europa Ocidental (chegando a 40% na Alemanha e a mais de um terço na Itália) e, além disso, fornece aquecimento e eletricidade para a maior parte da Europa Oriental. A imensa maioria desse combustível atualmente é transportada para o Ocidente por meio de um complexo sistema de tubulações que cruzam a Ucrânia e existem instalações em construção para exportar o gás para os Estados Unidos e para a China.

Além da Gazprom, outras multinacionais emergentes também são protagonistas-líderes nesse mercado de gás global cada vez mais importante. Praticamente um quarto das exportações de gás mundial sai na forma líquida de países como Argélia, Qatar, Nigéria e Trinidad e existem novas instalações sendo planejadas para Angola e Venezuela. Dentre as 25 multinacionais emergentes de categoria internacional, encontram-se a coreana Hyundai Heavy Industries (consulte os Perfis Financeiros no final deste livro), que também é o maior estaleiro do mundo e uma das principais construtoras de sofisticados dutos para LNG, a empresa da Malásia, Malaysian International Shipping Company (MISC). A MISC planeja ir além dos contratos de longo prazo morosos, mas lucrativos de exportação de LNG para o mundo inteiro e planeja usar mais gás encontrado em alto-mar pela conversão de antigos superpetroleiros em refinarias flutuantes de liquefação de gás.

CARVÃO LIQUEFEITO

Ao contrário do petróleo, cada vez mais escasso, caro e difícil de ser perfurado em lugares progressivamente mais remotos, o carvão é uma das mais *subutilizadas* fontes de energia existentes. As reservas de carvão mundial superiores a 1 trilhão de toneladas seriam suficientes para suprir as necessidades crescentes de energia, em âmbito mundial, pelo menos durante mais um século. Convenientemente, o carvão está localizado onde estão os consumidores de energia de grande porte e de necessidades crescentes, como a China, a Índia e os Estados Unidos. Mais importante ainda, a imagem do carvão sujo nem sempre corresponde à realidade, pois empresas como a Sasol andam empregando processos modernos de refino para transformar o carvão em líquido. Durante o processo, depuram o CO_2 e outros poluentes prejudiciais passíveis de serem separados que são usados em subprodutos comerciais ou são armazenados no subsolo em vez de serem liberados na atmosfera. Os processos eficientes e de baixo consumo de energia para separação do dióxido de carbono são fundamentais para a difusão mais ampla do seu uso.

Dentre as novas tecnologias promissoras para alívio da escassez global de energia, uma das mais fascinantes é o processo em duas etapas da Sasol para transformar o carvão em gás e o gás em líquido, respectivamente designados pelas suas siglas em inglês CTG e GTL, capazes de converter o carvão em gás e, posteriormente, o gás em hidrocarbonetos líquidos e limpos.

Os Estados Unidos, ricos em carvão, finalmente resolveram participar do trio elétrico nessa parada de sucesso. Em setembro de 2005, o governador Edward Rendell da Pensilvânia anunciou sua parceria com a Waste Management and Processors Inc. para licenciamento do processo da Fischer-Tropsch (FT) da Sasol, visando construir uma grande instalação para conversão dos assim chamados "resíduos do carvão" (sobras do processo de mineração) em óleo diesel de baixo teor de enxofre num local afastado da cidade de Mahanoy, no nordeste da Filadélfia. O estado da Pensilvânia se comprometeu a comprar uma porcentagem significativa da produção da refinaria e, juntamente com o U.S. Department of Energy, ofereceu mais de US$ 140 milhões de incentivo tributário. O governador Brian Schweitzer de Montana também propôs desenvolver uma instalação que usasse o processo FT para transformar as reservas de carvão do seu estado em óleo combustível, tendo em vista ajudar os Estados Unidos a se verem livres da dependência do combustível estrangeiro. Dois outros estados produtores de carvão estão explorando planos semelhantes com a Sasol.

A DESCOBERTA DE 1923 QUE ABASTECEU OS TANQUES ALEMÃES

Em 1923,[14] Franz Fischer e Hans Tropsch do Kaiser Wilhelm Institute de Berlim conseguiram aperfeiçoar uma reação química para a conversão do monóxido de carbono e do hidrogênio em hidrocarboneto usando catalisadores como ferro e cobalto. O processo Fischer-Tropsch, nome pelo qual a descoberta tornou-se conhecida, demonstrou ser possível converter até mesmo o carvão mais barato e de pior qualidade em óleo sintético de alta qualidade, uma técnica que se revelou como dádiva significativa para uma Alemanha rica em carvão, mas pobre em combustível, durante as batalhas da Segunda Guerra Mundial.

Apenas quatro anos depois de o processo Fischer-Tropsch ter sido publicado, um informe oficial do governo sul-africano recomendava insistentemente usá-lo no país rico em carvão. No início da década de 1930, a Anglovaal e o British Burmah Company estabeleceram uma *joint venture* para explorar xistos betuminosos. No final da década de 1930, a Anglovaal adquiriu os direitos do processo alemão e indicou o engenheiro de pesquisas Etienne Rousseau para aplicar o processo de conversão do carvão sul-africano em óleo combustível. Em 1938, Franz Fischer visitou a África do Sul para prestar assistência à *joint venture*, mas a deflagração da Segunda Guerra Mundial abafou os laços comerciais entre a Alemanha e a África do Sul e o experimento de conversão do carvão sul-africano entrou em hibernação enquanto durou a guerra.

Durante a Guerra, a Alemanha e o Japão usaram o processo Fischer-Tropsch para produzir combustíveis alternativos sintéticos como meio de escapar das consequências estratégicas dos bloqueios dos aliados às reservas normais de combustíveis. Em 1944, a produção anual de combustível sintético de mais de 90 milhões de toneladas foi usada para abastecer os tanques na guerra. Depois da Guerra, os cientistas alemães capturados continuaram a aperfeiçoar a ciência dos combustíveis sintéticos nos Estados Unidos como parte da controversa Operação Paperclip.*

DA CONCEPÇÃO ÀS OPERAÇÕES EM GRANDE ESCALA

Em setembro de 1950, o governo da África do Sul estabeleceu a SASOL (South African Coal, Oil and Gas Corporation Ltd.) e indicou Etienne Rousseau para ser seu presidente, posição que ele manteve durante os dezoito anos seguintes. Não muito distante das minas de carvão originais da Anglovaal, a Sasol estabeleceu uma instalação de conversão do carvão em óleo combustível e uma vila da empresa nas proximidades, adequadamente batizada de Sasolburg. "Honestamente, devo lhe dizer que houve uma época durante os primeiros anos da Sasol em que tivemos problemas, sérios contratempos; nessa ocasião senti que minha principal obrigação era manter a coragem dos nossos homens", Rousseau mais tarde se lembrou. "Eu não podia me entregar ao desespero."[15]

Apesar dos muitos problemas, os químicos e engenheiros da Sasol conseguiram colocar a Sasol I em funcionamento, produzir gasolina, diesel e matéria-prima sintética para fertilizantes e produtos químicos secundários.

Por volta de 1973, quando o primeiro choque do petróleo ameaçou as reservas do Oriente Médio, e quando o regime de segregação racial — conhecido como apartheid — na África do Sul foi ameaçado de boicote pelos consumidores e da possibilidade de enfrentar sanções governamentais, a Sasol completou sua primeira refinaria de oito mil barris por dia, construindo uma segunda a 130 quilômetros a nordeste de Sasolburg, chamado Secunda, a palavra latina para "segunda".

> Bilhões foram gastos nos Estados Unidos em grandes projetos de combustíveis sintéticos durante o final da década de 1970, mas a maioria dessas estações foi desativada quando o preço do combustível declinou porque a tecnologia daquela época ainda não era capaz de produzir combustível sintético com custos eficientes.

Quando a derrocada do Xá do Irã precipitou mais uma crise localizada do petróleo para a ex-aliada África do Sul, a Sasol imediatamente providenciou a Sasol III. Na refinaria Secunda da Sasol, a empresa produz 160.000 barris de gasolina, óleo diesel e combustível de jatos por dia — o suficiente, de acordo com a *BusinessWeek*,

---

* Operação Paperclip foi o nome de código da operação realizada pelo Serviço de Inteligência e militares dos EUA para retirar cientistas especializados em foguetes, armas químicas e medicina da Alemanha após o colapso do governo nazista durante a Segunda Guerra Mundial. (N.T.)

"para atender a 28% das necessidades da África do Sul, sem usar uma única gota de óleo cru, importado ou não".[16]

A TEORIA POSTA EM PRÁTICA E A VIABILIDADE COMERCIAL

Embora qualquer pessoa possa usar a invenção de 80 anos dos alemães, a Sasol é a maior produtora de combustíveis sintéticos do mundo, e a única empresa que tem experiência real em operar e otimizar grandes refinarias aplicando a tecnologia de conversão do carvão em líquido (CTL) e do gás em líquido (GTL) em bases comerciais. A Royal Dutch/Shell é a única empresa que opera uma pequena instalação de GTL no porto de alto-mar de Bintulu, na Malásia. Outros protagonistas de óleo combustível e gás globais, tais como a Exxon Mobil, Conoco Phillips e Marathon, mantêm instalações piloto.

Somente a Rentech, no Alaska, e a Synfuels sediada no Texas (que usam processos especificamente não baseados no Fischer-Tropsch) alegam ter desenvolvido novos processos GTL, mas, na realidade, têm apenas instalações experimentais. Chris Motterhead, vice-presidente de tecnologia na BP (British Petroleum), diz que o processo GTL é "uma importante tecnologia alternativa para a BP... Acreditamos que existam lugares no mundo onde a tecnologia seria economicamente viável... Nossa estratégia é a de baixar os custos do GTL".[17] O endosso, embora longe de ser entusiástico, reflete o fato de que a maioria das empresas petrolíferas — até mesmo a British Petroleum enfatiza que suas iniciais BP agora significam "Beyond Petroleum" ("Além do Petróleo") — ainda perderá para as fontes alternativas de energia. Cavan Hill, o gerente da Sasol de relações com investidores, enfatiza que existe uma grande diferença em se ter uma pequena instalação piloto e uma grande instalação comercial preparada para atingir a eficiência máxima durante meio século. "Tente preparar o prato que lhe serviram num grande restaurante a partir do livro de receitas do cozinheiro-chefe. Rapidamente ficará óbvia a necessidade de praticar muitas vezes e, mesmo assim, os resultados serão sofríveis." Arrematando com o orgulho de uma empresa orientada para a engenharia, ele acrescentou: "Nós nos tornamos mais eficientes por conhecermos o processo tão bem e porque conseguimos reduzir os custos construindo instalações maiores e com maiores ganhos de escala. Nós agora também sabemos como usar melhor os vários catalisadores (cobalto em vez de ferro) e aprendemos ao longo dos anos como podemos ganhar dinheiro de subprodutos ao mesmo tempo que conseguimos diminuir a poluição do carvão sujo."

A DIVERSIFICAÇÃO NOS PRODUTOS QUÍMICOS

Em 2001, a Sasol assumiu o controle da Condea, uma grande empresa de produtos químicos sediada na Europa, com operações nos Estados Unidos, e com uma subsidiária em Nanjing, na China. Esforçava-se assim para diminuir sua dependência das operações de transformação do carvão em líquido, dos negócios de minas e das refinarias. Embora a Sasol achasse difícil fazer dinheiro com produtos químicos que são apenas *commodities*, ela tornou-se a maior produtora de olefinas (usada em detergentes) da Europa e a segunda maior nos Estados Unidos. A Sasol também faz 30% do hexeno do mundo para dar mais elasticidade e resistência à ruptura a alguns materiais novos, por exemplo, é empregado no plástico Saran.* Com mais de US$ 11 bilhões em vendas e com US$ 1,5 bilhões em rendimentos brutos em 2005, a Sasol continua pequena quando comparada com as principais empresas petrolíferas, mas é grande no seu nicho especial, que tem sido cuidadosamente evitado por essas mesmas empresas até bem recentemente.

O PROCESSO DE TRANSFORMAÇÃO DE GÁS EM LÍQUIDO — MAIS DO QUE O SONHO DE UM GASODUTO

O gás ou é usado localmente, ou é queimado, transportado por tubulação (como a Gazprom faz na Europa), liquefeito (e designado por LNG, gás natural liquefeito) e embarcado em petroleiros para um pequeno número de terminais caros de LNG. Isso deixa uma quantidade muito grande de gás sem domicílio certo e muitos campos de gás sem um mercado. O processo GTL abriu muitas oportunidades novas. Cavan Hill, gerente do Sasol, afirma que: "Quando se trata de gás, nem precisamos dos atuais preços altos do óleo combustível para liquefazê-lo em base lucrativa, basta que o gás seja conseguido a um preço razoável. Isso não é um problema em países como a Nigéria, onde o gás seria queimado se não fosse aproveitado. Somos uma alternativa ótima e segura ao gás natural liquefeito (LNG) porque o óleo combustível é muito mais barato e fácil de ser transportado e porque, ao contrário do LNG, não precisa de terminais especiais." Quando eu perguntei a ele por que outros não tinham se envolvido mais cedo no que parecia ser uma opção óbvia, ele brincou: "Qualquer pessoa que possa soletrar GTL está agora tentando construir uma fábrica no Qatar. O momento do GTL chegou. Estou certo que esta será uma área importante se os preços do óleo combustível ficarem altos como estão e mesmo se não ficarem. Felizmente, temos o benefício de uma boa vantagem inicial."

John Ford, ex-diretor de comunicações da Syntroleum em Tulsa, Oklahoma, em passado não muito distante, defendeu outro ponto de vista num momento de franqueza: "Todos querem ficar em segundo, ninguém quer correr o risco de ser o primeiro."[18] A Sasol tomou a decisão clara de ser a primeira e, agora que o novo CEO está vendendo a maior parte dos negócios da ex-Condea — a empresa de produtos químicos de desempenho fraco que adquirira — ela decidiu jogar com a sorte e apostar no futuro dos processos de conversão do gás em líquido e do carvão em líquido. A maior promessa imediata está na transformação do gás em líquido

---

* Marca registrada para vários polímeros feitos de cloreto de polivinilideno, ou PVDC. (N.T.)

(GTL), mas o potencial, mais a longo prazo, na transformação do carvão em líquido (CTL) na China e em outros países é ainda maior.

Durante muitos anos, as pessoas mal disfarçavam o riso ante a ideia da construção de fábricas para GTL. As fábricas piloto existentes eram pequenas e o custo do investimento parecia muito alto enquanto os preços do óleo combustível continuassem abaixo de US$ 25. A Sasol tinha começado a exportar sua tecnologia GTL agressivamente, com várias empresas "importantes" seguindo sua liderança. O Qatar detém 10% das reservas mundiais de gás, tem gás com duração estimada para mais de 100 anos e planeja seis novas fábricas de GTL. A primeira fábrica da Sasol começou a funcionar em junho de 2006 como uma *joint venture* com a Qatar Petroleum na proporção de 49%-51%. Ainda que o custo de construção de uma refinaria para GTL possa ser mais de duas vezes superior ao custo de uma refinaria tradicional, sua matéria-prima tende a custar menos porque o gás, não sendo aproveitado, fica sem ser usado ou é queimado. O combustível sintético é também praticamente livre de poluição, sem nenhum enxofre, poucas emissões de outra natureza e baixo conteúdo de aromáticos. Como parte do seu empreendimento meio a meio com a Chevron, a Sasol começou a construção de dois outros projetos de GTL no Qatar para conclusão depois de 2010, o que fará com que a capacidade total das instalações da Sasol-Chevron passe de 200.000 barris por dia.

Outra fábrica encontra-se em construção na Nigéria, um país que queima quantidades imensas de gás natural. Essa fábrica será da Chevron Texaco e da Nigerian National Petroleum Corporation (75% e 25%, respectivamente), a Sasol-Chevron é quem concederá a licença e deverá prestar apoio técnico.[18] O projeto está localizado a 96 quilômetros a sudeste de Lagos e produzirá 34.000 barris por dia. Agora que o processo GTL está sendo levado a sério, existem cerca de dez fábricas em andamento com a capacidade prevista entre 1 e 1,5 milhão de barris por dia.[19] Hill, da Sasol, disse-me que "a Sasol planeja que suas fábricas liderem com uma produção nova de 450.000 barris por dia até cerca de 2014 em três ou quatro lugares como Qatar, Nigéria, Austrália, Algéria e, possivelmente, até mesmo Irã.

A CHINA TORNA-SE UMA CANDIDATA PROMISSORA PARA A CONVERSÃO DO CARVÃO EM LÍQUIDO

Mais do que quase todos os outros países, a China está ansiosa para usar suas reservas de carvão (as maiores do mundo) a fim de diminuir sua dependência de mais de 100 milhões de barris de importações de óleo, preponderantemente do volátil Oriente Médio. Ela planeja investir cerca de US$ 15 bilhões em projetos de transformação de carvão em líquido[20] durante a próxima década, para a qual já foram anunciados projetos da Sasol alcançando os US$ 6 bilhões de dólares. De acordo com Pat Davies, o novo CEO da Sasol, "os chineses vêm nos convidando há anos e fizemos algumas operações que acabaram, por fim, resultando num consórcio. Esse consórcio foi feito entre a National Reform Commission, dois governos de províncias e duas empresas carboníferas, uma empresa petrolífera chinesa, a Sinopec, a empresa de engenharia Foster Wheeler, do Reino Unido, e uma empresa de engenharia da China. Temos contratos para construir duas fábricas na China que, juntas, serão tão grandes como a produção inteira da Sasol na África do Sul. A Sasol terá a maior participação acionária em ambos os projetos e "precisaremos meter nossas mãos lá para que a coisa funcione", com a esperança de produzir óleo combustível de carvão a um custo bem abaixo de US$ 20 o barril. Isso dará ao projeto um bom retorno sobre o capital investido, desde que os preços do óleo combustível fiquem acima de US$ 45 por barril. Ele acrescentou que "no momento não podemos pegar mais, mas a Índia é também interessante e é a próxima da lista".

As duas fábricas chinesas forneceriam o carvão da China não apenas com mais segurança em suprimento energético, mas a um preço bem abaixo dos atuais preços de importação de carvão. Naturalmente, o óleo combustível sintético não pode competir com custo de menos de US$ 5 da produção *onshore* do Oriente Médio, mas uma grande parcela das novas reservas de petróleo foi encontrada em águas muito profundas, em regiões frias e de acesso difícil, ou em países politicamente instáveis, onde os custos de exploração são bem mais elevados. O futuro de uma tecnologia que já esteve fora da corrente predominante, parece agora muito promissor. Os preços mais altos para o óleo combustível e os padrões de emissão mais rigorosos deverão concentrar o foco da atenção numa área onde a Sasol está muito à frente.

Ponto de vista do investidor

Visão otimista
- Depois de anos de promessas sem nenhuma ação, as grandes fábricas para usar o processo GTL estão sendo construídas e outras mais estão sendo planejadas.
- Existe um interesse significativo na China quanto à transformação do carvão em líquido.
- A Sasol tem experiência operacional especial num campo promissor.
- O novo CEO da Sasol tomou a dura decisão de focalizar novamente nos processos GTL e CTL.
- A demanda por um combustível praticamente livre de poluição deverá aumentar.

Visão pessimista
- Uma brusca queda no preço do óleo combustível poderia diminuir o interesse atual.
- Os empreendimentos chineses encontram-se ainda no estágio de projeto.
- A tecnologia GTL não é exclusiva e ainda não foi provada em escala muito maior.
- A Sasol mais focalizada é menos global.

- O processo de conversão do carvão é caro, exige enormes quantidades de energia e precisa progredir mais na redução das emissões de dióxido de carbono.

Lições

- Assim como a necessidade foi a mãe da invenção para a Alemanha e a África do Sul, ricas em carvão mas pobres em óleo combustível, o mundo globalizado com abundância de carvão bem distribuído mas com escassez de óleo — muitas vezes localizado em lugares politicamente sensíveis — pode novamente voltar suas atenções para o antigo processo de transformar carvão em óleo combustível.
- O aumento dos preços de óleo combustível, a necessidade da China de contar com um suprimento confiável de energia e os padrões globais mais rigorosos em relação às emissões deram origem a um nicho de indústrias que ficaram fora do campo de visão dos principais protagonistas do setor industrial.
- A superação das dificuldades técnicas pode custar muito durante algum tempo, mas pode levar a soluções que poderão ser usadas durante muitos anos.
- Se os líderes da indústria não tiverem interesse em promover a nova tecnologia, as empresas menores e externas ao processo têm oportunidade para inovar e conseguir significativas vantagens iniciais.
- Uma das tecnologias (carvão em óleo) pode levar a outra tecnologia (gás em óleo) com usos novos e inesperados.

TENARIS
Fabricante de tubos sem costura e fornecedor de logística

À medida que o óleo combustível se torna mais escasso, muitas reservas de petróleo de tamanho considerável, e não perfuradas ainda, se encontram em ambientes inacessíveis: distantes do litoral, em águas profundas, muito abaixo do nível do solo, próximas do Círculo Ártico ou em outros locais remotos e de acesso dispendioso. Quanto mais profundo for preciso escavar um poço de petróleo na terra ou no fundo do mar, mais crucial é a plataforma a ser equipada com o tubo de aço sem costura que mantém o petróleo fluindo sem perdas por essa perfuração muito abaixo da superfície. Isso pode exigir até 7.500 metros lineares de tubo de aço de várias formas e tamanhos.

Os tubos especiais de aço sem costura usados nas plataformas de perfuração — ou "tecnologia dos tubos" como a Tenaris prefere chamá-los — têm pouca coisa em comum com as tubulações que passam através das casas ou sob as rodovias. Os tubos de aço sem costura são produtos de precisão, submetidos a um teste exaustivo antes de serem julgados adequados para as operações de perfuração das empresas de gás e petróleo. Carlos San Martin, diretor de tecnologia da Tenaris, a fabricante argentina de tubos sem costura, ao me mostrar a fábrica da Siderca em

Campana, fora de Buenos Aires, fez questão de afirmar com orgulho: "Nosso processo de produção é tão rápido, de tecnologia tão avançada e tão eficiente quanto o de qualquer outra empresa, em qualquer outro lugar do mundo." Com o entusiasmo juvenil de um engenheiro nato, ele chamava a atenção para a velocidade dos tubos incandescentes que completavam o ciclo de produção.

Mas nem sempre tinha sido assim. San Martin lembrava, com pesar, o seco comentário de um engenheiro de petróleo chinês ao ciceronear um visitante latino-americano e apontar para a pilha de tubos japoneses para gás e óleo num campo petrolífero: "aqueles é que são tubos *verdadeiros*." San Martin e sua equipe sofreram muitas humilhações de arrogantes gerentes dos campos petrolíferos, "que, literalmente, atiravam nossos catálogos em nós", quando viajavam incessantemente pelo globo visitando as empresas importantes para promover seus tubos de aço sem costura argentinos. Os possíveis clientes aconselhavam francamente os latino-americanos a não voltarem até o dia em que pudessem oferecer produtos com certificação internacional, capazes de competir com o que havia de melhor no negócio: os tubos premium de aço sem costura de empresas de primeira linha como a Sumitomo e a Kawasaki Steel, do Japão, ou os produtos igualmente formidáveis da alemã Mannesmann e da francesa Vallourec.

Por meio de um processo semelhante ao da rápida recuperação da Hyundai quando ela se tornou objeto das piadas de Jay Leno,* a Siderca por fim conseguiu sair da situação que vinha enfrentando de ser obrigada a suportar inumeráveis manifestações de desprezo de clientes céticos. San Martin relembrou, com um visível estremecimento, a reunião de 1988 com um gerente de aquisições da Royal Dutch Shell. "Sugiro que você e seus colegas somente voltem a este escritório quando puderem fazer melhor do que simplesmente copiar seus concorrentes...", foi o ríspido conselho desse gerente. "Comprar estes tubos de vocês, somente para conseguir um desconto no preço, é um risco grande demais para nós!" Hoje — San Martin observou com um sorriso irônico — a Tenaris, matriz da Siderca, é a principal fornecedora da Shell em dez países. "Ele nos apontou o rumo certo", San Martin observou sobre seu antigo companheiro da Shell. "O melhor empurrão às vezes é o orgulho ferido." Isso, refleti silenciosamente, poderia bem ser o mantra de inúmeros gerentes das multinacionais dos mercados emergentes. A dura mensagem dos clientes em perspectiva foi penosamente clara: ou a Siderca melhorava sua qualidade até alcançar um nível capaz de competir com gente grande, ou teria de confinar suas ambições à Argentina.

A AQUISIÇÃO DE UMA VISÃO GLOBAL

As origens da Siderca recuam até a Itália antes da guerra, quando um engenheiro chamado Agostino Rocca montou a fábrica de tubulações de aço sem costura Dal-

---

* Apresentador de programa de variedades da NBC, escritor e ganhador do Emmy, o Oscar da TV. (N.T.)

mine na cidade industrial de Milão. Alguns anos depois de se tornar presidente da Dalmine em 1935, Rocca saiu para estabelecer a Techint, sua própria empresa de engenharia em Milão.

Em 1948, procurando fugir das limitações de uma Itália severamente castigada no pós-guerra, Roberto Rocca, filho de Agostino, mudou-se para a Argentina e estabeleceu com sua família a fábrica de tubos de aço sem costura Siderca, praticamente uma cópia da instalação da Dalmine em Milão. Juan Perón, o homem forte arquiprotecionista argentino, seguia uma política de independência industrial que exigia a fabricação doméstica de tubos de aço para abastecer a nascente indústria de energia argentina.

Durante três décadas a nova empresa tornou-se um exemplo clássico da prática, então popular, da substituição de importação. As empresas locais, efetivamente obrigadas a comprar da Siderca, não estavam em posição de pressionar a empresa para melhorar seus produtos ou para manter qualquer tipo de vantagem tecnológica. Como se poderia esperar, sua tecnologia exclusiva tornou-se obsoleta e seus produtos acabaram se ressentindo da concorrência dos produtos das rivais estrangeiras. No começo dos anos 1980, enquanto o ambiente da economia local deteriorava, os problemas da Siderca pioraram. Depois de sofrer durante meses o descontrole de uma inflação de 20% a 30%, o mercado argentino tornou-se muito volátil para os produtores locais sobreviverem confiando apenas no consumo doméstico.

Para se qualificar como exportadora séria, a Siderca precisava de uma instalação maior. Era ainda mais importante aprender como produzir tubos sem costura que fossem compatíveis com a qualidade dos concorrentes japoneses e alemães.

> *"Queremos criar uma ilha de excelência tecnológica na Argentina, contratando uma nova geração de brilhantes engenheiros graduados no país."*
> — Roberto Rocca

Em 1986, a Techint, agora liderada pelo filho de Agostino, Roberto Rocca, fez um investimento substancial na expansão da aciaria da Siderca, triplicando seu porte e sua capacidade de produção. A Siderca, nesse meio-tempo, tinha ganho participação acionária com direito a voto na Siat, uma fabricante de tubos de aço soldado argentina.

CRIANDO UMA ILHA DE EXCELÊNCIA TECNOLÓGICA

Tendo em vista aumentar a produção para ingressar nos principais mercados dos Estados Unidos e da América Latina, Roberto Rocca fez a promessa solene de criar uma ilha de excelência tecnológica na Argentina, contratando os mais brilhantes engenheiros graduados do país. "Ele não queria gente antiga aqui, somente a nova geração", explicou San Martin. "Foi assim que chegamos até aqui." Essa primeira onda de engenheiros novos destinava-se a ser a espinha dorsal da futura equipe de gerenciamento da Tenaris.

Não apenas as tubulações de aço sem costura da empresa passavam por um teste rigoroso, como a própria empresa enfrentava uma série de penosos testes na preparação para dar seus próprios gigantescos passos no palco mundial. Durante a década seguinte, a Techint adquiriu um grupo de fabricantes estrangeiros concorrendo para se tornar uma produtora global e para consolidar a indústria. A Techint tinha estado ao lado da Tamsa, a única empresa do México produtora de tubos de aço sem costura, desde que começara a construir a própria fábrica. Em 1993, quando a Techint assumiu o controle, a Tamsa estava sofrendo a grande tensão de uma redução no nível de produção da Pemex, empresa nacional produtora de óleo combustível do México, e sua maior cliente, por causa do excesso do estoque de tubos de aço sem costura da Pemex. Depois que a Dalmine foi privatizada pelo governo italiano em 1996, a Techint adquiriu o controle da empresa, com a qual ela já mantinha antigos laços de família. Em 1998, a Tamsa garantiu sua presença na Venezuela assumindo a Tavsa, a única produtora de tubos sem costura do país. A Siderca, praticamente afastada do mercado de óleo e gás brasileiro por uma filial local da Mannesmann, conseguiu entrar no Brasil em 1999, depois de assumir o controle acionário da fabricante de tubos soldados Confab. A NKK, no Japão, fabrica tubos de qualidade excepcional (inclusive tubos de perfuração), mas achou difícil sobreviver — e muito menos prosperar — diante da dura competição com rivais japoneses como Sumitomo e Kawasaki. Sentindo a fraqueza do rival, a Siderca/Techint conquistou o controle efetivo da NKK formando com ela uma *joint venture* em 2000, conseguindo, dessa maneira, acesso à sua tecnologia de ponta. Seguiram-se mais aquisições oportunas na Romênia e no Canadá.

Na esteira da febre de aquisições dos anos 1990, as unidades de produção local da Techint operavam principalmente isoladas. Mas depois de um período de tímida integração, o estado fragmentado da empresa criou confusão com o quadro sempre crescente de clientes globais da empresa. Em dezembro de 2002, Paolo Rocca, neto do fundador da empresa, sabendo da importância de honrar alianças para manter sua presença global, lançou mão do seu plano mais audacioso. Com a ajuda da firma de consultoria McKinsey, ele reorganizou completamente a empresa em seus menores detalhes, reunindo três empresas registradas separadamente na Bolsa (a Siderca da Argentina, a mexicana Tamsa e a italiana Dalmine) sob sua nova marca: Tenaris. A empresa reformulada foi registrada na Bolsa de Valores de Nova York. Hoje Rocca alega que "estamos administrando a Tenaris como uma única empresa. Digo que esse é 'o jeito da Tenaris fazer as coisas'. Não estamos gerenciando centros de lucros diferentes. Devo admitir que durante algum tempo foi como mudar o motor de um Boeing em pleno voo. Nossos gerentes precisavam se acostumar a deixar de proceder como reis em suas próprias fábricas".

Depois de alguns anos operando sob seu novo nome, a Tenaris é líder mundial na produção de tubos sem costura para a indústria de gás e de petróleo, e ostenta 20% de participação de mercado no mundo da categoria OCTG (produtos tubulares sem costura para petróleo e gás). Por volta de 2005, a Tenaris estava vendendo mais de 3 milhões de toneladas de tubos de aço, equivalentes a US$ 6,7 bilhões e com lucros líquidos de US$ 1,4 bilhão.

> A Tenaris se tornou líder mundial na produção de tubos sem costura para a indústria de gás e de petróleo, e ostenta 20% de participação de mercado no mundo.

Como dissemos, os negócios de Roberto Rocca ocupavam um nicho recentíssimo do mercado, cuja origem estava na enorme mudança havida nos suprimentos mundiais de energia. Em um mundo em que os preços do petróleo na boca do poço já estavam acima dos US$ 60, com cada vez mais perfurações sendo feitas em locais remotos e inacessíveis, os sofisticados tubos de aço que a Tenaris forjava nas suas fábricas em todo o mundo tinham demanda bastante alta.

UNINDO CULTURAS E TUBOS DE AÇO: A MARCA TENARIS BLUE

Com a criação da Tenaris, Paolo Rocca começou a planejar de modo consistente sobre o que deveria fazer para diferenciar a nova empresa da concorrência e, ao mesmo tempo, assumir a posição de marca unificada, destacada e global. Como descrito no estudo de caso da Stanford Business School, "a marca [Tenaris] deveria transmitir o conceito de empresa global com fortes raízes locais e uma tradição cheia de brio de multiculturalismo, representada graficamente pelas barras multicoloridas do lado esquerdo do logotipo da Tenaris".

Como Carlos San Martin comentou uma vez: "Viemos de uma reserva multicultural, temos executivos em quatro continentes, e todos nós aprendemos a trabalhar bem juntos." Bem cedo, ele e seus colegas compreenderam enfaticamente que a característica multicultural poderia ser uma chave para sua vantagem estratégica competitiva. San Martin morou algum tempo no Japão e se deixou envolver completamente por vários aspectos da cultura corporativa japonesa, em particular pela lendária obsessão que eles têm pela precisão, pelo controle da qualidade e pela disciplina.

Ele acreditava firmemente que *a chave para o sucesso no futuro de uma empresa global e moderna está na sua capacidade de criar uma cultura corporativa para que as pessoas se sintam confortáveis em compartilhar experiências*. Como excelente exemplo dessa filosofia, ele argumenta, basta que se observe a equipe multicultural e multidisciplinar que ele e seus colegas montaram para criar um produto novo e revolucionário, projetado não apenas para ganhar mercado, mas também para definir a Tenaris e colocá-la no mapa como empresa *tecnológica*, mais do que como apenas mais uma produtora de *commodities*.

O desafio era claro, embora não necessariamente fácil de ser executado: desenvolver e trazer para o mercado um produto novo e revolucionário, adequado para integrar as unidades de negócio amplamente distribuídas da empresa, fundindo-as numa organização tão contínua e precisa quanto seus produtos.

San Martin lembrava-se de como a análise da indústria de energia sempre revelava as localizações das reservas de petróleo e gás do mundo de novas maneiras. Pelo fato de essas reservas se localizarem em lugares remotos, em águas profundas e em climas mais frios, as demandas pelos tubos de aço sem costura, necessários para cravação desses poços, tornavam-se mais exigentes e precisas do que nunca. Uma área em que a competição da indústria se aqueceu drasticamente foi a das "conexões premium", aquela das tubulações verdadeiramente garantidas de não apresentarem falhas ou vazamentos e de serem à prova d'água. Segundo a explicação de San Martin, o American Petroleum Institute tinha padronizado diferentes tipos de costura com base nas extremidades macho e fêmea dos tubos. Diferentes fabricantes de tubos de aço sem costura, incluindo a alemã Mannesmann e a japonesa Sumitomo, tinham desenvolvido suas próprias conexões premium, com costura de atributos especiais, que podiam ser certificados como capazes de manter a estanqueidade sob pressões e temperaturas extremamente altas. Esses tubos são geralmente comercializados como "famílias" de conexões.

Antes de a Tenaris ter sido criada, a Siderca se contentava em fazer engenharia reversa e copiar uma conexão premium existente, não protegida por patente. Resolveu então obter os direitos de fabricação para uma família de conexões de um fabricante americano. Depois de adquirir a Dalmine, iniciou a comercialização da família de conexões Antares. Finalmente, estabeleceu uma *joint venture* com a empresa japonesa NKK para licenciar uma tecnologia de conexões Premium desenvolvida pela NKK. Mas a Tenaris, para ocupar o lugar de empresa líder Premium, precisava desenvolver sua própria conexão avançada, premium e exclusiva.

Rocca estabeleceu uma equipe de pesquisas consistindo de dois engenheiros japoneses que tinham projetado as conexões NKK, dois engenheiros italianos que tinham projetado a família de conexões Antares e um grupo de engenheiros de computação argentinos. Passando do conceito ao protótipo e deste para o teste de tensões de acordo com os rigorosos padrões patrocinados pela ISO para ciclos térmicos, e ainda testes de tensão sob alta pressão, tensão metalúrgica, compressão e prova da resistência mecânica da conexão, o projeto uma vez concluído acabou sendo comercializado sob a marca "Tenaris Blue".

Além da aprovação com excelência nos testes mais rigorosos, a equipe Tenaris Blue surgiu com a nova tecnologia revolucionária "dopeless" para juntas sem costura, pela qual as empresas petrolíferas podem dispensar os lubrificantes geralmente caros e tóxicos, usualmente necessários para obtenção de uma vedação estanque e sem costura sob altas pressões e temperaturas. No mar do Norte, a presença do lubrificante tóxico é poluente e contaminante, ao passo que na Arábia Saudita, o desejo de não ter que retirar a graxa dos tubos usando grandes quantidades de água pressurizada contribuiu para despertar o interesse pelo uso da tecnologia *dopeless*.

O slogan motivador da equipe de pesquisa da Tenaris Blue era: "Não é sem esperança, é sem lubrificante."* San Martin relembrava com orgulho como os membros da equipe, apesar de trabalharem em lugares diferentes, conseguiam sempre manter contato por e-mail e fazer encontros regulares em diferentes países. A com-

---

* Trocadilho intraduzível com o sufixo *less* (sem) nas duas palavras da frase "It's not hopeless, it's dopeless". (N.T.)

binação de todas essas diferentes nacionalidades e culturas possibilitava à equipe edificar sobre os pontos fortes uns dos outros. "Os italianos são grandes projetistas, os mexicanos são especialistas na tecnologia de soldagem, mas ninguém sobrepuja os japoneses em testes do produto. Um dos argentinos, com título de doutorado do MIT (Massachusetts Institute of Technology), inventou alguns modelos complexos que fazem parte do modelo que usamos para nossas análises por elementos finitos no computador."

A VANTAGEM COMPETITIVA DA TENARIS NO GERENCIAMENTO DA CADEIA DE SUPRIMENTOS

Independentemente da alta tecnologia, a Tenaris, além dos produtos, começou a se destacar na prestação de serviços. Essa nova abordagem data de um seu retrocesso anterior. A aquisição da Tamsa no México antes da crise da tequila de 1994 ocorreu assim que a Pemex, a gigante do óleo mexicana, foi forçada a interromper a maioria de suas perfurações e cancelar o grande número de encomendas dos tubos de aço sem costura da Tamsa. A situação se deteriorou ainda mais depois que a desvalorização do peso deu origem a uma ação antidumping nos Estados Unidos, planejada para manter fora do sensível mercado americano os tubos de aço de baixos preços vindos do México. Ainda assim, sem dúvida, como resultado não antecipado pelos proponentes da legislação antidumping, a rápida reação da Tamsa à drástica mudança nas circunstâncias, colocou a empresa num rumo novo que culminou por transformá-la na produtora global de hoje.

Como um recurso para permanecer competitiva, a Tamsa ofereceu à Pemex um serviço "just-in-time" (no momento certo, na hora certa) para todos os seus poços, inovação de que ninguém ainda tinha ouvido falar na época. A experiência sem precedente conquistada pela Pemex seria mais tarde usada pelos clientes em outras partes do mundo e transformou a Tenaris em algo mais importante do que simplesmente uma produtora sofisticada de tubos de aço: ela era agora uma ágil empresa global de logística. "Sentimo-nos orgulhosos com o fato da Sumitomo ter começado a nos imitar", disse-me Rocca, "mas, até recentemente, eles funcionavam como uma empresa comercial e, por exemplo, tudo o que faziam era embarcar seus tubos com destino a um determinado porto da Nigéria, ao passo que nós conseguimos levá-los para a cabeceira do poço. Oferecemos um gerenciamento da cadeia de suprimentos "just-in-time" e começamos a operar mais como se espera de uma empresa petrolífera."

Ponto de vista do investidor

Visão otimista
- O sucesso da Tenaris é baseado na mais avançada tecnologia existente, num modelo de organização global, numa produção de baixo custo e em soluções logísticas inovadoras.

- A demanda na indústria dos tubos sem costura depende dos preços do óleo, da atividade de perfuração e do fato de a profundidade ser muito grande ou das reservas estarem a uma distância muito grande.
- No Século dos Mercados Emergentes, a perfuração de poços nos países emergentes será cada vez mais feita pelas empresas desses mesmos países.

Visão pessimista
- Uma queda nos preços do petróleo poderia rapidamente afetar essa indústria de característica notoriamente cíclica.
- Os concorrentes da Tenaris rapidamente copiaram seu modelo de "logística" e sabem que devem fazer de tudo para se manter na dianteira tecnológica.

Lições
- O orgulho ferido pode ser o melhor empurrão.
- As multinacionais emergentes podem ser bem-sucedidas em negócios que exijam tecnologia, mas somente se estiverem propensas a investir pesadamente em testes e desenvolvimento de produtos.
- As empresas podem ultrapassar concorrentes nos negócios com clientes globais operando em muitos países, transformando suas estruturas organizacionais para que também atuem globalmente e usando a tecnologia da informação para entregar seus produtos da maneira mais rápida e competitiva possível.
- Para ser competitiva, não basta mais à empresa ser capaz de fabricar produtos de primeira linha; as empresas do futuro devem também ser capazes de oferecer soluções logísticas, inclusive serviços "just-in-time".

CAPÍTULO 11

A Revolução do Poder Intelectual Barato

A Infosys e a Ranbaxy da Índia transformam os mundos dos projetos dos softwares e dos medicamentos genéricos

Estratégia

- *Empregar capacidade intelectual barata como vantagem competitiva*

Durante 25 anos, as nações que aspiraram ter indústrias de alta tecnologia buscaram, com mais ou menos sucesso, cultivar o milagre cultural do Vale do Silício no norte da Califórnia em seu próprio terreno. Principalmente na Ásia, os líderes nacionais, os industriais e os formadores de opinião passaram décadas assistindo à debandada dos seus melhores e mais brilhantes recém-formados em tecnologia para o Vale do Silício e para outros ímãs de cérebros no oeste dos EUA, atraídos pelos empregos de alta remuneração das indústrias de crescimento rápido no campo da computação e do software. O desanimador fenômeno social tornou-se tão amplo nas economias cambaleantes do antigo Terceiro Mundo que passou a ser conhecido por um nome triste: "Fuga de Cérebros".

Uma das tentativas mais bem-sucedidas de reverter a Fuga de Cérebros foi arquitetada por K.T. Li, ministro de visão, responsável pela área de tecnologia de Taiwan na década de 1980, que sozinho conseguiu influenciar fortemente o seu governo no sentido de apoiar o Hsinchu Science Industrial Park nos subúrbios de Taipei e convidar Morris Chang, da Taiwan Semiconductor Manufacturing Company (TSMC), a voltar para "casa", em Taiwan, para dar início à indústria de semicondutores.

No final da década de 1990, esses esforços para colher os frutos da aposta no silício viraram lugar comum, especialmente na Ásia. Na Malásia, o controverso primeiro-ministro Mahathir Mohamad orgulhosamente inaugurou a Cyberjaya, uma zona de alta tecnologia e supercorredor de multimídia, medindo 15 km por 50 km, numa região de palmeirais ao sul de Kuala Lumpur. Na China, o governo desejou duplicar não apenas o sucesso do Vale do Silício, mas também o Hsinchu Science Park de Taiwan em um recanto empoeirado ao nordeste de Pequim. Não muito longe do palácio de verão dos imperadores chineses, o governo central designou o bairro Zhongguancun de Pequim para que passasse a ser o "Vale do Silício da China". Hoje, com os edifícios modernos se erguendo rapidamente em torno da conceituada universidade Tsinghua, os arredores passaram a abrigar empresas de alta tecnologia como a Microsoft, Sun, Siemens e NEC. Em Dubai, "cidades" inteiras das áreas dedicadas à medicina, à ciência e à mídia, têm surgido num esforço para criar uma "massa cinzenta" decisiva semelhante àquela da universidade de Tsinghua, para o período seguinte ao do petróleo.

A receita para a incubação de alta tecnologia surpreende os formadores de opinião pela sua simplicidade:

1. Construir um conjunto de edifícios sem pilotis, limpos e sem supérfluos, cercados por luxuriantes gramados e pátios, em vizinhanças que se assemelhem a um campus universitário, de preferência bem perto de diversas universidades e institutos de tecnologia, tantos quantos possam ser criados na periferia da área.
2. Tentar imitar o papel da célebre Stanford University, que foi a incubadora da Hewlett-Packard e de outras empresas desmembradas como a Intel e a Apple, mediante a construção de institutos técnicos a partir do zero e com foco em disciplinas de alto potencial de desenvolvimento como as relacionadas com software, hardware, tecnologias aeroespaciais e biotecnologias.
3. Acrescentar, na medida do possível, quadras de basquete, ginásios, cafeterias e máquinas distribuidoras de refrigerantes para que os recém-formados se sintam em casa, como se eles tivessem acabado de ser transferidos de outra universidade, e não para uma empresa privada numa economia de mercado livre.

Observe os bem-cuidados pátios gramados de muitas dessas "novas cidades" pós-industriais, quer elas estejam em São José dos Campos, no Brasil, ou nos arredores de Ang Mo Kio, em Cingapura (o que — surpresa, surpresa! — tem todo o estilo de um autêntico "Vale do Silício de Cingapura"), e então, imagine-se em um lugar qualquer no mundo pós-industrial. Veja a descrição da Apple do seu campus em Ang Mo Kio, em Cingapura: "O campus apresenta um ambiente de trabalho espaçoso e aconchegante, uma academia esportiva com modernos aparelhos de ginástica e uma cantina que oferece refeições bem balanceadas para o café da manhã e o almoço. Os arredores são tão atraentes que muitas pessoas de empresas de alta tecnologia também têm escritórios por perto."

Já ouviu isso antes? Não lhe parece familiar? É exatamente essa a intenção de todo o conjunto!

Na Índia, é Bangalore a cidade que atualmente compete pelo título de "Vale do Silício" (ainda que insista em ter a designação que seria geograficamente mais precisa de "Planalto do Silício"). A capital do estado de Kamataka é a quinta maior cidade do país e é considerada a aglomeração urbana de mais rápido crescimento na Ásia. A lenda diz que Veera Ballala II, um rico monarca do século XI, caçava em uma densa mata do seu reino quando se perdeu e procurou abrigo na casa de uma pobre mulher solitária que nada tinha a oferecer à augusta majestade a não ser um cheiroso prato de feijão. O rei ficou tão grato pela humilde refeição que deu o nome à cidade que fundou no lugar de "Benda Kalooru", que significa "cidade do prato de feijão" no dialeto local. Passando para o idioma anglo-saxônico, o nome original se transformou em "Bangalore".[1]

No final do século XVII, a cidade brotou graciosa com jardins perfumados por todo o sul da Índia e quatro torres de observação protegendo sua segurança ainda podem ser vistas no movimentado centro da cidade. O clima suave da cidade, a localização estratégica e a vegetação luxuriante atraíram o império colonial britânico, sob cuja administração a cidade adquiriu a reputação de "paraíso dos aposentados" com amplas ruas arborizadas, palácios e edifícios com fachadas elaboradas, jardins pomposos e lagos. Nos dias de hoje, indiscutivelmente, o maior e melhor recurso dessa megalópole superpovoada e barulhenta, que ultrapassa os seis milhões, é a safra confiável, renovável e aparentemente infinita de universitários recém-formados.

Cidadãos bem-informados de Bangalore datam de 1909 o caso de amor entre a cidade e a tecnologia. Foi nesse ano que o pioneirismo do industrial J. N. Tata, fundador do respeitável conglomerado de indústrias e serviços, foi persuadido pela capacidade hidroelétrica bem-desenvolvida da região a estabelecer a universidade de ciência e tecnologia numa área de 150 hectares ao noroeste de Bangalore, hoje em dia conhecida como Indian Institute of Science. O Indian Institute of Science é uma das mais importantes instituições técnicas nacionais e a voz corrente é que seus recém-formados são o que há de melhor na Índia quanto ao talento técnico significativo fundamental.[2] Bangalore alardeia um leque muito amplo de instituições educativas, aí incluído o Bangalore Institute of Technology (BIT), e dúzias de outras escolas menos conhecidas que contribuem com suas quotas razoáveis de jovens, instruídos, ambiciosos e desejosos de se transformarem em "operários da informação", ansiosos por conquistarem empregos dentre mais de 1.500 empresas[3] de tecnologia que se estabeleceram no solo nativo. Muitas vezes, essas empresas foram estabelecidas por empreendedores locais que, depois de terem tido experiências no exterior, regressaram para liderar a formação de "Centros de Cérebros nativos". Esse foi o mais eficiente antídoto até hoje contra a "Fuga de Cérebros".

Ironicamente, o desenvolvimento precipitado de Bangalore num ímã para a indústria de serviços de TI e o efervescente centro da "nova economia" da Índia baseava-se num antigo modelo de planejamento governamental socialista. O governo indiano, sentindo-se enciumado de Cingapura, Taiwan e Coreia, escolheu Bangalore para desenvolver sua indústria eletrônica, em parte porque localizava-se suficientemente ao sul para ficar fora do alcance dos bombardeiros paquistaneses ou chineses. Um dos incentivos adicionais de Bangalore, como os britânicos descobriram um século antes deles, é o fato de a cidade oferecer um dos climas mais amenos do subcontinente.

Há apenas uma década, poucos poderiam antecipar que algumas das maiores empresas do mundo iriam algum dia confiar em programadores distantes a milhares de quilômetros para o desenvolvimento de suas soluções de software. Em 2001, a mesma previsão poderia tê-lo transformado num milionário. Atualmente, a Índia produz rapidamente mais de 100.000 engenheiros altamente qualificados e motivados todos os anos,[4] muitos notavelmente capacitados em software. Muitos permanecem em Bangalore, ainda que em dado momento possam se sentir atraídos pelos "caça talentos" geralmente inescrupulosos que perambulam pelas vielas e bares de hackers da cidade do silício da Índia, com ofertas mirabolantes para trabalharem em funções lucrativas com programas de computador nos Estados Unidos e na Europa.

Até o início da década de 1990, a economia, as mentes, as fronteiras e as telecomunicações estavam bloqueadas ou não existiam na Índia, tornando impossível a livre troca de ideias. A Índia afastava, em vez de atrair, o investimento doméstico e o estrangeiro, por causa das estradas ruins, da burocracia, dos portos congestionados, das inflexíveis leis trabalhistas, da corrupção generalizada e das interrupções no fornecimento de energia. Era do conhecimento geral que os cientistas de computadores tinham sido importantes para a implementação do Vale do Silício, mas, dentro do contexto mais amplo, raramente se levava em conta que a capacidade intelectual era barata e altamente qualificada na Índia.

A economia da Índia abriu-se drasticamente no início dos anos 1990, parcialmente despertada pelas reformas no mercado livre instituídas sob a liderança do ministro das finanças, Manmohan Singh, que tinha sido primeiro-ministro da Índia em 2006. A globalização, a Internet e o excesso de investimentos em fibra de vidro para as telecomunicações possibilitaram a comunicação fácil e barata entre pessoas mais distantes do que na sala ao lado por meio da comunicação eletrônica. Ao mesmo tempo, a digitalização de documentos tornava os arquivos de papel obsoletos e possibilitava o acesso eletrônico simultâneo em toda parte. Deve ainda ser acrescentado a esses avanços o fato de os mecanismos de busca tornarem viável encontrar a proverbial agulha no palheiro de dados, bem como a lembrança de que a padronização crescente dos sistemas facilitou a conectividade em tempo real, não apenas das pessoas, mas também das redes. Em pouco tempo, o conceito há muito respeitado da "semana de trabalho" mudou gradualmente para o do trabalho mundial durante as 24 horas por dia nos 7 dias da semana (mundo 24/7). As empresas que, por outras razões, decidiram a favor de terceirizar parte do trabalho administrativo de seus escritórios para a Índia, surpreenderam-se agradavelmente ao descobrir que era não apenas mais barato, mas uma ótima alternativa o envio de um trabalho à noite e recebê-lo pronto na manhã seguinte, um luxo sem precedentes, somente possível pela diferença existente de fuso horário. As regras do jogo em nosso novo mundo global mudaram permanentemente — melhoraram para alguns e pioraram para outros.

As reformas econômicas na Índia soltaram as amarras de muitos profissionais jovens e entusiastas, que não apenas falavam excelente inglês como também tinham recebido boa, ou até mesmo excelente instrução, por uma fração do que lhes custaria na Europa ou nos Estados Unidos. A instrução ficou sendo o diferencial competitivo da Índia e a inadequação de sua infraestrutura de rodovias e portos passou a ser um mero estrangulamento logístico. Pesquisas e serviços de TI não exigem nem autoestradas nem maquinário, mas computadores e Internet. No início, os programadores treinados eram encontrados na Índia por menos de um décimo do que custavam nos Estados Unidos e na Europa. Ainda hoje, a contratação de um especialista americano em TI pode custar cerca de US$ 50.000 a US$ 80.000 por ano, ao passo que com apenas US$ 7.000 a US$ 10.000 anuais é possível contratar um programador indiano igualmente qualificado, ou até mais preparado, para executar a mesma tarefa.

A indiscutível base atual do maremoto da terceirização de TI é o fato de as empresas americanas gastarem US$ 2,20 em software para cada dólar gasto em hardware.[5] Com os salários dos engenheiros indianos equivalendo a um sexto dos salários correspondentes nos Estados Unidos ou na Europa, as empresas ocidentais não podem mais ignorar o canto da sereia desse enorme consórcio de capacidade intelectual disponível com uma economia de preço substancial. Atualmente os Estados Unidos, com uma fatia de 70%, são o maior mercado de produção localizada em outros países e de serviços de terceirização, especialmente na Índia, onde o inglês é falado, e a Grã-Bretanha vem em segundo lugar. Mas a demanda no resto da Europa avança rapidamente. O economista Stephen Roach da Morgan Stanley chamou esse fenômeno de "nova e poderosa compra e venda de trabalho global".[6] Repentinamente, a antiga fuga de cérebros passou a ter sentido inverso: a capacidade intelectual está sendo exercitada em casa. Um estudo da Forrester Research de Cambridge, sediada em Massachusetts, fez a advertência em 2002 de que até 500.000 empregos americanos de TI poderiam ser "terceirizados" para lugares como a Índia até 2015. Entretanto, o Institute of International Economics (IIE) enfatizou que as "perdas" de postos de trabalho são difíceis de serem quantificadas devido às flutuações dos ciclos da economia e à elevada "rotatividade dos empregos". Ele cita perdas americanas de 500.000 a 1 milhão de empregos devido à terceirização desde o pico de tecnologia no ano 2000. Em uma economia onde existem 130 milhões de empregados, 7 a 8% de todos os empregos privados são criados e desaparecem a cada trimestre. Enquanto a economia dos Estados Unidos perdeu 545.000 empregos em televendas e tecnologia de baixos salários entre 1999 e 2003, com salários médios de US$ 25.000 anuais, ganhou 402.000 empregos de engenheiros de software de computador e administradores de rede com salários anuais médios de aproximadamente US$ 70.000 durante o mesmo período, de acordo com estatísticas do Bureau of Labor.[7] O Institute of International Economics argumenta incisivamente que enquanto muitos desses empregos administrativos e outros se deslocam para o exterior, muitos outros estão também sendo *criados* em consequência do crescimento nos mercados emergentes.[8]

O sucesso inesperado da indústria do software forneceu um modelo para que outras indústrias de criação intelectual na Índia estendessem suas asas globalmente. Não apenas o setor de manufaturados, mas também o de serviços, tornaram-se móveis e globais. Numerosas empresas, como a Ranbaxy, desenvolvem pesquisas de medicamentos. Os bancos de investimento estão terceirizando parte das pesquisas de ações e de manutenção de informações. Redes de notícias como a Reuters atualizam suas informações com pesquisadores indianos. Radiologistas altamente treinados leem e interpretam varreduras eletrônicas na área médica. Contadores preparam demonstrações tributárias para pequenas firmas de auditoria. Milhares de jovens recém-formados das universidades trabalham durante a noite em televendas, respondendo perguntas em computadores ou lidando com problemas de cartões de crédito. Quando visitei Mphasis, em Bangalore, um desses muitos centros de televendas, encontrei vários andares de jovens formados em universidades em fileiras bem arrumadas de cubículos, desempenhando atividades monitoradas numa sala que me lembrou o centro espacial da NASA — bastante diferente da percepção amplamente divulgada de fábricas de trabalho escravo.

As empresas indianas como a Infosys pegaram apenas uma parte do trabalho. Empresas como General Electric, Intel, Motorola, American Express, Accenture, IBM, EDS, e British Airways estabeleceram suas operações na Índia nos anos de 1990 e competem para contratar os brilhantes recém-formados. Bangalore, como sinal dos tempos, agora tem voos internacionais para cada vez mais cidades ao redor do mundo. Ao andarmos de carro pela cidade, ficamos sem saber se estamos na Índia ou nos Estados Unidos, visto que os anúncios nos edifícios novíssimos fazem propaganda de marcas muito conhecidas. Existe um pequeno problema com a lista de serviços que faz parte atualmente do mercado global, que cresce a cada dia. Assim como a China é considerada o centro manufatureiro do mundo, alguns dizem que a Índia é o seu escritório administrativo. "Centro distribuidor de capacidades intelectuais", poderia ser um nome melhor.

A margem competitiva que a Índia continua tendo sobre a China é a língua inglesa, combinada com décadas de experiência de democracia e de fluxo de recém-formados de universidades de elite. Entretanto, essa margem foi drasticamente enfraquecida pela impressionante motivação da China em melhorar sua infraestrutura a qualquer preço. Qualquer pessoa que visite ambos os países fica sabendo que a Índia enfrenta uma séria ameaça competitiva da China, assim como os Estados Unidos em relação à Europa, porque praticamente em todos os lugares da China as linhas de telefone funcionam, as estradas são novas, os trens correm nos horários e a impressão geral é de ordem e segurança. Na Índia, igualmente tão antiga, a infraestrutura ainda está calamitosamente atrasada. As estradas e os portos estão congestionados, o transporte de massa é precário e existe uma sensação de deterioração urbana — contraste que pode ser sentido pelo olfato — que geralmente ofusca a camada de verniz flamejante de alta tecnologia de suas cidades fervilhantes. Ainda que a China continue bem na frente, nos últimos anos a Índia começou a fazer um esforço ambicioso para lidar com essa lacuna da infraestrutura. Grandes novas autoestradas estão em construção, novos sistemas de transporte de massa são planejados para cinco cidades e as torres para telefones celulares brotam nas mais diversas áreas.

A China está na frente da Índia na maioria dos parâmetros*

	China	Índia
População (bilhões)	1,3	1,0
População urbana (% do total)	32	28
Taxa de natalidade (líquida, por 1000)	8	16
População abaixo da linha de pobreza (%)	10	25
PNB per capita — PPP (US$/ pessoa)	4.324	2.420
Taxa de poupança doméstica (% do PNB)	12	24
Produção de eletricidade (kWh x 10^9)	1.347	527
Capacidade portuária (T x 10^6)	1.426	287
Vias expressas (1000 km)	>16	<1
Exportações (US$ 10^9)	266	61
Fluxo FDI (Investimentos Estrangeiros Diretos) em US$ 10^9 **	46,8	3,4
Alfabetização de adultos (%)	84	57
Gastos com educação (% do PNB)	2	3

Fonte: World Development Indicators, The World Bank; CIA Factbook.
* Dados de 2001; ** Dados de 2002.

O *New York Times* relata que empresas indianas de visão, como a poderosa empresa de software Infosys, mantêm os olhos fixos na China. Salkumar Shamanna, chefe de recursos humanos da Infosys na China, explicou a recente decisão de investir US$ 65 milhões para ampliar suas instalações nesse país, construir um novo campus corporativo em Pudong (parte de Xangai), e contratar milhares de novos engenheiros chineses de software, por baixos salários, seguindo o mesmo raciocínio implacável que fez a Infosys florescer em seu país de origem: "Hoje em dia, as opções estão aumentando tão rapidamente na Índia que a contratação se tornou uma questão de quem está disposto a pagar mais." Em um dos *campi* corporativos da Infosys, na cidade indiana de Mysore, bem como nos quarteirões da empresa em Bangalore, um repórter do *Times* observou centenas de novos contratados chineses "a maioria dos quais recrutados nas melhores universidades... tomando aulas de inglês".[9]

TECNOLOGIAS DA INFOSYS
Programadores do mundo

Nenhuma experiência na frenética Bangalore ilustra tão vivamente os contrastes surreais da Índia de hoje como a de dirigir em velocidade reduzida na lentidão agonizante da hora do rush pelas ruas congestionadas, barulhentas e poluídas da cidade, para o calmo e impecavelmente limpo *campus* corporativo pioneiro de terceirização de software da Infosys. Logo que foi inaugurada em 1995, a nova sede da empresa ficava cerca de 24 km afastada do centro da cidade. Hoje a mancha urbana se estendeu até alcançá-la.

Uma paisagem suburbana cerca o parque industrial da Electronics City. A Infosys foi transferida para dentro desses 133 hectares mantidos pela prefeitura, hoje cheios de subdivisões no estilo americano que não ficariam nada deslocadas se estivessem em Palo Alto, na Califórnia. Atualmente, a Electronics City é também o endereço da Hewlett-Packard, Motorola, Siemens, Wipro e Satyam. O desenvolvimento da zona comercial suburbana, que rivaliza com o centro centenário da cidade velha e o regresso de milhares de engenheiros indianos de software do exterior, cria uma nova Índia americanizada que resume bem o estupendo salto de um passado burocrático para um possível futuro como membro completamente desenvolvido do mundo pós-industrial.

UM CAPITALISTA NA MENTALIDADE, MAS UM SOCIALISTA NO CORAÇÃO

O viçoso e bem-regado gramado do *campus* corporativo da Infosys (numa região habitualmente assolada pelas secas) alardeia todas as previsíveis comodidades incluindo cafeterias e restaurantes, ginásio de esportes, sala de reuniões, quadras de basquete e vôlei, minicampo de golfe, sauna, biblioteca, centro de videoconferência e salas de aula com nomes que homenageiam laureados do Prêmio Nobel. A presença esmagadora é a dos brilhantes estudantes de faculdade que continuam seus estudos de primeira linha "no mundo real", não muito diferente dos jovens que podem ser vistos na Microsoft. Narayana Murthy, principal fundador da empresa, foi um dos maiores contratantes da Índia e, agora, tendo passado o comando e o título de CEO para Nandan Nilekani, cofundador mais jovem — como Bill Gates, da Microsoft — recebeu o título de presidente[10] e "mentor principal". "Tenho a cabeça de um capitalista e o coração de um socialista", foi o que Narayana Murthy disse vivamente logo no início de uma de nossas conversas — uma afirmação inusitada, porém sincera, para quem é líder da principal corporação da Índia e um dos seus homens mais ricos.

A primeira vez que me encontrei com Murthy, estávamos numa reunião da diretoria do India Growth Fund no início dos anos 1990. Fiquei imediatamente impressionado pelas perguntas educadas, mas objetivas, com as quais ele procurava entender melhor uma ampla gama de assuntos, como avaliações de desempenho, transparência e governança corporativa. Hoje em dia, Murthy é um modelo para a função e inspira todo estudante indiano brilhante, a muitas vezes foi considerado o melhor CEO da Índia e foi designado pela Time / CNN como um dos 25 executivos formadores de opinião mais importantes do mundo. O fato de ser genuinamente humilde, não significa que ele deixasse de compreender que a humildade — principalmente em um país inclinado para a espiritualidade como a Índia — pode ser uma abordagem útil para manobrar enorme poder e influência, discreta e dissimuladamente.

O segredo bastante simples do sucesso da Infosys se prende ao fato de que Narayana Murthy e seus cofundadores não somente identificaram a oportunidade da "capacidade intelectual barata" já em 1980, como também viram que tinham o "conjunto de aptidões" necessário para tomar providências sobre o que percebiam.

Murthy foi um estudante brilhante, graduado em engenharia elétrica e especializado em ciência da computação no Indian Institute of Technology de Kanpur, um dos sete institutos indianos de tecnologia fundados pelo primeiro-ministro Pandit Nehru, outro socialista bastante ambicioso. Depois de ter trabalhado como programador no projeto do software Sophia em Paris (destinado a gerenciar, em 1976, a carga aérea do aeroporto Charles de Gaulle, que tinha sido recentemente inaugurado), Murthy voltou para a Índia profundamente desiludido com o socialismo. A concorrência internacional tinha sido ganha por uma empresa americana, mas o governo francês havia insistido que uma empresa projetista de TI da França participasse na expectativa de que ela obtivesse experiência com o projeto. Curiosamente, Murthy fazia parte da equipe francesa. Como ele me disse: "Encontrei muitos comunistas franceses durante minha estada em Paris, mas acabei concluindo que o único modo de lutar contra a pobreza era criando bons empregos. Eu queria experimentar."

O pequeno entusiasmo, já minguante, que ele ainda tinha pelo seu passado socialista prontamente evaporou quando ele foi detido e encarcerado, da noite para o dia, na Bulgária, num trem que se dirigia para a Índia: o serviço secreto tinha ouvido por acaso algumas afirmações inócuas, mas consideradas controvertidas pelas autoridades comunistas locais.

Nem ele nem os outros seis fundadores da Infosys tinham dinheiro para começar a Infosys em 1981, mas Sudha, brilhante engenheira de computação do Tata Group e esposa de Murthy, socorreu a todos com seu pé-de-meia de 10.000 rúpias (US$ 500). Hoje em dia, ela é a mola propulsora por trás da Infosys Foundation, uma instituição de caridade focalizada em melhorar a vida da população pobre da área rural da Índia, para a qual a Infosys doou 1,5% do seu lucro líquido.

UM COMEÇO DIFÍCIL ANTES DAS REFORMAS ECONÔMICAS

Ter uma ideia é diferente de fazê-la dar certo num ambiente desfavorável. A Infosys foi tudo, menos um sucesso instantâneo. Quando Murthy era jovem, o ambiente de negócios indiano não era nem um pouco favorável ao crescimento da pequena empresa de software da obscuridade ao status de categoria internacional. A margem competitiva, a orientação global, o controle de qualidade e a orientação do cliente não eram mantras do dia. A economia indiana estava fechada como uma ostra e a burocracia, notoriamente lenta, geralmente conseguia sufocar ou mesmo estrangular a iniciativa nos negócios mediante um emaranhado de confusões a serem vencidas para obedecer a regulamentos e obter licenças. Murthy me relatava como "uma simples linha telefônica não era conseguida em menos de dois ou três anos, e como as telecomunicações eram proibitivamente caras e difíceis. A importação de um computador exigia 40 visitas até Delhi para obtenção da licença e uma espera de mais de três anos. Não havia capital de risco. Os bancos pediam garantias para a concessão de empréstimos que nós, como uma empresa de software, não podíamos dar. Como a moeda ainda não era conversível, um simples pedido levava mais de uma semana para sair do país. Quando conto esta história para meus filhos eles não conseguem acreditar".

> A Infosys saiu dos US$ 2 milhões de vendas em 1991, chegou a US$ 100 milhões em 1999 e alcançou US$ 2 bilhões em 2005.

O fato de que a Índia estava praticamente estrangulando seu setor produtivo com a burocracia, na realidade fornecia uma oportunidade para que o pouco notado setor de software florescesse. "Embora não se tratasse de um jogo de perdas e ganhos equilibrado, o fato de a fabricação na Índia sofrer pela falta de infraestrutura, pela longa cadeia de suprimentos e pela burocracia, fazia com que nossas fábricas fossem menos eficientes. Isso resultava na migração dos melhores cérebros do país para o setor de serviços da TI."

Ressentindo-se da falta de fundos, a jovem Infosys uniu forças com a Databasics Corporation, uma pequena empresa americana de software, que apoiou Murthy na Índia enquanto seis dos seus cofundadores trabalhavam nos projetos de software em Nova York. Depois de dez anos, a empresa lentamente cresceu até alcançar US$ 2 milhões de vendas anuais e empregar 100 pessoas. Na fechada economia da Índia, a corrupção florescia e os conglomerados privados e empresas estatais formavam uma rede impenetrável, ineficiente e fortemente protegida. Nessa época, mais do que hoje em dia, as estradas, a energia e as telecomunicações eram calamitosamente inadequadas para o desenvolvimento comercial.

As restrições do governo e a reação das multinacionais contra essas restrições foram outras medidas que deram uma vantagem inesperada às novas empresas de software da Índia. A IBM saiu do país em 1977 depois de encarar a exigência do governo socialista do então primeiro-ministro Morarj Desai para ou abrir mão do controle acionário, ou ser posta no olho da rua. A IBM preferiu sair. "A IBM ou a Índia, qual das duas era a mais esperta?", foi a pergunta que o primeiro-ministro, pelo que contam, fez a um executivo sênior da IBM, cuja resposta veemente de acordo com a revista *Wired*,[11] sem dúvida "foi perdida para a história".

O vácuo resultante deixado pela IBM deu às máquinas de menor porte da Unix e a outros minicomputadores a oportunidade de ocupar o vazio existente. As empresas indianas localizaram rapidamente as oportunidades oferecidas por esses computadores mais acessíveis ao mesmo tempo que os programadores de software indianos conquistavam a bem-merecida reputação de serem capazes de programar de maneira improvisada, simples, elegante, firme e prática. A partida da IBM deu oportunidade para uma geração inteira de jovens engenheiros de computação, altamente treinados nos Institutes of Technology (IITs) e em diversas faculdades de engenharia locais, florescerem sem ter concorrência das empresas estrangeiras de prestígio.

Embora a Tata Consulting Services, empresa do conceituado Tata Group, tivesse logo assumido a liderança, era preciso contar com gente de visão fora do "clube" da irmandade de negociantes indianos para que fossem identificadas as novas oportunidades que emergiam do setor de TI decorrentes da partida da IBM e das outras empresas estrangeiras que deixaram o país abruptamente. Esses homens de visão deveriam ignorar o pensamento convencional, acreditar que fariam as coisas de modo mais perfeito e mais barato, que ganhariam experiência trabalhando com uma clientela internacional e resistiriam com firmeza à corrupção generalizada. O software não teve um desenvolvimento rápido ou imediato. Foram necessárias duas décadas de persistência para a Infosys ganhar a confiança dos inicialmente céticos clientes.

UM EXEMPLO PERFEITO DA HISTÓRIA DA REFORMA ECONÔMICA INDIANA

Por volta de 1991, a economia indiana finalmente se libertou e abriu suas portas numa resposta desesperada à séria crise estrangeira que levou a Índia à beira da falência. Os licenciamentos não eram mais necessários. As empresas não eram obrigadas a lançar novas ações pelo valor nominal, podiam emiti-las pelos valores de mercado. As viagens à Delhi já não eram mais necessárias, pois as autoridades locais podiam conceder a maioria das aprovações necessárias. Os negócios, as finanças e as viagens passaram a custar menos graças à moeda conversível. Murthy comentou que "se tratava da melhor coisa que tinha acontecido aos negócios na Índia. Os atritos e a burocracia tinham diminuído muito, o mercado tornou-se o nivelador, a qualidade e a competência começaram a ter importância. A Infosys é o melhor exemplo de tudo que resultou das reformas de 1991". É bem verdade que, depois de uma década de frustração e de crescimento lento, as receitas subiram aos píncaros dos US$ 100 milhões em 1999 (antes do Bug do Milênio colocar a Índia no mapa). Lembrando o que Murthy dizia: "Foram necessários dez anos antes das reformas para que as receitas crescessem quinze vezes, passando de US$ 130.000 para US$ 2 milhões, mas nos últimos quatorze anos, desde a abertura da economia, nós crescemos mil vezes mais. Esse é um bom indicador de como os mercados livres dão oportunidades de crescimento."

Não é que as convicções e a fé no futuro de Murthy nunca tivessem sido testadas. "Em 1990, recebemos uma proposta de compra de uma empresa importante por US$ 1 milhão. Alguns dos meus colegas pensavam que deveríamos aceitar essa quantia de dinheiro que parecia muito grande na época. Houve uma discussão acalorada e terminei dizendo a todos que eu estava pronto para ficar com a empresa deles, caso quisessem vender. Era o que estava faltando. Nunca vendemos. Imagine se tivéssemos vendido!" A Infosys tinha um valor de mercado de US$ 18 bilhões em dezembro de 2005. Como Murthy mencionou: "Para mim, tudo se resume ao que meu pai sempre me dizia: procure ser respeitado, todo o restante será fácil. Mais do que qualquer outra coisa, o respeito da sociedade indiana era importante para mim. Acredito que hoje em dia somos a empresa mais respeitada na Índia e também respeitada no mundo todo."

A Infosys passou de 4.000 funcionários, em 1999, para um quadro atual de pessoal de mais de 49.000 empregados, e é a principal exportadora de software da Índia. Como primeira empresa indiana a ser listada na Nasdaq, a Infosys teve a satisfação de ver seus rendimentos líquidos aumentarem 71%, em base anualizada, nos últimos cinco anos. A empresa desde logo compreendeu que o grupo cada vez maior de recém-formados brilhantes no país poderia prosperar no mundo virtual. Embora a Infosys não seja nem a primeira nem a maior fonte de talento exterior para o mundo desenvolvido, ela hoje é a mais impressionante empresa de serviços de TI do país, alavancando um grupo de negócios de grande porte de talentos indianos, que em 2005 vendeu U$ 2,1 bilhões e apresentou lucros líquidos da ordem de US$ 551 milhões. A Infosys é também notável pela sua ascensão gradual na cadeia de valores e pela expansão em negócios mais complexos e lucrativos, como o da consultoria em TI. Apesar da retórica política contra a terceirização no Ocidente, é uma área em expansão.

Apesar da tendência de trocar os locais de *fabricação* por outros de baixo custo no exterior continuar em voga há décadas, uma tendência semelhante relativa à prestação de *serviços* tem sido considerada improvável porque, há muito tempo, o pensamento convencional considera que a área de prestação de serviços está muito intimamente ligada a outras funções dos negócios, não podendo ser terceirizada tão facilmente como a produção de calçados ou *notebooks*. Essa foi mais uma demonstração de como o modo tradicional de perceber as situações pode estar errado.

A Infosys continua a liderar seus concorrentes na Índia e em outros países. Uma vez dissipada a premência das atividades relativas ao Bug do Milênio, a empresa rapidamente trocou suas engrenagens, sobreviveu aos apertos orçamentários em TI durante a depressão econômica global de 2001, e continuou a funcionar quando os vistos de entrada nos Estados Unidos ficaram mais difíceis de ser obtidos depois do 11 de setembro. Obviamente, o sucesso da empresa não foi um subproduto acidental da tendência de terceirização global na área de TI. Fundamentou-se na contratação e sustentação de equipes de alto nível, obcecadas pela disciplina nos processos, continuamente avaliada, em termos comparativos, contra os mais exigentes padrões do mundo; e na verificação de que todos na organização acreditavam numa cultura corporativa de transparência e de julgamento do mérito.

A Infosys acredita que a empresa não pode ser de categoria internacional sem que tenha uma transparência financeira excelente e que seja bem reconhecida pela qualidade de balanços, orientações aos investidores e até mesmo pela facilidade de acesso e uso do seu website: www.infosys.com.

Fatores de sucesso

- Gerenciamento com uma visão fora do comum no comprometimento e julgamento do mérito.

- Contratação e sustentação dos "melhores e mais brilhantes" para formação de uma equipe de categoria internacional.
- Cultura corporativa prestigiando a integridade, imaginação e rapidez de adaptação.
- Foco descomprometido na disciplina de processos.
- Relacionamento com os clientes bem diversificado e sólido com alta taxa de fidelização.
- Governança corporativa excepcionalmente saudável e transparente.

CONTRATAÇÃO E SUSTENTAÇÃO DOS MELHORES E MAIS BRILHANTES

Desde seus primeiros dias de socialismo, Murthy compreendeu que planejadores dotados de imaginação precisavam de liberdade para florescer e que a riqueza não poderia ser distribuída sem ser primeiramente *criada*. Quando voltou para a Índia, Murthy entrou em desacordo com seu chefe em uma empresa indiana de TI, que fez questão de deixar bem claro que ele não estava sendo pago para dar contribuições significativas, mas para "cumprir as ordens que recebesse". Murthy sedimentou essas experiências e isso o ajudou a moldar sua atitude com relação ao gerenciamento da Infosys. Ele estava determinado a criar uma empresa que valorizasse as pessoas exclusivamente com base no mérito, não com fundamento no currículo e que garantisse lucros, mas sempre com fundamento em procedimentos éticos.

> Murthy não temia pessoas mais inteligentes do que ele — pelo contrário, ele as recebia de braços abertos.

Essa filosofia (semelhante à história da Hewlett-Packard contada em The HP Way) persiste até hoje dentro da empresa.

A Infosys é extremamente seletiva na contratação: menos de 1% de mais de um milhão de pessoas que todos os anos se candidatam aos seus empregos são contratadas pela empresa. Tanto a gerência como os clientes consideram esse grupo extremamente talentoso de empregados como o maior acervo da empresa. Desde o começo, Murthy contratou engenheiros dos bem-conceituados Institutes of Technology convencido de que o elemento mais importante de uma empresa de sucesso era a qualidade dos seus funcionários. Ao contrário de muitos outros gerentes dessa época na Índia, Murthy não temia pessoas mais inteligentes do que ele — pelo contrário, ele as recebia de braços abertos, dando-lhes espaço e liberdade para progredirem. Em 1985, ele colaborou para a criação do "teste de aprendizagem", uma sucessão de testes de QI (quociente de inteligência) usados para verificar a capacidade do candidato em captar as informações pertinentes de uma situação e aplicá-las em outra. Esse teste ainda está em uso hoje como parte integrante do processo de recrutamento.

Desde o início, Murthy compreendeu que para conseguir formar uma equipe forte e eficaz, não bastava apenas *contratar* os melhores e mais brilhantes, um desafio maior ainda consistia em como *mantê-los* na empresa. Murthy preocupava-se profundamente em manter a equipe contente e motivada.

> A Infosys recebeu 1 milhão de pedidos de emprego em 2003. Menos de 1% foram aceitos.

Qualquer pessoa que dirija pelas congestionadas ruas de Bangalore e chegue até o *campus* da Infosys percebe logo que está num mundo diferente, e que não há dúvida de que esse ambiente deve ser uma grande atração para os jovens e brilhantes funcionários da Infosys na Índia, ou, para os "Infoscions", como são conhecidos. O imenso campus principal na sede mundial em Bangalore quer rivalizar com o da Microsoft em Seattle. A Infosys tem muitos campus semelhantes espalhados por toda a Índia e que contribuem para a criação de um ambiente universitário e amigável, lugares onde o desempenho, o aprendizado contínuo e o livre fluxo de ideias são devidamente valorizados. Outro benefício essencial oferecido pela Infosys é o plano de aquisição de ações da empresa, bastante comum na indústria do software, mas ainda uma novidade na Índia quando a Infosys fez seu lançamento em 1993.

Além disso, existem prêmios trimestrais para os que conseguem os melhores desempenhos na Infosys e que são distribuídos pelas unidades de negócio. Os prêmios anuais por excelência são concedidos pelo presidente para os funcionários de mais alto desempenho e os funcionários agraciados são mencionados no relatório anual da empresa.

> "Quando a IBM e a Digital chegaram a Bangalore, tomei a decisão de não tentar afastá-las, mas sim, jogar pelas suas regras e aprender com elas. Ou se consegue competir com as multinacionais na Índia, ou não se consegue concorrer com elas em lugar algum."
> — Narayana Murthy

Tudo isso faz da Infosys, na Índia, uma das empresas mais procuradas pelos diplomados universitários, e constantemente ela tem sido considerada em vários levantamentos como a melhor de todas as empregadoras indianas. Em uma indústria na qual a renovação da equipe é geralmente de 15% a 20%, a Infosys tem conseguido manter sua taxa de perda de pessoal na faixa de 10%.

Murthy me disse, com orgulho, como todos o haviam previnido sobre "a debandada do pessoal como uma manada, tão logo as multinacionais descobrissem os recursos da Índia em termos de capacidade intelectual", mas não foi o que ocorreu. "Tratava-se de uma questão de mentalidade. Quando a IBM, a Digital, etc., chegaram em Bangalore, eu presidia a associação da nossa indústria. Poderíamos ter pedido ao governo que elas fossem afastadas ou poderíamos ter abandonado a luta jogando a toalha. Resolvi que não deveríamos receá-las, mas sim, jogar pelas suas regras e aprender com elas. Afinal, ou se consegue competir com as multinacionais na Índia, ou não se consegue concorrer com elas em lugar algum. Desde o primeiro dia acreditei na avaliação comparativa em escala global. O resultado foi que nos tornamos muito mais compreensivos, orientados pelo entendimento e 'coerentes com nosso próprio discurso' com relação às nossas convicções referentes à avaliação do mérito, usos da rapidez e da imaginação na execução. Somente quando os líderes seguem esses princípios todos na equipe acreditam nos sonhos. Mas não podemos parar nunca."[11]

DISCIPLINA DE PROCESSO QUASE OBSESSIVA

Tanto Nandan Nilekani, fundador e agora CEO da Infosys, como Satyendra Kumar, responsável pela qualidade, declararam acreditar que "cada membro-fundador está praticamente obcecado pela disciplina nos processos".[12] A gerência faz todo o possível para garantir que o foco na disciplina durante a execução do processo seja uma questão de mentalidade difundida pela empresa toda. Como resultado, o processamento transformou-se no modo de viver da Infosys. A gerência passa até um quarto de suas horas úteis lidando com problemas relacionados ao ajuste das metas de processamento e qualidade, monitorando o desempenho de qualidade, dirigindo diversas iniciativas de melhorias e fazendo reuniões de revisão. Os fundadores executam oficinas de trabalho regulares sobre "valores" e participam mensalmente das reuniões dos conselhos de gerentes presididas por Nilekani. Os programas para essas reuniões são planejados com até 18 meses de antecedência e a participação é obrigatória.

> *"Cada membro-fundador está praticamente obcecado pela disciplina nos processos."*
> — Nandan Nilekani, CEO da Infosys

COMO MANTER O CLIENTE

Há muito tempo a Infosys compreendeu que deve continuar subindo a escala de valores para ir além da comoditização rápida de alocação de profissionais temporários na área de TI (o chamado *body shopping*) para aplicativos de projeto e manutenção, a fim de não perder sua margem de competitividade. Poucas empresas de software indianas podem se equiparar a essa ampla faixa de soluções de negócios de TI, que inclui até a implementação de pacotes de software e serviços de engenharia e teste, a mais lucrativa das áreas de consultoria e prestação de serviços de engenharia. Trata-se da mais recente mudança para ajudar as empresas a desenvolverem uma estratégia de verticalização de mercado.

A confiança que os clientes depositam na Infosys aparece na impressionante taxa de fidelização de mais de 90% e no fato de que ela já faturou mais horas do que seus concorrentes indianos por trabalho executado na Índia (geralmente mais lucrativo) do que nos escritórios dos clientes. Entre seus clientes estão empresas como a AT&T, Reebok, J.P. Morgan, Goldman Sachs e Verizon. Essa base de clientes tem crescido rapidamente, passando de 145 em 1999 para mais de 350. Além do seu forte crescimento, a Infosys tem sido cuidadosa em manter sua carteira de clientes amplamente diversificada. Em 1997, a Infosys não quis aumentar seus negócios com a GE, um de seus principais clientes, mantendo-se firme quando a GE reclamou. Ela agora tem 30 escritórios de venda em 17 países e 26 centros globais de desenvolvimento de software.

A Infosys hoje é uma das maiores empresas mundiais da indústria de serviços e software de TI. A empresa é um exemplo brilhante de como a força de vontade, a dedicação e a visão de poucos pode influenciar uma empresa inteira, e como firmes princípios de negócios ajudam em vez de prejudicar o sucesso comercial. Lembrando o que Murthy dizia: "Sempre nos propusemos a seguinte questão: estamos fazendo as coisas mais rapidamente hoje do que ontem? Estamos tendo ideias melhores? Nossa eficácia aumentou? No final das contas, o sucesso nos negócios deve ser julgado pela sua longevidade."

Ponto de vista do investidor

Visão otimista
- Um longo histórico de crescimento e lucratividade.
- Sucesso em subir na escala de valores.
- Capacidade de selecionar e sustentar os mais brilhantes graduados das universidades.
- Os clientes são leais e aceitam pagar mais pelos serviços.
- Continua o potencial de crescimento significativo.

Visão pessimista
- Sem concessões, história de sucesso bem conhecida.
- Muitos protagonistas novos estão agora entrando nesta área.
- As pressões por remunerações maiores estão aumentando.
- As margens de lucro estão sempre sob pressão.
- A indústria está amadurecendo.

Lições

- Sistemas de valores podem fazer ou quebrar um negócio.
- A criação de uma mentalidade que busca marcos de referência globais cria confiança.
- A boa governança corporativa é um sinal de integridade e geralmente melhora o preço das ações.
- Não há necessidade de esperar por outros na indústria ou no mercado doméstico para ser transparente — essa é uma atitude a ser adotada e é válida por si mesma.
- A escalabilidade é a chave do sucesso de um negócio crescente.
- A pergunta central é: estamos fazendo as coisas melhor hoje do que ontem, tendo melhores ideias e sendo mais eficazes?
- O teste definitivo para qualquer negócio é a sua longevidade.

RANBAXY LABORATORIES, LTD
Dos produtos farmacêuticos genéricos e vendas a granel, à criação de medicamentos novos em grande escala

"Não podemos nos dar por satisfeitos apenas fazendo a reengenharia de medicamentos cujas patentes vão expirar brevemente, nem em ser a nona maior empresa de produtos farmacêuticos genéricos do mercado americano", insistia Brian Tempest, o inglês que durante minha visita ao Ranbaxy Laboratories no início de 2005 era o CEO da empresa. Dentro de um período notavelmente curto, foi como se essa empresa desse um salto com vara deixando de ser uma pequena empresa farmacêutica básica produzindo principalmente para o mercado local, passando para a condição de empresa de produtos genéricos para o mercado mundial. Tempest era um veterano de 33 anos na indústria de medicamentos, antes de ingressar na Ranbaxy in 1995: tinha um PhD em química da Lancaster University, havia ocupado cargos importantes em gigantescas indústrias como Beecham, GD Searle (onde tinha apresentado seus orçamentos para o então CEO Donald Rumsfeld) e Glaxo Holdings.

"Certamente temos talento para pesquisas e, com US$ 1 bilhão em vendas, somos bastante grandes agora para corrermos o risco de desenvolver nossos próprios medicamentos", disse-me Tempest. Um pouco antes, ele havia dado a notícia de um brusco aumento nos gastos com P&D, que passaram a ser de 10% das vendas (até então correspondiam a 7%), de modo que 40% das receitas fossem provenientes da invenção de medicamentos próprios.

Tempest firmemente tenciona fazer a Ranbaxy crescer até chegar ao porte de uma empresa de US$ 5 bilhões dentro dos próximos sete anos. "Caso contrário", ele observa carrancudo, "jamais chegaremos a ser suficientemente grandes para sermos realmente levados a sério." Como sinal de sua seriedade com relação à sua participação no jogo dos grandes, ele tinha um voo programado para os Estados Unidos, na semana seguinte ao do nosso encontro, para estar presente na reunião anual em San Diego "dos cinco (ou por aí) maiores compradores das principais cadeias de farmácias, responsáveis em conjunto pela aquisição de 80% de todos os medicamentos nos Estados Unidos". Como a indústria na qual ele trabalha se consolida rapidamente, Tempest está convencido de que a Ranbaxy deve crescer rapidamente ou correrá o risco de ser engolida, posta de escanteio e marginalizada na condição de uma quase-concorrente.

A duplicação ou a engenharia reversa de medicamentos patenteados e sua venda no mercado doméstico (em flagrante violação com os direitos de propriedade intelectual), costumava ser a atividade principal de praticamente todas as pequenas empresas farmacêuticas indianas. Essa era, geralmente, a posição padrão da indústria de medicamentos nos mercados emergentes. O apelo ao mercado de genéricos, os crescentes esforços em P&D e a especialização na fabricação, além de um maior rigor nas leis de proteção da propriedade intelectual na Índia em 2005, desafiava toda a indústria de medicamentos indiana. Ela foi impulsionada para ir além da fabricação de genéricos, rumo ao negócio mais custoso e difícil das pesquisas, testes, distribuição e produção de medicamentos patenteáveis.

Fazer a matéria-prima para os medicamentos é uma coisa. Transformar-se na maior presença no mercado de genéricos é outra. A invenção de novos medicamentos com direitos de patente é um processo ainda mais difícil, que é a razão pela qual ele continua dominado pela comparativamente grande plêiade de imensas empresas farmacêuticas multinacionais. A Ranbaxy é bastante eficaz em fazer todas as três coisas, mas o dr. Tempest deixou claro que a empresa se esforça bastante para dar esse seu definitivo salto para a frente em grande estilo. Colocando essas questões dentro de uma perspectiva global, e para ver de onde o dr. Tempest está vindo e para onde ele espera ir, o orçamento de P&D da Ranbaxy, durante sete anos, ainda será menor do que 10% do orçamento da Pfizer hoje, que chega aos US$ 5 bilhões. G. V. Prasad, CEO dos laboratórios Dr. Reddy (uma das principais empresas de medicamentos da Índia), contou muito bem a mesma história a investidores e à imprensa: "Para ser uma empresa séria de produtos farmacêuticos, é indispensável entrar na área da descoberta de novos medicamentos."[14]

O Ranbaxy Laboratories foi fundado em 1961 e lançou ações no mercado em 1973. O acontecimento singular que catapultou a Ranbaxy fazendo com que ela deixasse de ser uma pequena fabricante local de produtos genéricos e despertando-lhe a ambição dos grandes feitos ocorreu em 1984, quando o congresso americano aprovou a lei Hatch-Waxman. Ainda que o pesado grupo de pressão da indústria farmacêutica tenha adicionado disposições para proteger a inovação na indústria das marcas registradas, o objetivo principal da lei era promover a entrada de medicamentos genéricos no mercado. As medidas essenciais na legislação de referência visando torná-la mais atraente para que os produtos genéricos pudessem entrar no lucrativo mercado americano foram: (1) direito de desenvolver produtos genéricos antes da expiração da patente sem passar por amplos testes clínicos de custo proibitivo e, (2) direito concedido ao primeiro produtor do medicamento genérico que fundamentar e obtiver sucesso desafiando a validade da patente registrada do medicamento, a concorrer livremente no mercado durante seis meses.

Em 1987, a Ranbaxy passou a ser a maior fabricante de antibióticos da Índia quando inaugurou uma moderna fábrica em Punjabi de matérias-primas a granel para medicamentos — ou ingredientes farmacêuticos ativos (Active Pharmaceutical Ingredients — API) — aprovada pela Administração de Medicamentos e Alimentos dos EUA (Food And Drug Administration — FDA) no ano seguinte. Em 1990, recebeu sua primeira patente dos EUA pelo antibiótico doxiciclina.

Em 1994, a Ranbaxy entrou no mercado de genéricos dos EUA com o pedido de registro de cinco novos medicamentos pelo processo abreviado ANDA (*Abbreviated New Drug Application*). Hoje em dia, ela entra com mais de 28 requerimentos por ano que geralmente exigem 17 meses para serem aprovados. Para que se tenha uma ideia comparativa, a Teva, maior empresa de genéricos do mundo sediada em Israel, requer de 30 a 35 novos registros americanos anualmente. A especialidade da Ranbaxy são os antibióticos como Amoxicilina e o Cipro, mas ela também fabrica drogas para o sistema nervoso central, produtos gastrointestinais, cardiovasculares e anti-inflamatórios preparados a granel ou em cápsulas para venda avulsa, comprimidos, frascos e injetáveis. Seu fluxo de registros de primeiro-a-depositar (*first-to-file*) inclui genéricos de drogas de enorme sucesso contra o colesterol, como o Lipitor, com seu mercado de US$ 8 bilhões. A Ranbaxy especializa-se em genéricos de desenvolvimento difícil, como a isotretinoína, vendida sob a marca registrada de Accutane. A reputação da empresa já se desenvolveu a tal ponto que agora ela até mesmo colabora com empresas farmacêuticas importantes como a Glaxo, do seu antigo funcionário Tempest, cujas patentes de sucesso Ceftin e Augmentin tiveram a liderança desafiada pela Ranbaxy.

Mesmo com frequente ameaça de enfrentar litígios de infração de patentes, o ímpeto dos genéricos não pode mais ser interrompido. A disparada de preço dos produtos farmacêuticos aumentou as pressões nos governos do mundo inteiro, que presentemente fazem reformas legislativas e desregulamentações na tentativa de usufruírem das economias de preço oferecidas pelos produtos genéricos. Como resultado, o mercado dos produtos genéricos desde que surgiu em 1996, cresceu a uma taxa de 16%, muito mais rápido do que os 6% de crescimento do mercado das marcas registradas. A participação dos medicamentos genéricos no mercado dos EUA, o maior de todos os mercados para medicamentos genéricos, passou de 19% em 1984 para 51% em 2003. A participação dos genéricos mostra disposição para aumentar: entre 1995 e 1999, somente US$ 10 bilhões em patentes de medicamentos expiraram, mas esse número se avolumou para US$ 82 bilhões entre 2002 e 2007.

"A integração vertical é a chave para modernizar o processo", diz o dr. Tempest. Executando todos os passos necessários para produzir o ingrediente ativo, incluindo seu processamento, fabricação e entrega da fórmula na dosagem determinada, a Ranbaxy tem controle total e excepcional de todos os passos dados pelos seus produtos. Como poderia ser esperado de uma empresa localizada num mercado emergente, a Ranbaxy tem especial interesse na malária, para a qual desenvolveu uma fórmula sintética de artemisinina, uma droga chinesa usada em áreas que se tornaram resistentes às gerações mais antigas de drogas contra a malária. O novo medicamento não apenas é mais barato como também precisa ser tomado durante menos dias. Com relação aos produtos de marcas registradas, o medicamento mais promissor da Ranbaxy é o RBx 14255 para doenças infecciosas.

Na qualidade de maior empresa farmacêutica da Índia, distribuindo medicamentos em âmbito nacional dentro de um mercado supercompetitivo, a empresa hoje tem fábricas em sete países e exporta para outros 70. Os mercados de exportação respondem por 78% das vendas, liderados pelos Estados Unidos com 36%. É interessante observar que essa foi a primeira empresa que visitei com uma "estratégia formal" para se transformar em presença importante nos países BRICA (Brasil, Rússia, Índia, China e África do Sul). Esses países já respondem pelo segundo maior mercado combinado, com 26% de vendas totais, acima dos 20% do seu mercado doméstico. Por exemplo, a Ranbaxy é o maior fornecedor estrangeiro de genéricos no Brasil.

A empresa está fortalecendo sua posição na Europa, onde assumiu a RPG Aventis S.A. tendo se tornado líder do mercado francês de genéricos. A Europa é um grande mercado potencial para a empresa. Os governos europeus, tendo em vista a enorme e crescente despesa com a saúde pública, têm demonstrado cada vez mais interesse em medicamentos genéricos. Realmente, o mercado de produtos genéricos europeu está destinado a crescer 10% anualmente, até chegar a US$ 5 bilhões em 2006.

Um número crescente de consumidores e países procuram os produtos farmacêuticos genéricos mais baratos fugindo dos medicamentos de marcas registradas, cada vez mais caros. Enquanto isso a Ranbaxy, seguindo de perto as pegadas da Teva de Israel, submete seus medicamentos genéricos à aprovação da FDA e das autoridades dos países BRICA bem antes das patentes dos medicamentos de marcas registradas expirarem. São produzidos na Índia (em instalações aprovadas pela FDA), a uma fração do preço.

Ponto de vista do investidor

Visão otimista
- É uma empresa em ascensão.
- Tem uma forte carteira de produtos.
- Está firmemente comprometida com a invenção de novas drogas.
- A Ranbaxy é uma empresa importante de produtos farmacêuticos genéricos.

Visão pessimista
- Como muitas outras empresas de medicamentos, a Ranbaxy está excessivamente valorizada.
- As novas aprovações sempre têm resultado incerto.
- A pesquisa de novos medicamentos é proibitivamente cara se não resultar em produtos de enorme sucesso.
- Mas não é a maior empresa num ramo que está se consolidando.

Lições

- Uma mudança legislativa a meio caminho do outro lado do mundo pode descortinar novas oportunidades para despertar o interesse das empresas dos mercados emergentes.
- Somente um firme comprometimento em P&D possibilita uma empresa da indústria de medicamentos concorrer globalmente.
- Não basta apenas manter o foco nos mercados desenvolvidos (ou no mercado doméstico). As empresas devem desenvolver estratégias para conquistar novos mercados de potências econômicas em ascensão.
- Contar com gerentes de experiência internacional na equipe de liderança é essencial para que uma empresa seja globalmente bem-sucedida.

CAPÍTULO 12

Novas Estrelas da Mídia Global

A Televisa do México, a Bollywood da Índia e os fabricantes de jogos da Coreia atraem público do mundo todo

Estratégia

- *Estar em contato com a cultura e o idioma local tem importância crescente para a entrada em âmbito global no Século dos Mercados Emergentes*

Há pouco tempo, fui convidado para um jantar em Washington e sentei-me ao lado de um grisalho membro do congresso, obviamente intrigado com a rápida ascensão das potências emergentes da Ásia. Mas quando eu lhe contei que havia recentemente visitado empresas asiáticas que demonstravam indícios de se tornarem líderes em tecnologia, projeto e até mesmo moda, ele suspirou com ceticismo. "Só vou acreditar no dia em que vir as pessoas indo ao cinema para assistirem filmes chineses e indianos."

Evidentemente, quando o congressista disse "pessoas", tinha em mente os cidadãos americanos. O congressista dava sua opinião como alguém que vivia dentro do perímetro do poder,* via crescente penetração na mídia global da explosiva "Bollywood" da Índia (a Hollywood da Índia em termos de produção de filmes, iniciada em Bombaim, hoje Mumbai), percebia a popularidade mundial dos filmes de Hong Kong — e ainda a série de novos sucessos internacionais de Xangai — e achava que de alguma maneira era viável guardar num escaninho rotulado "marginal, não captado pelo radar, sem nenhuma importância verdadeira num contexto mais amplo".

A conversa sobre amenidades ia mal.

O congressista mudou de assunto sem que eu tivesse a oportunidade de dizer-lhe que hoje existem mais pessoas assistindo aos filmes vindos de Bollywood do que aos produzidos em Hollywood, que os espetáculos da televisão mexicana são enormemente populares também junto ao público que não fala espanhol e que os filmes chineses atraem grande público, tanto dentro como fora do país. A demografia interessa à mídia. Poderia ter mencionado que Hollywood somente conquistou

---

* No original, *inside-the-beltway perpective*: o autor faz menção ao anel rodoviário em torno de Washington D.C. (N.T.)

a Europa depois que os beneficiários do Plano Marshall foram forçados a importar seus filmes. Esse era o tipo de lembrança que não seria bem recebida na capital da nação. Embora muito se fale do senso de proteção dos franceses com relação à sua cultura, o público dos filmes estrangeiros nos Estados Unidos despencou de 10% para 1% na última década, tantas são as dificuldades de distribuição.[1] Essa não era a primeira vez que me deparava com um cidadão de mente aberta para tantos aspectos do mundo mas que não percebia que o domínio das empresas americanas estava encolhendo de maneiras nunca antes imaginadas.

Como salientou Joseph Nye da Kennedy School of Government em Harvard, "o poder intangível (ou brando)" interessa tanto quanto os poderes militar e econômico para o domínio das nações. O ramo da cultura produz e reproduz imagens, símbolos e ideias de praticamente todos no planeta, geralmente enviando-as pelo mundo para outras culturas as consumirem a seu bel-prazer. E, talvez, em nenhuma outra indústria do planeta as tensões entre a globalização e afinidade local estejam atualmente mais profundamente evidentes do que nos meios de comunicação de massa. Enquanto os protagonistas aspiram trabalhar como produtores globais, a maioria ainda tem que moldar seus produtos ao gosto local. Encontrar o equilíbrio entre os dois pólos quase sempre determina o êxito ou o fracasso na indústria de cultura.

Assim como a eletrônica mundial e as indústrias de alta tecnologia durante muito tempo emularam o Vale do Silício, os conglomerados dos meios de comunicação globais também criaram imitações de Hollywood no mundo todo. Essas imitações produzem suas próprias versões e perspectivas sobre mitos e símbolos e o público forma filas para ouvi-las e assisti-las, pagando tranquilamente o ingresso. Mas mesmo enquanto admiram a influência de Hollywood, muitas culturas tradicionais horrorizam-se pelo que veem refletido nessas exibições. Enquanto a parafernália da idade digital — televisores, leitores de DVD, celulares, telas de cinema e até mesmo os cybercafés, os Blackberries e as antenas parabólicas — invadiu todos os remotos recantos do globo, o interesse pela língua e a cultura locais não diminuiu em razão da intrusão da moderna tecnologia. Em algumas culturas, realmente, a nostalgia pelas glórias da história passada tem de fato aumentado face à intrusão violenta e contínua de imagens da mídia ocidental. Essa postura de defesa cultural geralmente anda de mãos dadas com as questões tradicionais sobre o impacto sedutor do consumismo, da violência e do sexo no cinema e na televisão e o impacto entorpecedor dos jogos de vídeo. Dentre outros fatos pertinentes, gostaria de ter trocado ideias com meu cético parceiro daquele jantar, sobre:

- As *telenovelas* latino-americanas atraem atualmente um público de dois bilhões de pessoas, segundo estimativas da revista *Foreign Policy*, e esse número está subindo.

- O hábito de enormes grupos participarem de jogos pela internet é uma moda avassaladora que toma conta da Coreia e da China e que parece se espalhar do Oriente para o Ocidente, e não do Ocidente para o Oriente.
- As notícias no Oriente Médio aparentemente têm vindo mais da Al Jazeera do que das estações controladas pelos governos, ou da CNN.
- As notícias sobre negócios locais em várias capitais da Ásia geralmente são muito mais amplas do que na Europa ou nos Estados Unidos.
- A Venezuela está tentando capturar o mercado latino-americano com um novo canal de notícias 24 horas por dia e 7 dias por semana.

BOLLYWOOD

Um Casamento Indiano (*Monsoon Wedding*) — uma produção de Bollywood de baixo custo — e *Driblando o Destino* (*Bend It Like Beckham*) — produzido por um diretor indiano — deram aos espectadores ocidentais o sabor picante do que milhões de pessoas do público asiático já sabe há muito tempo: o encanto especial e o bom gosto do cinema indiano. Outro filme de Bollywood, *Lagaan — A Coragem de um Povo* (*Lagaan*), recebeu a indicação de melhor filme estrangeiro concorrendo aos prêmios da academia em 2002. O diretor indiano da trilogia de filmes de Deepa Mehta, *Terra, Fogo e Água* (*Earth, Fire, and Water*), atraiu recentemente a atenção do Ocidente.

Há muito que os ocidentais pensam que os filmes constituem prerrogativa exclusiva de Hollywood. Mas a "Bollywood", assim chamada em homenagem ao centro produtor de filmes indianos localizado em Bombaim (hoje Mumbai), produz mais filmes hoje (quase mil por ano) e vende mais ingressos do que Hollywood. Em 2001, foram vendidos em Bollywood 3,6 bilhões de ingressos de cinema, a comparar com os 2,6 bilhões vendidos por Hollywood.[2] Os espectadores multiplicam-se aceleradamente e não apenas nos centros urbanos, mas também nas comunidades rurais, onde os melodramas de Bollywood têm tido boa popularidade há décadas.

Quase tão antiga quanto Hollywood, Bollywood já produzia 25 ou mais filmes nos anos 1920 e já alcançava uma cifra próxima de 200 por ano, na década de 1930. Nos últimos anos, a indústria de filmes indianos tem crescido à saudável velocidade anual de 15%. Suas estrelas são tão reverenciadas pelo fazendeiro pobre e de instrução deficitária como pelos jovens e bem colocados atendentes da rede de telemarketing e pelos profissionais de software. Uma parte das crescentes rendas excedentes não gastas em telefones celulares, motos, carros e casas estão agora disponíveis para as diversões, possibilitando aos preços dos ingressos começarem a acompanhar os preços dos ingressos nos países mais ricos. Como resultado disso, as populações na Índia e na China começaram a consumir produtos de mídia em quantidades significativas, tendendo a balança do equilíbrio econômico mais para Mumbai e Xangai do que para Nova York, Londres e Los Angeles.

As rendas globais de Bollywood, de menos de US$ 1,5 bilhão, podem parecer pequenas em comparação com as rendas de mais de US$ 50 bilhões recebidas em

Hollywood,[3] mas o tamanho do público e o preço dos ingressos (no momento desta redação de 30 a 120 rúpias ou de U$ 0,70 a US$ 2,80) inevitavelmente aumentarão e essas modestas receitas de bilheteria deverão se expandir exponencialmente nas décadas vindouras. Os filmes de Bollywood, à semelhança dos filmes de Hollywood, estão começando a faturar cada vez mais como resultado das vendas de DVD e das participações na TV, atualmente, mais de US$ 100 milhões. Mas, apesar disso, Bollywood ainda tem um longo caminho a percorrer antes de ameaçar o domínio de Hollywood: seu filme de maior venda de ingressos em 2004, a história de amor *Veer Zaara* (assim chamada em homenagem a dois dos seus personagens principais), arrecadou apenas a modesta bilheteria de US$ 15 milhões. Dessa quantia, cerca da metade veio do mercado doméstico indiano, o que é uma gota no oceano se comparada com os quase US$ 400 milhões angariados por *Shrek 2*, o filme de maior arrecadação bruta de Hollywood nesse ano.

A maioria dos filmes indianos é feita tendo em vista o grande público, prendem-se a fórmulas consagradas de triângulos amorosos e dramas familiares, entremeados com intervalos ocasionais de dança e canto. Estrelas bem conhecidas são mencionadas como *"paisa vasool"* ("valendo dinheiro"), uma versão doméstica do epíteto "negociável" de Hollywood, em flagrante falta de respeito pelos seus múltiplos talentos e atratividade mais ampla. Os novos moradores urbanos aparentemente querem continuar fazendo o mesmo trabalho de sempre, mas há um interesse crescente de um grupo mais sofisticado com relação aos filmes mais artísticos, uma forma refinada da produção Bollywood para a qual diretores veteranos como Satyajit Ray há muito tempo são considerados celebridade.

Bollywood não é uma réplica exata de Holllywood; assemelha-se mais à Hollywood do passado, antes do advento dos principais estúdios de filmes. Não existem estúdios importantes em Mumbai, a indústria continua pobremente organizada e uma grande parte da capacidade de produção e distribuição, aparentemente, tem sido controlada pelo crime organizado. A despeito das dificuldades, bancos e empresas de capital de risco finalmente começaram a conceder financiamentos. Poucos filmes lá se tornam lucrativos algum dia, parcialmente por causa da demanda do público por estrelas em destaque, geralmente respondendo por até 40% dos orçamentos dos filmes e ganhando mais do que duas vezes a média de Hollywood.

Os filmes de Bollywood são produzidos principalmente em indiano, intercalando algumas passagens poéticas em urdu, como lembrança nostálgica de glórias passadas. Cenas ocasionais filmadas em inglês dão um puxão escapista brusco nas audiências do subcontinente da Índia e a traz de volta à vida moderna. Devido a uma ampla nostalgia com relação à longínqua (e proibida) Caxemira, algumas cenas exteriores de épicos de Bollywood são filmadas nos Alpes suíços.

A INDÚSTRIA CHINESA DO CINEMA

No ano 2000, *O Tigre e o Dragão* (*Crouching Tiger; Hidden Dragon*) foi o filme estrangeiro de maior bilheteria nos Estados Unidos. Embora metade do seu modesto orçamento de US$ 15 milhões tenha vindo de Hollywood,[4] foi um filme entendido primordialmente como uma produção de Hong Kong. Ang Lee, seu diretor taiwanês, prosseguiu com a produção de *O Segredo de Brokeback Mountain* (*Brokeback Mountain*) nos Estados Unidos, pelo qual ganhou o Oscar de melhor diretor. Embora *Um Casamento Indiano* tenha feito muito pela indústria de filmes indiana, o surpreendente sucesso de *O Tigre e o Dragão* nos mercados ocidentais fez as atenções se voltarem para a indústria de filmes falados em chinês, a despeito da popularidade, além do hemisfério asiático, durante anos, dos filmes de Kung Fu produzidos em Hong Kong. *O Tigre e o Dragão* não somente demonstrou a existência de aspirações criativas e comerciais mais altas, como as preencheu magnificamente. Assim como a moderna Mumbai edificou sobre as tradições do sucesso do cinema dos anos 30 de Bollywood, a moderna Xangai tornou-se o centro da indústria chinesa de filmes com base no sucesso da sua antecessora da era da depressão, que tinha florescido no mesmo lugar. Durante os últimos anos, os filmes chineses foram mais lucrativos na bilheteria doméstica do que os filmes europeus ou indianos, alavancaram o imenso mercado doméstico ao cobrir seus custos básicos e ganharam lucros inesperados no exterior.

JOGOS PARA GRUPOS NA INTERNET

Qualquer pessoa que entre em um cybercafé na China verá dúzias, se não centenas de jovens chineses, não apenas trocando correspondência eletrônica ou surfando na rede, como também completamente envolvidos nos jogos de computador. Não jogam sozinhos nem em pequenos grupos contra uma série de oponentes, mas conectados a *muitas centenas de milhares de usuários simultâneos*. Prepare-se para um novo termo técnico: 3D MMORPG, que significa "dispositivo tridimensional para volume intenso de jogos online por múltiplos jogadores [three-dimensional massive multiplayer online role playing games]". Ainda que a banda larga não esteja tão disseminada assim ou suficientemente rápida para que esses jogos se popularizem nos Estados Unidos e na Europa, eles se tornaram objeto de desejo na Coreia, na China e em Taiwan.

Os videogames obtiveram popularidade primeiramente no Japão e nos Estados Unidos, mas eram exclusivamente baseados em consoles individuais, tais como o PlayStation da Sony ou o Xbox da Microsoft. A Coreia assumiu a liderança na produção desse novo tipo de jogo online, em que vários jogadores participam simultaneamente tentando ser mais espertos ou jogar melhor do que o adversário.

Não é surpreendente que os jogos de Internet na Coreia sejam populares, uma vez que a banda larga na Coreia teve crescimento mais rápido do que nos Estados Unidos e agora está presente num grande número de lares. Os fabricantes de jogos coreanos, como a NCsoft e a Webzen, saltaram rapidamente nessa área popular pelo fato de os jovens coreanos, seguidos pelos chineses, estarem entre os mais ativos grupos de jogadores na Internet de todo o mundo. A NCsoft lançou seu primeiro grande sucesso Lineage logo em 1998, sucedido pela versão mais viva e sofisticada, a Lineage II. Ambas as Lineages eram fantasias medievais de dragões e masmorras. Continuam sendo o jogo mais popular do gênero na Coreia, mas também divertem muitos aficionados na China e em Taiwan, onde um único jogo pode atrair até 300.000 usuários simultâneos. O projetista-chefe da Lineage, Hyung Jin Kim, e o produtor James Bae, explicaram que "ambas as Lineages estão centradas em castelos e nos sistemas econômicos e políticos que eles sustentam. A nova edição da Lineage tem a mesma visão do mundo, mas acontece 150 anos mais cedo".[5]

Por trás do abundante lucro conseguido com esses dois jogos de sucesso, a NCsoft progrediu até se tornar a principal empresa independente de jogos online do mundo. Segundo seu fundador e CEO Tack Jin Kim, a empresa está agora mirando agressivamente no mercado global e procurando jogadores aficionados nos Estados Unidos e na Europa. Kim viu-se sem objetivos depois de criar um bem-sucedido processador de textos coreano e desenvolver um portal na internet na Hyundai Electronics. Ele continuou sonhando com seus tempos de universitário, quando jogava alguns dos primeiros jogos, bem básicos, enquanto ansiava por recapturar aquele mesmo entusiasmo por meio de alguma nova e sofisticada oportunidade.

Como muitos outros coreanos criativos, foi a crise financeira asiática que lhe deu o empurrão para criar uma nova empresa aproveitando o momento em que seu empregador abandonou os projetos que tinha em andamento. O fundador da NCsoft simplesmente achou coerente que seus jogos atraíssem não apenas o público da Ásia e dos Estados Unidos, mas que prendessem a atenção também do europeu, já que estavam enraizados na história medieval da Europa. A Redbus Interhouse na Alemanha, o maior nome europeu em locações conjuntas e serviços gerenciados, fornece a estrutura dos servidores de alta capacidade para seu público de jogadores online em toda a Europa. Esse é outro exemplo de empresa europeia apoiando as invenções criativas de produtores de um mercado emergente.[6]

O mercado de jogos eletrônicos coreano está rapidamente assumindo a forma de um dos maiores e mais dinâmicos mercados do mundo, seguido de perto pela China onde o "vício" se espalhou tão rapidamente que as autoridades falam regularmente sobre e contra ele.

GRUPO TELEVISA
Vendendo novelas pelo mundo

Quando o avião de Verônica Castro aterrissou na pista do aeroporto Sheremetyevo de Moscou no final de 1992, ela ficou chocada ao ver a multidão que estava reunida no portão de desembarque para vê-la. Ela se surpreendeu ainda mais ao ser escoltada por um grande contingente de seguranças ao passar rapidamente através da multidão delirante e em ser recebida com as honras da realeza pelos líderes econômicos e políticos do mais alto nível da Rússia. Valendo 15 pontos e a chance de ganhar um grande prêmio em dinheiro da loteria do Século dos Mercados Emergentes, *quem é* Verônica Castro?

Antes que a campainha toque — e você perca — valeria a pena lembrar que essa mexicana de cinquenta e poucos anos talvez seja a mais famosa atriz latina do mundo hoje em dia. Mas não deixa de se tratar de uma anomalia no universo da mídia global, um nome consagrado e uma das maiores bilheterias e, no entanto, desconhecida por quase todas as pessoas não hispânicas, pelo menos nos Estados Unidos. Nascida em 1952, essa "saudável" morena ficou famosa pela primeira vez aos 16 anos, quando posou nua para a revista masculina *Caballero*. Embora desempenhasse papéis menores em filmes mexicanos dos 4 anos de idade em diante, sua grande oportunidade surgiu quando interpretou a pobre donzela órfã em *Os Ricos Também Choram* (*Los Ricos También Lloran*), uma telenovela mexicana de 1979 que foi o primeiro verdadeiro sucesso internacional de novela, desse gênero unicamente latino-americano: um sucesso comercial não apenas na América Latina, na Espanha e em outros mercados hispânicos, mas também um "sucesso que cruza fronteiras" nas traduções dubladas na França, na Rússia, na China, na Bósnia, na Croácia e nas Filipinas.

Na Rússia, ela tinha sido programada inicialmente para apresentações semanais aos sábados, mas seus índices de audiência rapidamente levaram a transmissão a ser feita durante cinco dias dos sete da semana. Todos os níveis da sociedade russa apaixonaram-se pela fogosa, sedenta pela ascensão social, socialmente desafiadora empregada tipo Cinderela que ela representava. Na mesma excursão rodopiante na Rússia, quando ela se viu atolada pela legião de fãs no aeroporto de Moscou, Verônica Castro disse a uma revista para fãs de artistas de TV, rádio e cinema que ela atribuía a atração universal pela sua beligerante heroína ao fato de que ela "sabia como lutar pela sua felicidade... [ela] era tanto uma mulher como uma vencedora".[7]

O tremendo sucesso de Verônica Castro e a novela *Os Ricos Também Choram* fizeram o jornal *The Moscow Times* declarar: "Quando a telenovela começou, as ruas ficaram desertas, as multidões se concentraram em lojas que vendiam TVs, os tratores pararam nos campos e as armas interromperam seus disparos na fronteira entre o Azerbaijão e a Armênia. *Los Ricos*, como a novela se tornou conhecida no exterior, decisivamente varreu a produção americana *Santa Barbara* da programação russa, alterando permanentemente o panorama televisivo ao desmentir a história de que o mundo todo ansiava pelos produtos da mídia americana e que bastava colocá-los no ar para que o sucesso fosse instantâneo. Isso pode ter sido assim, mas agora não é mais.

As telenovelas têm sido produzidas em quase todos os países de língua espanhola, bem como no Brasil (onde são filmadas em português antes de serem dubladas para o espanhol para o mercado latino-americano) e, recentemente, usufruíram de estonteante popularidade na Rússia, na China, na Índia, na Europa Oriental e em praticamente todos os recantos do mundo, inclusive na África. As manifestações da intensidade do seu poder de atração que cruza fronteiras são lendárias. Depois que a polícia chinesa prendeu um dos corretores mexicanos de nossa empresa quando tentava trocar dinheiro no mercado negro, sua única punição (quando descobriram que ele era mexicano) foi forçá-lo a cumprir algumas horas "na prisão" para assistir ao último episódio de uma popular novela mexicana na companhia de seus captores, todos encantados pela trama.

Enquanto a novela de Verônica Castro de 1979, *Os Ricos Também Choram*, confirmava sua enorme popularidade em ambientes tão diferentes como África do Sul, Senegal, Bósnia e China (rapidamente tornando-se o mais bem classificado espetáculo da Rússia pós-comunista), *Miramar*, de 1994, convertia-se num fenômeno global ainda maior, fazendo milhões de fãs no mundo todo apertarem o botão de pausa em suas vidas durante a transmissão dos seus 148 episódios de partir o coração. *Miramar* transformou a atriz pop mexicana Thalia Sodi em estrela a ponto de, na Costa do Marfim, seus episódios serem apresentados fora do horário das orações muçulmanas, para que ninguém perdesse uma única cena.[8]

Como foi possível que *telenovelas* melodramáticas seriadas, estilizadas, produzidas no México e baseadas em um modelo cubano, fizessem milhões de fãs na Rússia, na Europa Oriental, na Índia e na China? Segundo a descrição de recente artigo na *Foreign Policy*:[9] "Quando o comunismo caiu, os executivos da televisão na Europa Oriental e na antiga União Soviética enfrentaram uma crise. Durante décadas, os telespectadores somente sintonizavam em seus aparelhos os programas patrocinados pelo estado." Quando esses estados e os patrocinadores que vinham juntos imploduram, os produtores da América Latina rapidamente preencheram a lacuna oferecendo preços tão baixos que os Estados Unidos, sempre fundamentados em preços competitivos, não puderam igualar.

O fato de os produtores mexicanos, brasileiros e venezuelanos de mídia serem capazes de fornecer alta qualidade com preços baixos deu-lhes vantagem decisiva num momento crucial em comparação com os produtos semelhantes oferecidos pelos Estados Unidos e pela Europa Ocidental. Mas outras influências e forças culturais ainda mais poderosas atuaram sobre essa equação, no mínimo o fato de os produtos que saem dos mercados emergentes serem culturalmente mais fiéis às preocupações populares das economias em desenvolvimento do que os seriados de televisão e os filmes dos EUA e da Europa Ocidental, mais direcionados para a vasta classe média dessas nações.

As histórias de Cinderela que fornecem tema e inspiração para muitos seriados latino-americanos de TV apresentam mulheres fortes e fogosas, de passado trabalhador, presas em envolvimentos românticos sérios com algum belo rapaz de classe social superior e com a vida tumultuada pelas maquinações da família do rapaz (geralmente a mãe ou suas diabólicas irmãs). Inevitavelmente, as rivais mulheres da heroína fazem uso de todos os ardis sexuais possíveis para impedir o amor verdadeiro e fazer a diferença de classe triunfar sobre a paixão. Ao longo de muitos episódios, os amantes são mantidos separados por uma combinação de classe social e circunstância, até que, finalmente, o amor verdadeiro prevalece sobre o preconceito. Essas dramáticas narrativas retratam e refletem vividamente as profundas divisões sociais e as grandes lacunas existentes entre ricos e pobres que caracterizam as economias em desenvolvimento.

O termo *telenovela* (derivado dos termos em espanhol e português para "novela" e "televisão") é o equivalente hispânico de uma novela americana. As origens desse gênero popular recuam até a época da Cuba colonial. Os proprietários das patriarcais fábricas de charutos perceberam que, para acelerar a produtividade, um recurso eficaz era a contratação de um leitor de histórias — conhecido como *lector de tobacco* — para entreter os enfastiados trabalhadores que passavam horas enrolando e dando forma às folhas de tabaco dos meticulosamente preparados charutos. Durante as décadas de 1920, 1930 e 1940, os seriados de rádio produzidos em Havana substituíram esses leitores locais de histórias, dando origem aos *"culebrones"* (serpentes), que eram narrativas radiofônicas que lembravam a sinuosidade de uma serpente ao contar as histórias de suas múltiplas tramas e episódios.

Em 1950, a culturalmente sofisticada Havana tornou-se o epicentro da estação de rádio *culebrone*, mas a revolução cubana de 1959 fez com que muitas escritoras bem conhecidas de novelas de rádio, como *Caridad Bravo* e *Delia Fiallo*, emigrassem para o México. Assim como aconteceu com as novelas americanas, elas encontraram quem as patrocinasse entre empresas de consumidores americanos. Realmente, a primeira *telenovela* mexicana, *Gutierritos*, patrocinada pela Procter & Gamble, foi levada ao ar em 1960 e a principal *telenovela* mexicana, *Senda Prohibida*, estava bem-posicionada com a sedutora propaganda "sua novela da *Colgate*".

Hoje em dia, as telenovelas originais distinguem-se das novelas americanas, suas primas, em diversos aspectos importantes. As diferenças mais notáveis são que as *telenovelas* vão ao ar durante o horário nobre e não durante o dia e são idealizadas para prender a atenção tanto dos homens como das mulheres. Em contraste com os famosos dramas americanos ilimitados, elas sempre têm um começo diferenciado, um meio e um fim.

A despeito do envolvimento íntimo com os patrocinadores radicados nos Estados Unidos e com suas afiliadas latino-americanas, as *telenovelas* desenvolveram suas próprias integridades temáticas. Eis aqui um resumo (tirado diretamente do site da Televisa na internet) da *novela* atual intitulada *Rubi*:

> No coração de Rubi trava-se a luta constante entre o desejo que toda mulher tem de encontrar o verdadeiro amor e a obsessão desesperada pela riqueza e extravagância. O destino abençoou Rubi com uma beleza física extraordinária, não com dinheiro. Ela está determinada a usar sua beleza para casar com um homem rico, um que possa lhe dar a vida luxuosa que ela tanto deseja.[10]

Apesar de nunca ter botado os olhos em Rubi, apostaria uma montanha de pesos que ela vai acabar conseguindo seu belo moreno no final da história. Ao contrário das novelas brasileiras mais sexualmente explícitas, as *telenovelas* produzidas pela Televisa, a gigante da mídia mexicana, tendem a ser romances geralmente sobrecarregados com temas de justiça social, inerentemente populares — até mesmo populistas — em seus apelos. Emilio Azcarraga Jean, o jovem CEO da Televisa, observou que "a televisão deve contar belas histórias e dar às pessoas alguma coisa para sonhar porque a vida diária já é muito cheia de sofrimentos".[10] O embate rico-versus-pobre é outro tema recorrente e para o qual a Televisa tem dois times de futebol. Um emprega os melhores jogadores do mundo; o outro, somente pode arcar com os custos dos jogadores locais. "Há uma grande rivalidade e ela funciona bem", disse-me o funcionário da Televisa. "Todos [presumivelmente ricos e pobres] podem se identificar com seu time preferido."

A assistência desse entusiástico público e o sucesso desse gênero popular deixam atônitos os comentaristas da mídia com propensão para a esquerda, que durante anos se lastimaram do domínio da mídia ocidental em geral, e da mídia americana em particular, como exemplo primordial do "imperialismo cultural". Realmente, o triunfo da *telenovela* muitas vezes tem sido lembrado como uma modalidade de "imperialismo cultural inverso", no qual um produto de grande aceitação no mundo em desenvolvimento supera seu rival de "primeiro mundo" da classe média e alta numa imitação no mundo real das tramas populistas dessas narrativas.

NO ÂMAGO DE UM ROMANCE GLOBAL

A quadra muito bem ocupada que abriga os prédios da sede da Televisa está localizada numa acidentada colina da Cidade do México, no bairro grã-fino de Santa Fé e é uma sinfonia de cores intensas. Suas impecáveis praças, executadas com a delicadeza habitual de um dos principais arquitetos do México, Ricardo Legoretta, refletem todas as influências culturais do México moderno, da cultura maia à dos mouros, ao colonial hispânico e às linhas cubistas perfeitas de Pablo Picasso. A periferia do bairro Santa Fé propicia uma fuga arejada da megalópole esfumaçada e traz as sedes mexicanas da GE, EDS, IBM e Daimler-Chrysler, todas situadas em torno da propriedade guarnecida de palmeiras da Televisa. A vizinha universidade Ibero-americana, uma universidade jesuíta, é popular entre os mexicanos da alta classe que cultivam os cargos da principal empresa de mídia do país, a qual — não sem alguma ironia — consegue a parte do leão de suas receitas por meio da percepção hábil dos produtos de mídia de intenso apelo às massas empobrecidas da América Latina.

As ricas raízes entrelaçadas da principal emissora de TV do México, a maior empresa de meios de comunicação do mundo de fala hispânica, datam de 1954, quando Emilio Azcarraga Vidaurreta, um pioneiro do rádio e do cinema mexicanos, começou a representar a gravadora de discos RCA Victor e criou a rede do Telesistema Mexicano com dois sócios. Depois de acumular uma lucrativa aposta em uma cadeia de teatros de vaudeville com a participação majoritária numa cadeia em rápida ascensão de salas de cinemas, o primeiro magnata da mídia do México usou sua cadeia de teatros como uma plataforma da qual diversificar, começando então a gravar e produzir músicas. Com isso, alavancou inteligentemente suas empresas de gerenciamento de artistas e os direitos artísticos sobre as músicas para promoção dos seus cantores contratados numa rede própria de estações de rádio.

No início da Segunda Guerra Mundial, Emilio Azcarraga Vidaurreta tinha assumido o controle das duas maiores redes de rádio do México, por meio de alianças com a CBS e a NBC. Na década seguinte ao fim da Segunda Guerra Mundial, ele e sua empresa familiar possuíam mais de 50% das emissoras de rádio nacionais e cerca de 70% das receitas das emissoras do país.[11] Na qualidade de principal locutor de rádio privado da nação, Azcarraga se relacionava bem com o PRI, partido do poder no México, que dominou a política mexicana, praticamente sem contestação, desde o início dos anos 1930 ao ano 2000, verdadeiro divisor de águas pois foi quando o Partido da Ação Nacional (PAN) assumiu o poder sob o comando de Vicente Fox, ex-executivo da Coca-Cola. Poucos em posição de comando durante as décadas do PRI se atreveram a desafiar a validade da posse monopolística do poder da mídia pela família de Azcarraga, que, com o passar do tempo, estendeu-se como um império pelo México espelhando a natureza monolítica do partido estatal único.

Depois de se expandir para a área de TV em meados dos anos 1950 com o tácito apoio do governo mexicano, Azcarraga, em passadas firmes, procurou garantir que os empreendedores de radiodifusão da América Latina se adaptassem ao modelo de transmissão comercial dos EUA. Ao fazer isso, abandonariam o modelo de serviço público, não comercial, sustentado pelo governo e que tinha sido introduzido pioneiramente pelos britânicos e por outros países europeus. Em 1972, o Telesistema Mexicano de Azcarraga assumiu o controle de um dos seus únicos verdadeiros rivais, a empresa Television Independiente Mexicano, que havia sido lançada há quatro anos pela coalizão de interesses comerciais na cidade de Monterrey. A nova combinação foi rebatizada como Grupo Televisa. Depois da morte do patriarca Emilio no ano seguinte, o controle do império de mídia familiar passou para as mãos do seu herdeiro homem mais velho, Emilio Azcarraga Milmo, então com 43 anos, diplomado pela Culver Military Academy em Culver, Indiana, em 1948.

Emilio Azcarraga Milmo, apelidado de El Tigre por causa da faixa branca na cabeleira, pela ferocidade no trato e pela fama de conquistas românticas, era um patriarca familiar que fazia jus à própria *telenovela* — ou, por falar nisso, a uma do tipo *Dallas* ou *Dynasty*. De uma maneira geral, era tido como a imagem perfeita do pai, não somente pela aparência como também pelo estilo gerencial, impositivo e monárquico. Ele se casou quatro vezes. Sua quarta e última esposa, Adriana Abascal, tinha participado anteriormente do concurso de Miss Universo. Depois de servir-lhe lealmente na qualidade de amante de longa data, Adriana finalmente conquistou o cobiçado prêmio ao casar com El Tigre, passando a ser mais uma de suas herdeiras quando ele faleceu em 1999.

Durante sua ampla e dispendiosa carreira como magnata da mídia, "El Tigre" empregou bastante tempo cruzando a fronteira rumo ao seu império de TV em língua espanhola em desenvolvimento nos EUA. Em 1976, a rede de TV com a marca registrada SIN (Spanish International Network), tornou-se a primeira dos EUA a ser conectada por satélite — muito antes de as Três Grandes* tirarem partido deste último avanço tecnológico da teledifusão. Ao voltar para casa, El Tigre divertiu-se comprando rapidamente um jornal diário de esportes, *El Nacional,* e o maior estádio do hemisfério Sul, um punhado de equipes esportivas, empresas de gravação e editoras, uma empresa de televisão a cabo, uma empresa de telefones celulares e sucessivos hectares na área mais valiosa do centro da Cidade do México, inclusive a imensa sede em Santa Fé e um estúdio igualmente espaçoso, tipo Hollywood, no luxuoso (apesar de antigo) bairro San Angel.

Quando El Tigre faleceu em 1999, deixou para seu filho de 29 anos, Emilio Azcarraga Jean, uma rede entrelaçada de interesses conflitantes que não passava de uma gigantesca dor de cabeça. Segundo uma crônica publicada no *The New York Times,* "o que ele realmente deixou para seu único filho foi a presidência de uma empresa inchada e trôpega, sobrecarregada de dívidas estimadas em US$ 1,3 bilhões de dólares, [juntamente com] uma rede de propriedades que rapidamente acirrou a luta entre os herdeiros".[12] O herdeiro de El Tigre, preparado para o combate, passou anos disputando com as ex-esposas e incontáveis amantes do pai (tantas quanto seus empreendimentos de entretenimento), antes que pudesse se firmar na sela — um tanto timidamente no começo.

Fatores de sucesso da Televisa

- Sucesso das telenovelas no mundo de língua espanhola.
- Domínio no mercado da mídia mexicana.
- Um sistema de estúdios de estilo antigo, com sua própria escola para formação dos futuros astros.
- Reconhecimento, desde o início, da importância do mercado dos EUA.
- Imposição da disciplina nos negócios numa empresa com a mentalidade de um estúdio.
- Distribuição ativa no exterior.

Na época, os analistas e observadores da mídia especularam que o herdeiro de terceira geração da fortuna da família não passava de um playboy mimado e inconsequente. Mas, pouco depois de sua tumultuada chegada em cena, ele exibiu seu próprio vigor patriarcal ao publicar duas declarações nas quais estampava primorosamente sua marca pessoal quanto ao futuro que planejava para a Televisa:

1. "Quem quiser beber água deve trazê-la de casa."
2. "Nossos verdadeiros concorrentes são a Disney e a CNN."

---

* O autor faz referência às três maiores redes de TV nos EUA: ABC, CBS e NBC. (N.T.)

Em ambas as declarações ele nada mais fazia do que reafirmar uma dura realidade: a Televisa não era mais um monopólio e muito menos o bichinho de estimação mimado do partido no poder (em decorrência da estonteante derrocada do partido PRI em 2000). Como vimos nos casos de outros monopólios de mercados emergentes, a Televisa foi obrigada a se remodelar tendo em vista a necessidade de adaptação a um mercado mais competitivo e irrestrito. A Televisa sob o comando de Emilio Azcarraga Jean, não somente desabrochou em nova atmosfera, como na verdade emergiu mais forte, mais enxuta e com uma integração de operações mais perfeita.

Logo no começo, o jovem e atrevido Azcarraga intuitivamente compreendeu que num mundo onde a Televisa não gozava mais de um monopólio eficaz, disciplina e desempenho deveriam ser a regra e não a exceção. "Eu não tinha uma estratégia para obter o controle", disse o sr. Azcarraga ao *The New York Times*, ao explicar que quando assumira a presidência não possuía mais do que 10% da Televicentro, a empresa *holding* que seu pai havia controlado e que, por sua vez, controlava 26% da Televisa. "Mas eu tinha uma estratégia para recuperar a empresa."

Enquanto seu pai e seu avô, arquétipos de homens das respectivas épocas, tinham administrado a Televisa como solitários e distantes ditadores, o jovem Azcarraga Jean adotou um estilo mais descontraído e propenso para a tomada de decisões colegiadas. Em vez da ditadura de um único homem ele instituiu um triunvirato composto de antigos companheiros de escola e de amigos íntimos, gente acostumada a trabalhar em equipe, em quem ele podia implicitamente confiar tendo em vista um relacionamento de décadas.

Para todos que prestavam atenção, a mensagem do jovem CEO era clara: os hábitos relaxados do passado não seriam mais tolerados. Estavam terminados os dias de prima-donas, de produtores indulgentes e dos chefes de escritório aristocráticos e feudais, capazes de simplesmente ignorar o controle financeiro da empresa. Ele estabeleceu um padrão logo no começo, lançando ao mar batalhões dos gerentes escolhidos pelo seu pai, dando o aviso prévio a 46 vice-presidentes, revolucionando a cultura operacional mediante a imposição de rígidos controles de custo e dispensando 6.000 dos 20.000 empregados da empresa.[13] Sob o novo regime, as unidades de negócios deveriam ser consideradas responsáveis pelas vendas, participação de mercado, margens de lucro, cobranças e, acima de tudo, pela satisfação do cliente. Exibindo um sentido distorcido de humor, ele chegou a mencionar na brincadeira que poderia tingir seu cabelo de grisalho para que os investidores o levassem mais a sério, mas Emilio Azcarraga Jean terminou comprovando ser um gerente tão eficaz como seu formidável pai.

Bem cedo, o jovem Azcarraga foi forçado a enfrentar os membros da poderosa família Aleman, acionistas importantes de longa data da Televisa e descendentes de Miguel Aleman Valdés, um antigo presidente do México. Por meio de um acordo astuto que deixou alguns assustados e que deu uma guinada na percepção do público, Emilio Azcarraga Jean conquistou o apoio do magnata dos negócios mais bem-sucedido do México, Carlos Slim Helu. Esse magnata tinha construído um vasto império por meio de uma série de perspicazes movimentações de capital, basicamente com os gigantes de telecomunicações Teléfonos de México e América Moviles, que lembravam um pouco o estilo de Warren Buffett. Slim não apenas adquiriu toda a participação acionária da família Aleman como garantiu que usaria seu bloco de 23,9% de ações para votar com a administração. Certificou-se, desse modo, que a parte de Azcarraga na Televisa continuaria segura enquanto ele estivesse lá para evitar qualquer outra instabilidade.

HOLLYWOOD POR TRÁS DO RUBICON

A Televisa continuou a operar no velho estilo dos estúdios de Hollywood muito depois do declínio do sistema de estúdios em seu próprio país. Assim como as estrelas de Louis B. Mayer eram consideradas bens móveis da administração, as estrelas da Televisa eram feitas — e se fossem geniosas, eram desfeitas — com a vontade de ferro não dos agentes de talento, mas de administradores executivos. Estrelas e iniciantes com audácia para se destacar num mundo predominantemente masculino — e no caso dos seriados históricos bem populares da Televisa, muitas atrizes realmente usavam calças compridas, pelo menos durante as filmagens — são conhecidas por trabalharem sob disciplina severa que exige que seus personagens sofram "acidentes" e desapareçam bruscamente da transmissão, para talvez milagrosamente ressuscitarem se resolverem cumprir o estabelecido pelos chefes.

De acordo com esse sistema de estúdio no velho estilo, a carta na manga da Televisa é sua escola para atrizes e atores aspirantes, a única desse tipo no mundo hispânico. Com um teste para admissão mais competitivo do que Harvard ou Yale, a cada ano 20.000 jovens potencialmente capazes de se transformarem em estrelas e iniciantes concorrem a um lugar no "Centro de Estudios Artísticos" (CEA). Desses, somente 50 ou 60 são aceitos para um programa de dois anos que os ensina a representar, dançar, usar cosméticos adequadamente, dentre outras habilidades necessárias ao estrelato em *telenovelas*. Para os escritores, a Televisa tem concursos regulares de localização de novos talentos.

A INFLUÊNCIA DA TELEVISA NO MÉXICO E NO EXTERIOR

Quando visitei recentemente o vice-presidente Alfonso de Angoitia, o arquiteto da reestruturação financeira da Televisa na espaçosa sala de reuniões da empresa, meus colegas e eu brincamos que, com as sua boa aparência trigueira e o encanto de um ídolo de matinês, ele poderia facilmente tomar o lugar de uma de suas estrelas de telenovela. "O que torna a Televisa uma empresa tão interessante", Angoitia observou, "não é apenas o profundo impacto que ela exerce sobre a vida política e social do México, mas também o fato de nós exportarmos a cultura mexicana para praticamente todos os recantos do mundo. Vendemos nossos produtos para mais de cem países, não somente nossas famosas novelas, mas também espetáculos no idioma espanhol para crianças, jogos, *reality shows*, notícias, copa do mundo e outros jogos de futebol — todos transmitidos para as salas de estar do mundo inteiro. Como resultado disso, a maneira como as pessoas hoje em dia veem o México foi fortemente influenciada pelas produções da Televisa."

Com seus amplos interesses em televisão, rádio e na indústria editorial, o Grupo Televisa — que já é a maior empresa de mídia no mundo de língua espanhola — é proprietário de quatro redes de TV com praticamente 260 estações afiliadas no México. A Televisa alcança a população hispânica nos Estados Unidos pela participação que tem em sua coligada Univision — cujo maior controle tentou obter por uma oferta pública de aquisição malsucedida, na primavera de 2006. A Univision recebe mais de 70% dos dólares publicitários gastos nos meios de comunicação hispânicos nos Estados Unidos.[14] Sua programação original, inclusive *telenovelas*, comédias, jogos, filmes, documentários, concertos e eventos esportivos, não somente é vendida no mundo hispânico, como também é dublada em 27 línguas. A Editorial Televisa, a maior produtora e distribuidora de revistas em língua espanhola do mundo, ostenta 60 títulos em 18 países e comanda uma circulação próxima de 127 milhões de exemplares anualmente. A empresa também opera 81 estações de rádio que atendem a 37 cidades mexicanas. A Televisa também possui 51% das ações da Cablevision do México, um consórcio de televisão a cabo, 60% de ações da Innova, e mantém o controle operacional do SKY, sistema de satélite direto para as residências. Além de suas atividades principais, a Televisa é proprietária de um portal na Internet, de três times profissionais de futebol e de uma empresa de produção e distribuição de filmes.

Com seu domínio estável do Mercado mexicano — em 2004, a Televisa transmitiu 91 dos 100 principais programas de televisão do México — sua audiência de 70% pode ser comparada com os 30% comandados pela TV Azteca, única rival viável no panorama doméstico da Televisa. A televisão Azteca, que pertence ao agressivo e inescrupuloso empresário Ricardo Salinas Pliego e é dirigida por ele — mais um personagem típico de telenovela —, uma vez aspirou roubar participação de mercado da Televisa colocando no ar um novo tipo de novela mais avançada, com mais sexo e violência. Durante os anos de uma luta renhida, a TV Azteca tentou tirar as estrelas e os produtores da Televisa, abertamente e sem obedecer a limites, tentando conquistar uma parte maior do mercado de televisão doméstica. Entretanto, há algum tempo, ela e a Televisa estabeleceram uma trégua informal. "Concordamos em não brigar por preços", observa Angoitia; "no longo prazo, de qualquer jeito, isso não alteraria nossas participações de mercado. Algumas vezes até cooperamos um com o outro. Por exemplo, compramos a Copa do Mundo juntos e a colocamos no ar simultaneamente. Ambos mostramos o time nacional de futebol e cada um de nós transmitiu metade dos jogos locais. Não roubamos mais os talentos um do outro. Quanto aos filmes, eles têm um acordo com a Disney e nós temos outro com a Warner."

A LUTA PELO CONTROLE DO MERCADO HISPÂNICO NOS EUA

Durante minhas visitas, os líderes da Televisa não hesitaram em falar sobre a meta de, no longo prazo, adquirir um dos maiores prêmios do universo da mídia: a rede de TV Univision, a maior rede dos EUA na língua espanhola. O rápido crescimento de um público hispânico de mais de quarenta milhões nos Estados Unidos representa um potencial de gastos anuais agregados da ordem de US$ 650 bilhões. A Televisa tinha 11% da Univision e a Venevision, empresa de mídia da Venezuela, possuía uma participação semelhante. O controle das ações com direito a voto pertencem ao empresário de 75 anos, A. Jerrold Perenchio, um promotor de lutas de box e de outros eventos esportivos do Texas, que ficou conhecido como sagaz negociante e protegido de Lew Wasserman, uma lenda de Hollywood. A Univision supera regularmente outros canais importantes nos índices da Nielsen, em grande parte devido à popularidade das novelas da Televisa.

A Televisa tem se envolvido em sua própria batalha de novelas tentando controlar a rede nos EUA. Um dos poucos reveses sofridos por El Tigre ocorreu em 1986, quando a U.S. Federal Communication Commission declarou que seu controle de 75% da rede de televisão SIN de língua espanhola no Texas contrariava o limite de 25% de participação estrangeira na posse de estações de rádio e televisão. Ficou inconsolável por ser forçado a vender a SIN para a empresa de cartões festivos Hallmark, que a rebatizou de Univision. El Tigre poderia no mínimo se consolar lembrando que, a despeito de o dono ter mudado, a maioria da programação da Univision continuava sendo fornecida pela Televisa e as telenovelas eram a programação mais popular.

"As 16 estações iniciais da SIN ficaram populares porque os mexicanos que vivem nos EUA gostam e desgostam das mesmas coisas que os mexicanos do lado de cá da fronteira", foi o comentário de Angoitia. "Mesmo que sejam dois países, na verdade mais parecem dois estados. Os mexicanos que vão para os EUA querem ver o que o pessoal do México está assistindo." Em contraposição, a nova gerência americana instalada pelo Hallmark acreditou que os americanos hispânicos tinham gostos e preferências mais anglicizados do que seus primos ao sul da fronteira e tinham se esforçado para salvar uma parte das suas escassas economias financiadas com dívidas impagáveis. Apesar das altas audiências obtidas pelos programas produzidos pela Televisa, eles cometeram o pecado mortal de trocar uma boa parte da programação por espetáculos produzidos nos Estados Unidos, como *Starsky e Hutch — Justiça em Dobro*, que eram canhestramente dublados em espanhol. De acordo com Angoitia, eles não tinham nenhuma ideia do que os espectadores hispânicos realmente queriam assistir. O americano mexicano praticamente não tinha nenhum interesse em assistir a espetáculos produzidos fora da América Latina e de gosto diferente do seu. A nova programação provou ser comercialmente desastrosa e a Hallmark, quatro anos depois da aquisição, conseguiu vender a Univision por US$ 550 milhões[15] para um grupo que incluía o proprietário original da Televisa juntamente com o empresário americano Jerrold Perenchio e com a Venevision da Venezuela.

A participação de Jerry Perenchio (como ele prefere ser chamado) foi um pré-requisito necessário para a manutenção da fachada de que o proprietário da rede era dos EUA. Em 1996, a Televisa fundiu a posse de um canal a cabo na língua espanhola chamado Galavision, com a Univision, e a entidade combinada abriu o capital por meio de uma oferta pública de ações. Jerry Perenchio recebeu um bloco considerável de ações de "supervoto" (mais de um voto por ação), com poderes especiais válidos até sua morte ou até sua decisão de vender.

Embora a Televisa forneça a maioria esmagadora da melhor programação do horário nobre da rede, o acordo meio a meio com a Televisa e a Venevision permaneceu inalterado durante uma década por meio de um acordo de programação exclusiva válido até 2017. Em 2003, Emilio Azcarraga Jean decidiu jogar duro com o seu parceiro americano e exigir mais *royalties*. Finalmente o acordo sobre os *royalties* foi renegociado na base de 60-40 a favor da Televisa. Em mais uma demonstração do crescente poder de barganha das empresas dos mercados emergentes, a Televisa deixou de transmitir todos os jogos da liga nacional de futebol americano (NFL), inclusive a final do campeonato (Super Bowl) após 35 anos de transmissões ininterruptas até que a NFL renegociasse os *royalties*.

Depois que a concorrente Telemundo chegou perto da falência em 1992, sufocada pela avalanche de programas mais bem-sucedidos da Univision, a NBC, apoiada pelos recursos praticamente infinitos da gigantesca GE, tentou entrar no muito disputado território dos programas de língua espanhola nos Estados Unidos adquirindo o controle da Telemundo. Ainda de acordo com Angoitia, que publicamente dissera que a Telemundo ainda era uma ameaça séria, "nós aniquilamos a Telemundo com nossas novelas. Nossa programação é um produto testado. O que dá certo no México, também dá certo nos Estados Unidos. Desde que os mexicanos continuem sendo a população dominante da comunidade hispânica nos EUA, nossa programação vai continuar dando bons resultados". O espanhol mexicano transformou-se em um sotaque neutro na América Latina. Os programas mexicanos podem passar em qualquer lugar da América Latina. "Ainda que o conteúdo seja reconhecido como mexicano, é o mais neutro possível."

Em fevereiro de 2004, Emilio Azcarraga Jean ganhou um espaço extra nas colunas noticiosas de negócios e de boatos do mundo inteiro quando, diante de um público de 1.500 convidados no seu "palácio" residencial na cidade do México, casou-se com uma moça que diziam ser americana, mas que, na realidade, era mexicana. Isso levou a uma especulação na imprensa comercial que ele estrategicamente usaria de uma artimanha para rapidamente obter a cidadania americana com o objetivo de tomar, pela força, o controle da Univision de Jerry Perenchio. Em entrevista à *BusinessWeek*, Azcarraga afastou o rumor de sua nova esposa não ser mexicana e abafou a especulação de que ele poderia, dentro em breve, estabelecer residência num condomínio em South Beach Miami com o objetivo de apressar a chegada do dia em que ele poderia usufruir de sua cidadania americana. Como cidadão americano, ele teria acesso privilegiado às propriedades da mídia dentro dos

EUA. "No momento, não é possível, embora eu esteja passando mais tempo aqui [nos Estados Unidos]. Isso alteraria completamente minha vida — não é tão fácil para mim e minha esposa nos mudarmos porque ela deixaria de ver a família."[16] Além disso, a lei mexicana tem restrições semelhantes quanto a estrangeiros serem donos de meios de comunicação.

Depois de meses de rumores, a Univision foi finalmente à leilão em junho de 2006, mas a crescente concorrência da mídia moderna, como a Internet, por receitas, fez com que suas forças diminuíssem mesmo no mercado de mídia hispânico. Diz-se que Perenchio ficou desapontado pela moderada receptividade demonstrada pelos gigantes da mídia, com relação às 62 estações de TV, 69 de rádio e uma unidade de música. Mesmo assim, a venda foi marcada para ocorrer durante o período da popular Copa do Mundo e as empresas de capital privado e os banqueiros demonstraram mais cautela do que se esperava. A Televisa reuniu um grupo bem relacionado, financeira e politicamente, constituído pelo Cascade Management de Bill Gates, Bain Capital, Blackstone, Kohlberg, Kravis Roberts (KKR) e o grupo Carlyle de Washington, além do seu parceiro original, a Venevision. Entretanto, sua oferta foi apresentada muito tarde e metade do seu grupo desistiu antes que a oferta final fosse feita. A proposta da Televisa foi finalmente superada pela oferta de US$ 13,7 bilhões do magnata da mídia Haim Saban, feita em conjunto com o Texas Pacific Group e com outras empresas de capital privado. Apesar das objeções dos membros do conselho que eram representantes da Televisa e da Venevision, o conselho da Univision, assumindo uma posição surpreendente, rapidamente aceitou a oferta apresentada por Saban de apenas US$ 0.50 por ação mais alta, deixando a Televisa aturdida com a notícia de que não lhe seria dada a oportunidade de melhorar a oferta, e insinuando que venderia suas ações na Univision. Contrariamente às *telenovelas* que sempre têm o início, o meio e o fim bem transparentes, essa história pode ter um desenlace desconhecido, pois a Univision permanece francamente dependente da Televisa para a sua programação.

A FÓRMULA QUE TEM APELO GLOBAL

Os fãs de *telenovelas* que falam outro idioma que não o espanhol ficaram eletrizados quando ouviram que a rede Fox de televisão tencionava transmitir duas novelas nos Estados Unidos — "americanizadas, mas sem destruir a integridade da história", de acordo com o porta-voz de uma nova empresa do setor. Uma dessas novelas, intitulada *Table for Three*, que teve origem na Colômbia, "conta a história da trágica destruição de uma família quando dois irmãos competem pela mesma mulher". O segundo produto "americanizado", intitulado *Fashion House* de Cuba "focaliza o encanto e a falta de escrúpulos na indústria da moda". Aparentemente, os estilistas da alta costura na Havana de Fidel Castro guardam semelhanças culturais e comportamentais impressionantes com os de Nova York, Londres, Berlim e Paris.[17]

A Sony Entertainment Television está transmitindo uma adaptação em indiano da *telenovela* mexicana *My Sweet Fat Valentina*, "Mi Gorda Bela" (narrativa de um tema que — surpresa, surpresa — era a história de "um patinho feio se transformando em um belo cisne") adaptada para o público indiano. "O público hispânico gosta do mesmo tipo de drama de alta voltagem que é do gosto dos indianos", relatou o *The Telegraph of Calcutta* da Índia, citando um participante anônimo da produção que continua dizendo que "a maioria desses seriados traz dramas em altas doses e são sobrecarregados de emoções. O público aqui se identifica muito mais facilmente com esses teledramas do que com as novelas americanas ou britânicas, que atraem poucos espectadores."[18]

"Culturalmente, os latino-americanos têm maior proximidade com os indianos. Os personagens e o enredo são compatíveis com a nossa sensibilidade", acrescentou Tarun Katyal, vice-presidente executivo de programação da Sony Entertainment Television na Índia. "A palavra-chave aqui é adaptação... uma adaptação bem-sucedida que tem sido suficientemente melhorada para se adequar às sensibilidades dos indianos."

Ponto de vista do investidor

Visão otimista
- Domínio dos mercados de televisão mexicano e do mercado hispânico nos EUA.
- Crescente poder de compra do mercado hispânico dos EUA no qual a Univision está bem-posicionada.
- Sucesso das telenovelas no mercado internacional, mesmo fora do mundo de língua espanhola.

Visão pessimista
- Embora tenha presença dominante no México, mudanças políticas sempre representam riscos para a Televisa.
- O futuro controle da Univision nos Estados Unidos continua sendo um ponto de interrogação.
- Competição crescente nos mercados internacionais não hispânicos.

Lições

- Os sucessos produzidos no mundo de língua espanhola encontraram público já pronto em países não hispânicos.
- O sucesso das telenovelas mostra que a mídia dos mercados emergentes tem oportunidade de explorar os novos e crescentes mercados graças ao mesmo "comprimento de onda" do público.
- O domínio de Hollywood e da Disney na mídia do entretenimento e das notícias ocidentais como a CNN e a BBC está cedendo lugar às fontes de entretenimento e notícias domésticas ou regionais.

PARTE III

Transformando ameaças em oportunidades

CAPÍTULO 13

A Resposta Criativa

Não seja defensivo nem enfie a cabeça na areia — desenvolva novas políticas e estratégias

"A única coisa a temer é o próprio medo."
— Franklin D. Roosevelt, Primeiro discurso de posse, 4 de março de 1933

"As espécies que sobrevivem não são as mais fortes nem as mais inteligentes, mas aquelas que melhor respondem às mudanças."
— Charles Darwin

Em todo o mundo, os funcionários do governo e os executivos estão começando a procurar novas soluções para enfrentar o desafio competitivo das rápidas mudanças impostas pelos mercados emergentes. Em março de 2006, o jornal *The New York Times* relatou durante uma semana os esforços americanos para transformar em via de mão dupla a inundação de produtos que chegavam da Ásia, mediante a tentativa de captar uma fatia maior do dólar do consumidor chinês e indiano.

- Numa clara demonstração do poder de sua fórmula de distribuição, a Wal-Mart — que havia comprado cerca de US$ 14 bilhões de mercadorias da China em 2004 — planeja agora contratar 150.000 empregados no mercado chinês durante os próximos cinco anos. Isso é cinco vezes mais do que o número de trabalhadores atualmente empregados nas suas 56 lojas chinesas.[1]
- A Dell, a maior comerciante de computadores pessoais do mundo, já tem quatro centros de televendas empregando cerca de 10.000 pessoas na Índia. Recentemente, ela tornou pública sua intenção de duplicar para 20.000 o número de seus funcionários trabalhando nesse mercado de rápido crescimento dos computadores. Mas, dessa vez, o foco será a fabricação local e a venda da marca na Índia. "Existe uma oportunidade fantástica para atrairmos gente capacitada e assegurarmos um grande impulso no recrutamento de talentos de engenharia", explicou Michael Dell, fundador da empresa e seu presidente, numa entrevista coletiva em Bangalore.[2]

Ambos os anúncios demonstraram até que ponto as empresas americanas estão começando a responder agilmente às mudanças darwinianas vendendo (no caso da

Dell, fabricando) mais produtos que seriam atraentes para as classes médias da Índia e da China. Uma vez que uma parte razoável do lucro provavelmente beneficiaria entidades baseadas nos EUA, não seria essa uma boa notícia para a economia americana, mesmo se os empregos americanos fossem criados apenas indiretamente?

Nessa mesma semana o ministro de finanças da Índia anunciou, com ousadia, seu plano de expandir a convertibilidade da rúpia ante as moedas globais "seguindo as oscilações da economia". Ele não apenas disse que as crescentes reservas estrangeiras abriam espaço para novas políticas na Índia, como também reconheceu implicitamente a nova realidade, a de que a terceirização levaria certamente as corporações indianas a investir (e criar empregos) nos Estados Unidos e em outros países do primeiro mundo. Não somente o comércio, mas também o capital está fluindo em ambos os sentidos. Os funcionários chineses exibem um grau de confiança semelhante. Enquanto os funcionários chineses lembraram diretamente aos Estados Unidos que não deviam considerar a China responsável pelos fracassos da política econômica americana em resolver seus déficits de caixa e orçamentários atuais, eles também, sutilmente, não pouparam mordomias para certos senadores dos Estados Unidos em Pequim. Esses senadores tinham anteriormente proposto uma legislação mais restritiva para controlar o cada vez maior déficit comercial bilateral. Muitos dias depois, a notícia de que a Lenovo — que majoritariamente ainda era da academia de ciências do governo chinês — havia ganhado um contrato de US$ 13 milhões para fornecer 15.000 computadores ThinkPad ao U.S. State Department provocaram uma crítica estrondosa de "um grupo misto de liberais e críticos conservadores, que há anos alertavam sobre o aumento do poder da China", segundo o *The New York Times*.[3] Larry Wortzel, presidente do pouco conhecido United States—China Economic and Security Review Commission, criado pelo Congresso para controlar os desdobramentos das relações entre os Estados Unidos e a China, observou francamente que "ele não ficaria preocupado se a Airbus resolvesse dar início a uma linha de montagem de aviões na China; sua preocupação seria se a Lenovo começasse a vender computadores para agências do governo americano que lidassem com relações exteriores". A ideia de que funcionários do Departamento de Estado ameaçavam a segurança nacional dos EUA digitando memorandos e telegramas nos computadores da Lenovo desafia qualquer análise racional, principalmente quando a maioria dos outros computadores também é feita na China.

Informes anteriores sobre ameaças ao congresso pelos mais variados motivos, desde déficits comerciais com a China à administração dos portos americanos por estrangeiros, pareciam confirmar que, no mundo posterior ao 11 de setembro, tanto o sentimento protecionista como a postura política ainda passavam bem e estavam atuantes. Depois de uma cuidadosa inspeção, entretanto, uma atitude mais realista está começando a vigorar nos governos e nas empresas. Quando o presidente francês visitou a Índia, logo depois do grande clamor popular causado pela notícia de que a Mittal Steel tinha planos para adquirir a aciaria europeia Arcelor, ele foi diplomaticamente lembrado das encomendas de grandes Airbus que a Índia havia feito. Portanto, seu próprio governo teria interesse então em tranquilizar receios primordiais e chauvinistas. As empresas americanas que dependem da capacidade de fabricação da China também fizeram o mais discreto lobby possível contra as tarifas de importação e contra pressões para uma forte reavaliação do yuan. Depois do furacão Katrina, décadas de encargos antidumping contra a CEMEX (que então já era a maior distribuidora de cimento nos Estados Unidos) diminuíram abruptamente dez vezes quando o cimento ficou escasso nos estados sulistas. Enquanto isso, as autoridades no Alabama davam boas-vindas, de braços abertos, à grande fábrica nova de automóveis da Hyundai, bem como a várias outras fábricas nas proximidades planejadas por fabricantes asiáticos.

UMA VIA DE MÃO DUPLA PARA O APROVEITAMENTO DE RECURSOS EXTERNOS E INTERNOS

Hoje em dia, todas as pessoas que trabalham no planeta enfrentam uma dura realidade. Esta provém do fato de a Internet ter reduzido os custos da transmissão de dados a praticamente zero, onde muitas tarefas passaram a ser feitas em qualquer momento ou lugar, algumas vezes mesmo sem a intervenção de ninguém, constituindo uma ameaça tanto para os empregos da linha de montagem como para as funções burocráticas. No futuro, poderemos constatar que o argumento de Daniel Pink em *Revenge of the Right Brain* encerra uma grande dose de verdade: todas as tarefas rotineiras poderão ser automatizadas ou terceirizadas externamente. Até mesmo algumas atividades não rotineiras como projetos e inovações tecnológicas poderão ser terceirizadas ou completamente automatizadas.

Mas a terceirização, no país ou no exterior, pode ser apenas um dos lados da história. O Institute for International Economics (IIE) desenvolveu um argumento convincente no sentido de que não apenas a China e a Índia, mas o primeiro mundo todo tem colhido os frutos da globalização. O IIE cita lucros econômicos líquidos de US$ 1 trilhão (ou 10% do PIB) somente para os Estados Unidos, uma porcentagem que tende a ser maior ainda para as economias europeias que comandam uma orientação global mais robusta.[4] A consultaria em gerenciamento A.T. Kearney estimou que por volta de 2015, deverão existir mais 900 milhões de consumidores de classe média nos mercados emergentes com rendimentos superiores a US$ 10,000, um nível próximo à metade dos dois bilhões de consumidores globais que deverão estar usufruindo esse rendimento nessa época.[5] Cada um desses clientes novos será capaz de pagar por produtos e serviços provenientes do antigo Primeiro Mundo, e até mesmo estará ansioso para fazer isso. Ainda assim, a questão que perdura sobre essas previsões que prometem uma maré enchente que elevará todos os botes, é se os quase um bilhão de consumidores continuarão a preferir os produtos e serviços com "imprimaturs" e marcas registradas do Primeiro Mundo, ou se vão escolher as variedades mais sob medida e feitas domesticamente. No final, isso dependerá da adaptabilidade das economias e empresas do Primeiro Mundo.

Além dos baixos custos de importação, o desemprego causado pela terceirização é o componente mais visível da globalização, pelo menos quando examinada sob a perspectiva do Primeiro Mundo. Mas, pelo que temos visto, ele constitui uma parte incompleta de uma dinâmica global mais complexa. Assim como a ALCA, tão criticada por H. Ross Perot, tornou-se mais uma via de mão dupla ao contrário do que muitos temiam, a terceirização está criando milhares de novos empregos nos Estados Unidos e na Europa. Em um artigo publicado na *Foreign Affairs*, George J. Gilboy cita um estudo independente da Information Technology Association of America, mostrando que o efeito "da terceirização para países como a China e a Índia criou, em 2003, um saldo líquido de 90.000 empregos nos EUA em tecnologia da informação". O mesmo informe estimou que "a terceirização criará um saldo líquido de 317.000 empregos nos EUA por volta de 2008".[6]

O fato é que não apenas as *importações dos* mercados emergentes, mas também as *exportações para* os mercados emergentes, aumentaram tão depressa que ficaram sendo as partes mais dinâmicas da economia global. Esse reverso da ideia da rua de mão dupla muitas vezes é negligenciado no ardor dos debates políticos.

Exportações para os mercados emergentes
(em US$ bilhões)

Exportações dos	1984	1994	2004	Crescimento em 20 anos (1984 — 2004)
Estados Unidos	86	218	377	338%
Países em desenvolvimento	336	809	1.598	376%

Fonte: International Monetary Fund, Direction of Trade Statistics.

Uma boa parte desses ganhos econômicos e trabalhos que surgem nas economias maduras é o resultado direto ou indireto do crescimento nas exportações para os mercados emergentes, estimuladores de novos empregos nos países exportadores. Mas esses empregos, recentemente criados, ressentem-se da falta de bases eleitorais e de cobertura da imprensa porque têm aferição muito mais difícil do que as óbvias perdas de emprego. Os empregos criados pelas multinacionais que investem diretamente nas economias maduras ainda estão em pequeno (embora crescente) número e têm mais visibilidade, como pode ser observado pela drástica expansão de empresas como Hyundai, Samsung, CEMEX e Tenaris no quadro dos protagonistas globais. Das 25 multinacionais emergentes descritas neste livro, Hyundai, CEMEX, TSMC, Sasol e Samsung são as maiores empregadoras nos Estados Unidos. Juntamente com a Haier e outras, elas respondem por mais de 30.000 empregos nos Estados Unidos e mais de 70.000 no Primeiro Mundo. Esses números têm crescido rapidamente e, na melhor das hipóteses, estão incompletos porque ignoram muitos fornecedores de peças, negociantes de automóveis, vendedores de telefones, publicitários, projetistas, advogados e outros empregados por essas multinacionais emergentes diretamente. Muitas outras multinacionais emergentes empregam um número significativo de trabalhadores nos Estados Unidos, inclusive a fabricante de farinha de milho e tortilhas Gruma do México, que tem 5.000 empregados americanos para atender ao mercado americano de tortilhas embaladas — e até mesmo dominá-lo. O Grupo Bimbo, outra empresa mexicana, tem 8.000 empregados americanos na sua divisão de padarias nos EUA. Já em 2003, um total de 160.000 pessoas trabalhavam para as multinacionais emergentes nos Estados Unidos. Esse número aumentou rapidamente nos últimos anos e, provavelmente, crescerá mais ainda no futuro.[7] É uma boa notícia: um caso clássico em que ambas as partes ganham.

Embora os dados para as multinacionais emergentes ainda não tenham sido analisados, 5,3 milhões de americanos que trabalham para empresas estrangeiras nos Estados Unidos têm uma folha de pagamento de US$ 318 bilhões e um salário médio anual acima de US$ 60,000. Não é por acaso que essas empresas estrangeiras contribuem com uma porcentagem colossal de 21% para o total de exportações dos EUA.

Ainda que essa onda de empregos em sentido inverso prevaleça — pelo menos por ora — uma gota de água no oceano se comparada com o deslocamento da mão de obra de fabricação do norte para o sul rumo às economias de baixos salários, é fácil subestimar o impacto de uma onda mais difusa de exportações. São as exportações originárias de níveis mais elevados de renda que os trabalhos terceirizados geram nos mercados emergentes. Por exemplo, cada trabalho "terceirizado" criado na Índia reconhecidamente gera oito vezes mais horas de trabalho de vigias noturnos, empregados domésticos e outros trabalhadores humildes que contribuem para a expansão dessas economias, o que acaba beneficiando a todos.

Uma demografia simplificada (na modalidade da população idosa do Primeiro Mundo) combinada com o fato dos cidadãos do Primeiro Mundo não terem vontade de executar muitos trabalhos humildes ou tarefas mal remuneradas de qualquer maneira, torna necessária a exportação de empregos para países com salários mais baixos e populações de crescimento mais rápido. É um problema que se tornou mais sério com a banalização dos aumentos de restrições políticas à imigração.

O FATOR MEDO

Quando o presidente Franklin D. Roosevelt declarou, em 1933, a uma coletividade ansiosa de cidadãos dos Estados Unidos que a única coisa a se temer era o próprio medo, ele falava logo após a Quebra da Bolsa de 1929, no meio de uma das maiores crises bancárias e de uma recessão mundial. Mas a economia dos Estados Unidos acabou saindo dessa depressão psicológica e econômica graças a uma combinação do próprio otimismo e carisma do presidente e das iniciativas políticas e industriais não ortodoxas adotadas.

Embora nem os Estados Unidos nem a Europa Ocidental enfrentem hoje uma crise comparável, o antigo Primeiro Mundo tem boas razões para ser acometido de surtos ocasionais de dúvida sobre si próprio, algumas vezes indo até a uma rematada xenofobia mascarada de preocupações um tanto dúbias quanto à segurança nacional (tal como acontece na empresa CNOOC — China National Offshore Oil Corporation — da China, na Dubai Ports World e no U.S. State Department com os fornecimentos da Lenovo). Esses receios são catalisados por desafios competitivos que combinam a terceirização interna e a externa e pelo crescente talento da nova safra de corporações mundiais de categoria internacional ameaçando "roubar o negócio".

Ainda assim, a história recente dos Estados Unidos não apenas dá margem ao otimismo como também modela uma "resposta criativa" que pode nos dar a todos o proverbial "ambos os lados ganham". Durante a década de 1950, a ameaça nuclear da União Soviética, seguida pelo lançamento do Sputnik, deixou as pessoas amedrontadas com a crença de que os russos estavam "ganhando" não apenas a Guerra Fria, mas também a corrida espacial. Quando, em outubro de 1957, o Sputnik demonstrou cabalmente que a União Soviética dominava a tecnologia aeroespacial o bastante para ameaçar seriamente a segurança do espaço, um período perfeitamente previsível de preparações para o confronto foi seguido por uma resposta muito mais criativa e produtiva. Os Estados Unidos criaram então um programa espacial civil para atender ao pedido do presidente Kennedy de levar o homem à lua, o que teve como consequência deixar embaraçada a retórica bélica de Nikita Khruschev e de seus sucessores. A grande aventura da NASA fez mais do que aumentar o prestígio dos Estados Unidos na época; produziu também um incalculável valor no longo prazo para a sociedade americana sob a forma de empresas que transferiram ao setor privado uma grande variedade de novas tecnologias, incluindo computadores rapidíssimos, novos materiais sintéticos e o surgimento de novos polos industriais no Sul.

Embora os abrigos domésticos subterrâneos contra ataques nucleares dos soviéticos tenham sido abandonados há muito tempo, as gigantescas pesquisas governamentais e os programas de desenvolvimento e promoção de ciências, que foram estimulados pelas ameaças dos soviéticos no espaço, deram aos Estados Unidos uma poderosa margem tecnológica válida para muitas décadas futuras. Para citar apenas um exemplo, os esforços do Pentágono para assegurar comunicações contínuas durante o primeiro ataque nuclear foram a origem da criação da Internet.

Durante a década de 1970, o sucesso da Toyota, da Sony e de outras empresas do Japão, complementadas por aquisições japonesas de propriedades de primeira linha no Rockfeller Center e nos campos de golfe de Pebble Beach, levaram os americanos à crença inexorável de que "os japoneses estavam ganhando". Ainda assim, a resposta politicamente popular que se seguiu — colocando impostos de importação sobre o aço, os automóveis e a eletrônica de consumo — mal ajudou as indústrias mais ameaçadas; na realidade, ajudou as que as ameaçavam. A resposta adaptável mais sutil e criativa foi a ampla adoção dos círculos de qualidade, da fabricação com entregas *just-in-time*, da gestão de qualidade total (TQM) e da metodologia Six Sigma. Pela imitação das empresas japonesas — ao mesmo tempo evitando alguns dos piores erros dos japoneses e asiáticos, como o de tentar ser todas as coisas para todos — as empresas americanas aprenderam como ser enxutas e mais produtivas, preparando-se para os rápidos aumentos de produtividade da década de 1990.

Então, o que aprendemos? Essencialmente, a lição é bastante simples: ao enfrentarmos um desafio competitivo poderemos ignorá-lo, respondermos defensivamente com medidas de proteção evidentes ou sutis, ou poderemos reagir com criatividade e tentar compatibilizar a inovação com outra inovação. As experiências passadas sugerem que estaremos em melhores condições se rejeitarmos a tentação de diminuir o avanço protecionista, mesmo que esse pareça ser o caminho mais fácil no curto prazo.

O DILEMA PROTECIONISTA

Os exemplos da Samsung, CEMEX, Tenaris e Embraer que foram citados neste livro indicam claramente que as medidas antidumping podem resultar em um tiro pela culatra. A Samsung foi beneficiária de uma ação antidumping contra a ameaça competitiva das crescentes vendas de semicondutores pelos japoneses. O afastamento dos japoneses possibilitou que a Samsung se tornasse a maior produtora do mundo de chips de memória. Quando a coalizão das empresas produtoras de cimento no sul instigou uma ação contra a fabricante mexicana de cimento CEMEX e catalisou encargos antidumping punitivos superiores a 50%, ela foi forçada a diversificar na Espanha e comprar cimento de produtores da América Central. O resultado imediato disso foi uma alta nos preços do cimento nos Estados Unidos onerando bastante os consumidores e contribuintes, uma vez que metade do cimento americano é comprada pelo governo. Mas a ação antidumping também ensinou à CEMEX a arte da aquisição e acabou transformando-a na maior fabricante de cimento dos Estados Unidos. As tubulações de aço sem costura da Tamsa para a indústria petrolífera foram taxadas com um imposto antidumping de 21,7% quando ameaçaram os produtores dos EUA. Essa política punitiva forçou o grupo Tenaris a procurar soluções inovadoras que terminaram por transformá-lo em produtor global, tendo a logística como vantagem. Os pequenos fabricantes, nos Estados Unidos, tentaram evitar que a Embraer vendesse seus aviões nos EUA, mas a Embraer acabou conseguindo vendê-los. Embora alguns desses fabricantes fossem à falência, muitas outras empresas — inclusive as americanas — agora são fornecedoras da Embraer.

Procurar proteção é sinal de fraqueza, não de confiança. A proteção pode salvar empregos temporariamente, mas geralmente serve apenas para adiar o esforço indispensável que é necessário para sacudir as empresas, forçando-as a reinventarem a si próprias. Os ajustes às novas concorrências são tão antigos quanto a história econômica e não algo especial do mundo contemporâneo. Os clamores pelo protecionismo são igualmente antigos. O desafio de se conseguir mão de obra barata não tem nada de novo. Lá atrás, em 1959, os disciplinados e talentosos trabalhadores japoneses começaram a receber salários equivalentes a 10% dos salários americanos,[9] aproximadamente a mesma diferença que existe atualmente entre os engenheiros de software americanos e indianos. A única constante na vida é a pressão contínua para a mudança. Há menos de um século, a agricultura dominava o emprego na maioria dos países. Hoje em dia, muitos trabalhadores agrícolas nos Estados Unidos são imigrantes legais ou ilegais. A produção agrícola não diminuiu, mas sua participação na economia despencou porque outros setores cresceram muito mais depressa. Há 50 anos, os Estados Unidos, o Japão e a Europa eram países industrializados. Agora, a participação das fábricas na formação do PIB é maior em muitos mercados emergentes do que no antigo Primeiro Mundo.

O protecionismo não somente reprime a inovação como também ignora os pontos fortes das economias desenvolvidas, as fraquezas institucionais das nações emergentes e a usual rapidez de ajustamento entre os países concorrentes dos salários e da moeda em circulação. Não seria, então, de se esperar que os pontos fortes como um estado de direito bem-desenvolvido, instituições políticas maduras, excelentes universidades, liberdade de experimentar novas ideias e de montar novos negócios, e um mercado de trabalho flexível (mais nos Estados Unidos do que na Europa e no Japão) fossem inspiradores de alguma confiança?

E, naturalmente, compensa lembrar que, por mais impressionantes que muitas multinacionais emergentes pareçam ser, dificilmente elas são gigantes invencíveis. As multinacionais emergentes ainda têm que se contentar com restrições políticas, burocratas obstinados e recalcitrantes, pirataria dos concorrentes, sistemas judiciários que não funcionam, inflexíveis leis trabalhistas, e incertezas nas regulamentações afetas ao meio ambiente. O progresso em marcha das economias emergentes não tem sido — e ainda não é — inteiramente baseado no vento que sopra. Os salários, por exemplo, têm a tendência de crescer mais rapidamente do que a mais rápida das economias crescentes. Recentemente, ao discutir a abertura de um escritório em Mumbai, fui surpreendido pelo fato de existirem analistas indianos experientes (pelo menos na bolha recente) com remunerações comparáveis aos pacotes de benefícios do Primeiro Mundo, um fenômeno que seria inconcebível há poucos anos. Por causa disso, o fluxo não apenas de fundos como também de ideias (e de geradores de ideias) vindo cada vez mais do Oriente para o Ocidente é indiscutível.

A resposta não é procurar estancar o fluxo inexorável pisoteando-o, mas sim, estimular o contrafluxo por meio da reinvenção e da inovação. Ao mesmo tempo, os mais afetados pelo fluxo não devem ser descartados; em vez disso, os que não conseguirem se ajustar às pressões darwinianas da mudança devem ser protegidos por uma rede de segurança e devem receber novo treinamento.

LIÇÕES A TIRAR DOS MERCADOS EMERGENTES

1. As parcerias público-privadas têm valor

A primeira lição a ser aprendida dos mercados emergentes e das empresas bem-sucedidas que estão criando esses mercados é não nos deixarmos influenciar pelo nosso crônico ceticismo quanto a dar permissão aos governos locais, estaduais, regionais e nacionais para que se tornem parceiros no lançamento e na sustentação de empresas privadas. Sem de maneira alguma advogar a volta das empresas estatais ou o retrocesso da política industrial, temos testemunhado que geralmente é altamente compensador *habilitar* novas indústrias por meio da combinação de apoio de grupos empreendedores e de ambientes atraentes para mentalidades melhores e mais inovadoras. Também têm dado bons resultados o compromisso com as pesquisas básicas, o apoio à instrução de alta qualidade, as zonas industriais especiais, a pressão para o uso precoce da tecnologia nas escolas e, em pequena escala, as intervenções marcadas para ajudar as novas indústrias a sair do chão.

O excepcional sucesso dos governos taiwanês e coreano ao pôr em marcha indústrias e empresas estratégicas e importantes, como a TSMC em Taiwan, a Pohang Iron and Steel Company (Posco), a Hyundai, e a Samsung na Coreia, não passou despercebido dos formadores de políticas e dos economistas americanos e europeus. O fato da proeminência de Bangalore na explosão de software na Índia ter sido ajudada pelo estabelecimento precoce das escolas de elite e da designação de Bangalore como novo núcleo de alta tecnologia — na parceria produtiva com as empresas privadas — elevou o perfil da diretriz do governo e forçou o reexame de um viés prevalecente contra a intervenção, em todas as modalidades, do governo. Sem a diretriz e o apoio governamental, a Embraer do Brasil ou a indústria do etanol nunca teriam conseguido sair do solo e a Sasol da África do Sul (South African Coal and Oil) nunca teria ganho sua atual proeminência no campo da energia alternativa.

As políticas educacionais na China e na Índia e a primeira rede sem fio em âmbito nacional da Coreia são outros exemplos de apoio governamental para a atividade empresarial. Muitas escolas coreanas até mesmo determinam que seus alunos apresentem os deveres escolares pela Internet. O Hsinchu Science Park de Taiwan, na zona industrial Shenzhen da China, e o empenho do governo estoniano para conduzir sua burocracia com menos papéis são também exemplos de afastamentos com sucesso do núcleo arraigado dessas economias.

2. Protecionismo: uma obstrução no caminho da excelência

Para evitar que o pêndulo da política penda muito para um dos lados, a segunda lição que pode ser tirada deste livro é a de que, enquanto muitas empresas foram beneficiadas *inicialmente* com a proteção local, as que continuaram confortavelmente acomodadas, rumaram inapelavelmente para a mediocridade e obscuridade. Somente as empresas que não precisam mais ou não querem confiar no "fosso" do protecionismo progrediram sob a rota mais difícil do status de categoria internacional. Uma análise completa da tentação de proteger diversas indústrias americanas, tais como a de aços e automóveis, chegou à mesma conclusão.[10]

3. No Mercado Emergente, aprenda de quem adotou primeiro

O Primeiro Mundo, de uma maneira geral, tem o costume de ser o primeiro a adotar novas tecnologias ou introduzir novos projetos e modas. Ainda assim, como as economias âncoras da futura mudança, esse processo de aprendizagem cada vez mais será uma rua com dois sentidos de tráfego. Os operadores de telecomunicações nos Estados Unidos estão aprendendo com a Coreia e o Japão, que foram os primeiros a tomarem a iniciativa, como os consumidores praticam jogos, assistem à TV, pagam contas e conseguem informações de tráfego nas telas pequenas dos telefones inteligentes. Os bancos precisam aprender com suas experiências nos mercados emergentes como devem proceder para se ajustarem aos concorrentes inesperados. Por exemplo, as empresas de telefone na Ásia estavam entre as primeiras a permitir que seus clientes não apenas falassem na Internet, mas também pagassem parquímetros, máquinas de venda e mantimentos com seus aparelhos. No Brasil e no México, cadeias de varejo com mais informações de crédito acerca de consumidores de baixa renda do que os bancos estão informando os bancos ou transformando-se elas próprias em bancos.[11] O fenômeno "pré-pago" cobriu amplamente os mercados emergentes e depois surgiram os cartões de crédito "inteligentes", emitidos para imigrantes hispânicos nos Estados Unidos, que nem sempre conseguem abrir contas em bancos com facilidade. Outra novidade financeira vinda das comunidades pobres em Bangladesh e na África e chegando aos Estados Unidos são as instituições microfinanceiras, que vêm ampliando o conceito de empréstimo no varejo a um novo tipo de clientes cujo crédito não se baseia mais no patrimônio ou no histórico pessoal, mas na força conjunta de grupos de pessoas semelhantes.

4. Percepção da necessidade dos clientes no mundo inteiro

A quarta e talvez mais ignorada e óbvia lição é que os países que querem evitar os déficits em conta e as empresas que querem crescer devem permanecer sintonizadas com as demandas sempre crescentes dos seus clientes, sejam eles quem forem. Carros que consomem muito combustível não vendem bem em países onde os preços da gasolina são altos. Grandes fogões e refrigeradores não cabem em cozinhas pequenas. Além de aviões e semicondutores (em parte para reexportação), é surpreendente quantas *commodities* para a agricultura, resíduos de papel e sucata metálica os americanos exportam para a China, em vez de exportarem itens inovadores e de alta tecnologia.

O sucesso no ambiente global atual exige empresas inteligentes atuando como camaleões e escalando sempre a escala de valores. A Samsung, Hon Hai, Embraer e Ranbaxy são empresas bem-sucedidas que reinventam-se periodicamente para continuar sendo bem-sucedidas.[12]

C. K. Prahalad, autor de *The Fortune at the Bottom of the Pyramid*, acredita que as empresas que vendem seus produtos à moda antiga para os mesmos clientes não continuarão tendo sucesso e que é necessário adotar novos produtos e processos de venda para triunfar no novo ambiente global. A Ilkone Mobile em Dubai vende celulares que avisam a hora certa das orações diárias para os usuários muçulmanos e dão a direção de Meca.[13] Os modernos princípios bancários islâmicos logo substituirão o estilo dos bancos ocidentais no Oriente Médio e no Paquistão, e já começam a ser usados em Londres. A Nike, que já foi a mais insular das empresas do mundo, recentemente estabeleceu uma sociedade criativa com a United Nations Refugee Agency para projeto de um uniforme atlético — um *hijab* modernizado — que permite que as atletas islâmicas femininas jovens pratiquem esportes competitivos sem comprometer seu resguardo religioso.[14] O hospital de Bumrungrad preencheu um vácuo atraindo pacientes do Oriente Médio, pois os cidadãos de países do Golfo não conseguem obter vistos para os Estados Unidos. A equipe do hospital, que se localiza na Bangcoc budista, foi treinada para lidar com os costumes e a dieta islâmicas.

TRANSFORMANDO UMA AMEAÇA NUMA OPORTUNIDADE

Nenhum dos desafios ou ameaças a seguir desaparecerá repentinamente com preocupações excessivas e as queixas intermináveis sobre terceirizações para a Índia, déficits comerciais elevados com a China, dívidas do governo com Taiwan e China, calçados fabricados por mão de obra barata, dependências do petróleo da Venezuela, Nigéria e Oriente Médio e do gás da Rússia e as imbatíveis notas altas em matemática e em ciências obtidas em Cingapura e na Coreia. Como todas as pessoas, empresas, países e civilizações de sucesso, deveríamos procurar ativamente transformar essas ameaças em oportunidades. Como discutido nos capítulos precedentes, para não perder essas oportunidades é necessário trabalhar no desenvolvimento de um conjunto de atitudes:

- As multinacionais emergentes se tornarão clientes importantes para todos os tipos de produtos de alto valor e serviço, inclusive — para citar apenas alguns — os relacionados a maquinário, equipamentos de mineração, serviços de investimentos bancários, anúncios, projetos e previsões políticas.
- Estudantes universitários e de pós-graduação em MBA procurarão as multinacionais emergentes para trabalhar interinamente nas férias em novos ambientes interessantes e em busca de carreiras que possibilitem viagens internacionais.
- Assim como a cervejaria belga Interbrew fez com a brasileira AmBev ou a cerveja Miller com South African Breweries (SAB), as empresas se unirão para revitalizar suas estratégias de marketing e até aprender com seus pares como ser eficientes nos mercados emergentes.

- Projetos de pesquisa complexos serão cada vez mais empreendidos por grupos de empresas em conjunto, unindo Norte-Sul (ou Oriente-Ocidente) e seguindo o exemplo da Sony e da Samsung.
- Com as multinacionais emergentes tornando-se mais globais e as empresas do Primeiro Mundo procurando um ponto de apoio nos novos mercados, elas não apenas construirão novas redes de distribuição como também confiarão umas nas outras para suprir conhecimento local.
- Os fundos de investimentos, rapidamente crescentes nos mercados emergentes, procurarão diversificar suas sociedades controladoras no Primeiro Mundo enquanto investidores avulsos e institucionais dos Estados Unidos, Europa e Japão encontrarão crescentes oportunidades de investimento nos mercados emergentes.

Embora o reconhecimento de oportunidades seja uma parte importante de qualquer resposta realmente criativa, cuidar dos novos desafios competitivos envolverá não somente a adaptação ágil das empresas, como também os governos repensarem suas reservas profundas de entusiasmo nacional e as universidades tornarem-se mais globais.

CAMPANHA DE COMPETITIVIDADE NACIONAL: A NECESSIDADE DE NOVAS E GRANDES METAS INSPIRADORAS

Não importa se seu desejo é o de ser um estudioso com reconhecimento nacional, uma empresa de categoria internacional ou uma nação competitiva: suas ambições precisam ser grandes e suas metas, inspiradoras. Acredito que os Estados Unidos, como nação, precisam formular um conjunto claro e conciso dessas metas de maneira semelhante ao que fez quando colocou o homem na lua e talvez o mesmo, mas de maneira menos visível das campanhas semelhantes no Japão, na Coreia e na China. Um exemplo de meta nacional importante seria a invenção de novos motores alternativos de automóveis que não dependessem do combustível fóssil. Nem a independência energética, nem qualquer progresso rumo a um meio ambiente mais limpo será possível sem que haja um reprojeto radical do motor dos automóveis (ou, possivelmente, de todo o conceito do carro). Outros países já entraram nessa corrida.

Nessa campanha de competitividade nacional existem seis elementos importantes:

- *Tópicos herdados instigantes*: Para muitas empresas antigas os planos de saúde e os custos dos fundos de pensão subiram vertiginosamente e saíram do controle em decorrência de promessas infladas ou irrealistas. Trata-se de uma crise que aguarda o momento para acontecer — na verdade, plenamente presente em alguns setores — e o custo final para resolvê-la poderá simplesmente ficar mais alto ou durar mais do que desejaríamos. Nesse meio-tempo, os custos decorrentes da mão de obra envelhecida de administrações anteriores têm colocado uma carga esmagadora em muitas empresas importantes e rebaixado suas classificações de crédito ao status de "debêntures de alta rentabilidade, mas alto risco", trazendo dificuldades para que invistam em inovações. O começo de uma solução seria separar as funções de "operação" e "seguro" das empresas, de tal modo que elas possam se concentrar no que fazem melhor (ou desaparecer, caso não consigam ser bem-sucedidas) sem ter uma carga constante nos ombros. Durante os "bons tempos", muitas empresas concordaram com os sindicatos quanto a futuros benefícios para planos de saúde e pensões que, em retrospecto, demonstraram ser irrealistas.[15] Minha proposta seria pesquisar a possibilidade de conversão do passivo das pensões dos planos de benefício definidos, como são conhecidos, fazendo uso de instrumentos financeiros recentemente designados para esse fim, e que são semelhantes aos títulos que não pagam juros. Os passivos poderiam ser agrupados, personalizados e então trocados de maneiras semelhantes à do mercado secundário para hipotecas de residências. Em vez de esperar que as empresas sobrecarregadas com custos herdados entrem em falência, deve ser dada aos empregados a oportunidade de trocar o pacote do seu plano de saúde pela inscrição em alguma modalidade de plano nacional "básico" que lhes permita contribuir mais para terem direito a serviços adicionais.

- *Apoio à pesquisa básica para uma nova modalidade de "Bell Laboratories" para o século XXI:* A pesquisa básica rendeu dividendos imensos e que não haviam sido previstos para os Estados Unidos e para muitos outros países. Existe um consenso em formação, que tem sido bastante divulgado, afirmando que esse tipo de pesquisa não mais precisa de apoio governamental[16] e que ela não pode depender de maneira ampla do financiamento comercial. A estreita colaboração entre as autoridades estaduais, locais e universidades também tem demonstrado sua eficácia. Surpreendentemente, a principal fonte potencial de financiamento para o pensamento criativo e as novas invenções não tem sido explorada. Em épocas passadas, as empresas já apoiaram mais inventividade exuberante que acabou resultando em uma plêiade de invenções nos laboratórios de pesquisa como o Bell Laboratories. O século XXI oferece a oportunidade para uma nova empresa tipo Bell Labs, lugar onde as melhores cabeças poderiam interagir. Ela poderia ser financiada ou ter aliança com fundações privadas de empreendedores que tenham acumulado fortunas e que demonstrem interesse natural pelo pensamento inovador. O encorajamento desse tipo de generosidade ajudaria a competitividade nacional mais do que a abolição do imposto sobre as heranças.
- *Eliminação do déficit na conta corrente:* Uma potência global que se respeite não pode arcar com o ônus da dependência simultânea de recursos financeiros e energéticos do exterior, especialmente se sua vantagem tecnológica estiver sob contínua erosão. Grandes contas correntes e déficits orçamentários forçaram os Estados Unidos a depender da China com o verdadeiro objetivo

de poder consolidar a dívida pública comprando títulos do tesouro e obrigações, mantendo, dessa maneira, as taxas de juros baixas e conseguindo, como compensação, financiar a explosão habitacional e a economia do consumidor de uma maneira não sustentável no longo prazo. Somente uma importante desvalorização da moeda, a independência energética, ou uma maior competitividade nas exportações, poderiam tornar um país como os Estados Unidos menos dependentes, a menos que se opte pela alternativa menos desejável de se esconder por trás de barreiras protetoras.

- *Enfatização da criatividade na educação e fusão de projeto e tecnologia:* Os Estados Unidos não serão mais capazes de competir com os mercados emergentes que estão na liderança quanto ao *número* de diplomados universitários, engenheiros e cientistas, mas é certo que continuará na frente em termos da *qualidade* da instrução. O "capital humano" dos EUA manterá uma vantagem competitiva pela continuidade e ampliação do foco educacional americano na criatividade e nas áreas "difusas", que exigem a integração de muitas habilidades. Essa interação das duas metades cerebrais, esquerda e direita, é também importante para a fusão do projeto e da tecnologia que auxiliam as empresas a conquistarem suas vantagens competitivas.[17]
- *Criação de zonas de "ideias" especiais:* Os governos estaduais e locais deveriam criar novos centros econômicos distribuidores para o século XXI suavizando a rua de mão dupla da migração de empregos. Como o Alabama fez no caso da Hyundai Motors, os governos estaduais e locais deveriam dar as boas-vindas às multinacionais emergentes em seus esforços para criar novos centros de distribuição industrial ou zonas de alta tecnologia. Assim como Taiwan e China absorveram ensinamentos do Vale do Silício, os funcionários estaduais e locais poderiam constituir sociedades fechadas com multinacionais emergentes, comerciantes locais, universidades, incorporadores imobiliários e arquitetos criativos para facilitar a criação de ambientes vivos e de grupos de indústrias do século XXI, capazes de atrair o que houvesse de melhor e mais brilhante do mundo.
- *Reinvestimento na infraestrutura para remodelamento ou modernização, há tanto tempo necessária:* Alguns mercados emergentes como China e Coreia começam a dar saltos tecnológicos na infraestrutura dos aeroportos, da banda larga sem fio, do tráfego de massa e das modernas usinas geradoras que estão agora começando a usar energias alternativas. As novas arquiteturas inovadoras para os edifícios públicos (como as bibliotecas do passado) devem recobrar o brio e talvez fazer uma parceria com os governos locais e com as múltiplas fundações privadas estabelecidas por indivíduos ricos.

EMPRESAS COM ORIENTAÇÃO NORTE-SUL

Algumas empresas (embora não muitas ainda) desenvolveram uma estratégia Norte-Sul explícita, ou uma estratégia BRICs para o mundo de hoje em dia, dominado pela competição global e para o qual grande parte do crescimento da demanda futura está nos mercados emergentes. Se a maior parte dos primeiros um bilhão de computadores tivesse sido vendida nos mercados desenvolvidos, a maior parte do bilhão seguinte será vendida nos mercados emergentes, nos quais as vendas dos produtos de tecnologia estão crescendo 11%, ou quase duas vezes a taxa de crescimento do Primeiro Mundo.[18] Os mercados emergentes já estão muito na frente nas vendas de celulares (que ultrapassam na proporção quase de dez por um as vendas dos computadores), área na qual os mercados desenvolvidos tentam recuperar o tempo perdido. Mesmo as marcas e os produtos locais se tornarão cada vez mais competitivos e existe muito espaço para empresas de todas as partes competirem.

- *O entrosamento:* Assim como muitos jornalistas e fotógrafos são devidamente selecionados e solicitados para acompanhar as forças militares no Iraque, jovens executivos de empresas neste momento recebem idêntica solicitação em locais de alto crescimento. John Pepper, ex-CEO da Procter & Gamble, mencionou o exemplo dos jovens especialistas de marketing da empresa, que passaram meses na casa de consumidores chineses para observar tudo o que faziam, desde escovar os dentes até os seus hábitos de alimentação.
- *Grupos focais internacionais:* Os grupos focais (focus groups) são amplamente empregados para testar a atratividade de novos produtos. Entretanto, embora os consumidores dos mercados emergentes formem o grupo de mais rápido crescimento, geralmente ainda são ignorados nesses testes. As empresas precisarão cada vez mais contratar uma nova safra de executivos. Esses executivos ou virão dos novos mercados, ou falarão as línguas locais e serão não apenas superficialmente, mas totalmente familiarizados com os diferentes ambientes. Por exemplo, a *BusinessWeek* relembra como a HP soube que os fotógrafos indianos precisavam de carregadores portáteis para as baterias solares de suas câmeras e impressoras a fim de tirarem fotografias de casamentos nos vilarejos. As marcas fortes precisam ser renovadas com frequência. No futuro, o gosto e as preferências de projeto dos consumidores dos mercados emergentes se tornarão não apenas mais importantes, mas até mesmo dominantes em muitos casos.
- *Forjando alianças:* Lênin uma vez disse que o capitalista é alguém que vende a corda que o enforcará um dia. Ele subestimou o capitalismo tanto quanto subestimou a capacidade da economia de mercado se adaptar e prosperar. As empresas do Primeiro Mundo estão se tornando bem conscientes das oportunidades nos novos e crescentes mercados, capazes de contrabalançar as ameaças das multinacionais emergentes naqueles mercados geralmente estagnados que, tradicionalmente, costumam chamar de seu. Podemos esperar que as empresas do Primeiro Mundo façam muitos tipos de alianças, como parcerias em igualdade de condições para projetos conjuntos (caso da Hon Hai) ou para desempenhar a parte lucrativa, mas não controlada, do

contratado terceirizado em vez do contratante (como no caso da Embraer). No processo, algumas empresas americanas podem perder a relutância em formar parcerias como as que existem entre empresas europeias e japonesas, e suas contrapartes na Ásia, América Latina e Europa Ocidental. Assim como os primeiros trabalhos com fábricas no exterior (especialmente pela terceirização) familiarizaram as multinacionais tradicionais com suas contrapartes nos mercados emergentes, o futuro trará, além de mais competição, novas modalidades de cooperação mais íntima em que a clássica necessidade de garantir as melhores práticas irá continuar, mas a antiquada atitude "nós sabemos o que é melhor" sofrerá erosão.

Tirando partido da oportunidade que bate na sua porta, a empresa de capital de risco Norwest Venture Partners, sediada no Vale do Silício, desenvolveu uma estratégia de investimento "híbrida" em Bangalore, e "casou" empreendedores de origem indiana com executivos ocidentais. A empresa estima que 40% da sua carteira de empresas estabeleceu operações de desenvolvimento de software na Índia. Muitas dessas novas empresas foram lançadas por ex-estrangeiros indianos, hoje naturalizados, no Vale do Silício. Outras são administradas por empreendedores de variadas procedências étnicas e classes, sempre à procura da próxima novidade. Um exemplo dessa tendência é o lançamento da Read-Ink Technologies, uma produtora de programas sofisticados de reconhecimento da escrita manual, criada por Thomas O. Binford, professor de Ciências da Computação aposentado de Stanford, e de sua esposa Ione, ex-gerente da Hewlett-Packard que, há quatro anos, decidiram emigrar do Vale do Silício para Bangalore com o objetivo de fixar raízes na Cidade do Silício, a que cresce mais rápido na Índia.[18]

Quais os desdobramentos dessas novas abordagens? Não se trata nem de empresas "indianas" nem de empresas "americanas", mas de excitantes híbridas de ambas. Trata-se de uma perda líquida para o mundo desenvolvido, ou de um sinal de boas-vindas no sentido de que a globalização começa a produzir uma cultura empreendedora cosmopolitana não mais assombrada pelas fronteiras nacionais? Muitos americanos graduados em universidades podem encontrar mais empregos atraentes do que são capazes de hoje imaginar nessas empresas descaradamente globais.

UNIVERSIDADES GLOBAIS

As populações relativamente pequenas do mundo desenvolvido (tratando-se de fato de uma minoria pequena de apenas 15% da população global) em lugar algum se aproximam do número de diplomados universitários, engenheiros, cientistas e especialistas em computadores que as nações emergentes produzirão. O currículo, o corpo estudantil e as faculdades de muitas universidades americanas ficaram cada vez mais internacionais e constituem-se majoritariamente de estudantes e professores asiáticos.[19] Seria exagerado afirmar que essas instituições já refletem o ambiente global a ser provavelmente enfrentado pela próxima geração de estudantes e cientistas em suas carreiras. Mas se as habilidades-chave do futuro forem menos rotineiras e automatizadas, os futuros universitários do futuro deverão contar com vantagens competitivas diferentes das que conseguiam no passado. A criatividade e a alta capacitação para resolver problemas — que já são pontos fortes da educação americana — deverão ser alvo de um aprimoramento ainda maior. Numa fase inicial, os cientistas, os generalistas e os artistas deverão ser reunidos em *workshops* para trocarem suas experiências na abordagem dos problemas, aprendendo, dessa maneira, a fundir tecnologia e projeto. A fluência em outra língua e a experiência em primeira mão de viver em culturas e países muito diferentes deverão se tornar uma parte integrante do currículo das universidades de primeira linha. O calouro universitário, em vez de ter uma experiência restrita no exterior como se fosse uma viagem de férias, deveria procurar se autoimergir em uma experiência de aprendizado intenso, suficientemente prolongada para deixá-lo com uma compreensão profunda e bem confortável do que significa trabalhar num ambiente diferente.

REVERSÃO DOS FLUXOS DE CAPITAL E MIGRAÇÃO DE TALENTOS EM GRUPOS

Há algumas décadas, as grandes preocupações dos mentores políticos, tanto nas nações desenvolvidas como nas emergentes, eram os débitos dos mercados emergentes, as crises nos meios de pagamento, as altas taxas de juros, a dependência na ajuda estrangeira e no crédito bancário, a evasão de capitais, a ameaça de multinacionais e a "evasão de cérebros". Atualmente, entretanto, essas preocupações mudaram. As questões que alimentam as mentes de observadores interessados no mundo inteiro são hoje drasticamente diferentes:

- Como os bancos centrais dos países emergentes investirão suas imensas e, continuamente, crescentes reservas e como isso afetará o dólar e outras moedas principais?
- Como a abundância de investimento estrangeiro e o dinheiro fácil na China afetarão a "taxa mínima de retorno" das decisões de investimentos corporativos, talvez conduzindo a uma situação de superinvestimento e baixa lucratividade para muitas empresas?
- Quais são os riscos de ter tantos títulos do tesouro e obrigações dos EUA nas mãos de poucos governos de mercados emergentes na Ásia?
- Como o imenso fluxo de remessas de dinheiro por trabalhadores dos mercados emergentes afetarão a balança de pagamentos dos mercados desenvolvidos? (superando agora em muitas vezes a evasão de capitais.)
- O que acontecerá com as inovações no Vale do Silício se um número crescente de engenheiros de software voltar para a Índia para começarem suas próprias empresas?

Neste mundo mutável, existe menos espaço para o protecionismo eficaz e mais necessidade de lembrar que — para parafrasear Darwin — a adaptação criativa é o segredo da sobrevivência bem-sucedida.

O professor Samuel P. Huntington de Harvard, no seu profundo *Clash of Civilizations*,[20] sensibilizou o mundo pós 11 de setembro com sua controvertida teoria de que "a fonte básica de conflito neste novo mundo não será primordialmente ideológica ou econômica (...) O choque entre as civilizações serão os campos de batalha do futuro". Mas os campos de combate — embora às vezes inevitáveis — não têm meio-termo. Esquecemos que os europeus que não puseram em prática as lições clássicas, deixadas pelos gregos e romanos, atravessaram a Renascença depois do contato com as civilizações islâmicas do Oriente Médio, as quais tiveram mais sucesso em manter a alfabetização cultural da Europa durante a Baixa Idade Média do que os próprios europeus. Uma visão mais otimista dos benefícios culturais do conflito e da colisão culturais foi estabelecida pelo autor imigrante britânico, nascido em Budapeste e filósofo Arthur Koestler no seu livro de 1964, *The Act of Creation*. Em contraste com as linhas de batalha, colisões e conflitos de Huntington, Koestler celebra o fato de que as ações verdadeiramente criativas estão fundamentadas pelo embate de pontos de vista individuais, de grupo e culturais como "colisões criativas", quando, como Koestler o expressa, "duas estruturas de referência colidem". A China antiga, que era avançada na época, ficou para trás, quando sua orientação "fechada" a fez ignorar as lições da revolução industrial (a despeito do comércio da Rota da Seda). Novos contatos podem resultar em colisões brutais, bem como criativas, neste nosso mundo atual globalizado.

Ao olhar o mundo dos negócios e da economia de uma perspectiva diferente e menos política, este livro — eu espero — sublinha alguns tópicos fundamentais: (1) Face a um desafio competitivo, encarar o mundo como um jogo de perdas e ganhos equilibrados geralmente é uma receita para o fracasso; a resposta proativa e criativa e a adaptação aos fatos são essenciais para uma sobrevivência bem-sucedida. (2) Muita aprendizagem recíproca é viável entre pessoas, empresas e países se eles adotarem uma mente aberta e uma visão verdadeiramente global. (3) As parcerias e as *joint ventures* entre as partes no mundo desenvolvido e nos mercados emergentes geralmente satisfazem ambos os lados. Como vimos neste livro, o pensamento não convencional, a resposta proativa à globalização e a evolução de uma mentalidade verdadeiramente global e de uma cultura corporativa produziram um sucesso após o outro ao navegarmos nesta paisagem dinâmica da era atual. Muitas vezes os fundadores visionários e os executivos ambiciosos que entrevistei enfatizaram que o pensamento e a atuação no contexto global não pertencem mais a uma abstração exótica, são requisitos que respiram e vivem pela sobrevivência. O sucesso que alcançaram demonstra que a vantagem mais importante — em não meramente sobreviver, mas prosperar — pertence aos que evocam o desejo de buscar uma resposta criativa em vez de ficarem parados no salto alto e aos que atuam de modo ágil e confiante e não de modo rígido e medroso.

PARTE IV

Recursos do Investidor

CAPÍTULO 14

Investindo no Século dos Mercados Emergentes: As Dez Regras

O investidor de longo prazo contempla o orgulho e o preconceito ao investir no mercado emergente

Ao ser entrevistado pela revista *Forbes*,[1] Fred Smith, fundador e CEO da Federal Express, contou a história do dr. Hans Selye, laureado com o prêmio Nobel, que quando ainda jovem estudante de medicina frustrou-se ao perceber que a cultura de um dos seus experimentos tinha sido consumida por um feio fungo esverdeado. Esse eminente pesquisador — autor da moderna teoria do stress e do trauma e de suas relações com as doenças — sentiu que havia perdido um ano da sua vida. Em 1928, o jovem bacteriologista escocês Alexander Fleming observou precisamente o mesmo fenômeno, viu que o fungo de aspecto desagradável que tinha consumido a bactéria possuía propriedades que podiam salvar vidas e decidiu prosseguir, acabando por inventar... a penicilina. Fred Smith lembra essa história como um meio para descrever o valor de ver riquezas onde outros veem sujeiras. Foi o que ele próprio fez quando concebeu a Federal Express.

Uma história como essa também ilustra uma lição básica na área de investimentos. *O fato de simplesmente olharmos as coisas de uma maneira ligeiramente diferente* pode fazer toda a diferença, porque — algumas vezes, especialmente — os peritos nem sempre têm a melhor resposta. Acredito que isso seja tão verdadeiro para o sucesso na criação de novas empresas como é na área de investimentos. Por exemplo, a crise asiática nos últimos anos da década de 1990, de certa maneira, seguiu esse molde. Na época, muitos rejeitaram esse enfoque com facilidade demais, como se fosse uma força destrutiva que poria um fim ao Milagre Asiático, mas, em vez disso, o que houve foi a eliminação dos fracos e a transformação dos sobreviventes em empresas mais fortes e globalmente competitivas.

Uma outra lição recebi ao assistir há alguns anos à pré-estreia de um filme italiano. Seu nome há muito me escapou, mas sua mensagem calou fundo em mim pelo fato de resumir, de modo perfeito, o erro de muitos investidores. A Maserati vermelho-vivo acelera e o motorista ajeita o retrovisor despreocupadamente enquanto entra abruptamente na estrada. "A primeira regra para se dirigir na Itália", ele comenta com a loura ao seu lado, "é nunca olhar para trás."

No entanto, seguir o pensamento convencional e verificar o desempenho passado das ações ou os seus ganhos comprovados é precisamente o que a imensa maioria dos investidores gastam tempo demais fazendo. Eles seguem submissamente as opiniões dos corretores ou usam seus monitores Bloomberg como espelhos retrovisores, obcecados pelo acompanhamento dos mercados e seguindo impacientemente os preços das ações, hora após hora, em vez de usar os preços como elementos analíticos preciosos para iluminar áreas ignoradas por outros. Como acreditamos que analisar empresas é muito mais importante do que acompanhar os mercados, os gerentes das carteiras de ações no nosso escritório têm de caminhar até uma área central para ter acesso ao terminal, em vez de terem um à disposição em seus desktops.

Se eu fosse obrigado a resumir numa tríade simples os princípios de como fazer investimentos nos mercados emergentes, eu me aventuraria a postular o seguinte: (1) veja as coisas de um modo ligeiramente diferente, (2) admita que a *comprovação* do sucesso geralmente já está refletida nos preços das ações, (3) focalize intensamente os princípios da empresa em vez de perder muito tempo examinando as evoluções das ações no mercado.

Muitas vezes me perguntam o "segredo" para os bons investimentos nos mercados emergentes, como se fosse possível engarrafar uma fórmula desse tipo. Mas assim como atalhos limitam a busca pela excelência nas empresas, o mesmo ocorre quando se alimenta a ilusão de que existe uma receita simples e universal para se fazer investimentos. Há pouco tempo, fui lembrado dessa mesma ânsia por encontrar fórmulas para o sucesso quando frequentei aulas de liderança dadas por John Thornton, que foi co-CEO da Goldman Sachs, na prestigiada Tsinghua University de Pequim. Estavam presentes nas aulas alguns dos mais promissores líderes da China. Thornton muitas vezes convida CEOs e gerentes de primeira linha de todo o mundo para compartilhar suas experiências e o conferencista convidado naquela tarde era Richard C. Levin, presidente da Yale University. Depois de apresentar o leque de desafios que ele enfrenta diariamente ao dirigir uma universidade de nível internacional e um intercâmbio intelectualmente estimulante com esses estudantes tão brilhantes, uma mão levantou-se timidamente.

"Qual é o segredo especial da Yale para que dela saiam tantos presidentes americanos?", era o que o questionador queria saber. Logo depois da inevitável manifestação coletiva de riso, Levin externou algumas ideias plausíveis das razões que levavam os formandos em Yale a ingressarem no serviço público, mas admitiu que não havia um segredo único.

Qual então é o segredo para fazer investimentos nos mercados emergentes?

A única resposta verdadeiramente precisa para essa pergunta seria que o segredo verdadeiro é que o segredo está sempre mudando. Um dos segredos primordiais para se fazer investimentos nos mercados do futuro é simplesmente: *Não tenha receio de investir neles.* Tendo em vista que as nações emergentes e as empresas ganharam crescente proeminência, a questão hoje não é mais *se* ou *quando* investir, mas sim, *quanto* deve ser investido. No contexto dos mercados emergentes, duas abordagens têm mostrado suas limitações:

Regra nº 1 da sabedoria convencional

A escolha dos países certos é essencial para bons investimentos nos mercados emergentes. Durante a fase inicial da "descoberta" dos investimentos nos mercados emergentes na década de 1980, bem como durante os anos de crise da década de 1990, a localização geográfica da empresa era a principal razão pela qual seu desempenho era bom ou não. O tempo todo tem sido importante andar com cuidado e diversificar as apostas, mas durante esses primeiros dias muitas vezes foi essencial usar a abordagem "de cima para baixo" de investimento, pela qual os investidores devem primeiro escolher os países e depois as ações em que vão investir. Evitar grandes desvalorizações, bolhas imobiliárias ou corridas de mercado e entrar cedo nos países ainda não descobertos ou desfavorecidos geralmente é o que faz toda a diferença.

Regra nº 2 da sabedoria convencional

A segunda regra da sabedoria convencional quanto a fazer investimentos nos mercados emergentes tem sido manter o foco em *encontrar empresas com um registro de crescimento comprovado e bem-sucedido*. Todo aquele que investir nelas suficientemente cedo e antes que elas fiquem famosas se dará muito bem no longo prazo e somente terá o que agradecer, desde que elas mantenham a excelência no desempenho.

Ambas as regras são válidas até um certo ponto. Certamente, os investidores em busca de empresas que apresentam vantagens competitivas sustentáveis estão seguindo o caminho correto. E, certamente, tem sentido investir, durante períodos de dez a vinte anos, em países saudáveis e em desenvolvimento, mantendo-se alerta quanto à supervalorização da moeda, à inflação alta, às bolhas, aos déficits orçamentários e aos problemas de conta corrente. Mas o melhor desempenho de mercado é encontrado em países que estão se recuperando de crises. O exemplo chinês nos anos mais recentes nos ensinou que o crescimento econômico robusto não é garantia de altos retornos de mercado. Algumas vezes até mesmo o oposto é verdadeiro durante muitos anos. A competição é tão dura nos países com rápido crescimento que é difícil para muitas empresas conseguir lucratividade. Em um exemplo de marcante contraste, durante minha última visita à Nigéria fui levado do aeroporto para o centro da capital num comboio com guardas armados. No entanto, as mais altas margens de lucro têm ocorrido em países como a Nigéria, com problemas econômicos ou políticos. Baseado em nossa experiência e na de outros investidores, os investimentos na África têm obtido melhores resultados e têm tido menos volatilidade na última década do que nossos investimentos em mercados supostamente "mais seguros".

Ao cabo de tudo, os sucessos comprovados são menos importantes do que o fato de não ser ainda plenamente reconhecido por outros investidores. Portanto, gosto de identificar e investir em empresas que tenham *uma vantagem competitiva sustentável e que não tenham ainda sido percebidas amplamente como sendo de categoria internacional*. No que se refere a investimentos, não compensa contrair "matrimônio" com as ações; é melhor mudar de posição quando elas se tornam muito populares.

Eu seria o primeiro a frisar que isso não é realmente uma receita original, o que não a torna menos verdadeira ou mais fácil de ser seguida. De fato, para continuar procedendo assim ao longo do tempo é necessário que se tenha um instinto solitário, uma curiosidade insaciável e um saudável apetite por correr riscos. Se houver algum segredo em investir, ele estaria na mistura correta de disciplina e determinação, em ignorar judiciosamente em vez de seguir a moda do mercado, em perseguir o prazer puro de descobrir uma empresa antes que outros o façam e em ser obstinado para continuar tentando enquanto outros perdem o ânimo. Deve-se vender impiedosamente e sem remorso sempre que surjam problemas sérios ou que outros comecem a superestimar a empresa.

O verdadeiro problema em seguir essa abordagem consagrada há tempos para investimentos — um problema não muito diferente de seguir prescrições de regime — é que muito poucas pessoas acham possível executar tais regras sem cederem à moda, às concepções consensuais e às emoções poderosamente distorcidas, tais como a ganância e o medo.

Quando há anos comecei a atuar como investidor profissional, ou eu era arrogante ou suficientemente inexperiente para acreditar que seria possível escolher coerentemente tanto as empresas — que venceriam como empresas — como as ações que seriam vencedoras. Hoje, continuo acreditando que as ações e os mercados menos conhecidos oferecem oportunidades raras, mas, como a maioria dos investidores, também aprendi que os resultados *consistentes* são difíceis de serem alcançados: uma tecnologia impressionante pode dar resultados desapontadores; a demanda por um produto pode minguar; uma súbita desvalorização pode acarretar uma inadimplência; um concorrente formidável pode surgir inesperadamente; um gerente, aparentemente sério, pode estar apostando em cavalos, ou pode abandonar sua atividade principal e entrar no ramo imobiliário. É fácil ser enganado por empresas que crescem rápido, mas que consideram um desafio fundamental continuar crescendo com rapidez. Outras podem ser baratas, mas pela boa razão de que têm algo a esconder. E executivos bem-sucedidos caem facilmente vítimas da presunção de que por terem sido bem-sucedidos em um negócio podem também se dar bem em outros. Felizmente, investir não é como fazer uma cirurgia no cérebro, em que um único erro pode estragar uma carreira promissora. Os melhores investidores são os que, consistentemente, aprendem com seus erros e não passam muito tempo impressionados pelos seus sucessos ocasionais.

Todos os leitores compreenderão imediatamente que sou cético com relação a regras ou ideias de que existe uma fórmula para ser engarrafada. Em vez disso, acredito que os investidores — como todas as empresas de categoria internacional — devem reinventar constantemente sua abordagem. As dez regras apresentadas aqui têm, pelo menos para mim, resistido ao teste da passagem dos anos, pois me ajudaram a gerenciar e aumentar minha carteira, que agora vale bilhões de dólares, sem perda de muitas noites de sono ou de muitos clientes. De fato, essas regras têm nos ajudado no longo prazo a agregar valor para os clientes, tanto nos períodos de crise como nos de crescimento. Minhas regras são simplesmente lembretes de bom senso e podem, mais do que qualquer outra coisa, indicar ao leitor *o que evitar.*

UMA OBSERVAÇÃO PARA OS INVESTIDORES INDIVIDUAIS

Os investidores individuais devem, definitivamente, incluir os mercados emergentes em suas carteiras, mas devem admitir que estão em desvantagem quanto à escolha das ações. Várias empresas de categoria internacional discutidas neste livro não estão à disposição para receber investimentos por meio de Certificados de Depósito Americanos (American Depositary Receipts — ADR). Mais difícil ainda é fazer compras de ações menos conhecidas. Existe um grande número de fundos mútuos de investimentos nos mercados emergentes para os investidores individuais, desde os fundos de índice com taxas de gestão baixas, como os da Vanguard, aos fundos gerenciados ativamente. Existem fundos amplamente diversificados, fundos de vários países na mesma região (*regional funds*) e fundos de países isolados (*individual country funds*). Pessoalmente, evito comprar de fundos que foram bem-sucedidos recentemente, têm alta rotatividade ou que estejam onerados por pesadas taxas de administração. Investidores em fundos de capital fixo devem evitar a compra dos que não comercializam dando descontos sobre o valor do fundo menos o passivo. Os fundos cotados na Bolsa de Valores (Exchange Traded Funds — ETFs) são outra maneira eficiente em termos de custo para se ter mais visibilidade no mercado de ações isoladas. Meu conselho prático seria:

- Para os que nunca investiram nos mercados emergentes, a recomendação é a de "calcular a média" em vez de comprar tudo de uma vez, colocando dinheiro mensalmente ou a cada trimestre até alcançar o nível de investimento desejado (mais sobre isso ainda neste capítulo).
- Evite os mercados emergentes quando todos estiverem falando neles e invista duas vezes mais do que o habitual quando ninguém estiver gostando deles.
- Durante os próximos 25 anos, acrescente todos os anos 1% do seu estoque de ações nos mercados emergentes, aumentando-o gradualmente até alcançar o mesmo porcentual que eles têm em relação à economia global (21%, atualmente).

- Invista até 10% de sua exposição ao risco nos mercados emergentes por meio de ações individuais e invista o restante mediante fundos ou ETFs.

MINHAS DEZ REGRAS DE INVESTIMENTO

1. Compre unicamente ações subvalorizadas

A chave para o investimento bem-sucedido em qualquer mercado, emergente ou maduro, não é encontrar empresas baratas, com altas taxas de crescimento e até mesmo de categoria internacional, mas localizar e investir nas que estiverem *subavaliadas pelo mercado*. Os investidores que simplesmente evitam as empresas não competitivas ou supervalorizadas já estão com uma boa dianteira no jogo. Mas a verdadeira arte de investir é focalizar detalhadamente se uma empresa está subavaliada pela razão *certa* ou *errada*. Será que existe uma razão válida para ela "estar barata" como a falta de competitividade, péssima governança corporativa, fragmentação do setor industrial ou gerenciamento deficiente? Ou se trata de uma razão não válida, como a simples obscuridade, o fato de os investidores terem tido más experiências com o país, ou com a indústria, ou com o acompanhamento de alguns corretores, ou será que é por que ela ainda não foi descoberta, é muito pequena ou desfavorecida? O poder de distorção do conhecimento comum e o preconceito irracional resultante estão entre as principais razões pelas quais algumas ações ficam subavaliadas. Uma variante do mesmo tema é que se alguma coisa parecer óbvia ou fácil demais, provavelmente outros já a descobriram.

2. Faça seu trabalho de casa e cave fundo

Os bons investidores aprendem da maneira mais difícil que a verdadeira intuição só chega depois de uma grande e penosa pesquisa. A regra de Edison "99% de transpiração e 1% de inspiração" é tão verdadeira para os investimentos como o é para as invenções. Ainda não encontrei um "palpite" que tenha se transformado num bom investimento. O investidor sério deve estar ciente de toda informação básica sobre a empresa e sua atividade, mas fará uso dela apenas como ponto de partida. Ao contrário de muitos investidores e corretores que se encantam com a demonstração dos resultados, tenho preferido as informações que posso compilar do balanço patrimonial. As notas no verso dos balanços patrimoniais geralmente revelam mais do que os relatórios da administração que estão na frente.

Decifrar esses relatórios, geralmente enigmáticos, requer tempo e esforço. Na qualidade de investidor profissional, aprecio o luxo de fazer visitas constantes às fábricas, entrar em contato com os gerentes e falar com os concorrentes. Em todos os meus anos como investidor, ainda não encontrei um investidor bem-sucedido que não aprecie muito — até mesmo a ponto de o considerarem obcecado — a atividade de fazer constantes pesquisas sobre empresas, indústrias e países. Mas não é necessário ser um investidor em tempo integral para ler relatórios industriais, navegar pela Internet em busca de notícias pouco comuns e que ainda não sejam parte de uma visão consensual.

3. Desconfie da sabedoria dos mercados

Simplesmente porque a maioria dos participantes acredita em alguma coisa isso não a torna verdadeira. Os preços de mercado refletem manias e informações imperfeitas, mais do que informações perfeitas. A evolução nos fez acreditar que nos sentimos melhor quando seguimos o rebanho, mas podemos nos sentir bem comprando com o mercado em alta ou com ele em baixa, geralmente a escolha ou o momento estão equivocados. Caso se sinta solitário e um pouco assustado com suas opções, provavelmente sua possibilidade de sucesso é maior do que a daquele que costuma agir pensando que faz escolhas seguras e sem risco. Fazer investimentos vai de encontro a praticamente todas as lições que aprendemos até então, como também se opõe a uma boa parte da nossa história e formação.

4. Use as crises para entrar e os investimentos da moda para sair

Mais uma vez referimo-nos aqui ao grande fosso que separa a percepção da realidade. Os períodos de crise frequentemente criam as mais ricas oportunidades de investimento. Inversamente, os riscos são mais altos quando tudo parece estar no melhor momento. Como seres humanos falíveis, temos a tendência de ter a impressão (rapidamente esquecida logo após) de que as ações mais populares rendem bem para nossos vizinhos, nunca para nós. Sem dúvida as ações que caem verticalmente na esteira de uma crise tendem a se recuperar depois de algum tempo.

5. Seja cético diante dos êxitos comprovados

O fato de outros investidores ou concorrentes reconhecerem rapidamente os êxitos comprovados é um dos principais motivos que explicam a supervalorização das ações e o porquê das empresas perderem seus lucros e fatias do mercado. Apesar das empresas de categoria mundial geralmente serem boas para manter a concorrência acuada, mesmo as melhores empresas não estão imunes à competição. Simplesmente não é certa a ideia de que sucesso comprovado é sinal de sucesso no futuro.

6. A próxima geração de empresas de categoria internacional oferece potencial máximo e a competitividade dessas empresas é realmente importante

A escolha de empresas que estão a caminho de se tornarem empresas de categoria internacional oferece os mais altos retornos no longo prazo. Uma vez plenamente reconhecida (e nem todas as empresas neste livro são plenamente reconhecidas), as grandes empresas deixam de ser baratas. A questão aqui não é simplesmente a identificação das grandes empresas, é a compreensão do que faz a empresa ser de categoria internacional antes que ela seja reconhecida como tal. E o grande definidor das empresas de categoria internacional é que elas não apenas sobrevivem como prosperam no caldeirão da competição global. As empresas e os países que preferem se esconder da concorrência global estão fadados a se autodestruírem.

Somente as empresas sérias quanto a serem competitivas e se tornarem de categoria internacional têm possibilidade de obter lucros sustentáveis e oferecer altas taxas de retorno aos investidores. Por outro lado, as empresas que vivem confiando nas dádivas e na proteção governamental para sobreviverem, ou que não trabalham constantemente para melhorar custos e vantagem competitiva, rapidamente desaparecerão do mapa.

7. *As melhores informações provêm de fontes pouco comuns*

Ocasionalmente descobri que prestar atenção aos rumores negativos é o caminho mais eficiente para se conhecer a verdade. Tenho a tendência de acreditar mais nos concorrentes e nos clientes do que nos gerentes das empresas quando se trata de avaliar perspectivas futuras. Compensa entreouvir pequenas notícias trocadas enquanto esperamos numa fila, durante um congresso industrial ou enquanto navegamos pela Internet. Como os relatórios dos corretores estão cheios de informações úteis, prefiro arrancar a primeira página com as "Recomendações" e colocá-la no final da pilha. Os sites das empresas são úteis para fins de atualização e compreensão dos antecedentes, mas deve-se ficar prevenido contra a propaganda enganosa. Os jornais tendem a focalizar demasiadamente os acontecimentos, e as revistas de notícias geralmente exageram as tendências dos setores industriais. Acho seguro presumir que, no momento em que vários jornais noticiam um avanço industrial, o preço das ações já começa a cair. De fato, a atenção repentina e excessiva é um sintoma seguro da super-reação do investidor. Fatos ou tendências ignorados ou cuidadosamente evitados pela maioria das fontes são de grande valor para os investidores. Ao entrevistar executivos, sempre me faço a seguinte pergunta: "O que ele ou ela *não* disse?"

8. *Presuma que os acontecimentos bons ou maus são sempre superdimensionados*

Como a maioria dos investidores, nunca desisto de tentar imaginar quais as principais tendências econômicas e industriais, e descobri que, no longo prazo, trata-se de um esforço por si mesmo compensador. Mas aprendi que é impossível prever quando e onde será desfechado o golpe da próxima crise, e que quando for, não nos restará muito a fazer a não ser tentar superá-lo. Felizmente, é mais fácil localizar modas de investimentos — e tentar evitá-las — ainda que isso exija um esforço (e um tipo estranho de mentalidade solitária) na tentativa de evitar o entusiasmo infeccioso de outros, ao mesmo tempo vendendo deliberadamente as ações de um setor industrial ou de um mercado do agrado dos demais. É necessário ter uma disciplina de ferro. Um modo de se distanciar da obsessão pelo mercado da moda é usar mais do que simplesmente um indicador de valor (como um múltiplo do preço/lucro), um único ano de crescimento, uma medida única da saúde econômica (como a dada pelo crescimento do PIB), mas uma lista bastante ampla e padronizada de quinze ou mais "razões" para empresas, indústrias e países.

Alguns dos meus índices preferidos

Empresas

- *Quociente preço/lucro*
- *Preço/valor do ativo líquido*
- *Dívida líquida/patrimônio*
- *Crescimento do fluxo de caixa livre*
- *Tendência de retorno sobre o patrimônio*
- *Tendência da margem operacional*

Países

- *Tendência da razão reservas/dívida externa*
- *Orçamento + balanço de pagamentos como % do PIB*
- *Impulso do crescimento econômico*
- *Tendência da inflação*
- *Tendência do crescimento das exportações*

9. Escreva o porquê de suas decisões de investimentos

Não surpreende a ninguém que nos lembremos mais claramente dos que "vencem" do que dos que "perdem". Durante anos, achei especialmente útil procurar velhos relatórios de investimento e analisar se as razões que tive para investir foram de fato corretas ou, mais importante ainda, por que elas estavam erradas. Temos uma tendência natural para não fazer isso — um fenômeno psicológico conhecido como "visão retrospectiva"* — mas esse é o único modo de se aprender com os próprios erros. Isso também é útil para que nos reconciliemos com o fato de que todo investidor comete erros. Somente os investidores que constantemente monitoram, discutem e aprendem com seus próprios erros têm possibilidade de fazer melhores investimentos e de sobreviver na profissão. Seria melhor se nós pudéssemos aprender com os erros dos outros, mas poucas pessoas são capazes disso, certamente não investidores que não tenham independência de pensamento.

10. Procure o pouco comum ou o inesperado nas ligações dos acordos "Sul-Sul"

Raramente as coisas são o que aparentam e compensa localizar conexões incomuns, especialmente os elos geralmente menosprezados entre empresas nos mercados emergentes. Por exemplo:

- A explosão econômica da China afeta seu próprio mercado de ações menos do que os mercados movidos a *commodities* como os do Brasil, do Chile e do

---

* Ou tendência de olhar para os fatos já ocorridos e achar que eram mais previsíveis do que realmente foram na época que aconteceram. (N.T.)

Oriente Médio, que produzem minério de ferro, cobre, ouro e petróleo que a progressista China consome em gigantescos goles.
- O Peru tornou-se um dos dez maiores exportadores de vegetais para a China.
- A maioria das empresas de tecnologia de Taiwan tem o grosso de suas operações na China, mesmo que a retórica política entre as duas nações passe a impressão de que isso é impossível.
- Assim como a fabricante de aviões Embraer produz e vende nos Estados Unidos e em outros países do mundo, uma empresa petrolífera europeia como a Shell tem a maioria dos seus recursos nos mercados emergentes. Já a gigantesca gestora de serviços para a indústria de petróleo, a americana Schlumberger, tira grande parte da sua receita da Rússia e de outros mercados emergentes.
- O Cazaquistão constrói estradas e ferrovias de Leste para Oeste (para complementar as rodovias Norte-Sul que vão até Moscou) de modo a diminuir o tempo de transporte de mercadorias entre a China e a Europa, criando assim novas oportunidades para suas mineradoras e empresas de cimento.
- O mercado da Ásia está alcançando os Estados Unidos como principal mercado exportador para países como a Coreia do Sul.

A ascensão de novos mercados cria grande quantidade de novas conexões. Entre elas incluem-se as cada vez mais importantes e frequentemente desconsideradas conexões dos acordos "Sul-Sul", que estão criando oportunidades de investimento para os que os identificam e sabem aproveitá-los.

A NEM TÃO SECRETA RECEITA

Durante os primeiros dias de investimentos nos mercados emergentes, foi enorme a busca por ações das quais alguns nunca tinham ouvido falar ou por investimentos que tinham sido desdenhados em outros países. Além de ser intelectual e emocionalmente estimulante, essa busca me passou a sensação de que se tratava mais do que um trabalho; parecia dizer respeito a algo que tornaria o mundo diferente. Tínhamos sofrido anos de crises e perdido praticamente a metade dos recursos de nossos clientes, uma experiência que foi tudo exceto divertida, mesmo que tenhamos conseguido nos recuperar depois dos tempos difíceis. Até mesmo as perturbações mais intensas nos mercados nunca abalaram minha convicção primordial de que, se apoiássemos empresas competitivas e aproveitássemos as oportunidades oferecidas pelas crises, sairíamos dela muito bem, como de fato saímos. Mais importante ainda, o mesmo ocorreu com os investidores dos mercados emergentes.

As crises me fizeram compreender o que considero minhas três mais importantes lições sobre investimento:

1. O passado geralmente é um mau prognosticador do futuro.
2. Os bons tempos criam maus hábitos,[2] mas as crises e os maus tempos criam grandes empresas (e muitos perdedores).
3. Somente as empresas competitivas sobrevivem às crises, enquanto as que não conseguem competir sucumbem. Esse processo de segregação dos ineficientes e seleção das espécies mais adaptáveis é simplesmente natural e é a essência da evolução corporativa.

FALHAS, MITOS E MARCOS DE REFERÊNCIA DESATUALIZADOS

Embora as regras do bom senso possam ser de interesse especial para investidores isolados, existem algumas teorias usadas por gerentes de investimento e investidores institucionais que podem precisar de atualização, ainda que sejam mantidas quase que como dogmas sagrados de investimento:

- A hipótese dos mercados eficientes[3] (a predileta dos teóricos financeiros) considera que os preços de mercado refletem toda a informação disponível. Na minha experiência, isso contraria o comportamento real dos mercados, que podem ser — felizmente para alguns investidores e gerentes de investimento ativos — tudo, menos eficientes.
- A teoria da carteira de ações moderna,[4] o "portfólio eficiente" tem por objetivo conseguir o máximo retorno com risco mínimo, mas fundamenta-se em algumas premissas duvidosas sobre a relevância das correlações de curto prazo entre os ativos e o efeito da volatilidade passada sobre o futuro.
- Os marcos de referência usados frequentemente têm o foco voltado para trás em vez de tê-lo para a frente.

OS MERCADOS SÃO MAIS EMOCIONAIS E ATÉ MESMO MAIS OBSESSIVOS DO QUE "EFICIENTES"

Embora seja verdade que a informação viaje rápido, especialmente com as mesas dos operadores trabalhando e operando continuamente ao redor do mundo, minha experiência ensina que os mercados reagem menos à informação propriamente dita do que à reação instantânea de quem a escuta ou vê. Em um instante, os fatos são transformados em opiniões e interpretações. O instinto de manada predomina. A percepção distorce a realidade. Com a maioria das pessoas reagindo da mesma maneira, o impulso desse instinto de manada é tão forte que geralmente leva os mercados para duas novas direções, fazendo a análise fria e os cálculos racionais triunfarem. Geralmente sem nenhuma razão especial, o fato mais novo rapidamente obscurece outra informação mais antiga que é rapidamente esquecida, mas que pode ser muito mais relevante.

Um analista experimentado rapidamente aprende a usar modelos ou explicitar as regras de imposição da abordagem disciplinada. A informação em formato padrão exige que se preste atenção ao *conjunto completo* dos dados em vez de apenas no fato mais novo e, automaticamente, fornece o contexto. Ainda que os operadores de pregão e os fundos *hedge* possam se beneficiar de reações instantâneas, os investidores geralmente ficam em melhores condições se guardarem certa distância. Para cumprir isso, é muito importante escrever e articular a cadeia de raciocínio. O efeito é comparável ao de se tomar Prozac. Contribui para diminuir o estado de ânimo exaltado e elevar o que estiver deprimido. Em todos os casos, o resultado final provavelmente refletirá uma melhora. Em vez de monitorar se as *ações* estão indo bem ou se angustiar se elas estiverem indo mal, o investidor procederá melhor se procurar saber se a *empresa* (1) está no caminho certo ou, se não, se ela está melhorando e (2) está subavaliada pelos outros analistas.

OS MODELOS MODERNOS BASEADOS EM CARTEIRAS ESTÃO FUNDAMENTADOS EM PREMISSAS DÚBIAS

A teoria das carteiras modernas de ações postula que a melhor maneira de diversificar o risco é combinar diversos tipos de ações que se movem em direções diferentes durante um ciclo do mercado. A teoria das carteiras de ações, ao concentrar-se no risco e no retorno de *carteiras* completas de ativos, progrediu enormemente em relação à teoria tradicional e sua recomendação de que os investidores devem examinar o risco de cada um dos investimentos separadamente. Seu maior mérito foi possibilitar que os investidores prossigam além do hábito de achar que determinado investimento é seguro apenas porque é conhecido.

Os mercados emergentes possibilitaram um teste clássico dessa teoria, uma vez que passaram por quatro fases distintas durante as quais deslocaram-se com mais rapidez, mais lentamente, ou até mesmo numa direção diferente dos mercados dos Estados Unidos e de outros mercados desenvolvidos. Durante a primeira fase do "descobrimento" (1988-1994), as ações dos mercados emergentes na qualidade de categoria de ativos, superaram os rendimentos das ações dos mercados dos Estados Unidos e de outros mercados desenvolvidos. Em seguida, elas tiveram um desempenho drasticamente inferior durante a fase da "crise" de meados da década de 1990. Flutuaram em conjunto com o mercado americano durante os anos do auge da Internet (1998-2001). Durante a fase de "renascimento", nos primeiros anos do século XXI, eles tornaram a se desacoplar. Durante os últimos cinco anos, as ações dos mercados emergentes exibiram rendimentos firmes, ao passo que as dos Estados Unidos e de muitos mercados desenvolvidos feneceram no período. Durante a próxima década devemos esperar "vento de popa" dada a crescente importância dos mercados emergentes e dos consumidores de classe média na economia global, mas continuarão a ocorrer períodos ocasionais em que os mercados emergentes terão desempenho mais fraco do que os dos mercados já estabelecidos.

A abordagem mais frequentemente adotada pelos teóricos das carteiras modernas de ações é a da medição da amplitude do movimento oscilatório das ações para cima e para baixo juntamente com as correlações mensais. *Aparentemente*, o bom

Os mercados emergentes seguem seu próprio caminho
MSCI e S&P 500 (rendimento total) desde abril de 1988

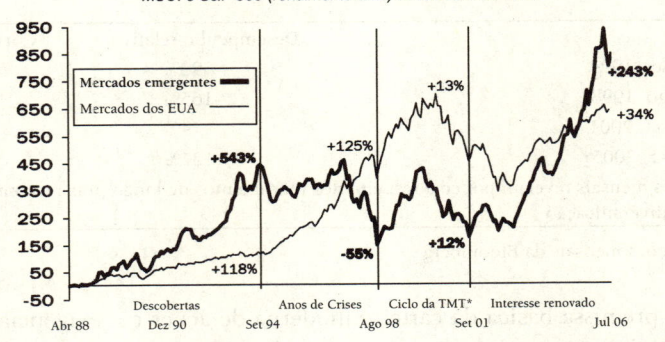

[Gráfico: Mercados emergentes vs. Mercados dos EUA, de Abr 88 a Jul 06. Marcações: Descobertas (Dez 90, +543%, +118%), Anos de Crises (Set 94, +125%, -55%), Ciclo da TMT* (Ago 98, +13%, +12%), Interesse renovado (Set 01 a Jul 06, +243%, +34%).]

Fonte: Mercados Emergentes: Morgan Stanley Capital international. Rendimento total (incluindo dividendos brutos) no mercado dos EUA até 31 de maio de 2006 vs Standard & Poor's 500. Rendimento total até 31 de maio de 2006
(The MSCI Emerging Markets (EM) IndexSM é uma marca registrada da Morgan Stanley Capital International.
O S&P 500 (500 principais ações nos EUA) é uma marca registrada da Standard and Poor's.

senso indica que a diversificação deve aumentar quando as correlações são baixas. Isso era mais verdadeiro para os mercados emergentes e para o mercado dos Estados Unidos há bem mais de uma década do que hoje em dia. As correlações mensais aumentaram de 0,18 a 0,82, o que parece ser uma ascensão perigosa. Mesmo assim, quando analisei mais profundamente os dados, descobri que as correlações mensais estiveram praticamente constantes durante um ciclo de mercado (de setembro de 1994 a agosto de 1998). Nesse período, os mercados emergentes diminuíram 55% enquanto o mercado americano teve um rendimento total notável de 125%, tal como ocorreu durante os anos do auge da Internet, quando ambos oscilaram para cima e para baixo em conjunto, mas acabaram terminando praticamente iguais e com rendimentos de 12% e 13%, respectivamente. As correlações mensais durante esses dois períodos foram de 0,51 e 0,52, respectivamente. Essa semelhança demonstra que usar as correlações mensais (que simplesmente mede se as ações do mercado oscilam ou não em conjunto) como se fosse um índice para medir a diversificação do risco é de pouca utilidade. Por que o investidor no longo prazo deve se preocupar sobre as correlações de curto prazo? O que é mais importante é o comportamento dos mercados durante um ciclo completo de mercado.

> *As correlações estiveram praticamente iguais durante um ciclo de mercado (setembro de 1994 a agosto de 1998), época em que os mercados emergentes diminuíram abruptamente enquanto o mercado dos EUA estava francamente ascendente, como esteve durante o auge da Internet (1998-2001). Nesse período, ambos oscilaram para cima e para baixo em conjunto e apresentaram praticamente os mesmos rendimentos.*

---

* TMT = Tecnologia, Mídia e Telecomunicações. (N.T.)

Rendimentos com diferenças acentuadas de um período para o outro.
Mercados emergentes *versus* o US Market (MSCIF vs. S&P 500)

	Desempenho relativo	Correlação
Dez. 1987 a set. 1994	390%	.18
Set. 1994 a ago. 1998	-165%	.51
Ago. 1998 a set. 2001	-4%	.52
Set. 2001 a dez. 2005	127%	.82
As correlações mensais revelam pouco a respeito dos rendimentos de longo prazo e com relação ao potencial de diversificação		

Fonte: Correlações mensais da Bloomberg

A outra premissa básica da carteira moderna de ações é a exigência de rendimentos mais altos para ativos que são mais *voláteis*. Como a série de dados sobre os mercados emergentes é relativamente curta, alguns fazem a medição olhando a experiência dos três ou quatro anos anteriores. Quando vi esse aspecto constatei, surpreso, que a muito temida "volatilidade" dos mercados emergentes nos anos anteriores à crise de meados da década de 1990 era *igual* à volatilidade de 19% para o mercado dos Estados Unidos tão-somente nos cinco anos anteriores. Com base puramente nessa medida, e sem olhar mais detalhadamente as características fundamentais do mercado, o investidor poderia ser tentado a subavaliar a verdadeira volatilidade dos mercados emergentes, que teve o aumento drástico para 26% durante os anos de crise. Como já sabia o motorista italiano, o espelho retrovisor pode ser um guia infeliz para a previsão do futuro.[5] Exatamente quando os anos anteriores mostram um pico histórico, a volatilidade geralmente cai drasticamente. As crises não duram, mas os bons tempos também não.

Volatilidade

	S&P	EAFE	MSCI dos mercados emergentes
1986-1990	19%	23%	25%
1991-1995	10%	15%	19%
1996-2000	16%	14%	26%
2001-2005	15%	15%	21%

Fonte: Pesquisa da Emerging Markets Management, L.L.C. (EMM) usando base de dados e tirando a média mensal da volatilidade de períodos de 5 anos (O índice do MSCI — EAFE [Europa, Austrália e Extremo Oriente] é marca registrada da Morgan Stanley Capital International).

A ideia de não botar todos os ovos na mesma cesta é de muito bom senso, mas as ferramentas que usamos são rudimentares. Pior ainda, elas podem nos indicar a direção errada.

EM QUE OS MERCADOS EMERGENTES SÃO DIFERENTES?

Quando fiz o estudo de caso dos mercados emergentes há 25 anos na International Finance Corporation,[6] focalizei os argumentos seguintes:

- A *diversificação* deveria abaixar o risco da carteira de ações mesmo se os investimentos individuais forem mais arriscados, porque os mercados emergentes tinham se movimentado, tradicionalmente, para rumos diferentes dos rumos dos mercados desenvolvidos (encontrei correlações extremamente baixas na época, e ainda não tinha descoberto a diferença entre correlações mensais e movimento de mercados durante períodos mais prolongados).
- Os países em desenvolvimento *estavam crescendo* mais depressa. Os consumidores locais teriam mais dinheiro disponível para gastar, as empresas locais estariam bem-posicionadas para atender à demanda e os exportadores ganhariam participação no mercado.
- As valorizações eram muito mais baixas do que as valorizações dos mercados importantes.
- As empresas ainda não tinham sido *descobertas* e ainda eram *subprocuradas*, mas tinham potencial para serem futuras ações de primeira linha.
- Os investidores globais tinham poucos investimentos e era provável que investissem mais, o que levaria a uma demanda adicional relativa aos novos planos de investimento.

Naturalmente, também enfatizei os muitos riscos dos investimentos nos mercados emergentes. Os mercados locais eram mais protegidos, os regimes políticos eram menos estáveis, as políticas econômicas eram geralmente indisciplinadas, as empresas geralmente eram muito menores e não tão bem administradas e os investidores não eram tão protegidos.

OS RISCOS "ANTIGOS" E OS "NOVOS" NÃO SÃO IGUAIS

Agora que estamos começando a viver no Século dos Mercados Emergentes, chegou o momento de repensarmos o significado de "risco". Examinando atentamente o espelho retrovisor, houve uma época em que considerávamos os mercados emergentes como tendentes a entrar em crise, voláteis, desesperadamente pobres, pequenos em termos da economia global até o ponto de serem considerados irrelevantes, dependentes do mercado consumidor ocidental e pesadamente protegidos. Os mercados de ações tinham regulamentação precária e tendiam a ser manipulados. A falta de participação dos investidores institucionais e dos fundos de pensões dava ampla margem para a especulação e os negócios escusos com informações privilegiadas; além disso, a transparência corporativa era sabidamente pobre.

Os mercados desenvolvidos, em contraste, iam na direção da estabilidade econômica, da tecnologia, das dimensões do mercado e da transparência. A estrutura legal mais perfeita e a governança corporativa protegiam os investidores ao mesmo tempo que os fundos de pensões e os grandes fundos mútuos da indústria estavam prontos para comprar ações e obrigações. E, naturalmente, uma enorme brecha existia quanto ao tamanho, à sofisticação e à qualidade das empresas entre o Ocidente e "o Resto".

Durante as últimas décadas, muitas coisas ocorreram para mudar essa situação, ainda que nossa percepção não tenha conseguido verdadeiramente captar essa nova realidade e, em decorrência, avaliar o "risco" de investir nos mercados emergentes.

> *A melhoria das políticas macroeconômicas, o grande aumento nas reservas de moeda estrangeira e os balanços de pagamentos corporativos mais saudáveis fizeram com que os mercados emergentes ficassem menos suscetíveis às crises, enquanto os Estados Unidos, a maior parte da Europa e o Japão incorrem em grandes déficits orçamentários e os déficits de conta corrente nos Estados Unidos continuam aumentando. Em vez de serem devedores, os principais mercados emergentes são agora grandes credores dos Estados Unidos. Os riscos macroeconômicos mudaram.*

Em 1991, enfatizei durante uma entrevista ao *Wall Street Journal* que "a chave para se investir nos mercados emergentes é se antecipar assumindo ações e mercados que ainda não são populares e buscar empresas que ainda não despertaram o interesse".[7]

Hoje em dia, a questão de fazer investimentos nos mercados emergentes é diferente precisamente porque (1) esses mercados são *menos* diferentes e mais globais do que eram antes e (2) cada vez mais empresas adquirem o status de categoria internacional. Embora os mercados emergentes tenham sido relativamente até há pouco tempo considerados como um pequeno, porém arriscado nicho, a importância crescente desses países e a qualidade de suas empresas impulsionaram os mercados emergentes. Eles deixaram de ser o tempero de uma carteira de investimentos, passaram a desempenhar um papel central mais reconhecido e perderam as feições de jogo de azar. As implicações práticas dessa ampla mudança de bases, tanto na realidade quanto na percepção do risco, é o fato de que os mercados emergentes devem ser considerados como sendo o núcleo da carteira dos investidores, não algo complementar, e que, além disso, eles serão menos emocionantes no futuro.

- Os *riscos* diminuíram: a volatilidade do mercado está mais baixa, as políticas econômicas são mais sólidas e as empresas não apenas são mais competitivas e mais bem administradas, como se encontram em condições financeiras muito melhores.
- *As* valorizações estão melhores ainda, mas a diferença tem diminuído e vai diminuir ainda mais.

Valorizações dos mercados emergentes num contexto global

	Valorizações relativas (histórico de 2005)			
	P/E	P/BV	P/CE	Rentabilidade
América do Norte	17,3	2,8	11,6	1,9
Europa	14,0	2,3	8,7	3,0
Japão	18,2	2,0	9,3	1,2
Mercados emergentes	13,7	2,3	8,3	2,5

Situação em 16 de junho de 2006
Fonte: Morgan Stanley e cálculos da EMM (Enterprise Marketing Management) da razão
P/E — preço/rendimentos múltiplos
P/BV — preço/valor patrimonial
P/CE — preço/rendimentos de caixa
Rentabilidade — rentabilidade dos dividendos

- As *empresas* não são mais de segunda categoria, mas estão se transformando em empresas de categoria internacional. As principais empresas dos mercados emergentes são geralmente tão globais e tão competitivas quanto as suas contrapartes nos países desenvolvidos e muitas têm retorno sobre capital, margens operacionais e relação de endividamento/capital que estão em linha ou são mesmo melhores que seus concorrentes.
- *De devedores a credores*: Os países em desenvolvimento *reembolsaram* mais empréstimos a órgãos de empréstimos "oficiais", como o Banco Mundial e o Fundo Monetário Internacional, do que os investidores de carteiras de ações globais colocaram nos mercados emergentes em 2005.[8] Os bancos centrais desses países são hoje os principais credores oficiais dos Estados Unidos e de outros responsáveis pelo déficit americano e não o contrário. As remessas dos trabalhadores para seus mercados emergentes natais são mais altas atualmente do que era a fuga de capitais desses mercados no passado. As aquisições de empresas em ambas as direções continua crescendo enquanto os investidores dos mercados emergentes continuam sendo investidores ativos nos seus próprios mercados e começam gradualmente a diversificar suas carteiras nos mercados desenvolvidos.
- *Uma inversão na disciplina macroeconômica*: A melhora das políticas macroeconômicas, o grande aumento nas reservas de moeda estrangeira e os balanços de pagamentos corporativos mais saudáveis fizeram com que os mercados emergentes ficassem menos suscetíveis às crises (mas não, naturalmente, à prova de crises). Muitos mercados emergentes, tendo passado por privatizações, têm agora setores estaduais menores do que os dos mercados desenvolvidos. Em contraste, os Estados Unidos, a Europa e o Japão administram grandes déficits de orçamento, e os déficits da conta corrente nos Estados Unidos continuam crescendo. Os grandes débitos nos Estados Unidos e em outros países desenvolvidos são cada vez mais sustentados pelos

mercados emergentes. Quando os investidores começarão a se preocupar com essa *inversão* nos riscos macroeconômicos e corporativos?
- *Governança corporativa*: Os escândalos nos Estados Unidos, da Enron à WorldCom, não somente solaparam a confiança no controle contábil e nos informes de investimentos, como também demonstraram que perdas podem ser escondidas e os rendimentos podem, algumas vezes, ser excessivos. Curiosamente, mais transparência e a governança corporativa têm tido um efeito contrário nos mercados emergentes (ainda que eles ainda tenham um longo caminho a percorrer), com os investidores despertando para o fato de que existem poucas oportunidades para as multinacionais emergentes esconderem seus ganhos. Como resultado disso, os rendimentos têm tido mais e não menos importância. Os ciclos de crescimento e queda da Internet também ensinaram a muitos investidores que, nos mercados emergentes, é tão fácil perder uma grande quantia em ações muito conhecidas como em empresas desconhecidas. A divulgação de informações por empresas isoladas nos mercados emergentes, embora ainda seja menor do que nos países anglo-saxônicos, está melhorando rapidamente. Muitas outras empresas seguem os padrões de contabilidade internacional GAAP (Generally Accepted Accounting Principles). Até mesmo a notoriamente pobre divulgação das empresas russas melhorou, ao mesmo tempo que a Chinese Securities e a Exchange Comission (sob o comando do atual governador do Banco Central) se esforçou bastante para melhorar a qualidade e o fluxo das informações. A maioria das empresas de categoria internacional citadas neste livro apregoa ter uma governança corporativa de nível mundial. O maior problema para os investidores ativos nos mercados emergentes hoje em dia não é mais a falta de informação de qualidade, mas a dificuldade de obter a informação ainda não divulgada nem amplamente publicada em pesquisas.
- Não se pode mais dizer que os mercados emergentes *ainda não foram descobertos*. Meu velho amigo e colega George Hoguet da State Street Global Advisors fez algumas pesquisas interessantes que mostram existirem atualmente mais estimativas de corretores para a empresa média do mercado emergente do que para empresas japonesas, ou do que para as 2.000 empresas incluídas no universo Russell-2000.[9] Felizmente para os investidores ativos, apenas uma ínfima parte da listagem de 15.000 empresas do mercado emergente está incluída nas telas de radar dos corretores e investidores. Esse segmento dinâmico (que poderia ser chamado de "novos mercados emergentes") encontra-se em contínua expansão e jorrando novos tópicos continuamente.

AS CRISES ACABARAM?

Embora a afirmativa de que os mercados emergentes sejam imunes às crises possa parecer exagerada, certamente eles estão menos sujeitos aos seus efeitos do que já estiveram. Existe uma diferença surpreendente na saúde financeira das quatro principais economias emergentes (China, Índia, Brasil e Rússia) em 1990 e 2005, como ilustrado na tabela de dados fundamentais abaixo. O mesmo progresso em todos os indicadores vitais desde a inflação à dívida externa, às reservas e exportações, até os déficits orçamentários e da balança de pagamentos, é visível para os mercados emergentes incluídos nos índices MSCI como um grupo.

Dados fundamentais

US$ bilhões	BRICS		Mercados emergentes (incluindo o grupo BRICs)	
	1990	2005	1990	2005
PIB	2.255	4.577	4.092	9.292
Inflação	594%	4,9%	468%	4,7%
Reservas externas	45	1.201	213	2.205
Débitos externos	359	760	1.016	2.236
Exportações	182	1.220	694	3.392
Porcentagem do mundo	6%	12%	21%	34%
Contas correntes	-2	206	-14	+217
Excedente orçamentário (déficit)	-221	+19	-249	-29
Capitalização bursátil (MSCI) menos a flutuação	183**	482	98	1.650
Capitalização bursátil total (MSCI)	222**	1.489	1.072	3.882
Número de ações consideradas	159**	195	1.031	828

Fonte: IMF Direction of Trade Statistics, dados do J.P. Morgan, dados do MSCI
* A capitalização bursátil MSCI de 1994 foi ajustada pela "flutuação", isto é, somente contando as ações possíveis de serem investidas.
**1996

As nações emergentes contam agora com mais de 75% de todas as reservas cambiais (lideradas pela China, Taiwan e Coreia) enquanto as reservas das nações BRICs hoje representam cerca do dobro de suas dívidas externas, praticamente o inverso da situação de 1990. Com poucas exceções (a Venezuela e, até recentemente, a Turquia), os mercados emergentes não padecem mais da alta inflação como antes das crises da década de 1990. Suas exportações dispararam e os déficits em conta corrente geralmente têm sido transformados em superávits. Graças a uma execução do orçamento mais disciplinada, as nações emergentes não enfrentam mais os déficits orçamentários, ao passo que *novos* devedores como os Estados Unidos acumulam imensos déficits de conta corrente e no orçamento, que acabam sendo realmente financiados pelas nações mais econômicas e, recentemente, mais saudáveis do mundo em desenvolvimento.

Para melhor ou para pior, os mercados emergentes tornam-se cada vez menos diferentes dos mercados maduros à medida que amadurecem, o que não significa que as crises econômicas não possam ser disparadas inesperadamente. Uma crise energética pode perturbar as economias. Uma pandemia como a gripe asiática poderia destruir não apenas um setor agrícola inteiro em vários países como levar a uma inversão das relações comerciais, como a Síndrome Respiratória Aguda Grave (SARS) o fez de um modo menos destrutivo. Um conflito ou até mesmo um impasse nuclear poderia criar imensas tensões políticas. Um ataque terrorista em grande escala poderia acarretar graves transtornos. Se o mundo despertasse subitamente para o fato de que a não proliferação nuclear está morta, o intercâmbio científico e de alta tecnologia entre membros e não membros do clube nuclear poderia ser dramaticamente reduzido. Um súbito atraso na China, ou pior ainda, uma crise financeira ou imobiliária, uma agitação política importante ou um conflito militar em Taiwan, solaparia o dinamismo da região asiática e poderia acarretar uma aguda reversão na forte tendência de ascensão de preços de diversas *commodities*.

AS EMPRESAS DE CATEGORIA INTERNACIONAL SÃO BONS INVESTIMENTOS? DEPENDE...

As empresas discutidas neste livro são histórias de sucesso, sobreviveram com orgulho à concorrência, primeiramente no plano local e, depois, de modo crescente no plano global. Todas têm revelado a obsessão por conquistar uma vantagem competitiva. A característica mais comum é que elas *buscam* competir antes que suas fronteiras se abram para a exportação. Elas sabiam que os concorrentes as encontrariam de um modo ou de outro e que o mercado global é um excelente teste para os que têm coragem. Adaptaram-se, experimentaram, tornaram-se maiores e melhores. Cada qual à sua própria maneira chegou à categoria internacional, não sem tropeços ou crises.

Será que as empresas de categoria internacional analisadas neste livro são *o* melhor investimento do futuro? Provavelmente não. Mesmo que a maioria das empresas abordadas nas páginas anteriores *tivessem sido* excelentes investimentos no passado. Mas se é que sabemos um pouco sobre investimentos, o desempenho passado não é uma base confiável para previsões sobre o desempenho futuro. As questões mais relevantes hoje são: (1) quanto da vantagem competitiva é sustentável, seja ela um nicho de mercado, projeto, vantagem de custos, eficiência, marcas ou recursos naturais e (2), as ações em foco *ainda* estão subavaliadas?

As 25 empresas de categoria internacional discutidas neste livro têm boa probabilidade de crescer e terem bom desempenho futuro. Muitas pertencem à carteira de ações globais bem diversificada.

Mesmo hoje, um grande número dessas empresas tem o problema do "código de endereçamento postal". Se a sede dessas empresas estivesse em Nova York, Londres ou Tóquio, os investidores as olhariam de maneira diferente. A avaliação dessas indústrias geralmente permanece inferior à das suas equivalentes nos países desenvolvidos. Em outras palavras, muitas ainda sofrem um "*desconto excessivo de mercado emergente*" mesmo que a diferença, compreensivelmente, tenha ficado mais estreita nos últimos anos. Muitas continuam subavaliadas. Esse preconceito persistente ainda ajuda os investidores no momento. Mas não existem mais as barganhas de cerca de uma década atrás porque elas foram *descobertas* pelos especialistas em mercados emergentes e até mesmo pelos investidores globais.

Além do mais, assim como elas no passado desafiaram as multinacionais tradicionais no Ocidente e no Japão, agora estão sendo desafiadas por empresas recém-chegadas em lugares como a China e a Índia. As que conseguem se manter como líderes de seus respectivos setores industriais, manter custos competitivos e inovar, não somente são admiradas e temidas pelas outras, como continuam sendo bons investimentos. As que vacilarem no mercado global serão punidas pelo rebaixamento do preço de suas ações.

O que é mais interessante é que estou convencido de que uma compreensão de como essas empresas tiveram sucesso fornece uma série de indicações úteis aos investidores para: (1) evitar as empresas que não estão no caminho certo e (2) identificar a *próxima geração* de empresas de categoria internacional, ainda subavaliadas, que serão os investimentos bem-sucedidos do futuro.

Acredito que as *verdadeiras* perguntas que os investidores deveriam fazer a si próprios hoje em dia são:

- Na montagem de uma carteira de investimentos, qual a importância de estarmos atualmente entrando no Século dos Mercados Emergentes?
- Por que é útil entender o que fez essas empresas serem bem-sucedidas?
- O que deveremos procurar na próxima geração de empresas de categoria internacional?

INVESTIR SERÁ DIFERENTE NO SÉCULO DOS MERCADOS EMERGENTES

A maioria dos investidores institucionais tem uma parte de suas carteiras de ações nos mercados emergentes e, embora alguns sintam que estão sendo ousados, na realidade são tímidos. Os investidores lembram-se vividamente das crises passadas, da volatilidade, da falta de liquidez e do lugar secundário que os mercados emergentes ocupam nos ativos do mundo, mas eles devem também olhar para a frente e focalizar o longo prazo, a tendência do século atual: a qualidade melhorada, a importância econômica e o crescimento dessa categoria de ativos.

Ao decidir onde aplicar seus recursos, um ponto de partida típico para os investidores é perguntar quanto estão valendo as ações dos mercados emergentes como uma parcela das ações do mercado mundial ("capitalização bursátil"). Apesar disso, na determinação desse "marco de referência neutro", o MSCI (Morgan Stanley Capital International) Emerging Markets Index (Índice do MSCI para avaliação dos mercados emergentes) imediatamente semeia confusão. De acordo com o MSCI, índice amplamente usado pelos investidores institucionais, a participação das ações dos mercados emergentes com relação à capitalização bursátil global é de 6,5%,[10] mas isso somente inclui as 800 maiores ações com registro na Bolsa. No importante ajuste anunciado no ano 2000 e implementado em 2001, quando a atividade comer-

Rentabilidade dos mercados de ações (dezembro de 1995 a dezembro de 2005) das empresas de categoria internacional

Empresa	País	Fundada em	2005 Vendas (US$ milhões)	2005 Receitas (US$ milhões)	Rentabilidade total da empresa (inclui dividendos brutos)	Rentabilidade total do mercado local (inclui dividendos brutos)	Diferença na rentabilidade total	Empresa Rendimento anualizado em 10 anos (inclui dividendos brutos)	Mercado local Rendimento anualizado em 10 anos (inclui dividendos brutos)	Diferença (anualizada)	Empresas com registro em Bolsas estrangeiras	Observação
Samsung Electronics	Coreia	1969	56.700	7.413	514%	105%	408%	20%	8%	12%	GDR	
Petrobras	Brasil	1953	56.324	9.753	894%	331%	563%	26%	16%	10%	ADR	
Hon Hai	Taiwan	1974	28.300	1.268	2523%	23%	2500%	39%	2%	36%	GDR	
Hyundai Motor	Coreia	1967	26.743	2.262	312%	105%	207%	15%	8%	8%	GDR	
POSCO	Coreia	1968	25.680	3.922	311%	105%	205%	15%	8%	8%	ADR	
Reliance	Índia	1958	17.673	1.903	689%	221%	468%	23%	10%	13%		
America Movil	México	***	16.753	2.969	374%	155%	219%	48%	26%	21%	ADR	(5 anos)
Telmex	México	**	14.986	2.592	540%	425%	115%	20%	18%	2%	ADR	
CEMEX	México	1906	14.964	2.062	406%	425%	-19%	18%	18%	0%	ADR	
CVRD	Brasil	1942	13.958	4.841	786%	331%	456%	24%	16%	9%	ADR	
Sasol	África do Sul	1950	11.150	1.541	533%	104%	429%	20%	7%	13%	ADR	
Hyundai Heavy	Coreia	1972	13.577	171	660%	232%	428%	29%	14%	15%		(9 anos)
TSMC	Taiwan	1987	8.239	2.900	682%	23%	659%	23%	2%	21%	ADR	
Tenaris	Argentina	2003	6.736	1.278	541%	106%	435%	86%	61%	25	ADR	(3 anos)
Modelo	México	1922	4.549	669	249%	425%	-176%	13%	18%	-5%	ADR	
Embraer	Brasil	1960	3.758	292	3293%	331%	2962%	42%	16%	26%	ADR	
Yue Yuen	Taiwan	1988	3.155	310	539%	23%	516%	20%	2%	18%		
Televisa	México	1954	2.987	563	267%	425%	-158%	14%	18%	-4%	ADR	
MISC	Malásia	1968	2.995	801	186%	-20%	206%	11%	-2%	13%		
Lenovo	China	1984	2.892	144	2209%	-31%	2240%	37%	-4%	40%	ADR	
High Tech	Taiwan	1997	2.266	366	686%	18%	668%	99%	19%	80%	GDR	(3 anos)
Haier****	China	1984	635	56 (E)	368%	-31%	399%	17%	-4%	20%		
Infosys	Índia	1981	2.020	551	18942%	221%	18721%	69%	12%	57%	ADR	
Aracruz	Brasil	1972	1.345	340	255%	331%	-75%	14%	16%	-2%	ADR	
Ranbaxy	Índia	1961	1.315	143	220%	221%	-1%	12%	12%	0%	GDR	
Concha y Toro	Chile	1883	360	34	405%	74%	331%	18%	6%	12%	ADR	

*Para a America Movil, Tenaris, Hyundai Heavy e HTC os dados têm menos de 10 anos e os dados de referência foram resumidos para coincidir com o período desde o início da listagem
**Privatizada em 1990
***Cindida da Telmex em 2000
****A informação completa sobre o Haier Group não estava disponível; a informação é apenas sobre a empresa registrada na Bolsa de Hong Kong, a qual é incompleta
Fontes: MSCI, Bloomberg, Demonstração Financeira Anual da Empresa,
Análise da Emerging Markets Management. L.L.C. (EMM)
GDR: Global Depository Receipt [Certificado Global de Depósito]
ADR: American Depository Receipt [Certificado de depósito emitido por Banco dos EUA]

	Empresas	MSCI sem ME	MSCI índice mundial
Rendimento anualizado em 10 anos	19,9%	7,9%	6.7%
Rendimento total	512,4%	113,6%	90,4%

cial nos mercados emergentes estava passando por uma correção importante, o MSCI reduziu o número de ações incluídas no Índice dos Mercados Emergentes, num esforço realista para contar apenas a "flutuação" (ações não possuídas pelas famílias fundadoras e nem pelo governo, no caso das empresas estatais). Segundo outro índice importante, originalmente compilado pela International Finance Corporation (IFC) e agora conhecido como Índice S&P dos Mercados Emergentes, a participação desses mercados é uma porcentagem mais realista de 12%.

> Os investidores que não têm uma porção razoável de suas carteiras nos mercados emergentes simplesmente não estão vendo para onde se encaminha o mundo, ao passo que os que pensam que as empresas de categoria internacional exigem enormes "prêmios de risco" têm uma percepção desatualizada do que risco significa.

Acredito que o MSCI subavalia seriamente a participação dos mercados emergentes no conjunto das ações do mundo por várias razões.

Em primeiro lugar, tem havido acréscimos importantes no índice MSCI, embora tenham sido emitidas muitas ações novas e a liquidez, a capitalização bursátil e o comércio de ações — que era pequeno no início — tenham crescido bem drasticamente desde o ano 2000.

Em segundo lugar, negligenciamos o fato de os investidores institucionais dos mercados desenvolvidos na prática "bloquearem" muitas ações, de tal sorte que elas só podem ser nominalmente consideradas como "flutuantes", ao passo que existem muito menos investidores institucionais (e muito mais investidores internacionais) na maioria dos mercados emergentes.

Em terceiro lugar, a rentabilidade das empresas dos mercados emergentes foram bastante boas e alcançaram 12% da rentabilidade total mundial.

E finalmente, o marco de referência MSCI inclui apenas cerca de 830 ações, ou um pouco mais de 5% das mais de 15.000 ações realmente registradas na bolsa das emergentes.[12] *Mais de uma em cada três ações com registro em bolsa no mundo todo vêm hoje dos mercados emergentes.* Alguns poderiam dizer que muitas ações não incluídas nos índices mais importantes usados pelos investidores são pequenas, não têm liquidez e são difíceis de comprar. Por outro lado, esse é precisamente o segmento do mercado que tende a se tornar mais dinâmico no futuro.

> Considerando-se as ações pequenas e grandes, cerca de 18% a 19% da capitalização bursátil do mundo está nos mercados emergentes — e provavelmente essa participação crescerá ao longo das próximas décadas.

Se usarmos a lista de mercados mais ampla e abrangente da International Federation of Stock Exchanges, cerca de 19% do valor de todas as ações estão nos mercados emergentes e essa participação está crescendo firmemente.[13] Ainda assim, fica abaixo dos 21% da contribuição dos mercados emergentes para a economia global. Enquanto as economias emergentes continuarem a superar os países desenvolvidos, suas participações na economia global continuarão a surpreender os países industrializados durante os próximos 25 ou 30 anos. O mesmo acontecerá com os mercados de ações — possivelmente mais rápido ainda — quando as multinacionais emergentes começarem a se beneficiar do "vento de popa", e os investidores dos mercados emergentes tiverem mais dinheiro para investir em seus próprios mercados mediante os fundos de pensão e os fundos mútuos.

Durante os próximos anos, tenho a esperança de que muitos investidores, gradualmente, ajustarão seus marcos de referência "neutros" dos menos de 5% de hoje, para cerca de 20%. Durante a próxima década, esse marco de referência provavelmente ficará mais próximo de 50% de todas as ações globais. Para a maioria dos investidores, acredito que isso corresponderia ao bom senso de tirar a "média" e acrescentar cerca de 1%, ano sim, ano não, durante as próximas décadas, com o objetivo de manter a equiparação com as crescentes economias emergentes na economia mundial. Uma variante dessa abordagem seria adicionar 2% ou 3% depois de um dos anos de desempenho negativo dos mercados emergentes, e não adicionar, de maneira alguma, o ano seguinte a três anos de desempenho extraordinário dos mercados desenvolvidos. Os investidores são sempre tentados a investir depois de vários anos de bom desempenho de uma categoria de ativos, mas eles deveriam fazer justamente o contrário disso. Infelizmente, os riscos são sempre máximos quando as coisas parecem estar na melhor forma possível, e existe o perigo de alguns investidores passarem novamente dos limites levados pelo próprio entusiasmo. Os primeiros investidores a acreditar nos mercados emergentes e que já alocaram mais de 15% a 20% da sua carteira de ações nesses mercados deveriam pensar em, tecnicamente, "dar pesos menores" aos seus marcos de referência neutros, depois de uma série de anos (como a de 2002 até 2005), na qual os mercados emergentes tenham conseguido superar os mercados desenvolvidos e deveriam manter essa remarcação ativa até que ocorresse alguma correção importante.

Desempenho Firme dos Mercados Emergentes no Período de Dezembro de 2002 a Dezembro de 2005

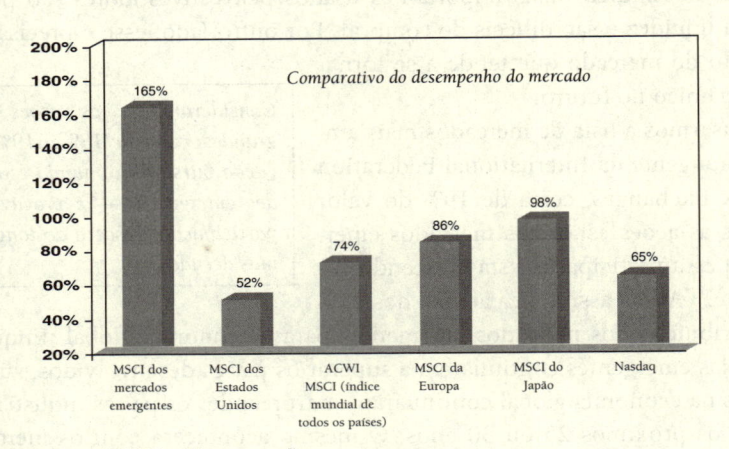

Comparativo do desempenho do mercado

Índice	Desempenho
MSCI dos mercados emergentes	165%
MSCI dos Estados Unidos	52%
ACWI MSCI (índice mundial de todos os países)	74%
MSCI da Europa	86%
MSCI do Japão	98%
Nasdaq	65%

Fonte: MSCI (rendimento total)

POR QUE A COMPETITIVIDADE É IMPORTANTE E GERALMENTE É "ARTIFICIAL"

Faz diferença saber se uma empresa é de segunda categoria ou de categoria internacional? Sem dúvida alguma. Compreender a diferença é suficiente para garantir que os investidores ganharão dinheiro investindo nessas empresas? Certamente que não. Vale a pena repetir a mensagem de investimento essencial deste livro: *O investimento ideal é o que se faz numa empresa que não somente "está no caminho certo", mas que ainda está subavaliada, em vias de recuperação ou que ainda não foi descoberta.*

> O investimento ideal é o que se faz numa empresa que não somente "está no caminho certo", mas que ainda está subavaliada, em vias de recuperação ou que ainda não foi descoberta.

Se todos os demais estão sentindo o mesmo (esse pensamento consensual geralmente é o que se designa por "mercado"), existe pouca probabilidade de que se tenha escolhido uma ação verdadeiramente vencedora. Em contraposição, se ninguém gosta de uma ação, não há garantia de que essa ação não vá para o fundo do poço.

O QUE DEVEREMOS PROCURAR NA PRÓXIMA GERAÇÃO DE EMPRESAS DE CATEGORIA INTERNACIONAL?

As empresas de categoria internacional, cujos perfis foram focalizados neste livro, *não* se tornaram líderes de seus setores industriais porque confiavam na mão de obra barata, recursos naturais e proteção governamental. "Os fatores artificiais" foram sempre da maior importância para diferenciá-las das suas concorrentes. Dentre as características marcantes de praticamente todas essas empresas bem-sucedidas podem ser citadas as metas ambiciosas, o hábil gerenciamento, a visão global, o desejo de ignorar as verdades aceitas tacitamente, a ansiedade de conhecer seus próprios limites ótimos em cada área, a mentalidade do "posso fazer" e a constante adaptação (retrospectivamente conhecida como "estratégia", na maioria das vezes).

As lições que podem ser tiradas dos exemplos dessas empresas não devem ser apenas uma inspiração para outras que aspiram conquistar a categoria internacional, devem ajudar os investidores a selecionar empresas que provavelmente serão a *próxima geração* de empresas de categoria internacional, as quais, acredito, estarão entre as melhores opções de investimento da próxima década.

Uma abordagem disciplinada de investimento sempre examina a avaliação-chave, as taxas de crescimento e os quocientes de qualidade das empresas. Mas, além dessas relações, existem sempre os fatores "intangíveis" e que não podem ser expressos quantitativamente para complementar as tendências industriais e, naturalmente, os riscos políticos, econômicos e cambiais. Alguns dos fatores intangíveis, de observação essencial, são:

- Uma cultura corporativa que recompense o modo de pensar não convencional, o orgulho do trabalho executado e a velocidade em colocar os produtos no mercado.
- Uma obsessão pela qualidade.
- A ambição cega, porém disciplinada, incluindo a contratação dos melhores e mais brilhantes, e o desejo de investir grandes quantias em P&D no futuro.
- Um forte desejo de experimentar os mercados globais atendendo aos clientes mais exigentes e levando vantagem sobre os concorrentes por meio de novas soluções, e não de soluções acadêmicas.
- Aversão por atitudes precipitadas e descuidadas com autoridades fiscais, acionistas e clientes.
- Elevada velocidade de adaptação às crises, às novas tendências industriais e às demandas dos clientes.
- Constante busca de produtos e nichos de mercado menosprezados por outros.
- Capacidade de traduzir a estratégia para outras pessoas — clientes e equipe
- Ter como referencial o que de melhor houver no mundo.

Em resumo: os que fazem o dever de casa, cavam profundamente, não tiram conclusões precipitadas, não se assustam facilmente e nem se entusiasmam exageradamente, mantêm a cabeça fresca, leem tudo o que podem, dos artigos de jornal aos informes de corretoras, mantendo um interesse mesclado com um ceticismo saudável, diversificam suas escolhas e são pacientes, como aprendem com os próprios erros, não vão muito longe quando erram e, com isso, têm a oportunidade de se saírem melhor do que o "mercado", ou do que o investidor médio.

Parece fácil? Talvez. Contudo, é surpreendente, mas é um conjunto quase impossível e de execução bem mais difícil do que se poderia esperar. O investimento bem-sucedido exige três tributos intangíveis, cujo suprimento não é abundante: disciplina para cavar fundo, curiosidade insaciável, e enfoque "sereno". Mantenha-se tranquilo no sentido budista, e não, é claro, no sentido da moda.

Lições de investimento

1. Compre somente ações que estejam **subavaliadas** em vez de ações "quentes", baratas, de crescimento rápido, seguras ou mesmo de categoria internacional. O preconceito é o melhor amigo do investidor. As verdades aceitas tacitamente geralmente são o reflexo de um modo de pensar preguiçoso.
2. Sempre faça sua própria pesquisa e cave fundo.
3. Desconfie da "sabedoria" dos mercados.
4. Use as crises para "entrar" e os investimentos da moda para "sair".
5. Seja cético com relação aos sucessos comprovados, pois eles são rapidamente reconhecidos por outros investidores e concorrentes.

6. O maior potencial está na próxima geração de empresas de categoria internacional e a competitividade dessas empresas é realmente importante.
7. As melhores informações provêm de fontes pouco comuns. O que se escuta das empresas, se lê nos jornais, ou nos é dito por corretores, geralmente já está refletido no preço do mercado.
8. Passe mais tempo estudando as tendências da indústria e da economia do que reagindo aos acontecimentos que — para o bem ou para o mal — são sempre exagerados.
9. Sempre escreva **por que** a decisão de vender ou de comprar foi tomada. Mais tarde, empregue algum tempo consultando suas anotações e analise por que um determinado investimento **realmente** deu ou não deu certo.
10. Procure o pouco comum ou o inesperado nas ligações dos acordos "Sul-Sul".

APÊNDICE

PERFIS FINANCEIROS DAS 25 MULTINACIONAIS EMERGENTES DE CATEGORIA INTERNACIONAL

AMERICA MOVIL
Empresa de ponta na tecnologia das comunicações sem fio na América Latina

ANTECEDENTES

America Movil é a principal fornecedora de telecomunicações móveis da América Latina (e está em quarto lugar globalmente), contando com mais de 100 milhões de assinantes em março de 2006. Ela planeja acrescentar outros 50 milhões antes de 2008 (o que é equivalente à metade de todos os novos assinantes da região). A America Movil domina o mercado mexicano com uma participação acionária de 70% mas é também ativa no Brasil (3º lugar, 23%), na Argentina, na Colômbia, no Peru, no Uruguai, no Paraguai, na Venezuela,* em Porto Rico,* na República Dominicana* e na América Central.

*uma vez adquirido o controle regional da Verizon

HISTÓRIA

Carlos Slim, o terceiro homem mais rico do mundo, possui participação majoritária na America Movil juntamente com sua parceira minoritária Southwest Bell Communications (atualmente ATT). Depois de adquirir a Telmex, que monopoliza a telefonia fixa numa das primeiras privatizações havidas no México em 1990, Slim expandiu sua rede e rapidamente reconheceu o potencial da telefonia móvel. A America Movil foi criada em 2000 para focalizar exclusivamente o negócio de telefones celulares na América Latina. Tendo observado como os operadores americanos e europeus pagam excessivamente bem pelos ativos de telecomunicações para depois travarem batalhas, Slim adquiriu US$ 10 bilhões de ativos de telefonia móvel da ATT, Bell South, Verizon, Hutchison e de outras.

INDÚSTRIA

As comunicações sem fio entraram firme nos mercados emergentes devido à precariedade da infraestrutura da telefonia fixa e da flexibilidade dos planos pré-pagos. As taxas de penetração estão se tornando equivalentes às dos mercados desenvolvidos. Os usuários de telefones celulares atualmente excedem os de assinantes de linhas fixas e o crescimento das vendas globais de aparelhos telefônicos é liderado pelos mercados emergentes. As telecomunicações ainda dominam a receita, mas o acesso à banda larga 3G com telefones "inteligentes" deverá se expandir rapidamente. Os cinco principais provedores sem fio (wireless) incluem Vodafone, China Mobile, China Unicom, America Movil e Telefonica Moviles.

CONCORRÊNCIA

Dados de 2005	Capitalização bursátil (US$ bilhões)	Receitas (US$ bilhões)	Rendimento líquido (US$ bilhões)	Retorno sobre o capital	Quociente preço/lucro	Quociente passivo/ patrimônio
America Movil	53,1	16,7	2,9	38%	17,7	0,6
China Mobile	93,9	29,7	6,5	21%	14,1	(0,3)
Telefonica Moviles	45,5	20,5	2,4	41%	20,0	1,7
China Unicom	10,2	10,6	0,6	7%	16,7	0,4
Vodafone Group	181,4	62,9	(13,9)	(7%)	ND	0,1

FATORES DE SUCESSO
- Posição dominante no México
- Muitas aquisições de baixo custo
- Crescimento da presença regional
- Imenso fluxo de caixa para financiamento de aquisições

DESAFIOS
- Manutenção da posição dominante no México
- Intensa competição no Brasil
- Concorrência com a Telefonica nos principais mercados como a Argentina e o Chile

ARACRUZ CELULOSE
Exclusivamente celulose

ANTECEDENTES
A Aracruz foi uma pioneira da ideia de produção "isolada" de celulose para o mercado global, em vez de para uma fábrica de papel integrada na mesma instalação. Antes, a maioria da celulose de madeira nos climas mais frios vinha de pinheiros e de fábricas integradas na Escandinávia, Estados Unidos e Canadá. A indústria de celulose mudou-se para o Sul — principalmente para o Brasil, Chile e Indonésia — porque os eucaliptos, abundantes nos climas tropicais, crescem muito mais depressa e a celulose do eucalipto é muito mais adequada para papel sanitário e outros papéis. A Aracruz deve seu sucesso ao baixo custo da madeira, à manutenção do foco na melhoria do rendimento por meio do manejo florestal sofisticado e à engenharia genética, à autossuficiência energética em grande escala, à logística integrada e aos contratos de longa duração com clientes, com produtos feitos para atendimento de suas necessidades.

HISTÓRIA
A Aracruz foi criada em 1967, ano em que seus primeiros eucaliptos foram plantados no Brasil. A primeira fábrica da empresa foi inaugurada em 1978 e duas outras começaram a funcionar em 2001. Em 2005, outra fábrica que também pertencia à Stora da Finlândia começou suas operações no Brasil. A Aracruz atualmente é a maior produtora mundial e a de menor custo de produção de celulose do mundo. Sua celulose serve para a fabricação de papel sanitário, papel de impressão e papel fotográfico e ela responde pelo fornecimento de 30% da celulose global. A Aracruz tem clientes em cinco continentes para os quais dirige 98% de sua produção e é uma das maiores empresas exportadoras do Brasil. Em 2006, a Aracruz foi uma das poucas empresas brasileiras a receber "grau de investimento" das agências de classificação Moody's e Standard & Poor's.

INDÚSTRIA
A indústria integrada de polpa e papel tem séculos de existência, mas somente foi internacionalizada depois da Segunda Guerra Mundial. Como a demanda por papéis sanitários aumentou em termos globais, e como as fábricas de papel foram crescendo na medida em que as florestas de acesso fácil desapareciam, novos fornecedores da celulose em grande volume puderam estabelecer um nicho de mercado de crescimento rápido. Nos últimos anos, a demanda da China e dos Tigres Asiáticos cresceu juntamente com o aumento das encomendas da Europa e do Japão.

CONCORRÊNCIA

Dados de 2005	Capitalização bursátil (US$ bilhões)	Receitas (US$ bilhões)	Rendimento líquido (US$ milhões)	Retorno sobre o capital	Quociente preço/lucro	Quociente passivo/patrimônio
Aracruz	5,1	1,4	340	31%	16,6	0,4
Votorantim	2,4	1,1	264	14%	10,1	0,6
Stora Enso	11,0	16,4	(162)	(2%)	ND	0,7
Weyerhaeuser	16,3	22,6	733	8%	18,6	0,8

FATORES DE SUCESSO
- Uso do eucalipto de rápido crescimento
- Manejo florestal excepcional
- Gerenciamento operacional rigoroso concentrado na eficiência, tecnologia e TI
- Relações estreitas e de longa duração com a clientela

DESAFIOS
- Natureza acentuadamente cíclica da celulose
- Risco de a China diminuir seu crescimento acarretando impacto desfavorável no mercado de celulose
- Estrutura de acionistas instável com a concorrente VCP — Votorantim Celulose e Papel — lutando para assumir o controle

CEMEX, S.A. de C.V.
Campeã mexicana de cimento em termos globais

ANTECEDENTES
A CEMEX conseguiu status global quando adquiriu duas empresas de cimento da Espanha em 1992. A empresa foi forçada a adotar um foco mais globalizado depois que uma ação antidumping impôs uma tarifa de 58% nas importações dos EUA. Ela continuou suas aquisições na América Latina, Ásia, Estados Unidos e Europa com apoio do seu próprio robusto fluxo de caixa operacional e manteve-se no domínio do mercado de cimento mexicano. Sua receita foi duplicada pela recente aquisição da RMC, o que expandiu a linha de produção da CEMEX tornando-a a primeira produtora de cimento dos Estados Unidos e a segunda no Reino Unido. É bem conhecida pelo gerenciamento altamente centralizado, pela bem estruturada TI e pelas equipes eficazes que usa nas integrações pós-fusão. O objetivo da CEMEX é conseguir que o cimento seja considerado produto de marca registrada em vez de *commodity*.

HISTÓRIA
Foi fundada no México sob o nome de Cementos Hidalgo. Cresceu rapidamente na década de 1960, construindo fábricas próprias e adquirindo empresas no país. Em 1976, a CEMEX abriu o capital e adquiriu a Cementos Guadalajara, sua principal concorrente, passando a ser a primeira produtora de cimento do México. Depois de comprar a Cementos Tolteca em 1989, segunda produtora de cimento do México, consolidou seu domínio no mercado mexicano e, a partir de 1990, iniciou seu festival de aquisições globais. Por volta de 2004, a empresa operava em mais de 50 países e, atualmente, a CEMEX é a terceira maior produtora de cimento do mundo.

INDÚSTRIA
Antes das aquisições espanholas da CEMEX em 1992, a indústria do cimento era dominada por um seleto grupo de empresas europeias. Nos Estados Unidos, as importações de cimento correspondem hoje em dia a 25% do mercado e era apenas de 10% há 20 anos. A produção global de cimento cresce, é um setor industrial que se consolida rapidamente e a CEMEX é uma das empresas que ocupam sua liderança.

CONCORRÊNCIA

Dados de 2005	Capitalização bursátil (US$ bilhões)	Receitas (US$ bilhões)	Rendimento líquido (US$ bilhões)	Retorno sobre o capital	Quociente preço/lucro	Quociente passivo/patrimônio
CEMEX	21,0	14,9	2,1	23%	9,9	1,3
Lafarge	15,7	19,8	1,4	12%	11,9	0,6
Holcim	15,6	14,8	1,2	15%	13,3	0,9
Siam Cement	7,1	5,4	0,8	53%	9,1	1,4

FATORES DE SUCESSO
- Domínio do mercado mexicano
- Ênfase na competitividade global
- Estratégia sistemática de aquisições
- Eficácia nas integrações pós-fusões
- Líder da indústria na aplicação da TI

DESAFIOS
- Administração altamente centralizada em operações cada vez mais dispersas
- Gerenciamento da lucratividade de um enorme fluxo de caixa
- Expansão na Ásia
- Transformação de uma *commodity* em marca registrada

CONCHA Y TORO
Marca global de vinhos originária do Sul

ANTECEDENTES
A Concha y Toro construiu um negócio de exportações bem-sucedido fundamentada num processo moderno de fabricação de vinhos, na agressividade da distribuição do produto e no reconhecimento mundial da marca. A empresa compete com outras marcas globais nos vinhos econômicos, procurando compatibilizar seu fornecimento com o de marcas de primeira linha para atender às preferências de *connoisseurs* de vinho fino (por exemplo, o Don Melchor). Na década de 1980 a Concha y Toro duplicou o tamanho dos seus vinhedos e contratou renomados peritos em vinhos para cada um deles tendo em vista garantir o controle da qualidade. Durante os anos de 1990, Concha y Toro adquiriu o controle dos principais vinhedos da Argentina e passou a ser uma importante exportadora do país. Também criou, no Chile, uma moderna butique de vinhos para fornecimento ao mercado britânico. Juntamente com a vinha de Bordeaux da Philippe de Rothschild, Concha y Toro concentrou-se em criar o primeiro Grand Cru da América Latina.

HISTÓRIA
Concha y Toro vem fabricando vinhos desde 1875, mas somente passou à condição de protagonista no mercado global de vinhos depois das novas políticas econômicas chilenas da década de 1980, quando a empresa foi forçada a competir internacionalmente sob uma nova administração. Por volta de 2004, a empresa vendia seu vinho em 110 países. Em 1994, Concha y Toro tornou-se a primeira vinha a ter capital registrado na Bolsa de Valores de Nova York. A empresa ficou conhecida como "a mais importante vinha do Chile e da Argentina" (*Wine Spectator*) e foi considerada como a marca de vinho chileno mais vendida em restaurantes americanos (pesquisa da *Wine and Spirits*). Com suas receitas acima dos US$ 300 milhões, Concha y Toro se classifica entre os 20 maiores fabricantes de vinhos do mundo, é marca líder de vinho na América do Sul e ocupa o segundo lugar dentre as importações dos Estados Unidos.

INDÚSTRIA
Quando os produtores tradicionais de vinho da França, Itália e Espanha perderam terreno para os novos métodos de fabricar vinhos nos Estados Unidos, a indústria global de vinhos foi deslocada do Norte para o Sul, e a Austrália, o Chile e a África tornaram-se protagonistas principais. As exportações dos vinhedos chilenos passaram dos meros US$ 10 milhões em 1985, para US$ 835 milhões em 2004 ou 60% da produção, o que levou o Chile para o quinto lugar da lista de exportadores de âmbito mundial.

CONCORRÊNCIA

Dados de 2005	Capitalização bursátil (US$ bilhões)	Receitas (US$ bilhões)	Rendimento líquido (US$ bilhões)	Retorno sobre o capital	Quociente preço/lucro	Quociente passivo/patrimônio
Concha y Toro	1,1	0,4	34	12%	28,5	0,5
Constellation*	0,5	0,5	33	11%	16,1	0,8
Robert Mondavi*	0,6	0,5	26	5%	20,1	0,7

FATORES DE SUCESSO
- Compreensão da necessidade de exportar seus vinhos
- Foco na melhoria da qualidade
- Forte comercialização e distribuição da marca
- Foco favorável nas classificações de bem conceituadas publicações sobre vinhos

DESAFIOS
- Luta contra o preconceito referente à qualidade dos produtos no Novo Mundo
- Preços em ascensão
- Crescente competição da marca ("Yellowtail") da Austrália e das marcas de vinho da África do Sul

* Dados de fevereiro de 2006 (fim do exercício em fevereiro)

* Dados de junho de 2005 (fim do exercício em junho)

CVRD
Alimentando o alto-forno

ANTECEDENTES
A CVRD possui a mina Carajás, o maior e mais rico suprimento de ferro do mundo, o que a torna a maior produtora e a de mais baixo custo do minério em âmbito mundial, e responde por 30% das exportações globais. A empresa é também a segunda produtora mundial de manganês, a quinta em minério de cobre e tem planos ambiciosos com relação à bauxita e ao níquel. Seus 9.000 quilômetros de ferrovias e oito terminais marítimos respondem por dois terços do frete total do Brasil. A empresa tem escritórios de vendas em todos os principais mercados e operações de mineração em 14 países nas Américas, África e Europa; entretanto, 90% da mineração ainda ocorre no Brasil. A meta do CEO Agnelli é passá-la para 30% dentro dos próximos dez anos.

HISTÓRIA
A CVRD começou em 1942 como uma empresa estatal e tinha a expectativa de que o Brasil se tornasse um importante produtor de aço. Depois de uma privatização contenciosa em 1997, a nova administração liquidou os negócios estranhos à atividade da empresa e transformou os poderosos recursos de mineração e as operações logísticas da empresa fazendo com que ela conquistasse categoria internacional. As ambições chinesas de estabelecer a maior indústria de aço do mundo impulsionaram a demanda pelo minério de ferro nos últimos anos. O enorme fluxo de caixa resultante possibilita a diversificação das operações da CVRD e a modernização de suas operações de mineração.

INDÚSTRIA
Os critérios econômicos de mineração passaram por mudanças fundamentais. As reservas tradicionais estão sendo exauridas e novas reservas são descobertas, a mineração a céu aberto em áreas mais densamente povoadas tornou-se impopular, o centro da atividade fabril global deslocou-se para o Sul e imensos navios viabilizaram o transporte marítimo de *commodities*. A demanda chinesa rapidamente crescente, depois de décadas de pequenos e monótonos aumentos de preços, subitamente fez com que o mercado de minério de ferro e outras *commodities* ficasse extremamente aquecido. A CVRD continua atrás de outros gigantes como a Anglo-American, a BHP-Billiton e a Rio Tinto no que se refere à produção global diversificada, mas a incorporação da segunda produtora de níquel do mundo em agosto de 2006, a Inco do Canadá, dentro em breve pode mudar esse quadro.

CONCORRÊNCIA

Dados de 2005	Capitalização bursátil (US$ bilhões)	Receitas (US$ bilhões)	Rendimento líquido (US$ bilhões)	Retorno sobre o capital	Quociente preço/lucro	Quociente passivo/patrimônio
CVRD	45,6	14,0	4,3	12%	28,5	0,5
Anglo-American	50,3	29,4	3,5	15%	13,8	0,2
BHP-Billiton*	31,5	29,6	6,4	41%	12,2	0,5
Rio Tinto	23,1	19,0	5,2	39%	13,2	0,1
Alcoa	25,7	26,2	1,2	9%	17,4	0,4

FATORES DE SUCESSO
- Patrimônio natural inigualável com custos baixos
- Foco na mineração e produção eficiente

DESAFIOS
- Risco de decréscimo na atividade econômica da China
- Perda de foco com a diversificação
- Tornar-se uma mineradora de âmbito mundial

* Dados de junho de 2005 (fim do exercício em junho)

EMBRAER
Voando alto depois da turbulência, a Embraer está ajudando as empresas aéreas a rumarem para o "tamanho certo"

ANTECEDENTES
A Embraer ainda não é um nome tão conhecido como a Boeing ou a Airbus, mas já domina o mercado dos jatos regionais — compete com a Bombardier canadense e seus antigos concorrentes Fairchild-Dornier e Fokker foram à falência. A empresa ocupa hoje o quarto lugar na fabricação mundial de aviões, e construiu mais de 5.400 aparelhos desde 1969 à razão de 140 unidades por ano. Seus modelos mais populares são os jatos regionais de 50 a 110 lugares para clientes como a US Air, JetBlue, Cross Air e Chinese Southern Airlines. O nicho da empresa expande-se com rapidez e ela também começa a fabricar na China.

HISTÓRIA
A Embraer foi fundada pelo governo brasileiro em 1969 para produzir aviões militares e comerciais. Depois dos anos de sucesso inicial nas exportações do modelo turboélice Bandit subsidiado pelo governo, a empresa viu suas vendas despencarem de US$ 700 milhões para US$ 177 milhões entre 1989 e 1994, tendo sido forçada à privatização. A Embraer focalizou então o desenvolvimento do seu novo turboélice duplo de 50 passageiros, o ERJ 145, cujo sucesso fez com que seu foco se voltasse para os pequenos jatos regionais. Depois de 11 anos de prejuízos, a Embraer voltou a ter lucros em 1998 e, agora, tem US$ 10 bilhões de pedidos, inclusive quase 900 encomendas das novas séries E170-190.

INDÚSTRIA
Os maiores protagonistas da indústria aeronáutica são a Boeing e a Airbus. Entretanto, elas têm pouco interesse por aviões adequados para curtos voos regionais. Interessam-se mais pelos grandes aviões, mais apropriados para viagens longas. Toda a indústria aeronáutica foi afetada e tem lutado contra os efeitos dos ataques terroristas do final de 2001.

CONCORRÊNCIA

Dados de 2005	Capitalização bursátil (US$ bilhões)	Receitas (US$ bilhões)	Rendimento líquido (US$ milhões)	Retorno sobre o capital	Quociente preço/lucro	Quociente passivo/patrimônio
Embraer	6,6	3,8	291	15%	23,3	(0,2)
Boeing	53,4	54,8	2.572	23%	29,4	0,4
EADS (Airbus)	30,1	42,5	2.083	11%	15,1	(0,3)
Bombardier*	4,6	14,7	249	11%	23,7	0,8

FATORES DE SUCESSO
- Encontrou um nicho de mercado ignorado pelos grandes fabricantes de aviões
- Aproveita as vantagens da maior concorrência e das mudanças regulatórias
- Construção robusta e de baixo custo
- Aviões de alta qualidade mais baratos para comprar e com menores custos para operar

DESAFIOS
- Vulnerável aos reveses cíclicos
- Nova estrutura de acionistas
- Concorrência com a Boeing e a Airbus na área dos aviões de mais de 100 lugares

* Dados de janeiro de 2006 (fim do exercício em janeiro)

GRUPO MODELO
A globalização da cerveja Corona

ANTECEDENTES
A Corona tomou agressivamente conta do mercado dos Estados Unidos nos anos de 1980, tornando-se líder das marcas de cerveja importadas (conquistando mais de 30% do mercado) graças à sua garrafa característica, a rodela de limão e a imagem de cerveja de consumo na praia. No processo, superou a Heineken e diversas outras marcas e constituiu sua base para edificação de uma marca mundial. A Corona é a principal marca de cerveja do México, que é o sétimo mercado mundial de cerveja. Está em quarto lugar dentre todas as marcas de cerveja do mundo (depois da Bud Light, Bud, e da Skol da Inbev), tendo posição importante dentre as importações de países como o Canadá e a Austrália.

HISTÓRIA
Pablo Diez Fernandez fundou a Modelo em 1925, apesar de o mercado de cerveja no México decolar de fato somente após o final da Segunda Guerra Mundial. Foi então que a Modelo começou a ampliar sua rede de distribuidores domésticos e, por uma série de aquisições, fez sua expansão a partir da base no sul do México em direção ao norte. Exatamente nessa época a estrada pan-americana viabilizou a distribuição nacional. Com o passar do tempo, a Modelo tornou-se a maior empresa fabricante de cerveja do México, atualmente com 56% do mercado doméstico.

INDÚSTRIA
Ainda que o sabor da cerveja geralmente dependa do lugar, a indústria global de cerveja vem se consolidando rapidamente, com todas as empresas mais importantes procurando agora marcar presença global. A Modelo atualmente empata com a maior cervejaria do mundo, a Anheuser Busch, que tem 35% de participação. Sua maior e mais eficiente concorrente, a Ambev do Brasil, tem uma associação meio a meio com a Interbrew da Bélgica (famosa pelas marcas Stella Artois e Becks) e a South African Breweries comprou a Miller Beer. A Corona e outras marcas da Modelo são atualmente vendidas em 150 países.

CONCORRÊNCIA

Dados de 2005	Capitalização bursátil (US$ bilhões)	Receitas (US$ bilhões)	Rendimento líquido (US$ milhões)	Retorno sobre o capital	Quociente preço/lucro	Quociente passivo/patrimônio
Grupo Modelo	12	4,5	669	14%	17,2	(0,3)
Anheuser Busch	33	15,0	1.839	61%	17,7	2,3
Inbev	27	14,5	1.123	9%	24,4	0,4
Ambev	23	6,6	635	8%	31,8	0,3
Sab-Miller*	30	15,3	1.440	14%	18,8	0,5
Heineken	16	13,4	946	21%	17,2	0,6

FATORES DE SUCESSO
- Foco inicial no mercado local
- Edificação de uma marca global com imagem diferenciada, claramente não mexicana
- Marketing ativo nos mercados de exportação

DESAFIOS
- Controle do próprio mercado doméstico
- Manutenção da imagem icônica da marca
- Fusão da Ambev com a Interbrew e outras consolidações de fabricantes globais de cerveja

* Dados de março de 2006 (fim do exercício em março)

HAIER
Marca chinesa em ascensão de aparelhos domésticos

ANTECEDENTES
A Haier é, indiscutivelmente, a fabricante mais importante da China, o maior mercado de aparelhos domésticos do planeta, com uma participação de mercado de 34%. A marca global ascendente da Haier pode ser encontrada não somente na Wall Mart como também nas lojas de muitos países. Em 2004, a Haier era uma das poucas marcas do mercado emergente que figurava na lista das 100 marcas principais da World Brand Laboratory. A Haier foi responsável por um grande impulso exportador com suas fábricas em 22 países, da Itália e dos Estados Unidos, às Filipinas e ao Irã, com 18 institutos de projetos internacionais e com um quadro mundial de 30.000 funcionários. Hoje ela produz mais de seis milhões de refrigeradores por ano, além de aparelhos de ar condicionado, TVs, máquinas de lavar, aparelhos telefônicos e outros eletrônicos domésticos.

HISTÓRIA
Em 1984, Zhang Ruimin, gerente sênior de uma fábrica de refrigeradores da prefeitura de Qingdao, China, assumiu o controle da Haier e, rapidamente, providenciou reformas operacionais. Dentro de um ano, a Haier quase conseguiu equilibrar as despesas e já no ano seguinte teve lucro, começando a exportar em 1991, abrindo o capital em 1993 na Bolsa de Xangai e fazendo praticamente US$ 2 bilhões em vendas em 2004. Despertou a atenção global durante a ambiciosa, embora malsucedida concorrência para a tomada do controle da Maytag em 2005.

INDÚSTRIA
Whirlpool, Electrolux e Bosch-Siemens são os maiores produtores mundiais de aparelhos domésticos em âmbito mundial. A Haier vem em quarto lugar (está no terceiro, em refrigeradores). Atualmente vende-se mais aparelhos domésticos na China do que nos Estados Unidos.

	CONCORRÊNCIA					
Dados de 2005	Capitalização bursátil (US$ bilhões)	Receitas (US$ bilhões)	Rendimento líquido (US$ milhões)	Retorno sobre o capital	Quociente preço/lucro	Quociente passivo/ patrimônio
Haier	0,5	0,6	(56)	(76%)	ND	(0,2)
Whirlpool	5,7	14,3	422	25%	12,4	0,4
Electrolux	11,0	16,4	(162)	(2%)	ND	0,7

FATORES DE SUCESSO
- Dedicação à qualidade e confiabilidade
- Marcas globais
- Alianças para a melhor tecnologia global
- Gerenciamento ambicioso e dinâmico
- Distribuição global ativa
- Projeto inovador de produtos para consumidores com interesses comuns

DESAFIOS
- Riscos da superdiversificação
- Falta de percepção de marca de primeira linha
- Transparência precária de informações financeiras e estrutura corporativa complicada

HIGH TECH COMPUTER CORP. (HTC)
Empresa de ponta na tecnologia sem fio

ANTECEDENTES
Como os telefones inteligentes começam rapidamente a cativar o mundo com a implementação das redes de telecomunicações de terceira geração, os projetistas de aparelhos portáteis convergentes de várias tecnologias estão se tornando mais importantes. A HTC teve liderança precoce nesse campo com seus 1.100 engenheiros de pesquisa, intenso foco em P&D, histórico de projeto e produção de produtos vitoriosos como o iPAQ, o telefone inteligente TREO, o Pocket PC, um estreito relacionamento com a Microsoft e a marcante presença com importantes empresas de telecomunicações nos Estados Unidos e na Europa. A marca HTC foi lançada recentemente na Europa e, hoje, ela é uma das mais importantes empresas desse nicho industrial.

HISTÓRIA
Diferentemente do que fazem muitas empresas taiwanesas, a HTC concentrou suas atenções desde o início em P&D. Em 1997, uma equipe de engenheiros, que estava antes com a DEC (Digital Equipment Corporation) de Taiwan, projetou e posteriormente vendeu a ideia do sucesso de vendas iPAQ, um dos mais aclamados assistentes digitais pessoais do mercado (PDA). Por volta de 2001, a empresa já exportava cerca de 1,5 milhão de iPAQs, com vendas de mais de US$ 450 milhões. Em 2002, a HTC projetou e fabricou o primeiro PDA sem fio, abriu seu capital na Bolsa de Valores e alcançou a cifra de dois milhões de iPAQs despachados para o mercado. Por volta de 2003 a HTC tinha uma fatia do mercado de mais de 50%, com seus PDAs funcionando com Windows-CE. Continuou então a projetar uma nova série de telefones inteligentes para a terceira geração de comunicações sem fio, sempre confirmando a boa qualidade dos seus produtos nos últimos anos.

INDÚSTRIA
No início da era dos PCs, as empresas taiwanesas lideraram a fabricação de notebooks e de variados tipos de acessórios para computadores pessoais ao desenvolver uma reputação de custo-eficiência para seus produtos. Atualmente, manter tal fama na área de projetos e de P&D continua sendo importante. Como as comunicações sem fio prosseguem crescendo em popularidade, os telefones inteligentes continuarão cada vez mais centralizando atenções, com previsão de vendas de mais de 200 milhões de unidades no final da década e com os dispositivos multifuncionais para os aparelhos portáteis firmando-se como tendência futura.

CONCORRÊNCIA

Dados de 2005	Capitalização bursátil (US$ bilhões)	Receitas (US$ bilhões)	Rendimento líquido (US$ milhões)	Retorno sobre o capital	Quociente preço/lucro	Quociente passivo/patrimônio
HTC	6,7	2,3	366	69%	19	(0,7)
Palm	1,4	1,3	66	12%	18	(0,6)

FATORES DE SUCESSO
- Fabricação de uma ampla linha de produtos
- Velocidade na comercialização de novas tecnologias
- Pesquisas de P&D e amplos testes
- Conhecimento especializado do sistema operacional Windows
- Estreita relação com dispositivos portadores de telecomunicações

DESAFIOS
- Pressão sobre os preços devido à crescente popularidade dos telefones inteligentes e PDAs sem fio
- Comoditização dos produtos
- Segregação contra produtores de artigos em grandes quantidades
- Ter sucesso na aceitação de seu nome comercial

HON HAI PRECISION INDUSTRY Co., Ltd.
A fábrica como retaguarda da marca

ANTECEDENTES

A Hon Hai produz muitos aparelhos eletrônicos de uso diário adquiridos pelos consumidores ocidentais sob marcas muito conhecidas, como Dell para computadores, Nokia para telefones e Sony para os PlayStations, cujas peças são discretamente fabricadas na China e de lá despachadas para os clientes. A Hon Hai cresceu de maneira notável durante os últimos 20 anos e é hoje a maior fornecedora de componentes eletrônicos do mundo tendo até mesmo ultrapassado a Flextronics em 2004, líder de vendas anterior. Desenvolveu sólidas relações com a clientela graças aos preços baixos, rápida execução e alta qualidade e mantém sua alta taxa de crescimento uma vez que cada vez mais produtos — e clientes — são acrescentados ao seu acervo.

HISTÓRIA

A Hon Hai foi fundada em 1974 em Taiwan e nos Estados Unidos é conhecida pelo nome Foxconn. Produzia peças de plástico para aparelhos de televisão e operava em fundo de quintal. A empresa desenvolveu seu primeiro conector em 1981 e, com a intensificação das vendas de PCs, resolveu subir na cadeia de suprimentos e começar a fabricar módulos e placas de circuitos impressos abrindo uma fábrica perto de Taipei. Por volta de 1991, a empresa foi registrada na Bolsa de Valores de Taiwan e, depois de mais um ano, estabeleceu seus centros de pesquisa nos Estados Unidos e no Japão. Em 1996, a Hon Hai começou a produzir gabinetes para PCs e, três anos depois, já tinha instalações produtoras na Escócia, Reino Unido, Irlanda e Estados Unidos. Em 2003, a empresa empreendeu uma profusão de aquisições que a capacitou para fabricar telefones celulares, servidores e dispositivos interconectores de redes e, hoje, é a primeira produtora de eletrônicos de Taiwan.

INDÚSTRIA

A maioria dos pares globais da Hon Hai preocupou-se mais com os lucros do que em crescer com produtos de primeira linha. Desde o ano 2000, as receitas da Hon Hai aumentaram muitas vezes mais rapidamente do que as da Intel, Microsoft e Dell. A consolidação atual do setor industrial beneficia os grandes protagonistas.

CONCORRÊNCIA

Dados de 2005	Capitalização bursátil (US$ bilhões)	Receitas (US$ bilhões)	Rendimento líquido (US$ milhões)	Retorno sobre o capital	Quociente preço/lucro	Quociente passivo/ patrimônio
Hon Hai	22,1	28,3	1.268	27%	18	(0,1)
Solectron*	3,9	10,4	3	0%	24	(0,4)
Flextronics**	5,9	15,3	141	3%	15	0,1

FATORES DE SUCESSO
- Movimentação prematura para a China
- Procura por clientes exigentes
- Imensas fábricas com equipamentos modernos
- Formas especiais que possibilitam flexibilidade e velocidade na produção de novos modelos

DESAFIOS
- Falta de transparência
- Manutenção do crescimento sem fazer aquisições frequentes
- Concorrência de empresas da China

* Dados de agosto de 2005 (fim do exercício em agosto)

** Dados de março de 2006 (fim do exercício em março)

HYUNDAI HEAVY INDUSTRIES (HHI)
Campeã da construção de navios cargueiros na Coreia

ANTECEDENTES
A HHI da Coreia é a maior empresa de construção naval do mundo, construindo navios de transporte de gás liquefeito, petroleiros, graneleiros, transportadores de contêineres, navios de transporte de produtos químicos de alta tecnologia em 4.000 metros quadrados de bem distribuídas instalações que incluem um dos maiores estaleiros do mundo. A empresa também produz motores diesel para uso marítimo, produtos elétricos como disjuntores, aparelhos de distribuição, transformadores e equipamentos de construção incluindo escavadeiras, empilhadeiras e carregadoras. A HHI continua dominando o mercado de construção naval intensamente concentrada na qualidade do produto, com uma lista de 236 encomendas de novos navios, totalizando US$ 18 bilhões, somente em 2005.

HISTÓRIA
A Hyundai Heavy começou em 1972 fazendo parte do grupo Hyundai. No início da década de 1980, a empresa aperfeiçoou suas capacitações em P&D e, por volta de 1989, já entregava a maior jaqueta submersa (base da plataforma petrolífera) do mundo para a Exxon. Sua fusão com a Hyundai Engines foi feita no mesmo ano e, em 1991, foi iniciada a construção do primeiro navio transportador de gás liquefeito da Coreia. Em 1999, a empresa construiu uma usina geradora a diesel de 200 MW, a maior da Índia e abriu seu capital na Bolsa de Valores coreana. Por volta de 2000, suas encomendas já alcançavam US$ 7,7 bilhões, um recorde mundial. Em 2001, a empresa começou a romper seus laços com o grupo Hyundai. A HHI conseguiu um importante marco em 2002, quando completou a construção do milésimo navio no trigésimo ano de sua existência.

INDÚSTRIA
A Hyundai Heavy está em primeiro lugar na indústria da construção naval e a Samsung Heavy vem em segundo, mas a Daewoo Shipbuilding, em terceiro lugar, é a mais lucrativa. A Mitsubishi Heavy tem a liderança no Japão, mas com menor lucratividade. Embora a produtividade do chão de fábrica japonês seja maior, a disparidade nos salários compensa a diferença por larga margem. As empresas japonesas também enfrentam custos mais altos para o aço. Os estaleiros coreanos receberam, no ano 2000, 50% das encomendas, os japoneses, 27% e os da União Europeia, apenas 11%.

CONCORRÊNCIA

Dados de 2005	Capitalização bursátil (US$ bilhões)	Receitas (US$ bilhões)	Rendimento líquido (US$ milhões)	Retorno sobre o capital	Quociente preço/lucro	Quociente passivo/patrimônio
Hyundai Heavy	4,9	13,6	171	5%	25	(0,4)
Samsung Heavy	4,0	5,4	71	3%	55	(0,3)
Daewoo Shipbuilding	4,5	5,0	398	18%	11	0,0
Mitsubishi Heavy	16,0	24,7	263	2%	63	0,7
Mitsui Eng & Ship.	2,7	5,0	50	5%	56	1,0
Sumimoto Heavy	5,8	4,9	262	20%	23	0,7

FATORES DE SUCESSO
- Hábito de resolver como fazer e de fazer ("engineering culture")
- Descontos por volume de aço
- Mais eficiente produtor mundial de aço na qualidade de fornecedor

DESAFIOS
- Rompimento com o Hyundai Group
- Característica cíclica da indústria
- Alta dos preços da matéria-prima e força do won como moeda

HYUNDAI MOTOR COMPANY
Um surto de qualidade e de fabricação global

ANTECEDENTES
Em 2005, a Hyundai Motor e sua afiliada Kia Motors venderam mais de três milhões de automóveis no mundo todo. Os carros foram produzidos em grandes fábricas da Hyundai nos Estados Unidos, China e Índia e ela passou a ser considerada a sétima maior fabricante de automóveis do mundo. Seguindo o exemplo das fábricas de carros japonesas, a Hyundai tinha provocado uma sensação prematura nos Estados Unidos com carros compactos e de baixo custo, mas os compradores logo perceberam que eles não eram tão confiáveis quanto os dos japoneses. Em 2006, a Hyundai foi destacada pela J. D. Power na sua pesquisa de qualidade, surpreendendo o setor industrial e superando a Toyota. O recente indiciamento do filho do fundador do grupo e carismático presidente da Hyundai Motor Company foi um revés para a empresa.

HISTÓRIA
O grupo Hyundai foi constituído em 1947 e a Hyundai Motor Company (HMC) foi estabelecida em 1967. Em 1968, a Hyundai e a Ford Motor Company fabricaram seu primeiro automóvel, o Cortina. Em 1974, a Hyundai lançou o primeiro carro coreano projetado e fabricado independentemente, o subcompacto Pony, que se tornou um imediato sucesso. A crise financeira da Ásia forçou a divisão do Hyundai Group em 1999. A Hyundai reagiu à crise conseguindo vender 1,6 milhão de veículos em 2001 graças ao fato de ser uma empresa independente, associada com a concorrente coreana Kia e ter sido beneficiada pela desvalorização da moeda.

INDÚSTRIA
O mercado de carros comercializados nos Estados Unidos, Europa e Japão diminuiu nos últimos anos e o novo impulso para seu crescimento tem vindo das nações emergentes da Ásia. Os mercados emergentes contribuem com 20%, esperando-se que cresça para 40% até cerca de 2015. Espera-se que a China venha a exportar carros dentro de alguns anos.

CONCORRÊNCIA

Dados de 2005	Capitalização bursátil (US$ bilhões)	Receitas (US$ bilhões)	Rendimento líquido (US$ bilhões)	Retorno sobre o capital	Quociente preço/lucro	Quociente passivo/patrimônio
Hyundai	20	58	2,3	17%	9	0,8
Toyota	177	186	12,1	14%	15	0,1
Honda	57	88	5,3	16%	11	0,1
GM	11	192	(11,0)	(50%)	ND	1,5
Ford	14	177	2,0	15%	5	8,0
Volkswagen	21	118	1,0	5%	15	2,0

FATORES DE SUCESSO
- Reestruturação na qualidade dos automóveis
- Foco no bom projeto
- Fabricação global
- Renovação da imagem de desempenho deficiente para desempenho de protagonista de primeira linha

DESAFIOS
- Ter êxito em ser uma produtora global
- Manter sua margem de competitividade com a China
- Superar o desgaste da imagem pela acusação feita contra o presidente da empresa

INFOSYS TECHNOLOGIES
Programadores para o mundo

ANTECEDENTES

Na Índia existem muitos engenheiros e especialistas bem qualificados em TI dispostos a trabalhar por quase um sexto do salário de profissionais equivalentes nos Estados Unidos e na Europa. A Infosys foi uma das primeiras a aproveitar as oportunidades de terceirização de serviços de TI num mundo interconectado pela Internet. Atualmente, as empresas de software da Índia, tendo na frente a Infosys, a Tata Consulting Services e a Wipro, recebem bilhões de dólares em negócios do mundo desenvolvido. A Internet forneceu um atalho para o mundo em um país que se ressente da infraestrutura, mas que pode alavancar sua enorme reserva de "massa cinzenta barata". A Infosys desde então teve ascensão gradual na cadeia de valores em negócios mais complexos e lucrativos, como o da consultoria em TI.

HISTÓRIA

Foram necessárias quase duas décadas para a Infosys se tornar uma presença importante no cenário internacional e seu quadro de pessoal cresceu dez vezes desde 1999 contando, hoje, com mais de 49.000 funcionários. Durante os últimos cinco anos, a Infosys tornou-se uma protagonista importante na tendência de subcontratação de serviços de TI globalmente. Ela soube mudar de ritmo habilmente depois que acabou o senso de urgência das atividades relacionadas ao Bug do milênio, superou as consequências do boom da Internet e sobreviveu aos apertos orçamentários que afetaram a área de TI durante a desaceleração da economia global. Conseguiu superar as cifras demarcadoras de suas metas para cada um dos últimos cinco anos.

INDÚSTRIA

A Índia está adquirindo a reputação de ser o "escritório administrativo do mundo", da mesma maneira que a China conquistou o título de centro mundial de fábricas. A despeito da retórica política contra a terceirização, os negócios estão em expansão e a tendência é que continuem assim. A indústria tem passado por um período de crescimento constante durante os últimos cinco anos.

CONCORRÊNCIA

Dados de 2005	Capitalização bursátil (US$ bilhões)	Receitas (US$ bilhões)	Rendimento líquido (US$ milhões)	Retorno sobre o capital	Quociente preço/lucro	Quociente passivo/patrimônio
Infosys*	18,4	2,1	551	40%	33	(0,5)
Wipro*	17,8	2,4	455	30%	33	(0,5)
Tata Consulting*	21,0	3,0	649	62%	31	0,0
Accenture*	22,5	17,1	940	59%	17	(1,1)
Cognizant	7,0	0,9	166	28%	48	(0,6)

FATORES DE SUCESSO

- Contratação dos "melhores e mais brilhantes"
- Ênfase na integridade, imaginação e velocidade de adaptação
- Forte foco no processo disciplinar
- Manutenção de relações sólidas com os clientes

DESAFIOS

- Ascensão na cadeia de valores assumindo atividade como a de consultoria
- Lidar com as objeções políticas contra a terceirização
- Alta rotatividade da equipe e salários crescentes

* Dados adaptados para o ano calendário

LENOVO
A empresa chinesa que engoliu o ThinkPad da IBM

ANTECEDENTES
A Lenovo, com presença no mercado de computadores de mais rápido crescimento do mundo, passou rapidamente de principiante desconhecida para o primeiro lugar das marcas de computador na China. Depois da ousada compra do ThinkPad da IBM em 2004, a Lenovo passou a ser considerada a terceira produtora de PCs do mundo, depois da Dell e da HP.

HISTÓRIA
Em 1984, foi fundada a New Technology Development Company por Liu Chuanzhi do Computing Institute da Chinese Academy of Sciences. Seu sucesso prematuro veio do desenvolvimento de um produto que ficou conhecido como "Cartão de Inserção de Legendas em Chinês". Tratava-se de uma combinação de hardware-software e localizava um vazio do mercado que precisava desesperadamente ser preenchido. Dentro de um ano, o Legend Card fez um imenso sucesso e, em 1989, a NTD mudou seu nome para Legend. Por volta de 1992, a distribuição agressiva do Legend ajudou a AST a garantir o primeiro lugar dentre os vendedores de PCs na China, superando a HP, a IBM e outras marcas estrangeiras. Em 1993, ela foi a primeira empresa chinesa a fabricar seus próprios PCs. Por volta de 1995, a Legend era a quinta maior fabricante de PCs do mundo. Como parte do seu impulso global, a empresa foi rebatizada com o nome Lenovo em 2003.

INDÚSTRIA
Com as vendas perto dos US$ 3 bilhões, a compra do ThinkPad da IBM pela Lenovo aumentará suas vendas totais para os US$ 12 bilhões. A Lenovo tem 27% de participação no mercado e é a segunda marca de eletrônicos mais conhecida da China, depois dos eletrodomésticos da Haier.

CONCORRÊNCIA

Dados de 2005	Capitalização bursátil (US$ bilhões)	Receitas (US$ bilhões)	Rendimento líquido (US$ milhões)	Retorno sobre o capital	Quociente preço/lucro	Quociente passivo/patrimônio
Lenovo*	2,5	2,9	144	23%	17,7	(0,5)
Dell**	102,0	49,2	3.043	48%	31,8	(1,4)
HP***	79,5	86,7	2.398	6%	17,0	(0,2)
Toshiba****	18,7	56,0	683	9%	28,1	ND
Acer	5,3	9,9	264	13%	21,5	(0,5)

FATORES DE SUCESSO
- Ousada decisão de fabricar e vender sua própria marca na China
- Produtos e maneira de pensar inovadores

DESAFIOS
- Integração da divisão de PCs da IBM
- Transformar a Lenovo em marca conhecida mundialmente
- Introdução de modelos novos e atraentes
- Sobreviver à nova concorrência na China

* Dados de março de 2005 (fim do exercício em março)

** Dados de janeiro de 2006 (fim do exercício em janeiro)

*** Dados de outubro de 2005 (fim do exercício em outubro)

**** Dados de março de 2006 (fim do exercício em março)

MALAYSIA INTERNATIONAL SHIPPING CORPORATION (MISC)
Líder malaia no transporte de gás natural liquefeito (GNL)

ANTECEDENTES

A Malaysia International Shipping Corporation é uma importante transportadora de gás natural liquefeito (GNL). Ela conta com 19 navios-tanque, todos operando sob contratos de longo prazo. A MISC possui ao todo 107 navios, incluindo 52 petroleiros, 20 navios porta-contêineres, treze navios-tanque para produtos químicos e dois navios graneleiros, totalizando uma tonelagem combinada de porte bruto de mais de sete milhões de toneladas. Produtores de uma ampla variedade de mercadorias confiam na MISC para embarcar seus produtos mundialmente, compreendendo cavacos de madeira, fertilizantes, sementes, petróleo, gasolina e combustível de jatos. As frotas MISC operam no Japão, nos países emergentes da Ásia, Europa, Estados Unidos, Oriente Médio, África do Sul e Austrália.

HISTÓRIA

A MISC foi fundada em 1968 e estabeleceu sua divisão de transportes de cargas em 1975. Em 1991, a empresa começou a operar no comércio de contêineres. O transporte de mercadorias da MISC e sua filial de armazenagem começaram a operar logo depois disso, em 1992. Depois de ser comprada pela Petronas, empresa de óleos combustíveis e gás da Malásia em 1997, a MISC estendeu suas operações globais por meio de uma série de aquisições e alianças e assumiu o controle da Petronas Tankers. Em 2003, a empresa comprou a American Eagle Tankers, uma empresa de navios petroleiros. Em 2004, adquiriu cinco novos navios-tanque para transporte de GNL por US$ 900 milhões.

INDÚSTRIA

Os maiores concorrentes da MISC são a Shell e a NOL (Neptune Orient Lines). A produção e o embarque de GNL crescerão substancialmente durante a próxima década com os novos suprimentos do Qatar, Irã e Rússia e da produção de outros lugares, da mesma maneira que aumentarão as demandas por um ambiente mais limpo. Em decorrência do aumento do comércio global e da necessidade cada vez maior de *commodities*, aumentarão as demandas por transportes marítimos.

CONCORRÊNCIA

Dados de 2005	Capitalização bursátil (US$ bilhões)	Receitas (US$ milhões)	Rendimento líquido (US$ milhões)	Retorno sobre o capital	Quociente preço/lucro	Quociente passivo/patrimônio
MISC*	9,6	2,9	801	18%	12,9	0,2
Evergreen Marine	4,9	13,6	717	5%	25,3	(0,4)
Teekay Shipping	3,0	1,5	571	24%	7,6	0,8
Mitsui OSK*	8,5	11,6	1.005	24%	8,4	1,0
Golar LNG	0,9	0,2	35	8%	32,5	1,9

FATORES DE SUCESSO

- Bom relacionamento com a Petronas
- Contratos de longo prazo para o transporte de GNL
- Enfoque no setor energético em franco crescimento
- Administração nova, dinâmica e bem focada

DESAFIOS

- Aumento nos custos dos combustíveis
- Dependência excessiva da Petronas (em quase 70% dos lucros)
- Legislação ambiental

* Dados de março de 2006 (fim do exercício em março)

PETROBRÁS
Campeã brasileira de petróleo e gás

ANTECEDENTES
A Petrobrás — Petróleo Brasileiro S.A., é a maior empresa da América Latina de economia mista, e a décima quinta produtora de petróleo e gás. Embora a empresa tenha perdido o monopólio da exploração do petróleo em meados da década de 1990, ainda é a principal protagonista do seu mercado doméstico, controlando 20% dos postos de gasolina no Brasil. As vendas da Petrobrás são principalmente domésticas, ela opera em 15 países e 89% de suas reservas estão localizadas no fundo do mar. A liderança da empresa na perfuração de poços em águas profundas é atualmente bem reconhecida.

HISTÓRIA
Em 1953, o governo brasileiro fundou a Petrobrás como empresa estatal e com o monopólio da exploração do petróleo e do gás. Em 1973, a produção era inferior a 10% das necessidades nacionais. Mais tarde a empresa reorientou suas prioridades visando à exploração do petróleo em alto-mar e fez contratos de exploração em Angola e no Golfo do México.

INDÚSTRIA
Embora a British Petroleum, a Shell e a Exxon Mobil continuem dominando o setor industrial do petróleo e do gás, as multinacionais emergentes como a Petrobrás, a Gazprom, a Lukoil e a Petrochina estão agora competindo com elas em pé de igualdade. Atualmente a Petrobrás se beneficia dos altos preços do petróleo e do gás, além de uma demanda crescente de novos mercados, mas, por outro lado, também enfrenta riscos geopolíticos. Como o Brasil importa 55% do gás natural que consome da Bolívia, uma mudança brusca do poder no governo boliviano poderia acarretar uma alta descontrolada no preço do gás importado.

CONCORRÊNCIA

Dados de 2005	Capitalização bursátil (US$ bilhões)	Receitas (US$ bilhões)	Rendimento líquido (US$ bilhões)	Retorno sobre o capital	Quociente preço/lucro	Quociente passivo/patrimônio
Petrobrás	70	56	9,8	34%	7,2	0,5
Shell	204	307	25,3	29%	7,9	0,0
Exxon Mobil	345	328	36,1	34%	10,5	(0,2)
BP	220	247	22,3	28%	10,0	0,2
Lukoil*	25	34	4,2	22%	5,8	0,1
Gazprom	155	48	10,8	13%	ND	0,3

FATORES DE SUCESSO
- Especialização na perfuração de poços profundos
- Parcerias com as principais indústrias do setor
- Transparência financeira aumentada
- Domínio do mercado brasileiro
- Expansão regional da exploração

DESAFIOS
- Modernização da infraestrutura antiquada
- Regulamentos restritivos de trabalho
- Vulnerabilidade aos ciclos políticos
- Controle estatal boliviano das reservas de gás

* Dados de dezembro de 2004

POSCO
A improvável aciaria gigante da Coreia

ANTECEDENTES
A Coreia do Sul estava determinada a conseguir seu desenvolvimento industrial mesmo sem muitos recursos naturais. Hoje a POSCO é uma das maiores, mais eficientes e mais lucrativas fabricantes de aço do mundo. Tendo inicialmente aprendido com os japoneses, a POSCO agora é quem ensina e exporta tecnologias para os mercados desenvolvidos e em desenvolvimento. A POSCO é o mais notável exemplo de crescimento assombroso, nunca visto anteriormente no Extremo Oriente no último meio século, um verdadeiro símbolo da transformação da Coreia numa nação industrializada moderna.

HISTÓRIA
A Pohang Iron & Steel Co. (POSCO) foi incorporada em 1968. Em 1981, graças ao treinamento, à tecnologia e aos empréstimos dos japoneses, ela completou a construção de uma fábrica em Youngil Bay, longe de Seul, com a capacidade de produção anual de 8,5 milhões de toneladas. Em seguida construiu uma segunda fábrica em Kwangyung, em 1986, com a capacidade de 11,4 milhões de toneladas anuais. Em meados da década de 1990, a POSCO exportava seis milhões de toneladas, ou 30% do que produzia. Atualmente a POSCO produz 30,5 milhões de toneladas de aço e expande sua capacidade de produção para a China e para a Índia. Além das usinas integradas, a POSCO tem a Finex, sua tecnologia própria de miniusinas.

INDÚSTRIA
A produção de aço está diminuindo nos Estados Unidos, Europa e Japão, mas está crescendo rapidamente nas nações emergentes lideradas pela China. A POSCO começou muito cedo e é agora uma das maiores aciarias do mundo, ultrapassada em lucros apenas pela Arcelor.

CONCORRÊNCIA

Dados de 2005	Capitalização bursátil (US$ bilhões)	Receitas (US$ bilhões)	Rendimento líquido (US$ bilhões)	Retorno sobre o capital	Quociente preço/lucro	Quociente passivo/patrimônio
POSCO	16,0	25,7	3,9	23%	4,0	(0,1)
Mittal Steel	18,6	28,1	3,4	42%	6,0	0,5
Arcelor	15,4	38,6	4,6	30%	3,4	0,1
Nippon Steel*	25,8	34,5	3,0	24%	8,9	0,6
US Steel	5,2	14,0	0,9	26%	6,9	0,1

FATORES DE SUCESSO
- Sério compromisso com o treinamento
- Foco contínuo na inovação tecnológica
- Recebimento inicial de subsídios governamentais
- Alianças com aciarias, fornecedores e clientes importantes
- Ênfase incansável na produtividade
- Baixo custo de produção

DESAFIOS
- Colocar a tecnologia Finex na linha de produção
- Altos preços da matéria-prima
- Riscos de ser superada pela crescente e sofisticada produção de aço da China
- Consolidação da indústria liderada pela Mittal

* Dados de março de 2006 (fim do exercício em março)

RANBAXY
Protagonista global em medicamentos genéricos

ANTECEDENTES
A Ranbaxy é uma empresa farmacêutica com sede na Índia. A empresa tem um forte foco global, tem fábricas em sete países do mundo e vende seu produto para cem países. Três quartos de suas vendas em 2005 foram internacionais, com 36% para os Estados Unidos e com uma presença cada vez maior nos principais mercados emergentes. A Ranbaxy fabrica tanto medicamentos de prescrição quanto medicamentos OTC.

HISTÓRIA
A Ranbaxy foi estabelecida em 1961 e abriu seu capital em 1973. Em 1984, o congresso dos EUA aprovou uma lei que permitia o ingresso de medicamentos genéricos (mais baratos) no mercado. Esta lei transformou a Ranbaxy na importante protagonista da indústria farmacêutica que ela é hoje. Sua moderna fábrica em Punjab, estabelecida em 1987, transformou-a na maior fabricante de medicamentos antibacterianos da Índia. Um ano depois seus produtos foram aprovados pela FDA dos EUA e, em 1990, a Ranbaxy obteve sua primeira patente americana para a Doxiciclina. Em 1994, a Ranbaxy entrou no mercado de genéricos dos EUA com o pedido de registro de cinco novos medicamentos pelo processo abreviado ANDA (Abbreviated New Drug Application). Hoje em dia ela entra com mais de 20 requerimentos por ano.

INDÚSTRIA
A indústria de medicamentos genéricos tem experimentado um crescimento constante nos últimos anos, embora os medicamentos de marca estejam lutando contra as abruptas diminuições de preço que ocorrem depois da expiração das patentes. As novas políticas da FDA, que facilitam a aprovação de medicamentos genéricos, podem trazer mais investimentos para a indústria enquanto o mercado de genéricos na Europa abre-se aos poucos. Entre os maiores protagonistas dos genéricos encontram-se Teva, Amgen, Biogen Idec e Chiron.

CONCORRÊNCIA

Dados de 2005	Capitalização bursátil (US$ bilhões)	Receitas (US$ bilhões)	Rendimento líquido (US$ milhões)	Retorno sobre o capital	Quociente preço/lucro	Quociente passivo/patrimônio
Ranbaxy	3,1	1,4	143	23%	28,0	0,3
Dr Reddy's*	2,4	0,5	33	7%	74,1	1,0
Teva	33,9	5,3	1.072	19%	25,3	0,3
Chiron	8,7	1,9	180	6%	33,9	0,1

FATORES DE SUCESSO
- Foco em medicamentos de difícil desenvolvimento
- Manutenção de um enfoque global
- Manutenção do mercado local

DESAFIOS
- Competição com os protagonistas principais
- Competição com medicamentos de marcas
- Consolidação da indústria de genéricos
- Aprovação de novas linhas para desenvolvimento de produtos

* Dados de março de 2006 (fim do exercício em março)

RELIANCE INDUSTRIES
Liderança global na petroquímica e importante conglomerado empresarial da Índia

ANTECEDENTES

A Reliance Industries dedica-se à exploração, refino e comercialização de óleo, gás e produtos petroquímicos. Continua sendo um dos principais grupos comerciais do setor privado da Índia, ainda que, depois de uma disputa familiar em 2005, outros negócios como o de telecomunicações e dos serviços financeiros tenham continuado suas atividades separadamente. É o segundo maior produtor do mundo de fibras e tecidos de poliéster, o terceiro em paraxileno, o quinto em PTA (ácido tereftálico purificado) e o sétimo em polipropileno. A Reliance ocupa a liderança do mercado em cada um dos seus principais negócios na Índia, um dos maiores mercados consumidores do mundo.

HISTÓRIA

Dhirubhai Ambani fundou um comércio de *commodities* e um estabelecimento de exportações em 1958, construiu sua primeira fábrica de tecidos em 1966 e, logo depois, entrou no negócio das fibras de poliéster, pondo em funcionamento diversas fábricas de fibras filamentosas e de fibras cortadas na década seguinte. A empresa abriu seu capital em 1968 e suas ações tornaram-se as mais amplamente negociadas na Índia. Em 1991, a Reliance fez uma integração regressiva contratando seus fornecedores e formando um complexo petroquímico. A empresa continuou a crescer incorporando às suas instalações o maior craqueador de alimentação múltipla e a maior fábrica de polipropileno do mundo, a quinta maior refinaria e o maior porto da Índia. Em 2002, a Reliance comprou o controle da segunda maior empresa petroquímica da Índia, a Indian Petrochemical Corporation Limited, e lançou a Reliance Infocomm, uma das principais provedoras de serviços de telecomunicações da Índia. Em 2004, a empresa mudou-se para a Europa e adquiriu a Trevira, uma fabricante alemã especializada em poliéster.

INDÚSTRIA

Com o crescimento do consumo e da produção de têxteis nos mercados emergentes, as matérias-primas estão cada vez mais se originando de grandes instalações petroquímicas de categoria internacional na região. As necessidades de energia crescem mais depressa ainda com as grandes frotas de automóveis.

CONCORRÊNCIA

Dados de 2005	Capitalização bursátil (US$ bilhões)	Receitas (US$ bilhões)	Rendimento líquido (US$ bilhões)	Retorno sobre o capital	Quociente preço/lucro	Quociente passivo/patrimônio
Reliance*	25	18	1,9	25%	13,9	0,4
India Oil	12	30	1,2	21%	9,4	0,7
Sinopec	43	99	5,1	20%	8,5	0,6
Dow Chemical	42	46	4,5	33%	10,0	0,4
Formosa Petrochemical	16	14	1,7	29%	9,1	0,6

FATORES DE SUCESSO

- Produção de baixo custo e em grande escala
- Carteira de produtos altamente diversificada
- Integração vertical
- Solidez financeira
- Instalações com tecnologia de última geração
- Extensos blocos não desenvolvidos de petróleo e gás

DESAFIOS

- Depois de uma ruptura comercial, a Reliance Industries não é mais o maior grupo indiano
- Diminuição da proteção tarifária
- Concorrência com os petroquímicos do Oriente Médio, que têm custos menores de energia e de matéria-prima

* Dados de março de 2006 (fim do exercício em março)

SAMSUNG ELECTRONICS
Nome de prestígio nos mercados emergentes

ANTECEDENTES
A Samsung construiu, cuidadosamente, seu nome durante muitos anos e agora é mais conhecida do que a Sony ou a Philips. Fez nome por si própria, pelo estilo atraente de seus aparelhos de telefone e, em 2005, ficou em terceiro lugar mundial com mais de 100 milhões de unidades vendidas. Tem também a indiscutível liderança na fabricação de chips de memória (DRAM e flash), bem como de telas planas, e espera ser reconhecida como formadora de opinião no novo mundo da multimídia digital. O orçamento de P&D da Samsung Electronics é maior do que o da Intel e em pedidos de registro de patentes a empresa está em quinto lugar mundial.

HISTÓRIA
A Samsung General Stores iniciou suas atividades em 1938, e passou a exportar peixe coreano, vegetais e frutas para a Manchúria e Pequim. Na década de 1990, o Samsung Group tornou-se o mais influente conglomerado (*chaebol*) da Coreia, atuante em muitas indústrias, inclusive as de eletrônica de consumo, seguro de automóveis, construção naval e petroquímica. A Samsung Electronics foi fundada em 1969 e, em 1988, fundiu-se com a Samsung Semiconductors. Depois da crise asiática de 1998, a Samsung Electronics conquistou o status de empresa de categoria internacional graças à desalavancagem agressiva e a troca proposital da eletrônica de baixo custo e dos chips de memória pelos semicondutores especializados, celulares, telas de LCD-TFT e mídia digital.

INDÚSTRIA
A Samsung liderou a Coreia na luta com o Japão pela conquista de uma posição dominante nos eletrônicos. A empresa superou a Sony na classificação e valor de marca da Interbrand como uma das marcas que mais cresceram nessa lista por vários anos.

CONCORRÊNCIA

Dados de 2005	Capitalização bursátil (US$ bilhões)	Receitas (US$ bilhões)	Rendimento líquido (US$ bilhões)	Retorno sobre o capital	Quociente preço/lucro	Quociente passivo/patrimônio
Samsung*	107,0	56,7	7,6	20%	13,2	0,2
Intel	147,7	38,8	8,7	23%	17,6	(0,2)
Nokia	76,3	42,5	4,5	27%	18,7	(0,8)
Philips	15,2	9,8	0,5	8%	28,2	0,3
Sony	46,4	66,0	1,1	4%	44,4	0,3
Motorola	56,5	36,8	4,6	31%	19,0	(0,6)
Matsushita*	49,2	78,6	1,4	4%	37,6	(0,1)
LG Electronics	12,6	43,4	0,6	11%	23,5	0,9

FATORES DE SUCESSO
- Cultura corporativa capaz de atrair os melhores e mais brilhantes
- Apoio antecipado do governo
- Motivação incansável por excelência
- Foco antecipado nas exportações, em P&D e na importância de uma "marca"

DESAFIOS
- A concorrência dos produtos de baixo custo vindos da China levará a um aprimoramento tecnológico contínuo
- A LG tem feito incursões concorrentes

* Receitas consolidadas. As receitas não consolidadas são de US$ 56 bilhões

SASOL
Transformando carvão barato em lucros globais

ANTECEDENTES
Em 1923, dois cientistas alemães descobriram o processo de conversão do carvão em líquido (processo Fischer-Tropsch), grande passo para a Alemanha rica em carvão, mas pobre em petróleo. Logo depois dessa descoberta, o governo sul-africano fundou uma empresa para aproveitar essa tecnologia. Atualmente, a Sasol atende a 40% das necessidades de combustível da África do Sul e é uma empresa diversificada com operações globais de energia e fabricação de produtos químicos. A Sasol mantém sua liderança mundial em combustíveis sintéticos e concentra-se agora na exportação de sua tecnologia, por exemplo, por meio de consórcios para conversão de gás em líquido (GTL) para países ricos em gás como o Qatar e a Nigéria e para as fábricas que convertem carvão em líquido (CTL) na China.

HISTÓRIA
A South African Coal Oil and Gas Corporation foi estabelecida em 1950 na África do Sul, rica em carvão, mas pobre em petróleo, como resultado de um relatório governamental datado de 1927. Por volta de 1955, a empresa produziu seu primeiro combustível para automóveis. Em 1967, foi iniciada a construção da National Petroleum Refinery of South Africa e, em 1979, a empresa foi privatizada. No início da crise do petróleo de 1973, a Sasol construiu duas grandes fábricas de liquefação de carvão na África do Sul. Em meados da década de 1990, a Sasol adquiriu a fabricante de produtos químicos europeia, a Condea, e agora opera em mais de 20 países, exportando para mais de cem outros.

INDÚSTRIA
A Sasol é a maior produtora de combustíveis sintéticos do mundo e a única empresa que tem experiência real na tecnologia de conversão do carvão em líquido (CTL) em bases comerciais. Outros protagonistas globais de óleo combustível e gás, como a Exxon Mobil, Conoco Phillips e a Marathon têm apenas pequenas instalações de transformação do gás em líquido operando, embora essa tecnologia GTL esteja ficando cada vez mais popular.

CONCORRÊNCIA

Dados de 2005	Capitalização bursátil (US$ bilhões)	Receitas (US$ bilhões)	Rendimento líquido (US$ bilhões)	Retorno sobre o capital	Quociente preço/lucro	Quociente passivo/patrimônio
Sasol*	18	11	1,5	24%	10,5	0,4
Exxon Mobil	345	328	36,1	34%	10,5	(0,2)
Royal Dutch/Shell	204	307	25,3	29%	7,9	0,0
Chevron	127	185	14,1	26%	8,7	0,0
Petrobrás	70	56	9,8	34%	7,2	0,5

FATORES DE SUCESSO
- Determinação de tornar comercialmente viáveis os combustíveis sintéticos
- Tecnologia promissora de liquefação do gás (GTL)
- Operação de minas de carvão
- Grande vantagem competitiva nas tecnologias dos processos de conversão do carvão em líquido (CTL) e do gás em líquido (GTL)

DESAFIOS
- Uma baixa nos preços do petróleo diminuiria o interesse nos caros processos GTL e CTL
- Excesso de oferta da indústria de produtos químicos
- Risco de imitações

* Dados de junho de 2005 (fim do exercício em junho)

GRUPO TELEVISA
Exportando novelas mexicanas para o mundo

ANTECEDENTES

O Grupo Televisa é a maior empresa de meios de comunicação de fala hispânica do mundo, abrangendo televisão, rádio e empresas de mídia impressa. No México, a Televisa tem quatro redes de televisão e quase 260 estações afiliadas, colocando no ar mais de 90% dos principais programas mexicanos. Ela também fornece a maioria da programação da Univision, principal rede hispânica nos Estados Unidos, e produz conteúdo original para mais de 100 países. A história de sucesso da Televisa baseia-se na popularidade das telenovelas, o modo latino que se consagrou para as *soap operas* dos Estados Unidos. O domínio da Televisa na indústria atual deve-se parcialmente à sua escola para aspirantes a atores, pela qual a empresa tem uma primeira ideia de como seriam os futuros atores de suas telenovelas.

HISTÓRIA

O Grupo Televisa começou em 1954 como redes do Telesistema Mexicano. Depois de adquirir o controle do rádio e da televisão no México, a Televisa lançou a SIN (Spanish International Network) em 1976, uma estação de língua espanhola para teledifusão nos EUA. Dez anos depois ela foi forçada a vender a rede devido à regulamentação dos EUA sobre a participação estrangeira na posse de estações de rádio e televisão e a SIN passou a se chamar Univision. A Televisa abriu o capital em 1991 e adquiriu novamente participação na Univision em 1992. Depois de uma batalha no final da década de 1990, a Televisa conseguiu ter sucesso outra vez por meio de melhor foco gerencial sob a liderança de Emilio Azcarraga Jean, filho do "El Tigre", que tinha posto a Televisa no mapa.

INDÚSTRIA

A Televisa domina o mercado da TV no México com 70% da audiência. Seus espetáculos latinos têm tido mais sucesso entre a população hispânica nos Estados Unidos do que os programas americanos dublados em espanhol. A indústria dos meios de comunicação, em espanhol, nos Estados Unidos tem crescido firmemente e a Univision domina a audiência de fala hispânica no país.

CONCORRÊNCIA

Dados de 2005	Capitalização bursátil (US$ bilhões)	Receitas (US$ bilhões)	Rendimento líquido (US$ milhões)	Retorno sobre o capital	Quociente preço/lucro	Quociente passivo/patrimônio
Grupo Televisa	10,4	3,0	562	21 %	17,9	0,1
Time Warner	79,4	43,7	3.364	(34%)	ND	3,2
Viacom	31,7	9,6	(17.462)	12%	24,5	0,7
News Corp*	53,6	23,9	2,128	8%	23,7	0,2
Univision	9,0	2,0	187	4%	35,0	0,3
TV Azteca	2,0	0,8	112	30%	17,0	1,1

FATORES DE SUCESSO
- Apelo mundial das telenovelas
- Aumento do poder de compra da população hispânica nos Estados Unidos
- Um sistema de estúdios de estilo antigo, com sua própria escola para formação dos futuros astros

DESAFIOS
- Manter o domínio no México num ambiente político pluralista
- Relacionamento com a Univision
- Restrições quanto à posse de estações de rádio e televisão por cidadãos não estadunidenses no mercado dos Estados Unidos

* Dados de junho de 2005 (fim do exercício em junho)

TAIWAN SEMICONDUCTOR MANUFACTURING COMPANY (TSMC)
Mudando o modo de se fabricar semicondutores no mundo

ANTECEDENTES
A TSMC é um exemplo de como uma política industrial bem determinada e de sucesso pode revolucionar um setor industrial. Antes da TSMC, as pastilhas de silício eram fabricadas por gigantes como IBM e Intel em dispendiosas (na época, US$ 1 bilhão) "fabs" [Computer-Chip Fabrication Plants]. Graças ao advento das fundições dos chips em instalações especializadas, a TSMC conseguiu fazer com que florescessem as empresas projetistas de chips. Atualmente, a TSMC é a principal fabricante mundial independente de semicondutores do mundo de uma indústria altamente cíclica, conseguindo manter a reputação de continuidade em inovação, qualidade superior e confiabilidade.

HISTÓRIA
O governo taiwanês atraiu Morris Chang, ex-executivo da Texas Instruments, fazendo-o deixar o Vale do Silício para elevar o conceito da ilha de Taiwan e afastá-la da eletrônica de baixo custo. A TSMC foi formada em 1987, por um investimento conjunto da gigante da eletrônica holandesa Philips e do governo taiwanês, numa divisão do Industrial Research Technology Institute of Taiwan (ITRI) tornando-se a primeira instalação de fabricação da ilha a fazer pastilhas de silício de 15 centímetros, e a primeira fundição independente do mundo "voltada exclusivamente (*pure play*)" para a fabricação de chips. Enquanto as "fabs" internas dependem do sucesso dos produtos de uma única matriz, a fab independente pode mudar constantemente o que produz para setores de desenvolvimento novos. Dessa maneira, a TSMC pode fazer parcerias em vez de competir com gigantes dos circuitos integrados como a Intel, a NEC e a Siemens.

INDÚSTRIA
A fabricação da eletrônica de consumo foi deslocada principalmente para a Ásia, primeiro para o Japão, depois para a Coreia, Taiwan e cada vez mais para a China. A Coreia no momento domina a "memória" da indústria dos semicondutores ("chips") e Taiwan, os semicondutores "lógicos" produzidos independentemente e usados em tudo, dos circuitos impressos aos aparelhos celulares. Tendo sido a primeira a deslanchar, a TSMC conseguiu manter o domínio do mercado e continua sendo uma das mais bem-sucedidas e lucrativas empresas de semicondutores no mundo.

CONCORRÊNCIA

Dados de 2005	Capitalização bursátil (US$ bilhões)	Receitas (US$ bilhões)	Rendimento líquido (US$ bilhões)	Retorno sobre o capital	Quociente preço/lucro	Quociente passivo/patrimônio
TSMC	47,0	8,3	2,9	22%	16,5	(0,3)
UMC	10,7	3,1	0,2	3%	48,0	(0,2)
Chartered	2,0	1,0	(0,2)	(11%)	ND	0,4
Intel	147,7	38,8	8,7	23%	17,6	(0,2)
Texas Instruments	51,2	13,4	2,3	19%	22,5	(0,4)

FATORES DE SUCESSO
- Gerenciamento de visão
- Economias de escala e tecnologia
- Claro foco na eficiência e nas taxas de sucesso
- Oferecimento de serviços plenos

DESAFIOS
- Entendimento das necessidades e atuação no momento preciso com relação aos ciclos do setor industrial
- Competição cada vez maior da China

TENARIS
Introduzindo logística avançada no mundo dos oleodutos

ANTECEDENTES
A Tenaris concentra-se na fabricação dos tubos de aço sem costura para as indústrias do setor petrolífero. A natureza global da indústria petrolífera fez com que as operações da Tenaris ganhassem âmbito mundial, com instalações em quatro continentes, redes de distribuição em mais de vinte países e produtos de alta qualidade comprovada além da logística sofisticada e das entregas respeitando prazos. A Tenaris também tem como meta ampliar sua clientela para outras indústrias como usinas geradoras e fabricantes de automóveis.

HISTÓRIA
Em 1935, Agostino Rocca fundou a Techint, uma empresa de engenharia de Milão. Seu filho, Roberto, mudou-se para a Argentina em 1948, onde estabeleceu a Siderca, uma fábrica de tubos de aço inoxidável. A Siderca era fortemente protegida e comprometida com a indústria de petróleo e gás local, mas começou a perder a dianteira tecnológica e a se ressentir dos episódios argentinos advindos da má situação econômica do país e da inflação em alta. Com a ampliação feita em 1986, ela triplicou de tamanho e se viu forçada a competir globalmente. A partir de 2002, a Siderca gradualmente fez fusões com outros empreendimentos da Techint no México (Tamsa), Brasil, Europa e Japão sob o nome de Tenaris.

INDÚSTRIA
A indústria petrolífera depende intensamente da exploração do petróleo, do gás e da profundidade em que ela é feita. O fato de o petróleo ser hoje menos acessível e a alta dos seus preços têm favorecido a indústria petrolífera. Os principais concorrentes da Tenaris são Sumitomo Metal, Mannesmann e JFE.

CONCORRÊNCIA

Dados de 2005	Capitalização bursátil (US$ bilhões)	Receitas (US$ bilhões)	Rendimento líquido (US$ bilhões)	Retorno sobre o capital	Quociente preço/lucro	Quociente passivo/patrimônio
Tenaris	13,9	6,7	1,3	43%	11	0,0
Sumitomo Metal*	20,6	13,7	2,0	37%	11	0,8
JFE*	23,7	27,4	2,9	30%	9	0,9
US Steel	5,2	14,0	0,9	26%	7	0,1

FATORES DE SUCESSO
- Dedicação à qualidade e confiabilidade
- Manutenção de um enfoque global
- Vantagens na eficiência da logística e no cumprimento das entregas no prazo
- Conexões sem lubrificante marca Tenaris Blue para águas profundas e regiões árticas

DESAFIOS
- Característica cíclica da perfuração do petróleo
- Preços da matéria-prima
- Manutenção da margem competitiva em logística
- Conseguir se firmar na China e na Rússia

* Dados de maio de 2006 (fim do exercício em maio)

YUE YUEN
A face invisível dos calçados esportivos mundiais

ANTECEDENTES
A Yue Yuen é a maior fabricante mundial de calçados esportivos e informais para todas as marcas principais há mais de dez anos, fornecendo mais de 186 milhões ou um em cada seis pares de calçados esportivos do mundo, muito mais do que qualquer outro concorrente. A Yue Yuen responde por 30% dos pedidos da Nike, mais de 25% dos da Adidas e mais de 20% dos feitos pela Reebok. Cresce duas vezes mais rápido do que o índice de crescimento do setor e se beneficiou da consolidação dos fornecedores na medida em que os requisitos dos seus clientes de marca se tornaram mais exigentes para atendimento de condições de trabalho e ambientais mais restritivas. A mudança precoce da Yue Yuen para a China, suas fábricas imensas, uma equipe de gerenciamento de experientes executivos de fabricação de calçados, a perícia nos projetos, produção eficiente e uma reação rápida aos requisitos de imagens das marcas, que produz, impulsiona para o topo da concorrência.

HISTÓRIA
Enquanto a maioria dos fabricantes de calçados e dos seus clientes ainda estava concentrada em Taiwan, Yue Yuen foi o primeiro a perceber que a China era o caminho do futuro e, com base nisso, construiu uma fábrica em Zhuhai. Foi uma aposta compensadora. No início da década de 1990, quando as principais marcas compreenderam os benefícios potenciais de fazer negócios com a China, Yue Yuen, uma subsidiária do bem-estabelecido fabricante de calçados Pou Chen em Taiwan, era uma das poucas empresas que tinham capacidade para atender às necessidades desses clientes. Além de ter sido a primeira empresa a se mover na direção certa, a Yue Yuen foi capaz de produzir grandes quantidades com custos baixos e sem sacrificar a qualidade.

INDÚSTRIA
Durante as décadas de 1970 e 1980, Taiwan se orgulhou em ser a fabricante mundial de calçados de baixo custo, mas posteriormente a indústria buscou mão de obra mais barata na China, Vietnã e Indonésia. A China atualmente domina a concorrência graças à sua enorme reserva de mão de obra, infraestrutura melhorada e mercado potencial. Atualmente todas as principais marcas de calçados esportivos e de solado impermeável terceirizam suas produções.

CONCORRÊNCIA

Dados de 2005	Capitalização bursátil (US$ bilhões)	Receitas (US$ bilhões)	Rendimento líquido (US$ milhões)	Retorno sobre o capital	Quociente preço/lucro	Quociente passivo/patrimônio
Yue Yuen	4,4	3,2	310	17%	14,4	0,2
Nike*	20,6	15,0	1.392	23%	14,9	(0,3)
Reebok	9,6	7,9	454	18%	17,5	(0,2)

FATORES DE SUCESSO
- Ganhou experiência por ter sido a primeira a mudar para a China
- Economia de escala devido às fábricas imensas
- Produção integrada, porém diversificada
- Capacitação superior em projetos
- Rapidez de colocação do produto no mercado

DESAFIOS
- Dependência das grandes marcas de artigos esportivos
- Limitada pelo baixo custo da mão de obra da China
- Vendas na China usando o próprio nome
- Diversificação começando a fabricar trajes esportivos

* Dados de maio de 2006 (fim do exercício em maio)

Notas

PARTE I

1. Citado *in* Jeffrey E. Garten, *The Big Ten* (Basic Books, HarperCollins Publishers, Nova York, 1997) de William Safire, *Lend Me Your Ears: Great Speeches in History* (W.W.Norton, Nova York, 1992), p. 888.

CAPÍTULO 1

1. Antes da revolução industrial, a China foi a maior economia do mundo e a Índia foi classificada entre as principais.
2. Goldman Sachs, *Global Economics Paper #134*, dezembro de 2005, atualização de um artigo publicado anteriormente.
3. Dentre os mercados emergentes, o montante atual do BNP da China sobressai por ser quase três vezes o dos seus concorrentes mais próximos. As quatro nações BRICs nem mesmo incluem a Coreia, o México e Taiwan, cujas populações relativamente menores e com menos potencial, não recomendam que sejam classificadas entre as maiores economias do século XXI.
4. Foram classificadas pelo porte de suas economias: Coreia, México, Turquia, Indonésia, Irã, Paquistão, Filipinas, Nigéria, Egito, Bangladesh e Vietnã. Isso ainda não inclui economias importantes como a da Argentina e Taiwan.
5. *International Herald Tribune*, 18 de julho de 2005, Claudia H. Deutsch "GE: A General Store for Developing World".
6. *New York Times*, 23 de julho de 2005.
7. *Wall Street Journal*, 13 de fevereiro de 2006.
8. "Name Goods in China But Brand X Elsewhere", David Barboza, *New York Times*, 29 de junho de 2005.

CAPÍTULO 2

1. "Unabashed Romp", Greg Sandow, www.meetthemusic.org, citado em Robert Greenberg, *Great Masters, Tchaikovsky — His life and Music*, The Teaching Company.
2. "Nowhere is this bias — the gap between participants", pontos de vista e estado atual das coisas — mais fáceis de serem percebidos do que pela teoria econômica... "Eu me concentrei, [portanto], na lacuna que existe entre a percepção e a realidade". George Soros, "A Failed Philosopher Tries Again", *The Critical Rationalist,* Vol. 1, nº 1, 1996.
3. Amsden, Alice H., *Asia's Next Giant: South Korea and the Late Industrialization* (Oxford University Press, Londres, 1988), p. 29.

4. Atualização da lista original que comparou 1988 com 2003, usando a capitalização de mercado plena das cem melhores empresas do MSCI Emerging Markets Index para 2005. Como o índice MSCI para 1990 exclui muitos países e empresas como não passíveis de investimento, usei o IFC Global Emerging Markets Index, que tem uma representatividade mais ampla, para ter certeza de que a sobreposição não ficaria subestimada.
5. Com base em dados do final do exercício de 2004.
6. De um total de 38 nos mercados emergentes em 2005.
7. De um total de 59 em 2005.
8. A Gazprom é maior, mas a maioria de suas ações não era acessível aos investidores internacionais até o final de 2005.
9. S&P-IFC Emerging Markets Index.
10. Institute for International Finance.
11. National Public Radio, 23 de janeiro de 2006.

CAPÍTULO 3

1. Com seu elegante projeto, o novo telefone celular Razr da Motorola é um exemplo clássico da criativa resposta competitiva à Samsung.
2. Inclusive US$ 102 bilhões de empresas dos EUA, US$ 56 bilhões das japonesas e US$ 31 bilhões de empresas alemãs. Os maiores gastadores do Reino Unido gastaram 10,7% das receitas; os dos Países Baixos, 8,2%; os da Suíça, 7,9% e os dos Estados Unidos, um pouco mais de 6%.
3. Cientifica Survey, outubro de 2005: *Global R&D Spend 2002-2004*.
4. "Top ten organizations receiving most U.S. Patents", U.S. Patent and Trademark Office, comunicado à imprensa, 10 de janeiro de 2006.

CAPÍTULO 4

1. "A Technology Legend in China", *Harvard Business School*, 5 de abril de 2004.
2. *Ibid*.
3. "Dell Finds Success in China's Maturing Market", *Wall Street Journal*, 5 de julho de 2005.
4. Não consegui fazer uma visita à fábrica da Haier em Qingdao, nem entrevistar seu CEO, Zhang Ruimin. Fui, desse modo, obrigado a confiar, mais do que o habitual, em diversas fontes externas, inclusive em estudos de caso da Harvard Business School, do ICFAI Center for Management Research e em artigos da *Forbes*, publicados nos relatórios *McKinsey Quarterly* e nas revistas *The Economist and BusinessWeek*. As citações diretas foram provenientes dessas fontes externas. As informações financeiras da filial da Haier em Hong Kong não refletem o pensamento do grupo, cujas informações disponíveis são muito menos transparentes.
5. "The Haier Group", *Harvard Business School*, 27 de julho de 2001.
6. *BusinessWeek* online, 14 de junho de 1999.
7. "Name Goods in China But Brand X Elsewhere", David Barboza, *New York Times*, 29 de junho de 2005.
8. Citado *in* Ang Li, "The Internationalization of Chinese Enterprises Compared with Japanese Enterprises" (outono, 2005).

9. "The Haier Group", *Harvard Business School*, 27 de julho de 2001.
10. "China's Refrigerator Magnate", *The McKinsey Quarterly*, 2003, nº 3.

CAPÍTULO 5

1. Jane Skanderup, "Taiwan's Cross-Strait Economic Strategy and the WTO", Center for Strategic and International Studies (CSIS), janeiro de 2004.
2. Embora os coreanos e os japoneses invistam mais (ainda que não exclusivamente) para obter acesso ao grande mercado chinês, os taiwaneses concentram-se principalmente nas indústrias que exportam globalmente mais do que nas indústrias do mercado doméstico chinês.
3. "Why Taiwan Matters", 16 de maio de 2005 (matéria de capa da edição internacional).
4. *Asia Times*, 15 de fevereiro de 2005.
5. Chinese Academy of Foreign Trade and Cooperation, Ministério do Comércio: "2005 Report of Transnational Corporations in China".
6. *Ibid.*
7. Conforme lista publicada na revista *Forbes*, "World's Richest People", em 2004, março de 2005.
8. Desde minha última visita, a Hon Hai construiu um edifício novíssimo ao lado.
9. *Economics Daily*, 11 de julho de 2001.
10. Com base na importante fonte de dados industriais — International Data Corporation (IDC) — e incluindo a subsidiária Foxconn, de Hong Kong.
11. Com base nos dados do Ministério do Comércio da China.
12. Jessie Shen, "Foxconn to lay off Finnish force while Investing in India", DigiTimes.com, 9 de março de 2006.
13. Citado por Ken Fleck, da Fleck Research Associates.
14. Durante a assembleia anual de 2004.
15. Três anos depois, a Hon Hai desativou muitas de suas unidades produtivas na Finlândia e mudou sua produção para Chennai, na Índia, depois de ter falhado no seu plano original de usar a Finlândia como base para componentes de alta tecnologia para telefones inteligentes e de ficar tão próxima da Nokia quanto aspirava.
16. Robert Collier, "Labor Rights and Wrongs: Some U.S. Firms Work to Cut Abuses in Chinese Factories", *San Francisco Chronicle*, 17 de maio de 2000.
17. Stephan Schmidheiny, Charles Holliday e Philip Watts, em *Walking the Talk — The Business Case for Sustainable Development*.
18. 22 de abril de 2005.
19. David Hall, "Yue Yuen Industrial Plans Entry into Sportswear", *Footwear News*, março de 2003.

CAPÍTULO 6

1. O valor da propriedade intelectual nos EUA — incluindo direitos de publicação, patentes, marcas, marcas registradas e outras modalidades de inovações protegidas — foi recentemente avaliado pelos economistas Robert Shapiro e Kevin Hassett como da ordem da astronômica cifra de US$ 5 trilhões.

2. IpIQ (Intellectual Property Intelligence Quotient, ou Quociente de Inteligência da Propriedade Intelectual), publicado pelo United States Patent and Trademark Office (USPTO) do U.S. Department of Commerce em 1º de maio de 2006, citado no *International Herald Tribune* de 19 de novembro de 2005, com base em uma extrapolação dos três primeiros trimestres de 2005.
3. Pesquisa da Emerging Markets Management, L.L.C.
4. Cingapura, Taiwan, Coreia e Hong Kong (bem como o Japão) na Ásia, e a Hungria entre mercados emergentes europeus, têm ficado consistentemente na frente dos Estados Unidos. Já a Malásia, a Indonésia e as Filipinas, entre os países incluídos no livro, tiveram classificação mais baixa, de acordo com os estudos para 1993, 1999 e 2003, "Trends in International Math and Science Study", do Institute of Education Sciences, U.S. Department of Education.
5. World Economic Forum (2005). Os Estados Unidos "mantêm a liderança global no critério de classificação da prontidão para negócios, bem como quanto às variáveis qualidades das instituições de pesquisa científicas e qualidade das escolas de negócios americanas — incomparáveis no mundo — e na disponibilidade de oportunidades de treinamento da mão de obra, assim como quanto à existência de um mercado de capital de risco bem desenvolvido, atuante como estimulador de inovações".
6. "Outsourcing Innovation", *Business Week*, 21 de março de 2005.
7. Peter Clarke, "ATI produces first x architecture chip", afirma Cadence, EETimes, 13 de junho de 2005.
8. Artigo da Nikkei (Nikkei Net Interactive — Japan Business Online).
9. Um estrangulamento que as empresas muitas vezes enfrentam ao lançarem novos produtos é a demora no novo processamento para obter o certificado do produto. O produto que não atenda aos requisitos do certificado pode, muitas vezes, voltar à mesa do projetista e o novo projeto poderá levar até seis meses, uma demora geralmente fatal para indústrias de rápida convergência de dados. Devido aos custos proibitivos de muitos equipamentos de testes (geralmente custando de US$ 1 a US$ 2 milhões, ou mesmo mais), nem todas as empresas pequenas desejam, ou têm condições, de investir nesses testes de aceitação do produto.
10. Inclui a CeBIT, Comdex, Spring e as exposições da feira de informática PC Expo.

CAPÍTULO 7

1. Estudo de Pat Choate, citado em 1933 por H. Ross Perot: "U.S. Jobs at Risk: Vulnerable Industries and Jobs Under NAFTA", alegando que seis milhões de trabalhadores americanos perderiam seus empregos quando o acordo ALCA entrasse em vigor.
2. "NAFTA: Setting the Record Straight", The Brookings Institution, Policy Brief # 20 — 1997, por Nora Claudia Lustig.
3. J. D. Power & Associates, Annual Survey, 8 de junho de 2006.
4. "Hyundai gets Hot", *BusinessWeek International*, 17 de dezembro de 2001.
5. Moon Ihlwan, "Hyundai's Hurdles", *BusinessWeek,* 21 de julho de 2003.
6. *Ibid.*
7. Declaração do vice-presidente Bob Lutz da GM à USNews.com em 10 de junho de 2005: "O que nós estamos reaprendendo como empresa é que não estamos simplesmente no negócio de transportes, mas no negócio de arte e entretenimento. Até o mo-

mento, o que conseguimos com a GM foi a compreensão ampla de que não é possível gerenciar um negócio fazendo uso somente do hemisfério esquerdo, analítico e intelectual do cérebro; o uso intenso do lado direito, responsável pela nossa criatividade, é essencial."
8. "Building a Camry Fighter", *BusinessWeek*, 6 de setembro de 2004.
9. "For Hyundai, China is the Highway", *BusinessWeek*, 29 de março de 2004.
10. "Hyundai Arrest Shakes Foundation of South Korean Industry", *New York Times*, 20 de maio de 2006.
11. "Hyundai Hits A Speed Bump", *New York Times*, 11 de junho de 2006.
12. Daniel Dombey, "Well-built Success", *Industry Week*, 5 de maio de 1997.
13. *Financial Times*, 7 de novembro de 1997.
14. Kevin Kelleher, "The Wired 40", *Wired*, julho de 2003.
15. National Public Radio.
16. Essa porcentagem é ajustada em base anual. Depois de quase duas décadas de enormes encargos antidumping (e que depois do furacão Katrina deram um aperto adicional nas reservas de cimento já apertadas dos estados sulistas), eles diminuíram no início de 2006, esperando-se que sejam retirados, gradualmente, ao longo dos próximos três anos.
17. Pankaj Ghemawat e Jamie L. Matthews, "The Globalization of CEMEX", Harvard Business School, 29 de novembro de 2004.
18. Daniel Dombey, "Well-built Success", *Industry Week*, 5 de maio de 1997.

CAPÍTULO 8

1. Kirby J. Harrison, "JetBlue's new EMB 190 fills blue-yonder niche", *Aviation International*, outubro de 2005.
2. Jeremy W. Peters, "JetBlue Sets a Shuttle to Boston", *New York Times*, 12 de outubro de 2005.
3. "Brazil's Embraer Hits the Stratosphere", *BusinessWeek*, 19 de abril de 2004.
4. *Ibid.*
5. "Plantations and Planes", *New Internationalist*, fevereiro de 1990.
6. "The Realities of Modern Hyper Inflation", *Finance and Development*, junho de 2003.
7. Andrea Goldstein, "From National Champion to Global Player: Explaining the Success of Embraer", University of Oxford, 2001.
8. "On the Record with Mauricio Botelho", *The Chief Executive*, janeiro/fevereiro de 2003.
9. Harvard Business School, estudo de caso, 20 de outubro de 2000, *Embraer, the Global Leader in Regional Jets*.
10. Juarez Wanderley, ex-presidente da Embraer, segundo o *Financial Times*, 6 de junho de 1995.
11. Embraer, levantamento de mercado, primeiro trimestre de 2006.

CAPÍTULO 9

1. Tracey Ober, "CVRD sees Amazon-friendly mining as industry trend", Reuters News Service, 13 de setembro de 1999.

2. *Ibid.*
3. Alice Amsden, *Asia's Next Giant*, p. 297.

CAPÍTULO 10

1. Citado pelo relatório CLSA sobre "The Global Outlook for Biofuels". Fonte: ETA.
2. David Luhnow e Geraldo Samor, "As Brazil Fills Up on Ethanol, It Weans Off Energy Imports", *Wall Street Journal*, 16 de janeiro de 2006.
3. *Ibid.*
4. Segundo David Raso, analista de energia do Citigroup, os cinco maiores produtores de etanol em 2006 são, na ordem decrescente dos volumes, Brasil, Estados Unidos, China, União Europeia e Índia. O Brasil é o produtor de etanol de menor custo: o galão custa menos 25 a 35 centavos de dólar do custo do galão nos Estados Unidos e US$ 1,00 a menos do que o galão na UE. As estimativas atuais são de que os Estados Unidos suplantarão o Brasil como produtor importante de etanol em 2006, mas a produção dos EUA é baseada no dispendioso milho, enquanto a do Brasil é inteiramente apoiada na cana-de-açúcar.
5. *Wall Street Journal*, 16 de janeiro de 2006.
6. A firma de consultoria Datagro, que têm as maiores empresas de açúcar do Brasil como clientes, estima que o Brasil gaste pelo menos US$ 16 bilhões em dólares de 2005, de 1979 até meados da década de 1990, fazendo empréstimos às usinas de açúcar e sustentando preços. Citado no *The Wall Street Journal*, 16 de janeiro de 2006.
7. "Industry Note", relatório de David Raso, analista do Citigroup, 22 de fevereiro de 2006.
8. "How Brazil Broke Its Oil Habit", *The Wall Street Journal*, 6 de fevereiro de 2006.
9. Holman W. Jenkins, "What's Wrong with Free Trade in Biofuels?" *The Wall Street Journal*, 22 de fevereiro de 2006.
10. Rocky Mountain Institute: "Setting the Record Straight on Ethanol", Newsletter, 2005, Outono-Inverno, 2005.
11. CLSA, *ibid*.
12. Contrariando a versão de que o etanol feito da celulose usa muita energia para ser produzido porque conta com a energia solar gratuita, o U.S. Department of Energy estima que ele precise de apenas de 0,2 unidade de energia fóssil, não de 1,23 unidade de gasolina. Fonte: DOE (Department of Energy), *Ethanol: The Complete Energy Life Cycle*.
13. Perry A. Fischer, Natural Gas: "Monetizing Stranded Gas", novembro de 2001. Mais de 450 Tcfg (trilhões de pés cúbicos de gás, ou 1.274 bilhões de metros cúbicos) de reserva de gás natural não associada a poços petrolíferos existe em campos maiores do que 50 Bcf (Billion cubic feet, ou 1,4 bilhão de metros cúbicos), geralmente considerado o mínimo para exploração econômica. Essa reserva pode ser produzida por US$ 0,50/MMBtu (Million British Thermal Units, ou US$ 0,50/1055 mega joules).
14. Mais cedo ainda, em 1902, Paul Sabatier e Jean Senderens na Suíça tinham, pela primeira vez, feito a transformação do gás em líquido.
15. "Historical Overview of the South African Chemical Industry: 1896-2002", *The Chemical and Allied Industries Association*, 20 de fevereiro de 2003.
16. "What the U.S. Can Learn from Sasol", *BusinessWeek*, 27 de fevereiro de 2006.

17. "Alchemy in Alaska", *Frontiers Magazine*, dezembro de 2002.
18. Comunicado a imprensa da Chevron, 8 de abril de 2005.
19. David Brown, da revista *Explorer*.
20. Revista *Fuels*, 16 de novembro de 2004.

CAPÍTULO 11

1. Bangalore, Historical Notes, Estado de Karnataktaka.
2. Richard Rapaport, Bangalore: "The Silicon Valley of India", revista *Wired*, fevereiro de 1996.
3. "Indian Challengers Sneak Up on Bangalore", Reuters, 7 de novembro de 2005.
4. O jornal *The New York Times* noticiou que a China graduou 600.000 engenheiros, a Índia 350.000 e os Estados Unidos apenas 71.000, mas, segundo a Rádio Pública Nacional (Steven Inskeep, *Morning Edition*, 12 de junho de 2006), um estudo da Duke University mostrou que os números estão mais próximos de 137.000 para os Estados Unidos, 100.000 para a Índia e 351.000 para a China.
5. Catherine L. Mann, "Offshore Outsourcing and the Globalization of U.S. Services: Why Now, How Important and What Policy Implications". *In* C. Fred Bergsten and Institute for International Economics: *The United States and the World Economy*, 2005, p. 301.
6. *Economist*, 11 de dezembro de 2003.
7. Catherine L. Mann, *ibidem*.
8. Consulte Fred Bergsten, *ibidem*.
9. Howard French, "India and China Take on the World and Each Other", *The New York Times*, 8 de novembro de 2005.
10. "Bangalore", revista *Wired*, fevereiro de 1996.
11. Murthy abandonou o título de "presidente" em agosto de 2006, mas permanece como mentor principal e está ativamente envolvido.
12. Satyendra Kumar, "Managing Excellence the Infosys Way", disponível em www.seanational.com.au.
13. Em 18 de janeiro de 2006, tornou-se mentor principal e vice-presidente executivo, abrindo o caminho para o descendente do fundador original, Malvindev Mohan Singh.
14. "India's Little Drug Makers that Could", *BusinessWeek*, 3 de março de 2003.

CAPÍTULO 12

1. National Public Radio, dezembro de 2005.
2. "Bollywood", *BusinessWeek*, 2 de dezembro de 2002.
3. *Ibid*.
4. *The Wall Street Journal*, 14 de setembro de 2005.
5. www.uopowergamers.com, maio de 2002.
6. Redbus Interhouse, janeiro de 2005.
7. David MacFadyen, "Literature Has Left the Building: Russian Romance and Today's TV Drama" (University of California) Los Angeles, *Kinokultura # 8*, abril de 2005.
8. Ibsen Martinez, "Romancing the Globe", *Foreign Policy*, novembro/dezembro, 2005.
9. *Ibid*.
10. Site da *Televisa* na Internet.

11. Media Profiles em KetUPA.com.
12. Julia Preston, "Executive Has Firm Grip on Mexico's Top Broadcaster", *New York Times*, 25 de abril de 2000.
13. *Ibid*.
14. Kristin C. Moran, "The Development of Spanish-Language TV in San Diego", *The Journal of San Diego History*.
15. "Univision Peers into Cyberspace", *BusinessWeek*, 17 de janeiro de 2000.
16. "Here Come the Telenovelas", *New York Times*, 15 de dezembro de 2005.
17. "Indian Television Is Stretching Across Continents to Latin-American Production Houses for Scripts to Suit the Tube", *The Telegraph* (Calcutá, Índia), Nova Delhi, 14 de novembro de 2005.
18. Emilio Azcarraga em "Televisa's Advantage", BusinessWeek.com, 4 de outubro de 2004.

CAPÍTULO 13

1. "Wal-Mart to Ratchet Up Hiring in China", *New York Times*, 20 de março de 2006.
2. "Dell to Double India Work Force", *The New York Times*, 21 de março de 2006.
3. "State Department Is Criticized For Purchasing Chinese PCs", *The New York Times*, 24 de março de 2006.
4. Institute for International Economics, *A New Economic Policy for the United States*, fevereiro de 2005.
5. Citado in "Tech's Future", *BusinessWeek*, 27 de setembro de 2004.
6. George J. Gilboy "The Myth Behind China's Miracle", *Foreign Affairs*, julho de 2004.
7. Bureau of Economic Analysis, U.S. Department of Commerce, *Survey of Annual Business*, agosto de 2005.
8. Dados para o ano de 2003 do site na Internet Organization for International Investment, Washington DC. Fonte: Bureau of Economic Analysis, U.S. Department of Commerce.
9. Daniel Trefler, *Offshoring: Threats and Opportunities*, Brookings Trade Forum, 2005.
10. Paul London, *The Competition Solution: The Bipartisan Secret behind American Prosperity*; AEI Press, 2005, Nathan Nunn e Daniel Trefler, *The Political Economy of Tariffs and Growth*, 2005.
11. Por exemplo, o Grupo Elektra no México vende aparelhos e mercadorias eletrônicas a crédito para consumidores de baixa renda e usou o seu enorme banco de dados e eficiente serviço de cobrança para abrir um banco orientado para consumidores de baixa renda.
12. Embora a reinvenção muitas vezes seja considerada uma forte característica americana, há, apesar da Euroesclerose (termo da década de 1980 para descrever a UE, com desemprego elevado apesar do crescimento econômico, em contraste com os EUA no mesmo período, quando a expansão econômica e os empregos andaram juntos) frequentemente citada, muitos exemplos de empresas europeias que se reinventam. Com a propaganda "os calçados na Espanha podem ser tudo menos simples", os calçados ecológicos da Camper, na Espanha, deram a volta por cima da fama de pouco dinamismo e agora são vendidos em lojas da moda em Nova York, Boston, Paris e Milão. O mais antigo fabricante de cerâmica holandesa, Koninklijke Tichelaar Makkum (estabelecido em 1594), viu seus negócios declinarem rapidamente até o dia em que encomendou novos pro-

jetos de artistas jovens, como Hella Jongerius, passando então a vender na bem conceituada Moss Gallery de Nova York.
13. Citado in "Tech's Future", *BusinessWeek*, 27 de setembro de 2004.
14. "Where Showing Skin Doesn't Sell, a New Style Is a Hit," *The New York Times*, 20 de março de 2006.
15. Durante o início da década de 1980, as regras da contabilidade foram alteradas pela Financial Accounting Standards Board e as empresas passaram a poder atrasar o aporte de fundos para saldar seus compromissos até que seus quadros de pessoal ficassem mais experientes. Nesse meio-tempo, o Congresso (não querendo desistir de populares deduções de impostos, mas enfrentando grandes déficits progressivamente crescentes) adotou a *Tax Equity and Fiscal Responsibility Act* em 1982 que, entre outras provisões, congelou ou reduziu contribuições (e seu correspondente impacto da dedução de impostos onerando o déficit) até o futuro. Durante os anos 1990, as boas ações voltaram ao mercado levando diversas empresas a, realmente, lançarem mão de seus fundos de pensão. Os planos de contribuição definida, como os planos 401K cresceram rapidamente e constituíram aproximadamente a metade de todos os ativos dos fundos de pensão e mais de 90% dos fundos antes de 1997. Em 1997, cerca de 23 milhões ou um terço de todos os participantes de fundos de pensão (e eram quase dois terços em 1980) foram registrados como planos de benefício definido. Apenas 16% deles estavam com insuficiência de fundos, mas as bancarrotas reais ou temidas de várias empresas (inclusive aciarias importantes, empresas aéreas e fabricantes de automóveis) despertaram a desconfiança de que o Pension Benefit Guaranty Corporation poderia não ter os fundos necessários para enfrentar futuras perdas potenciais. Consulte Sylvester J. Schieber, "The Evolution and Implications of Federal Pension Regulation", em *The Evolving Pension System*, The Brookings Institution, 2005.
16. Em reação ao sucesso da Índia em geral e de Bangalore, em especial quanto a atrair talentos tecnológicos de vanguarda, o congressista Jerry Lewis da Califórnia, que por acaso era também presidente do House Appropriations Committee, fez um pronunciamento. Disse que estava procurando uma agência do governo "para patrocinar projetos em áreas como nanotecnologia, semicondutores, energia e produtos farmacêuticos e, possivelmente, para colaborar também com agências na Índia". Consulte: "Is the Next Silicon Valley Taking Root in Bangalore?" *The New York Times*, 20 de março de 2006.
17. "Tech's Future", na *BusinessWeek* de 27 de setembro de 2004, cita dados compilados pela IDC, uma empresa de investigações do mercado global especializada em informações tecnológicas.
18. "Is the Next Silicon Valley Taking Root in Bangalore?" *New York Times*, 21 de março de 2006.
19. Richard C. Levin, presidente da Yale Universidade, no artigo da *Newsweek* "Universities Branch Out" de 21 de agosto de 2006, menciona que "o número de estudantes que sai de casa todos os anos para estudar fora aumentou de 800.000 em 1975, para 2,5 milhões em 2004. A maioria das viagens é feita de uma nação desenvolvida para outra, mas o fluxo das nações em desenvolvimento para as desenvolvidas também está aumentando. Os estudantes estrangeiros conquistam 30% dos doutorados concedidos nos Estados Unidos e 38% dos feitos no Reino Unido. Nos Estados Unidos, 20% dos professores recentemente contratados em ciência e engenharia são nascidos no estrangeiro, enquanto na China, a grande maioria do corpo docente recebeu instrução supe-

rior no exterior. Desde então Deng Xiaoping em 1978, primeiramente permitiu que os estudantes chineses buscassem instrução no Ocidente. Nenhum país se esforçou tanto para que os estudantes mais talentosos tivessem instrução de primeira linha no exterior — especialmente os do terceiro grau... (e) ... a maior parte dos estudantes chineses voltam depois da graduação".

20. Samuel P. Huntington, *The Clash of Civilizations and the Remaking of World Order* (Touchstone, 1996), publicado primeiramente como um ensaio na *Foreign Affairs* em 1993.

CAPÍTULO 14

1. *Forbes*, de Gretchen Morgenstorn, *Great Minds of Business*, John Wiley, 1997.
2. Devo esta indicação a Robert Ford da Merrill Lynch.
3. A hipótese de mercado eficiente (EMH) foi desenvolvida nos anos 1960 a partir da tese de doutorado de Eugene Fama, professor da escola de administração da University of Chicago. Seu argumento foi o de que em um mercado eficiente, nenhuma informação ou a análise deve ser feita sem se fazer a comparação com uma marca de referência apropriada, porque os preços dos bens serão fixados refletindo toda a informação disponível.
4. A moderna teoria da carteira de ações surgiu do ganhador do prêmio Nobel, Harry Markowitz, no início da década de 1950, com seu conceito de que uma "carteira eficiente" é a que consegue a máxima taxa de retorno com risco mínimo de recursos alocados, de acordo com os diversos níveis de risco e retorno. Os bens — ações e classes de ativos — evoluem de maneira diferente uns dos outros e a medida usada para quantificar essa variação é chamada de "coeficiente de correlação".
5. Pesquisa da Emerging Markets Management, L.L.C. (EMM) sobre a volatilidade dos mercados emergentes (índice do MSCI — Morgan Stanley Capital International), comparada com a de outros mercados desenvolvidos (Europa, Austrália, o Extremo Oriente — EAFE) e com o mercado nos Estados Unidos pela S&P 500, ou índices das 500 principais ações nos EUA, marca registrada da Standard and Poor's.
6. Consulte, por exemplo, o artigo de Antoine W. van Agtmael e Vihang Errunza, "Foreign Portfolio Investment in Emerging Markets", publicado em 1982 no *Columbia Journal of Business*.
7. *Wall Street Journal*, 19 de junho de 1991. Citei dois exemplos de empresas: A CVRD, produtora de minério de ferro de categoria internacional verdadeiramente muito bem-sucedida, e a C.P. Pokphand, uma empresa tailandês-chinesa que dominou os agronegócios (da matéria-prima às exportações de frango e camarão) na Tailândia e pensou que poderia fazer o mesmo em um mercado muito maior como o da China. Ela nunca esteve à altura das expectativas por causa da sua estratégia que foi excessivamente ambiciosa na China, devido ao fato de ter se diversificado em muitas atividades secundárias (indo desde o comércio varejista à fabricação de motos) além de uma pobre governança corporativa.
8. Institute for International Finance, "Private Capital Flows to Emerging Markets", janeiro de 2006.
9. George Hoguet, *Availability of Earnings Estimates in Emerging Markets*, State Street Global Advisers, 22 de janeiro de 2006, mostra que 3.100 analistas fizeram 17.000 estimativas sobre 824 ações dos mercados emergentes incluídas no MSCI Emerging Markets

Index de setembro de 2005. Depois de excluir as empresas com menos de US$ 100 milhões, foram feitas nove estimativas para empresas no universo do MSCI dos mercados emergentes (até mais, dez estimativas ao todo para as 300 melhores empresas que compõem 85% da capitalização bursátil do MSCI). As estimativas feitas foram então comparadas com as oito do MSCI para as empresas do Japão e com as 5,2 para as 2.000 empresas do universo do Russell 2000 Index para as empresas americanas. Um estudo anterior elaborado por J. Chang, T. Khanna e K. Palepu, *Analyst Activity Around the World*, Social Science Research Network (SSRN) de janeiro de 2000, mostrou que as estimativas elaboradas antes do ano 2000 eram, geralmente, imprecisas. O Russell 2000 Index é uma marca registrada da Frank Russell Company.

10. No final do exercício de 2005, ajustada para a "flutuação".
11. *S&P Emerging Markets Fact Book*, 2005.
12. FIBV, Federation of International Stock Exchanges. Os dados excluem mercados como o da Rússia, da República Tcheca, a maioria dos mercados do Oriente Médio (ainda que o Irã esteja incluído), Paquistão, e outros que eu incluí.
13. As informações da FIBV, apenas para 2004, ainda estavam disponíveis, mas fiz os ajustamentos para os acréscimos de mercado durante 2005.

Bibliografia

Amsden, Alice H., *Asia's Next Giant: South Korea and the Late Industrialization* (Oxford University Press, Londres, 1988).

Amsden, Alice, *The Rest* (Oxford University Press, Londres, 2001). Desafios ao Ocidente por parte das economias que foram industrializadas mais tarde.

Boston Consulting Group, The, "The New Global Challanges: How 100 Top Companies from Rapidly Developing Economies Are Changing the World", março de 2006. Implicações tanto para os desafiadores quanto para os incumbentes.

Das, Gurcharan, *India Unbound* (Alfred A. Knopf, Nova York, 2001). Uma explicação das drásticas mudanças da vida econômica da Índia e no mundo corporativo desde a "burocracia dos licenciamentos" ("Licensing Raj") até os dias de hoje, dada por ex-executivo da Procter & Gamble.

Friedman, Thomas L., *The World is Flat: A Brief History of the Twenty-First Century* (Farrar, Straus and Giroux, Nova York, 2005). Uma introdução à globalização, ao impacto de novas tecnologias, realocações de negócios entre países e terceirizações.

Garten, Jeffrey E., *The Big Ten: The Big Emerging Markets and How They Will Change Our Lives* (Basic Books, HarperCollins Publishers, Nova York, 1997). Um investidor e estrategista econômico descreve como os grandes mercados emergentes darão nova forma ao mundo.

Hiscock, Geoff, *Asia's Wealth Club: Who Is Really Who in Business, The Top 100 Billionaires in Asia* (Nicholas Brealey Publishing Ltd., Hong Kong, 1997). Escrito antes da crise asiática de 1998, fornece uma visão geral das famílias dos fundadores de muitas empresas da Ásia.

Hufbauer, Gary C. e Jeffrey J. Schott, *NAFTA Revisited, Achievements and Challenges*, Institute for International Economics, Washington D.C., outubro de 2005. Uma análise do impacto real do acordo ALCA — Área de Livre Comércio entre os Estados Unidos, o México e o Canadá.

Khanna, Tarun e Krishna Palepu, *Emerging Giants: Building World Class Companies From Emerging Markets*, artigo da Harvard Business School, outubro de 2005. Estudos de caso de como várias multinacionais emergentes tiveram sucesso.

Mobius, Mark (com Stephen Fenichell), *Passport to Profits*, Warner Books, Nova York, 1999. Versam sobre as visitas aos estabelecimentos de empresas na Rússia e no Brasil e faz recomendações de um experiente investidor nos mercados emergentes de como se deve investir neles.

Sina, J., *Emerging Champions*, relatório trimestral da McKinsey, março de 2005. O artigo explora como as multinacionais emergentes podem fazer uso de seus países de origem como molas propulsoras para o sucesso global, aprendendo como transferir capacitações difíceis de serem imitadas para os novos países e usa a Samsung, o HSBC e a Ranbaxy como exemplos.

Sulls, Donald N., *Made in China: What Western Managers Can Learn from Trail-blazing Chinese entrepreneurs* (Harvard Business School Press, Cambridge, 2005). Como oito empresas chinesas chegaram ao topo, incluindo a Legend em computadores, a Haier em eletrodomésticos, a Wahaha em bebidas e a Ting Hsin em macarrão.

Sulls, Donald N. e Martin Escobari, *Success against the Odds: What Brazilian Champions Teach us about Thriving in Unpredictable Markets*, Elsevier/Editora Campus, 2005. Aborda o que é preciso para sobreviver e prosperar num ambiente econômico altamente volátil examinando como empresas brasileiras como a Embraer, a Ambev e a Votorantim Celulose e Papel foram bem-sucedidas.

Wells, Louis T., Jr., *Third World Multinationals: The Rise of Foreign Investment from Developing Countries* (MIT Press, Cambridge, 1983). Uma análise precoce dos investimentos estrangeiros feitos por multinacionais emergentes de Hong Kong, Cingapura, Filipinas, Índia, Coreia, Brasil, Venezuela e outros países.

Agradecimentos

Os empresários tendem ao excesso de otimismo quando iniciam um empreendimento novo, são incansáveis durante a sua execução e dependem muito de todos que lhes são próximos. Não sou uma exceção. Eu não poderia ter escrito este livro e, ao mesmo tempo, ter administrado minha empresa de investimentos — que passou por uma brusca interrupção em seu crescimento — se não tivesse tido uma ajuda colossal para os dois projetos. Na Emerging Markets Management, L.L.C., Felicia Morrow fez o possível para garantir que tudo corresse normalmente enquanto eu me afastava para escrever, pesquisar, entrevistar ou planejar. Quando o livro propriamente dito ainda era apenas uma ideia, eu tive a sorte de contratar Nowshad Rizwanullah como pesquisador e assistente pessoal, um brilhante recém-formado de Yale vindo de Bangladesh. Durante os dois anos seguintes ele esteve intimamente ligado ao livro, pesquisou um sem-número de ideias e me ajudou a escrever as análises individuais das multinacionais emergentes, transcrever as entrevistas e verificar os fatos. Mais tarde, meu agente, David Kuhn, teve a grande ideia de me colocar em contato com alguém diferente de mim: Stephen Fenichell, um escritor profissional cuja ajuda em recordar acontecimentos e, principalmente, em dar aspecto de verdade ao meu estilo meio sem graça de escrever, mostrou-se absolutamente insubstituível. Devo-lhe muito. Nas etapas posteriores do livro, praticamente todos os administradores e analistas das carteiras da empresa organizaram reuniões, compartilharam seus detalhados conhecimentos e opinaram sobre os rascunhos da obra, enquanto outros, especialmente Danielle Menichella, Marios Athanasiadis e Justin Machata ajudaram pesquisando dados e preparando gráficos. Nos últimos estágios, Ben Morgenroth, meu assistente de pesquisas durante os meses de férias, ajudou-me a corrigir o texto, verificar os fatos e revisar os perfis financeiros. Durante todo o processo, Sue Ellen Wells, minha assistente-executiva de confiança, pacientemente corrigiu um rascunho depois do outro enquanto ainda arranjava tempo para organizar minha vida.

Também agradeço imensamente aos muitos amigos e parentes que me estimularam e fizeram comentários sobre meus esboços. Strobe Talbott esteve entre os primeiros a fazer a revisão dos capítulos e a me dar uma ampla orientação, Donald Sull — que escreveu com tanta percepção sobre algumas empresas neste livro — generosamente me aconselhou, e Jeff Garten, David Swensen, Eugene Rotberg, Bob Pastor e Moises Naim também me ajudaram com os seus comentários. Durante duas férias anuais, verdadeiras temporadas de redação em Lenox, Massachusetts, minha família lia os rascunhos e fazia comentários úteis. A promissora editora e minha sobrinha, Alanna Kaufman, ajudou-me na edição de vários capítulos, e Elinor Baker, verdadeira campeã da revisão ortográfica, usou sua visão aguçada para corrigir muitos enganos de digitação.

Além disso, muitos CEOs e outros executivos importantes das empresas abordadas no livro compartilharam francamente comigo suas ideias em entrevistas que não poucas vezes ultrapassavam o horário combinado. As equipes de relacionamento com os investidores ajudaram-me na busca de respostas para as perguntas específicas e no esclarecimento de detalhes que surgiam na revisão dos rascunhos.

Meu extraordinário agente, David Kuhn, pacientemente me devolvia os capítulos até o momento em que sentia estarem prontos para a publicação, enquanto me orientava durante todos os passos do processo. Na Simon & Schuster tive a sorte de contar com Fred Hills como meu editor um pouco antes da sua aposentadoria. Pude logo perceber sua lendária eficiência pelas penetrantes observações e rapidez na edição do texto. Sou grato pela ajuda recebida de Emily Loose e Carol de Onís nos estágios finais da publicação do livro.

Finalmente, escrever um livro consome tempo e requer atenção integral. Minha esposa, Emily, não somente enfrentou as ausências da minha mente, mais prolongadas do que de costume, como ainda relembrou seus dias de editora e me ajudou a expor minhas ideias de maneira mais clara. Eu jamais poderei expressar toda minha admiração, amor e gratidão pela maneira como ela me apoiou durante esse agitado período.

A despeito da ajuda de tantos e das minhas árduas tentativas de ser preciso, os erros inevitáveis não devem ser atribuídos a ninguém; eles são da minha exclusiva responsabilidade.

HR Gráfica e Editora
Rua Serra de Paracaína, 716 – Moóca – São Paulo – SP – CEP 03107-020
Fone/Fax: (11) 3341-6444 – Email: vendas@hrgrafica.com.br
www.hrgrafica.com.br